三聯學術

柏拉图四书

Plato's Four Erotic Dialogues

刘小枫　编／译

生活·讀書·新知 三联书店

见到真实性质的原野要费这么多的热忱,缘由在于,适合养育灵魂的优秀部分的牧场,恰恰出自在那里的青草地。

《斐德若》248b6-248c1

目 录

第二版说明

编译说明 1

苏格拉底的爱欲与民主政治（导言）.................... 5

主要参考文献 35

普罗塔戈拉 39

会饮 165

斐德若 279

斐多 405

第二版说明

《柏拉图四书》在三年前（2015）面世，一年后加印一次，今又需再次加印。趁此机会，笔者覆勘译稿，订正了若干细小讹误和误植，故称"第二版"。

柏拉图作品的今译没有止境，英语学界迄今仍时有新译问世，笔者理应不断臻进拙译。这四篇对话多少带有谐剧味道，翻译时借助语气词要做到把握好分寸，并不容易。这次修订尤其调整了一些语气词。

初版中的细小讹误，有些是朋友们甚至不相识的年轻读者帮忙发现的，谨此向各位深表谢意。柏拉图作品需反复细诵深思方有所得，笔者相信，汉译断难如原作贞玉白华般不缁不磷。庶读者于陋译翘然佁为心得，则不负译者之劳心矣。

刘小枫
2018年腊月

编译说明

1. 在柏拉图传世的36篇作品中,《普罗塔戈拉》《会饮》《斐德若》《斐多》最富文学色彩。本稿按戏剧时间先后编成四联剧,名之为"柏拉图四书"(亦可称为"苏格拉底传"),为大学本科生和文学爱好者提供一个柏拉图作品的基本读本。

2. 这四篇对话涵盖了柏拉图作品的主要文学形式:《普罗塔戈拉》是苏格拉底亲自讲述的一段经历(如长制作品《王制》),这种"叙述体[报告体]"对话读起来有如今天的中篇小说。《斐德若》没有叙述者,这种"演示体"对话(如长制作品《法义》)读起来像今天的话剧剧本。《会饮》和《斐多》也属于叙述体,但叙述者不是苏格拉底本人,而是他的学生,算回忆苏格拉底的中篇小说。

3. 这四篇对话有明显的内在关联,堪称对观作品。《会饮》中的主角除阿里斯托芬外,均出现在《普罗塔戈拉》中。《会饮》中的引题人斐德若在《斐德若》中成了主角,这两篇对话的主题都是爱欲,以至于有柏拉图的"爱欲对话"(Erotic Dialogues)姐妹篇之称。《斐德若》不仅提到了《普罗塔戈拉》中出场的所有智术师,而且详细讨论了《普罗塔戈拉》中出现的民主政治的修辞问题这一主题。《斐德若》还提到了《斐多》中的主角之一西姆米阿斯,甚至出现了《斐多》中详细讨论的灵魂不死主题——《斐德若》中的爱欲灵魂论以《斐多》中的灵魂不死论为基础。苏格拉底在《斐多》一开始时说到自己一生都在作诗,这与前面三篇对话都有关联,因为它们是柏拉图中篇对话中作诗最多的对话。

4. 柏拉图笔下的苏格拉底绝非像阿里斯托芬批评的那样不接地气,他所关切的问题实际上都与雅典民主政制直接相关。在这部四联剧中,苏格拉底面临的民主政治语境不仅显得非常突出,而且相当生动和富有戏剧性。色诺芬在《回忆苏格拉底》第一卷结尾提到,苏格拉底的一生致力于教育天素优秀的年轻人如何"齐家治国"。这部四联剧可以让我们看到,柏拉图作品的基本主题是民主政治处境中的灵魂德性差异问题。

5. 儒家的"四书"形成于唐宋之际,其时佛法已遍及华夏。可以说,儒家"四书"是儒家法统对佛法作出的反应。如今,出自日耳曼族的现代西法已遍及华夏。如某些先贤所见,佛法可能拐走中国人的灵魂,却难以撼动华夏政制。如果政制还在,灵魂也不可能被彻底拐走。现代西法首先撼动的是华夏政制,再拐走中国人的灵魂十分容易。应对现代西法，我们不仅需要凭靠儒家"四书"，还需要柏拉图的"四书"。柏拉图四书与儒家"四书"的文体虽然明显不同，关涉的问题却不乏根本的一致性：政制的德性与灵魂的德性息息相关，而灵魂德性的养成虽基于天性差异，却断乎离不了教育。

6. 这四篇对话的现代西文译本已经相当多，迄今仍不断有新译本问世，尽管新译未必一定胜于旧译。本稿以布奈特（Burnet）的希腊文编本为底本，参考三类西文文献（笺注本、译注本和义疏本）迻译。西文译本的注释用采编方式摘要编译，以求要而不繁，不再具名版本（义疏除外）。译者所加注释一律标明［译按］，以免鱼目混珠。

7. 按照音译原则，据英文 Phaedo 音译的"斐多"，与希腊文发音差得太远，甚至不如法文（Phédon），最贴近希腊文发音的是德文（Phaidon）。已用成习惯的译名，尽管与希腊文发音有出入，一仍其旧为好。但"斐多"这个译名并非如此，晚近仍有资深译者将其译作"裴洞"，可见尚无定译。不过，希腊文人名、地名的汉译，究竟按音译原则还是按约定俗成原则，我国古典学界同仁尚未达成共识——即便按译音原则，用哪个汉字对应希腊文的发音，古典学界也一时难以达成共识（有人将 Phaidon 译作"淮东"）。为了避免徒添混乱，本稿仍沿用旧译名，译名的统一问题留待后人去解决。

8. 翻译柏拉图作品，对话文体中的语气小品词和诸多省略颇为棘手,最为棘手之处莫过于一个语词或说法(短语)有多种义项,选择何种义项和保持一种译法都十分困难。为补足语气或文意,中译不得不添加语词(西文译本同样如此),凡此一律施加方括号[ ],虽有碍阅读,却有助于核对希腊语原文(布奈特编本用方括号标识有可能是古代编辑家添加的文字,本稿一律改用圆括号)。希腊语原文的斯特方编本页码(如309a)和布奈特编本追加的行数,是学界引用柏拉图的标准编码,本稿用方括号[ ]随文标注,以便尽可能准确地标明希腊语原文的位置。由于中文与希腊文在语序上的差异,中文句子与希腊文原文在编码上的位置刚好相反或稍有错位的情形实在难免。

9. 柏拉图作品的今译大致有两种路径:要么贴近当今口语,要么尽量贴紧希腊语原文。按后一种方式迻译,译文难免缺乏生动和文采。笔者的《会饮》旧译采用前一种译法,眼下的重订本则尝试后一种译法——其他三篇起初也采用前一种译法(至2006年已完成初稿),今亦改为后一种译法。不过,虽然力图紧贴希腊语原文,本稿仍未放弃追求现代汉语的流畅。显然,要同时实现这两个目的无异于自找麻烦——尽管如此,笔者愿意勉力而为。译稿现虽刊布,仍会继续打磨。

乙未四月十四

导　言
苏格拉底的爱欲与民主政治
——关于柏拉图的"爱欲四书"

柏拉图的传世作品共36篇，虽篇幅长短不一，相互之间却有明显的内在关联——甚至有相似的细节。克莱因将《泰阿泰德》《智术师》《治邦者》编成"三部曲"，以展示苏格拉底在审判与受死的背景下如何为自己的生活方式辩护。[1] 在这个三部曲之上，郝岚再叠加五篇对话，编成一出连贯的八联剧，以展示苏格拉底自我辩护所面临的双重难题：不仅得面对城邦的指控，也得面对哲学的指控。[2] 朗佩特把《普罗塔戈拉》《卡尔米德》与《王制》编成连贯的三部曲，同样是力图展示苏格拉底如何为自己的生活方式辩护。[3] 他还计划把《斐多》、《帕默尼德》和《会饮》编成一部三联剧，以展示柏拉图笔下的青年苏格拉底走过的道路。这些尝试表明，阅读柏拉图的作

---

[1] 克莱因，《柏拉图的三部曲》，成官泯译，华东师范大学出版社，2009。
[2] 郝岚，《政治哲学的悖论》，戚仁译，华夏出版社，2012。
[3] 朗佩特，《哲学如何成为苏格拉底式的》，戴晓光、彭磊等译，华夏出版社，2015。

品，除了单篇读法，还应该有织体式读法。

古代编辑家按古希腊肃剧演出的四联剧形式将柏拉图的36篇作品编成九出四联剧，已经提示后人阅读柏拉图应该注意织体式读法。无论三部曲还是四联剧的编辑方式，都使得柏拉图的相关作品成了对观文本——对柏拉图作品的织体式读法就是对观式读法。[1] 如果要展示柏拉图作品的内在织体，四联剧形式也许更符合古典读法的原貌。问题在于，柏拉图作品的内在关联的主线究竟由哪些作品构成，自施莱尔马赫以来一直是一大难题。[2] 如施特劳斯所说，柏拉图的每一部作品仅仅透露的是苏格拉底言行的某一个方面，尽管其中有些作品比另一些作品具有更为基本的性质。[3] 倘若如此，如何把握柏拉图作品的内在

---

1 基督教《新约全书》的第一部分是四部耶稣传（称"福音书"），其中三部有不少重复的内容，称为"对观福音"。不过，三部对观福音出自三位不同的记叙者，柏拉图的对观作品却出自同一个作者。与"对观福音"在形式上类似的是柏拉图和色诺芬的苏格拉底行传（也许还值得加上阿里斯托芬的《云》）。
2 施莱尔马赫对柏拉图作品的内在关联主线的重新组合，参见施莱尔马赫，《论柏拉图的对话》，黄瑞成译，华夏出版社，2012，页89—93。
3 在揭示柏拉图政治哲学的要义时，施特劳斯将《法义》《苏格拉底的申辩》《王制》《治邦者》四书加以对观（参见施特劳斯，《什么是政治哲学》，李世祥等译，华夏出版社，2014，页21—30）。在临终前编选的旨在揭示西方思想史戏剧大脉络的自编文集中，施特劳斯欲将《欧蒂德谟》《高尔吉亚》《苏格拉底的申辩》《克力同》编成四联剧，以此对观苏格拉底与城邦的关系——由于施特劳斯不幸过早去世，计划中的《高尔吉亚》绎读未能完稿（参见施特劳斯，《柏拉图式政治哲学研究》，张缨等译，华夏出版社，2012，页54—121）。

关联，既涉及如何理解柏拉图怎样编织基要主题，也涉及如何确定哪些对话是柏拉图的基要作品。换言之，柏拉图作品的现代编法迄今面临一个诱惑：是否有可能提供一出柏拉图基本作品的四联剧。毕竟，即便在西方的一般知识人中，读完柏拉图全部作品的并不多，有耐心读完柏拉图长制作品《王制》（遑论《法义》）的也不多。

本稿尝试从柏拉图的中篇作品中挑选出最富文学色彩的四篇，[1] 按戏剧时间先后编成四联剧。这一编辑构想来自施特劳斯的启发：通过对《会饮》的识读，施特劳斯让我们看到，柏拉图笔下的苏格拉底的基本形象是一个"爱欲者"。[2] 可以说，苏格拉底何以成为苏格拉底也好，还是遭遇城邦的指控也罢，概因苏格拉底是这样一个"爱欲者"。[3]《斐德若》与《会饮》是公认的"爱

---

[1] 从篇幅而言，柏拉图作品可分三类：短篇（三万字以内，共20篇，短则数千字，多则两万余字）、中篇（三万字以上至八万字以内，共13篇）和长篇（共两篇）。书简的总体篇幅算中篇，但由十余封书简构成，文体也算另类。

[2] 施特劳斯在1959年讲授《会饮》的讲课稿（中译本《论柏拉图的〈会饮〉》，邱立波译，华夏出版社，2009），不仅在柏拉图解释史上具有里程碑意义，在思想史上也具有划时代意义。八年后（1967年），施特劳斯的弟子罗森出版了专著通解《会饮》（中译本《柏拉图的〈会饮〉》，杨俊杰译，华东师范大学出版社，2010）——其时，"文化大革命"在中国大地如火如荼，革命风气也吹向欧洲和美国……

[3] 参见伯纳德特，《苏格拉底与柏拉图：爱欲的辩证法》，张文涛译，见《经典与解释8：苏格拉底问题》，华夏出版社，2005，页151—169。

欲对话"姐妹篇,《普罗塔戈拉》则明显是《会饮》的戏前戏,其戏剧时间不仅处于雅典民主政制时期的一个特定时刻,而且揭示了苏格拉底个人经历的一个决定性时刻:他意识到自己的追求德性的生活方式面临民主政制的挑战。[1] 至于《斐多》,则不仅与《斐德若》有直接关联,而且我们不难看到,即便在被判刑后受死之前的那一刻,苏格拉底仍然以自己的方式对德性充满爱欲。[2] 因此,我们有理由将柏拉图的这四篇基本作品编成"柏拉图四书"——不用说,它们不仅相互关联、值得对观,而且每一篇也都还与这出四联剧织体之外的其他柏拉图作品相互关联。[3]

在我国读书界,这四部作品获得的喜爱也最多。为了有助于读者织体式地对观阅读柏拉图四书,笔者不揣简陋,扼要谈谈这四部作品各自的独特性及其相互关联。

---

[1] 参见朗佩特,《哲学如何成为苏格拉底式的》,前揭,页6—13。
[2] Richard Gotshalk 将《斐多》作为"爱欲"对话与《会饮》《斐德若》放在一起绎读,参见氏著,*Loving and Dying: A Reading of Plato's Phaedo, Symposium, and Phaedrus*, Uni. Press of America, 2001。
[3] 克罗波西以《普罗塔戈拉》起头以《斐多》收尾连贯地绎读八篇柏拉图对话,有如一部八联剧,但并不包含《会饮》和《斐德若》。见 Joseph Cropsey, *Plato'World: Man's Place in the Cosmos*, Chicago, 1995。

一 《会饮》在柏拉图作品中的独特性

长期以来，柏拉图最著名的作品非《王制》（又译《理想国》）莫属。然而，自20世纪后半叶以来，《会饮》却成了最受欢迎的柏拉图作品（不是之一）。这是为什么呢？从表面现象来看，这不难理解：1968年的西方"文化大革命"标志着一场"爱欲"的自由解放运动来临——海德格尔早年的学生、左翼哲学家马尔库塞在十多年前发表的《爱欲与文明》（1955）成了解放"［自然］爱欲"的哲学指南。《会饮》的基本主题是把"爱欲"尊奉为"神"，其中有人甚至提出了保护男同性恋"爱欲"的自由立法议案。这样的经典作品会吸引时人眼球，没有什么奇怪。令人费解的倒是，的确也有西方学人拿柏拉图的这部作品来为解放同性恋作论证。无论如何，在后现代的这个狂欢时刻，两千多年前的《会饮》成了时髦读物之一，在古希腊作品中堪称绝无仅有。[1]

---

[1] 如果说《王制》是被今人绎读得最多的柏拉图长制，《会饮》就是被今人绎读得最多的柏拉图中篇作品。就今人的解读而言，首先应该提到施特劳斯的老同学克吕格（Gerhard Krüger）在30年代末完成的《会饮》义疏《洞见与热情：柏拉图思想的本质》（*Einsicht und Leidenschaft: das Wesen des platonischen Denkens*, Frankfurt/ Main, 1939/1992第6版）。1968/69冬季学期，海德堡大学神学系宗教思想史教授皮希特（Georg Picht）开讲《会饮》，还

《会饮》的基本情节很简单：几位商界成功人士在进城的路上缠住苏格拉底的一位年轻弟子，要他讲述肃剧诗人阿伽通多年前在家里搞的一次会饮——因为苏格拉底应邀参加了这次会饮，就"爱欲"问题发表了一通意见，他们对此很感兴趣。苏格拉底的这位年轻弟子当时年纪还小，并不在场，仅从一位老辈子那里听到过关于那次会饮的情形，但他后来向苏格拉底本人核实过。由于心地单纯和心直口快，苏格拉底的这位年轻弟子向热心打

（接上页）未讲到一半（至阿里斯托芬的颂辞），就被德国大学生复制的"文化大革命"打断，但他留下的讲稿已经有两百页之多（见 Georg Picht, *Platons Dialoge "Nomoi" und "Symposion"*, Heidelberg, 1990）。上个世纪 90 年代以来，西人解析《会饮》日益精细绵密：Kurt Sier 用了三百页篇幅仅仅疏解《会饮》中的第俄提玛教诲（见氏著, *Die Rede der Diotima: Untersuchungen zum platonischen Symposion*, Stuttgart/Leipzig, 1997）；路德维希（Paul W. Ludwig）用了更多篇幅疏解比第俄提玛的教诲篇幅短得多的阿里斯托芬讲辞（见路德维希，《爱欲与城邦：希腊政治理论中的欲望和共同体》，陈恒译，上海：华东师范大学出版社，2013）。篇幅不大的通解性专著更多，而且层出不穷，笔者印象比较深的有安德森（Daniet E. Anderson）的 *The Masks of Dionysos: A Commentary on Plato's Symposium*（State Uni. of New York Press, 1993），儒普瑞齐（Louis A. Ruprecht Jr.）的 *Symposia: Plato, the Erotic, and Moral Value*（State Uni. of New York Press, 1999），以及何琦特（Jamey Hecht）的 *Plato's Symposium: Eros and the Human Predicament*（Twayne Publishers, 1999）——何琦特的通解篇幅虽然很小（仅 110 页），对诸多细节的识读却颇有独见。相比之下，罗德斯（James M. Rhodes）的 *Eros, Wisdom, and Silence: Plato's Erotic Dialogues*（Uni. of Missouri Press, 2003）一书中有三章解读《会饮》，长达二百三十页，啰里啰嗦不得要领。

听会饮事件的商界人士转述了自己听来的叙述。那次会饮中共有七人就爱欲问题发言，用今天的话说，柏拉图的《会饮》记叙的是雅典民主政制时期的一次关于"爱欲"的公共论坛——这在柏拉图的作品中绝无仅有。

公共论坛是民主政治文化的标志：既然每个人都有平等的政治权利，无论什么重大问题都应该"有话大家说"。于是，德性很差或心性低劣甚至脑筋有毛病的人也有了在公共场合振振有辞地讲歪歪道理的机会。在《会饮》中，苏格拉底所置身的民主时代的政治文化特征十分显眼。首先，开场时缠住苏格拉底的年轻弟子打听会饮的是几位商界成功人士——当时的雅典以工商业发达著称。与我们的时代一样，民主政制与商业化文明有直接关联。[1]第二，这次会饮的谈话主题——颂扬"爱欲"——是通过民主商议方式确定的。事实上，每位在场人的发言的确体现了民主的自由表达意见的特征。第三，为"自然爱欲"正名或"翻案"，本身就反映了民主政制的哲理基础和伦理后果。

通过民主的方式确定颂扬"爱欲"的主题之后，这一决议就具有了政治强制力。可是，轮到苏格拉底发言时，他却拒绝参与颂扬"爱欲"，声称自己起初口头答

---

[1] 对观《王制》的开场，参见拙文《柏拉图笔下的佩莱坞港》，见拙著，《工有所成：习读柏拉图札记》，上海人民出版社（世纪文景分社），2015。

应、心里却没有答应——理由是，他不能接受先前那些颂扬"爱欲"的说法。这意味着，苏格拉底即便能够接受民主政治的形式原则，也不能接受民主政治的实质原则，即把爱欲颂扬成一个"神"。苏格拉底迫使在场的人同意他以自己的方式来谈论"爱欲"之后，他讲述了"从前"的自己从一位先知式的女教师那里学习理解"爱欲"的经历。换言之，苏格拉底在这个民主政治的规定场合不仅暗中修改了民主政治的形式原则，也修改了民主政治的实质原则。就前者而言，苏格拉底的发言基于他强制在场的其他人接受他自己定的规则，以至于苏格拉底在这个民主的场合显得像个僭主——但他不惜让自己成为僭主的理由是：必须讲出爱欲的"真实"。就后者而言，苏格拉底针对自由民主的种种"爱欲"意见提出了他所理解的整全的爱欲观。如果说先前五位发言人表达了自由民主的"爱欲"的种种理据，苏格拉底的爱欲观则体现了民主政治原则难以接受的前提：并没有普遍人性，因此也没有普遍的爱欲——无论人性还是"爱欲"，在世人那里都有德性品质上的差异。如第俄提玛在教育青年苏格拉底时所说：

> 如果每个世人都爱欲而且总在爱欲同样的东西，为什么我们不说每个世人在爱欲，而是说有些人在爱欲，有些人不在爱欲呢？（《会饮》205a9–b2）

如果抹去人性的自然德性差异，政治共同体必然丧失自然的道德秩序，所有人都向各自天性的自由看齐。

话说回来，在这个公共论坛的场合，苏格拉底实际上并没有直接发言——他的发言仅仅转述了他的老师对"爱欲"的理解。这样一来，苏格拉底对民主政治的实质原则的否定就显得节制而且温和。无论如何，苏格拉底在这个民主的场合成功地表达了他对"爱欲"的非民主的理解。

苏格拉底发言结束之后，来了一位已经喝得醉醺醺的不速之客——年轻的民主政治家阿尔喀比亚德，当时他被"社会舆论"视为苏格拉底的学生。阿尔喀比亚德闯入会饮后也被要求颂扬"爱欲"，对这一民主的规定，他既接受又没有接受：接受的是必须讲一篇颂辞，没有接受的是颂扬"爱欲"。他凭靠自己的醉态坚持要颂扬苏格拉底，于是，这位后来在历史上声名狼藉的民主政治家把苏格拉底当作"爱欲"本身来颂扬了一番。

《会饮》的内在情节以揭示苏格拉底是一个怎样的爱欲之人达到高潮，以至于这场关于"爱欲"的公共论坛最终展示的是苏格拉底的爱欲。苏格拉底的发言讲述了自己学习爱欲的经历和所得，阿尔喀比亚德的讲辞不仅让在场的人得知苏格拉底与他的关系的真相，更重要的是展示了苏格拉底在政治生活中的言行德性：节制、正义、勇敢而且热爱智慧——尤其揭示了苏格拉底言辞的双重特征。

这次关于"爱欲"的公共论坛发生在民主的桂冠诗人阿伽通的家里绝非偶然,论坛以意外闯入的民主政治家阿尔喀比亚德对苏格拉底的颂扬结尾,则显示了柏拉图的笔法:关于"爱欲"的自由言论竞赛,获得桂冠的是苏格拉底。无论就形式还是内容而言,《会饮》都是柏拉图作品中体现民主政治语境最为鲜明的作品。在当今时代,如果我们愿意从苏格拉底那里学到如何理解爱欲,《会饮》理应是阅读柏拉图作品的入门第一书。

二 《普罗塔戈拉》与启蒙智识人

就体现民主政治语境而言,《普罗塔戈拉》仅次于《会饮》。这部作品与《会饮》明显的戏剧连续性在于:《会饮》中参与这场公共论坛的发言人,除阿里斯托芬以外,全都在《普罗塔戈拉》中出现过,而且当时大多年纪尚小——阿伽通才16岁左右。这意味着,《会饮》中关于"爱欲"的自由言论是智术师在民主的雅典搞启蒙的结果。

就作品的外在情节而言,《普罗塔戈拉》在柏拉图的所有作品中堪称最富戏剧性,虽然它记叙的事件本身同样很简单。一个名叫希珀克拉底的雅典年轻人听说闻名遐迩的智术师普罗塔戈拉到了雅典,激动不已,一大早敲开苏格拉底的门,要苏格拉底同他一起去见下榻雅典富人卡利阿斯家的普罗塔戈拉,引荐他做普罗塔戈拉的学生。苏格拉底责备希珀克拉底鲁莽，还不认识普罗塔戈拉是怎样的人就冒失地决定把自己的灵魂托付给这人。不过，尽管苏格拉底让希珀克拉底意识到做智术师的学生是丢人的事情，最终还是带他去见了普罗塔戈拉。可是，接下来我们看到的是一场苏格拉底与普罗塔戈拉的交谈，而非普罗塔戈拉与希珀克拉底的交谈。原来，苏格拉底带希珀克拉底去见普罗塔戈拉，为的是通过自己与普罗塔戈拉交谈让希珀克拉底亲眼看到，做普罗塔戈拉这种哲学家的学生的确十分危险。

当时在卡利阿斯家里下榻的智术师不止普罗塔戈拉，还有著名的普罗狄科和希琵阿斯——用今天的话来说，他们分别代表三类外国哲学家：公共哲学家、分析哲学家、科学哲学家。施特劳斯看到，《普罗塔戈拉》是智术师出场最多的柏拉图作品。不仅如此，当时在场的追慕智术师们的年轻人也最多——有几十个。在柏拉图的所有作品中，除《苏格拉底的申辩》之外，苏格拉底在《普罗塔戈拉》中所面对的世人算得上最多，也最为庞杂。尽管如此，当苏格拉底和希珀克拉底来到卡利阿斯家门前时，却见大门紧闭——这意味着智术师的启蒙在当时还处于秘密阶段。

苏格拉底把希珀克拉底带到普罗塔戈拉面前时，普罗塔戈拉问希珀克拉底想要个别谈还是当着在场的所有人一起谈——苏格拉底替希珀克拉底回答说，如何谈由普罗塔戈拉自己决定。普罗塔戈拉毫不迟疑地说，当着在场所有人一起谈。听到这样的回答苏格拉底就在心里想:"我猜他很想在普洛狄科和希琵阿斯面前演示一番,让自己充分显得我们这些有爱欲的人都是冲他而来。"(《普罗塔戈拉》317c7–d1)显然,普罗塔戈拉不仅踌躇满志,而且天性好面子。这里出现的"有爱欲的人"这个语词是《会饮》和《斐德若》中的关键词,在《普罗塔戈拉》中,这个语词指的是众多各色好学的年轻人。换言之,当时那些围着三位智术师的年轻人想必与希珀克拉底相差无几,他们对智识有爱欲,但又对自己的爱欲缺乏自我认识,并不知道自己的爱欲可能会给自己的灵魂带来什么样的危险。

接下来的整个对话让我们看到,苏格拉底挺身挡在了智术师与年轻的爱欲之间。他凭靠高超的修辞技巧刻意引导与普罗塔戈拉的对话,让年轻的爱欲免于智术师的诱导——苏格拉底与普罗塔戈拉的对话乃至争辩自始至终是表演性的。不妨设想,如果苏格拉底与普罗塔戈拉单独在一起或仅有极少数人在场,他一定不会像我们看到的那样与普罗塔戈拉对话(不妨比较《高尔吉亚》)。[1] 施特劳斯敏锐地看到,苏格拉底在与普罗塔戈拉的对抗性论辩中多次显得说话不地道或者说"不正义"(如强迫

---

[1] 参见施特劳斯,《论柏拉图政治哲学新说之一种》,施特劳斯,《苏格拉底问题与现代性》[增订本],刘小枫编,刘振、彭磊等译,北京:华夏出版社,2016,页154。

普罗塔戈拉做不愿意做的事情），乃至最后把普罗塔戈拉逼得当众丢面子——然而，苏格拉底对普罗塔戈拉的"行不义"是为了更大的"正义"：救护涉世未深的年轻爱欲。

作为"爱欲"四联剧的开端，《普罗塔戈拉》展示的是"爱欲"与启蒙的特殊关系：任何时代都不乏对智识有爱欲的年轻人，但并非任何时代的年轻人都会遇到智术师式的启蒙。如果说《普罗塔戈拉》充分展示了雅典民主制时期年轻人的爱欲的政治处境，那么，《会饮》则让我们看到这种处境的结果：经智术师们启蒙之后，斐德若、阿伽通、泡萨尼阿斯、厄里克希马库斯不仅提出了富有民主政治色彩的自由"爱欲"观，而且说得振振有辞，看似不无道理。智术师所传授的修辞术让这些年轻人成了各色能说会道之士，苏格拉底在《普罗塔戈拉》中孤身与智术师群体的缠斗显得以失败告终……

三 《斐德若》在柏拉图作品中的特殊位置

斐德若在《普罗塔戈拉》中并非起眼的角色，仅仅提到他在场而已（《普罗塔戈拉》315c6）。但在《会饮》中，斐德若成了起眼的人物——实际上是他提议把"爱欲"作为"神"来颂扬。斐德若与阿尔喀比亚德不同，没有搞政治的爱欲，但对言辞有与生俱来的爱欲。戏剧一开场我们看到的是：接近正午的时候，苏格拉底在城墙边碰到正要出城去溜达的斐德若——他一大早就在听吕西阿斯诵读一篇关于"爱欲"的讲辞。由于坐得太久,他带上吕西阿斯的讲稿打算到城外继续欣赏——斐德若对吕西阿斯的"爱欲"讲辞的爱欲到了痴迷的地步。

斐德若碰见苏格拉底后欣喜不已,他用吕西阿斯的"爱欲"讲辞引诱苏格拉底,要苏格拉底陪他一起去城外欣赏吕西阿斯的讲辞。于是,两人来到城外一处有树木、泉水、草地的郊野。《斐德若》是柏拉图作品中并不少见的单独两人对话,但这样的对话场景在柏拉图的作品中却独一无二——场景不仅是城外的郊野,还是如今所谓民间宗教的祭神地。

吕西阿斯的"爱欲"讲辞是依据智术师的修辞术理论写成的一篇劝导文范本,模拟男同性恋的主动方勾引作为少男的被动方。由于讲辞模拟的勾引者声称自己是个"没爱欲的人",吕西阿斯的"爱欲"讲辞要讲的道理是"应该爱欲一个没爱欲的人"——"没爱欲的人"引诱另一个人爱他,这听起来就让人觉得荒诞不经,斐德若却觉得这篇"爱欲"讲辞的立意绝妙无比,可见斐德若对言辞的爱欲被智术师的修辞术忽悠到了失去常识的地步。与我们大多数人一样,斐德若的爱欲被民众蛊惑家的修辞成功俘获——与在《普罗塔戈拉》中的说法一样,在《斐德若》中,苏格拉底把智术师视为民众蛊惑家。

斐德若诵完吕西阿斯的"爱欲"讲辞后,苏格拉底认为吕西阿斯的讲辞说得还不够完备,于是自己也就"应该爱欲一个没爱欲的人"这个题目即席发表了一篇"爱欲"讲辞。我们已经可以感觉到一个相当可笑的内在矛盾:斐德若和苏格拉底都对吕西阿斯的这篇讲辞显得充满爱欲,而讲辞本身却赞颂的是没有爱欲的人。换言之,这里出现了一个问题:什么是真实的爱欲。其实,苏格拉底对吕西阿斯的讲辞的热情是假的——他就这个题目发表完讲辞后就对斐德若说,自己觉得冒犯了爱欲"神",需要马上再发表一篇赞颂爱欲的讲辞。于是,苏格拉底又作了一篇被他称为"悔罪诗"的长篇讲辞来阐明相反的道理:"应该爱欲一个有爱欲的人。"与在《会饮》中借第俄提玛之口表达对"爱欲"的看法一样,在这里,苏格拉底说,他的这篇"爱欲"讲辞出自抒情诗人斯忒西科若斯。

《斐德若》的前半部分与《会饮》相似,由三篇关于"爱欲"的讲辞构成。不过,这里的三篇讲辞明显更具表演性,尽管《斐德若》是两人单独在一起的场合,本来无需什么表演。苏格拉底表演完后,随即与斐德若就应该如何制作讲辞展开了一场讨论,以至于《斐德若》在结构上泾渭分明地分为两部分:前半部分是三篇表演性讲辞,后半部分是讨论如何制作表演性讲辞的技艺——亦即修辞术——的对话。这样的结构曾经让人感到困惑,其实,不难理解的是:前半部分的三篇"爱欲"讲辞明显在为后半部分讨论修辞术提供范例。

表演性讲辞是民主政治文化的基本表征之一。按照智术师的修辞术理论，这类讲辞的目的是迎合民众意见，把如今所谓"传媒"意见讲得来看似真实的东西，只要能让人以为是真实就行——吕西阿斯制作的讲辞就是按此理论搞出的一个范本。换言之，智术师的修辞术原理是为雅典民主政治而设计的，以便"通过关注杂众的意见把坏东西夸赞得像好东西"（《斐德若》260c9-10）。因此，苏格拉底在引导斐德若讨论修辞术时一开始就提出了表演性讲辞与城邦政制的关系问题。在整个讨论过程中，苏格拉底针对民主政治的修辞术理论提出了辩驳：即便在一个民主的政体中，表演性讲辞也应该讲真实。当然，无论什么事情，要搞清楚何谓"真实"的确很难——但问题在于，不能因为"真实"很难搞清楚，就不去搞清楚。在《会饮》中，苏格拉底拒绝参与颂扬"爱欲"的竞赛，理由就是：他认为先前所有关于"爱欲"的讲辞都不讲"爱欲"的真实。

据说，《斐德若》在柏拉图作品中具有独特位置，因为它让我们看到苏格拉底关于政治书写（从立法文告到城邦戏剧）的看法，甚至展示了柏拉图的写作原则。[1] 其实，我们更应该说，《斐德若》首先让我们看到的是苏格拉底对公共性讲辞乃至书写的"辩证"看法——换言之，在柏拉图的其他任何作品中，对民主政治修辞术的批判都不如这篇

1　参见施莱尔马赫，《论柏拉图的对话》，前揭，页106。

对话明朗和透彻。由此我们可以看到《斐德若》与《普罗塔戈拉》和《会饮》明显的对观性关联：《会饮》中的"爱欲"讲辞涵盖了民主政治修辞术的全部三种样式（诉讼讲辞、民主议事会的商议式讲辞和民众集会上的炫耀式讲辞），《斐德若》后半部分对民主政治修辞术的批判，无异于对这三类修辞的釜底抽薪式的批判。苏格拉底在《斐德若》中对成文言辞的贬低非常有名，引出了各种关于"书写"的哲理探讨。其实，无论关于"书写"的哲理有多少话可说，在苏格拉底那里，这个问题首先与如今民主政制中的所谓"公民教育"问题有关——《普罗塔戈拉》中的苏格拉底说：

> 毕竟，如果有人就同样这些事情与任何一个民众演说家讨论，大概也会[从他那里]听到这样一些说法——无论伯利克勒斯，还是别的哪个铁嘴。可是，倘若还有什么要进一步问，[他们]没有一个不像书本那样，既不能解答，也不能反躬自问。倘若有谁就所讲的东西中哪怕小小的一点儿问下去，[他们]就会像被敲响的铜盆响个不停，直到有谁摁住它。（《普罗塔戈拉》328e9-329a7）

在《斐德若》中，苏格拉底明确提到民主政治领袖伯利克勒斯的老师和朋友普罗塔戈拉，佯称他"发明了就任何话题都既能说得极短又能拖得老长[的能力]"

(《斐德若》267b2-4），接下来就说到《普罗塔戈拉》中在场的另两位智术师（普罗狄科和希琵阿斯）。如果说《普罗塔戈拉》是柏拉图作品中智术师出场最多的作品，那么，《斐德若》就是柏拉图作品中提到智术师和修辞家最多的作品——苏格拉底一口气点了十位智术师的名，包括大名鼎鼎的高尔吉亚和在《王制》卷一中苏格拉底与之有过直接交锋的忒拉绪马霍斯，他们都声称具有能让人成为在说话方面有智慧的人（《斐德若》266c2-5）。修辞术的发明者都不是雅典智识人，但修辞术在民主政制的雅典才真正派上用场。在柏拉图的全部作品中，苏格拉底与智术师的斗争占了很大篇幅——与智术师的斗争就是与民主政治文化的斗争。柏拉图的好些作品具有明显的时代相关性，绝非与现实不相干。[1]

吕西阿斯在《斐德若》中并没有亲身出场，但他的文章在场等于他本人在场，而他的在场显明的是民主政治文化的在场——我们可以说，即便《斐德若》的对话场景在城外，仍然没有摆脱民主政治文化的支配。吕西阿斯是雅典民主政制时期鼎鼎有名的修辞家，但他是外籍移民，没有完全的雅典公民权，只能替人写诉讼控辞

---

[1] 苏格拉底与智术师的斗争呈现为两个方面：第一，直接面对智术师本人（如《普罗塔戈拉》《高尔吉亚》《希琵阿斯》，甚至《王制》中的忒拉绪马霍斯）；第二，教育受智术师影响的年轻人——《会饮》《斐德若》《斐多》都属于这类作品——还可以加上《阿尔喀比亚德》《卡尔米德》《欧蒂德谟》《吕西斯》等。

或辩护辞来展现自己的修辞术才华。在雅典，没有言辞能力的人如果要控告谁或为自己辩护就得需要找代理。雅典的法律远不如今天繁琐细密、种类复杂，控告或辩护需要的不是熟悉法律条款，而是需要有言辞能力：凭靠修辞技艺把被告说成有罪或把被告说成无罪。吕西阿斯在《斐德若》中的角色非常重要，因为，他的修辞才华表明：在民主政体中，一个人的公共言辞能力非常重要——毕竟，民主政治的预设是每个公民不仅有参政的权利，而且有参政的义务。每个公民的参政义务不可能通过人人都当执政者来实现，但最低限度的参政义务则可以通过议政来实现。问题在于，无论当选为执政者也好还是仅仅议政也罢，每个公民是否具有参政所需要的政治德性是另一回事。换言之，民主政治的正当性取决于这样一个前提：每个人天生都具有优异的政治德性——显然，这样的前提并非真实（对观《普罗塔戈拉》319a10–320c1）。

由此可以理解《斐德若》中的一个乍看起来令人困惑的情形：吕西阿斯的身份在这篇作品中并非是替人写法庭讼词或辩词的高手，而是写具有隐私性质的"爱欲"讲辞的高手——吕西阿斯的讲辞是一篇地道的"私人"之间的讲辞。同样，苏格拉底与斐德若谈的虽是政治修辞的问题，他与斐德若的交谈本身却具有明显的"私人"特征。这意味着，在苏格拉底看来，民主政治的根本困难在于每个人的德性是否齐一。雅典民主政制是柏拉图的苏格拉底谈论爱欲问题的政治语境，反过来说，苏格拉底谈论"爱欲"则从根本上暴露出民主政治原理的难题：民主政制只会开放"爱欲"的奇异和自由（如我们在《会饮》中看到的那样），而不会区分高贵与低劣的爱欲，从而也就谈不上培育高贵的德性。如何看待"爱欲"看起来是个私人问题，实际上是涉及政制德性的公共性问题——毕竟，现代民主政制的建立，以一套全然不同于古典的人性理解为前提。

> 宽泛地说，古典派反对民主制是因为他们认为，人类生活乃至社会生活的目的不是自由而是德性。自由作为目标是含混的，因为它既是［可能］作恶的自由也是［可能］行善的自由。德性通常只有通过教育才会实现……古典派与我们对民主制的态度的差异只在于对技术的德性的不同评价：但我们没有资格说，古典的观点已经被驳倒。他们的含蓄预言——即技术和技艺从道德和政治的控制中获得解放将导致灾难或人的非人化——尚未被驳倒。
>
> ……无论现代自然科学的意义是什么，它无法影响我们对何为人身上的人性的理解。对现代自然科学来说，以整全的眼光来理解人意味着以次人（sub-human）的眼光来理解人。但从这一角度来看，

人作为人完全不可理解。古典政治哲学以不同的眼光看待人——这肇始于苏格拉底。[1]

我相信,如果用这段话来概括《斐德若》的要义会非常恰切。在《斐德若》中,苏格拉底的长篇"悔罪诗"提供了"以整全的眼光来理解"爱欲的范例——理解"爱欲"不是理解"人性",还会是什么呢?

四 《斐多》与苏格拉底的爱欲

《斐多》因记叙了苏格拉底临终前一天的言行历来备受关注。然而,在什么意义上可以而且应该把这篇作品视为关于"爱欲"的作品呢?可以说,无论在《会饮》还是《斐德若》中,柏拉图最终让我们看到的是苏格拉底自己的热爱智慧的爱欲——这种爱欲被苏格拉底说成是自己的命份[精灵]。就呈现苏格拉底的生活方式或命份而言,在柏拉图的作品中,《斐多》堪称最为彰明较著——在生命的最后时刻,苏格拉底对自己的生活方式仍然充满爱欲,自然生命即将终了并没有给苏格拉底的爱欲带来丝毫影响。

《斐多》与《会饮》一样,属于事后由苏格拉底的学

---

[1] 施特劳斯,《什么是政治哲学》,前揭,页27—29。

生回忆而成的记叙,差异在于:《斐多》中的回忆是苏格拉底已经离世之后的回忆。按斐多的回忆,苏格拉底在狱中等待服刑时,偶然遇到雅典城邦的一个传统宗教节庆,以至于执行死刑的时间一再推迟。换言之,这场临终谈话基于苏格拉底的生命因偶然而多出来的一天。不过,自然生命多一天或少一天,对苏格拉底来说根本就无所谓,因为他相信,死并非一个人生命的终了。毕竟,灵魂是不死的,灵魂脱离身体之后还会有自己的继续旅程——在《斐德若》中,苏格拉底曾用"万年"循环来描述灵魂的旅程(《斐德若》268e4–269d3)。当时在狱中陪伴苏格拉底度过最后一天的朋友有十来位,其中有两位年轻人是毕达哥拉斯派信徒——西姆米阿斯和刻贝斯。他们都是忒拜人而非雅典人,天性好思辨,或者说对思辨天生有爱欲。当苏格拉底对即将到来的死感到欣喜时,他们则对苏格拉底所信奉的灵魂不死的理据感兴趣,希望苏格拉底把自己的信念理据讲清楚。于是,苏格拉底在狱中阐述了自己关于生死问题的信念——更确切地说,阐述了热爱智慧的人的生活方式。用苏格拉底自己的话来说,这是他在"法官面前"的第二次辩护,比在法庭上面对雅典人民的辩护更有说服力。苏格拉底的辩护词以这样的说法结尾:

> 如果我们想要洁净地认清无论什么[东西],就

必须摆脱身体，就必须用灵魂本身去观看事情本身。然而，看来啊，我们要得到所热望的明智之思，我们要说自己是［热爱智慧的］爱欲者，只有当我们终了之后才行。(《斐多》66d9-e4)

《斐多》的场景与《普罗塔戈拉》的场景一样，有众多人在场——尽管《普罗塔戈拉》中的在场者多得多而且庞杂得多，《斐多》中苏格拉底的朋友和学生们围着他，与《普罗塔戈拉》中众多人围着智术师普罗塔戈拉至少在形式上没有两样。我们记得，当时苏格拉底曾在心里说，普罗塔戈拉想让自己充分显得"我们这些有爱欲的人都是冲他而来"。在这里，苏格拉底则说，"我们要说自己是爱欲者"——非常清楚，苏格拉底把热爱智慧称为"爱欲"。在《斐德若》中，这种灵魂的"爱欲"被界定为第四种"爱欲的疯癫"，即爱欲天上的纯净之美（对观《会饮》211d1-212a3 第俄提玛关于观看美的沧海的说法），爱欲从天上"向下看到正义本身，向下看到节制，向下看到知识"(《斐德若》247d5-7)。因此，苏格拉底说，既然这类热爱智慧的人"毕生盼望的就是抵达那个［自己］一直爱欲着——而且是凭靠明智一直爱欲着——的地方"(《斐多》68a1-2)，[1] 他们断乎不会不对灵魂即将

---

[1] 惜墨如金的柏拉图在这里两次用到的动词"爱欲"都是一般过去时。

脱离身体而感到欣喜。

西姆米阿斯和刻比斯听了苏格拉底的陈辞之后都赞叹他说得美,不过,他们对苏格拉底关于灵魂不死的说法并没有完全信服……于是,苏格拉底在临终这天就灵魂不死的说法与西姆米阿斯和刻比斯这两位热爱思辨的年轻人就有了一场非常抽象的交谈。

从种种迹象来看,《斐多》与《斐德若》都称得上是姐妹篇。在《斐德若》中,苏格拉底提到过两个《斐多》中的人物:一个是智术师兼诗人欧厄诺斯(《斐德若》267a3)——在柏拉图的所有作品中,此人仅在《苏格拉底的申辩》中还提到过,他与指控苏格拉底有关。[1] 另一个是天生热爱思辨的西姆米阿斯(《斐德若》242b3)——《斐德若》是苏格拉底与斐德若的单独对话,《斐多》则主要是苏格拉底与西姆米阿斯和刻比斯的对话,而西姆米阿斯的思辨脑筋比刻比斯更不容易被说服。在《斐德若》中,苏格拉底几乎将斐德若与西姆米阿斯相提并论——当时苏格拉底对斐德若说:

一涉及到言辞,你就神样儿啦,斐德若,简直

---

[1] 除了出现在《斐多》中外,欧厄诺斯和西姆米阿斯都仅见于《斐德若》和《苏格拉底的申辩》,这很可能暗示《斐德若》与苏格拉底的审判和受死有内在关联。

让人惊奇。毕竟，我认为啊，在你生活的时代所产生出来的文章中，没人比你作得更多，无论是你自己口占产生的，还是你以某一种方式逼别人口占产生的。忒拜人西姆米阿斯我会不算在内；你比其他人强太多啦。（《斐德若》242a6-b3）

苏格拉底说斐德若不仅自己制作讲辞，还逼迫别人制作讲辞——这会让我们想到，《会饮》中的厄里刻希马库斯正是用斐德若的说法逼迫当时在场的人各作一篇颂扬"爱欲"的讲辞。但为什么苏格拉底在这里突然提到西姆米阿斯呢？因为西姆米阿斯天生热爱论辩、好辩理，这是热爱言辞的一种类型——西姆米阿斯对"论辩"的热爱（philologia［热爱论说］）无人能及（《斐多》85c-d）。我们可以说，苏格拉底将斐德若与西姆米阿斯相提并论的原因在于：他们都有热爱言辞的灵魂式爱欲。不仅如此，他们还都对形而上的自然之理感兴趣——在《普罗塔戈拉》中我们看到，年轻的斐德若起初就坐在希琵阿斯身边，听他讲解"一些天象学中涉及自然和天上的东西"（《普罗塔戈拉》315c5-6）。

人们迄今对《斐多》的热爱主要是因为苏格拉底面对死亡时的态度，其实，我们不应忽略苏格拉底与西姆米阿斯和刻比斯交谈的性质：苏格拉底临终前还在苦口婆心调教年轻人的爱欲。就此而言，与《斐德若》一样，

《斐多》呈现了苏格拉底在《普罗塔戈拉》中的生存姿态：救护年轻人的"爱欲"，让他们免受自然哲学家和智术师的诱导。对言辞的爱欲和对自然之理的爱欲固然都属于灵魂式的爱欲，这种爱欲本身是好的，但在民主政治的语境中，这种"爱欲"很可能被引入歧途。

五　苏格拉底的教诲：灵魂的差异

苏格拉底苦口婆心地劝说西姆米阿斯相信灵魂不死也不灭的道理，最终仍然没有让西姆米阿斯信服。这时，苏格拉底已经没有生命时间与西姆米阿斯继续讨论下去——服刑的时刻到了。最后，苏格拉底讲了一个关于"大地"以及人在大地上应该如何生活的神话[故事]，作为对哲学思辨的替代。用今天的话来说，苏格拉底临死前还在宣扬"封建迷信"，因为，苏格拉底最后讲的关于灵魂之旅的故事意在劝导年轻人首先"关心自己的灵魂"，而非相信纯粹心智或理性能让自己的人生圆满，这意味着灵魂的德性比灵魂的自由更重要——对雅典的民主派政治文人来说，这不是在"败坏青年"又是什么呢？

在柏拉图笔下，苏格拉底的教诲呈现为两类言辞：辩证式对话和讲故事。用苏格拉底自己的说法，他所谓的"讲故事"就是"作诗"。在这四篇柏拉图对话中，如何"作诗"的主题贯穿始终。在《普罗塔戈拉》中，我们首先看到的是普罗塔戈拉作诗，然后是苏格拉底作诗，进而是苏格拉底与普罗塔戈拉讨论西蒙尼德斯的作诗。在《会饮》中，我们首先看到阿里斯托芬和阿伽通作诗，然后是苏格拉底作诗。在《斐德若》中，我们看到苏格拉底两次作诗，第二次作的"悔罪诗"篇幅很长。在《斐多》中，苏格拉底把自己的一生都说成是在作诗——因为他把热爱智慧视为作诗（《斐多》60e4–61b1），而且最后作了一首"大地"之歌的长诗作为自己生命的"天鹅之歌"。在柏拉图作品中，苏格拉底作过很多的诗［讲故事］，最有名的莫过于《斐德若》和《斐多》中所作的长诗——与之相关的是《王制》中有关作诗的著名讨论（卷二至卷三和卷十），以及结尾时的作诗（即卷十的"俄尔神话"）。当然，在柏拉图笔下，苏格拉底的作诗并非关涉文艺理论或美学问题，而是关涉政治哲学问题。[1]

无论《会饮》《斐德若》《斐多》还是《王制》中的作诗，都与人的灵魂德性问题相关——苏格拉底在《斐德若》中披着抒情诗人外衣所作的"悔罪诗"篇幅最长，也最重要，即便今天读来仍然脍炙人口。这个神话［故

---

[1] 关于柏拉图"爱欲四书"中的神话［故事］，参见张文涛编，《神话诗人柏拉图》，华夏出版社，2010。朱光潜先生在上个世纪60年代编译"柏拉图文艺对话集"时，没有收录《普罗塔戈拉》和《斐多》，不能不说是一大遗憾。

事]的主题是"爱欲的疯癫",实际上说的是灵魂德性与上天景象的关系。"疯癫的爱欲"是灵魂上升的"爱欲",在《斐多》的"大地神话"中,苏格拉底再次重复了这种"爱欲"对人世生活的意义。

> 我们虽然居住在大地的某个空洞里,却自以为住在大地的最上方,把空气称为天,由于星体在天中穿行就以为空气是天。其实,这与刚才说的是一回事,即出于软弱和迟钝,我们不能穿过最外面的空气。因为,如果有人走到空气的最上面,或者生出翅膀飞起来,探出头来朝下看——就像这儿的鱼儿从大海探出头来看这边是些什么——兴许也会如此往下看那边是些什么。(《斐多》109d6-e7)

这段话在我们读来恍如读到的是《庄子·逍遥游》的开头……但这段话首先应该让我们想到的是《会饮》中第俄提玛所讲的灵魂上升——由此我们再次看到《斐多》与《会饮》和《斐德若》的内在关联。柏拉图的所有基要作品都涉及"灵魂"问题,但我们不应忽略:灵魂的个体差异及其高低秩序是苏格拉底讨论灵魂问题的前提——在《普罗塔戈拉》中,这个前提展现得最为充分。在"爱欲四书"中,有三篇对话的语境是多数人与少数人杂处的场合,唯有《斐德若》是单独对话。无论希珀克拉底还是斐德若,都算不上天生优异的灵魂,即便思辨力超强的西姆米阿斯也算不上德性优异的灵魂,尽管如此,苏格拉底仍然不惜为了他们而付出自己的生命时间。苏格拉底的灵魂让人感动,不仅在于他对精纯不杂的美有强烈的爱欲,而且在于他的灵魂爱欲在追求自己的所爱时没有不顾及我们这些生性可怜的灵魂——如斐多所说,苏格拉底"很好地救治我们,<u>重整和唤起已经溃逃和被打趴的我们,激励我们跟随</u>……"(《斐多》89a3-7)。

如果说《普罗塔戈拉》是"时序上最早的一篇柏拉图对话……苏格拉底正是在这篇对话中登上了公共舞台"——当时他大约36岁,[1]那么,《斐多》就是时序上最晚的一篇柏拉图对话。从而,"爱欲四书"展示了成熟后的苏格拉底在政治人生中的三个重要阶段——《会饮》和《斐德若》中的苏格拉底大约50多岁。在《斐多》(97b-99d)中,临终前的苏格拉底回忆了自己年轻时(还不到19岁)如何满怀热情跟从阿那克萨戈拉的自然哲学和心智论,然后又为何抛弃了这位老师;在《会饮》中,苏格拉底则回忆了自己年轻时(大约28岁)跟从第俄提玛学习理解爱欲的经历——在整个柏拉图作品中,苏格拉底的这两段爱欲成长经历占有重要位置。可以说,"爱欲四书"既让我们看到青年苏格拉底的爱欲,也让我们

---

[1] 朗佩特,《哲学如何成为苏格拉底式的》,前揭,页10。

看到中年和老年苏格拉底的爱欲，恰好构成一部整全而又生动的苏格拉底行传。

把《普罗塔戈拉》《会饮》《斐德若》《斐多》编成柏拉图的"苏格拉底爱欲四书"，使之共同构成柏拉图所有作品的基础，理由已经足够充分。毕竟，灵魂的"爱欲"问题是柏拉图所有作品的基础，或者说柏拉图思想的基础。

主要参考文献

这里列出的是本稿翻译时所参考的主要（而非全部）西文文献，按笺注本、译注本和义疏本分为三类。

《普罗塔戈拉》：1. J. Adam / A. M. Adam 笺注本（1893/1971重印），Nicholas Denyer 笺注本（2008）；2. Frédérique Ildefonse 译注本（1997），Bernd Manuwald 译注本（1999），J. A. Arieti/R. M. Barrus 译注本（2010）；3. 施特劳斯讲疏（据芝加哥大学"施特劳斯中心"刊布的录音记录稿，简称"施疏"）。

《会饮》：1. K. J. Dover 笺注本（1980），Hans Reynen 笺注本（1986）；2. Seth Bernadete 译注本（1984），Ute Schmidt-Berger 译注本（1985），Paul Vicaire 译注本（1991），William S. Cobb 译注本（1993），Luc Brisson 译注本（2001）；3. Gerhard Krüger 义疏（1939），施特劳斯义疏（1959/2001），罗森义疏（1967）。

《斐德若》：1. C. J. Rowe 笺注本（1988），Harvey Yunis 笺注本（2011）；2. Kurt Hildebrandt 译注本（1957），

Luc Brisson 译注本（1972），Paul Vicaire 译注本（1991），Jacques Cazeaux 译注本（1997），James H. Nichols JR 译注本（1998），Stephen Scully 译注本（2003）；3. Ronna Burger 义疏（1980），Ernst Heitsch 义疏（1993）。

《斐多》：1. W. D. Geddes 笺注本（1863），C. J. Rowe 笺注本（1993）；2. R. Loriaux 译注本（1969），David Gallop 译注本（1975），Babara Zehnpfennig 译注本（1991），Paul Vicaire 译注本（1991），Monique Dixsaut 译注本（1991），Eva Brann 等译注本（1998）；3. Ronna Burger 义疏（1984），Theodor Ebert 义疏（2004）。

翻译过程中还参考了如下中译本：戴子钦的《普罗塔戈拉》译本（见《柏拉图对话七种》，辽宁教育出版社，1998），朱光潜的《会饮》和《斐德若》译本（见《柏拉图文艺对话集》，人民文学出版社，1988），水建馥和王太庆的《斐多》译本，分别见《古希腊散文选》（人民文学出版社，2000）和《柏拉图对话集》（商务印书馆，2004）。

柏拉图四书

普罗塔戈拉

友伴 [309a] 你这看起来像是打哪儿来呵，苏格拉底？岂不明摆着刚追过阿尔喀比亚德的青春么？[1] 其实，前不久我看到过他，看上去的确像是个美的男子诶，不过，是男子咯，苏格拉底，我们自己说哈，胡子[a5]已经发芽儿啦。

苏格拉底 那又怎样？你不恰是荷马的追捧者么？[309b] 荷马说，最魅人的青春劲儿恰是胡子初生，[2] 阿尔喀比亚德正是时候呵？

---

1 阿尔喀比亚德（公元前450—前404年）是雅典民主鼎盛期的重要政治人物，在率军出征斯巴达时，被雅典人以渎神罪起诉。阿尔喀比亚德闻讯后叛逃到斯巴达，成为"雅奸"。阿尔喀比亚德从小到大都很酷，即使说话嗫嚅不清，其神态也让人折服，充满美感。由于帅得不行，追他的女人不少。阿尔喀比亚德年轻时与苏格拉底交往密切，被视为苏格拉底的学生——柏拉图以他的名字命名的作品有两篇。本篇对话记叙普罗塔戈拉第二次到雅典时的情形，其时阿尔喀比亚德大约17岁（比苏格拉底约小20岁）。

2 在荷马笔下，这话用于贼神赫尔墨斯，共两处：《伊利亚特》卷二十四348和《奥德赛》卷十279。

友 那么这事儿现在怎样啦？你看上去刚从他那儿来？这嫩小子对你怎样啊？

苏 [b5] 他让我觉得不错哦，尤其今天这次。毕竟，他替我说了不少话声援我；我确实刚从他那儿来。不过，我想要对你说件稀奇事，尽管他在场，我竟然没在意，常常把他给忘了。

友 [309c] 难道会发生什么吗，你和他竟有这种事情？毕竟，你恐怕遇不到一个更美的人呦，起码在这［雅典］城邦［遇不到］。

苏 哪里话，［美］多啦。

友 [c5] 你说什么？本城人还是外邦人？

苏 外邦人。

友 哪儿来的？

苏 阿伯德拉。[1]

友 你竟然觉得这某个外邦人如此之美，甚至对你显得美过 [c10] 克莱尼阿的儿子？

苏 怎么，幸运儿啊，最智慧的东西难道不显得更美？

友 莫非你刚幸遇某个智慧的，［这会儿］就与我们在一起啦，苏格拉底？

---

1 阿伯德拉（Abedera）城邦在忒腊克（今巴尔干半岛东半部，旧译"色雷斯"[Thrace]按英文发音），是自然哲人德谟克利特和智术师普罗塔戈拉的故乡。

苏　[309d] 在今天还健在的［智慧人］中恐怕是最智慧的咯，要是你觉得［他］最智慧的话……普罗塔戈拉呵！[1]

友　哇，你说什么！普罗塔戈拉到［雅典］啦？

苏　已经第三天喽。

友　[d5] 难道你来之前和他在一起？

苏　[310a] 当然呵，［同他］说了很多，也听了很多。

友　要是不耽误你什么事儿的话，何不对我们详细说说［你们］在一起［的事］。坐这儿，这个小厮起来！

苏　[a5] 那么当然咯；如果你们要听，我倒挺感激呢。[2]

友　要是你会讲讲，我们也感激你。

---

[1] 普罗塔戈拉（约公元前490/486—前420年）：古希腊最著名的智术师，出身富豪之家，与德谟克利特是同乡，大约活了70岁，其中四十年以教学为业。他早年受教育的情况不详，据说可能受过波斯人思想影响。普罗塔戈拉能言善辩、学富五车，用今天的话来说，他的头衔有：自然学家、教育家、修辞家、希腊语言学始祖，还精通饮食学（在古代属于医术的一部分）。他曾游历各城邦教学，名满天下，可惜著述佚失殆尽。参第欧根尼《名哲言行录》卷九53。

[2] ［施疏］苏格拉底的忆述出于自愿，而且显得热切地愿意忆述——《会饮》和《斐多》中的讲述者就并非完全是自愿。柏拉图的作品不外乎记叙的是苏格拉底与某人或某些人的谈话，但谈话出于主动还是被动，大有分别。

苏 那么感激兴许就翻倍喽。你们且听着。[1]

这还是[昨天]夜里的事儿,[早上]天快亮时,希珀克拉底,[2]也就是阿波罗多洛斯的儿子、普法松的兄弟,[310b]用手杖猛敲房门。有人刚把门打开,他就径直冲进来,大声嚷嚷,"哎呀,苏格拉底",他说,"你醒了还是还在睡呵?"[3]

我听出是他的声音,于是我说,"希珀克拉底,[b5][我]在这儿呐;莫非你有什么糟糕事儿要通报?"

"没有没有,"他说,"只有好事儿!"

"但愿你有好运,"我说,"究竟什么事儿呵,为何你一大早就来?"

"普罗塔戈拉……来啦,"他站在我旁边说。

"前天[就来了],"我说,"你才听说?"

"凭诸神[发誓],"他说,"[昨天]傍晚[才听说]。"

[310c]说着他摸到[我的]小床,在我脚那头坐下

---

1 [施疏]苏格拉底向具体的某人讲述了这个对话,虽然没有提到名字,显然是个朋友。在《王制》中,苏格拉底同样是对人讲述,但我们根本不知道他在对谁讲述。

2 希珀克拉底是普通青年,未见史籍提及。在阿里斯托芬的《云》中,以 hippo-[马]开头的人名被用来喻指弟子。

3 [译按]这里表明,随后的戏剧性谈话发生在上午。换言之,同一个事件在一天中发生了两次:谈话事件发生在上午,苏格拉底对朋友复述这次谈话则是在当天下午。

说道:"真的,[昨儿]傍晚[才听说],[当时]我从奥伊诺回来已经很晚。¹哎呀,我的家奴萨蒂若斯跑啦;真的,我[本]想来告诉你,我要去追他,由于[c5]别的事儿就给忘了。我回来后,我们吃晚饭,然后打算睡觉,这时我兄弟告诉我,普罗塔戈拉来啦。²当时我就已经要动身立刻来找你,随后我[又]觉得夜太深。等[310d]一顿酣睡很快把我从疲劳里释放出来,我立马起身,随即赶来这儿。"

我认识他这人的勇敢,还有[好]激动,于是我说:"这同你有什么相干?莫非普罗塔戈拉错待你什么啦?"

他笑了说,"没错,[d5]凭诸神发誓,苏格拉底,因为唯独他是智慧者,却不打造我是[智慧者]。"

"可是,凭宙斯,"我说,"要是你给他钱,说服他,他也会造就你[拥有]智慧的东西。"

"但愿哦,"他说,"宙斯和诸神啊,要[310e]是这样的话;因为,我不会留下哪怕一点儿无论是我自己的还是我朋友们的[钱]。正是为了这样一件事儿,我此刻就

---

1 奥伊诺是雅典西北靠近 Eleutherae 地区的一个小镇,这个地名也许是反讽:Eleutherae 这个地名的字面意思是"自由",希珀克拉底到靠近"自由"的地方去追逃跑的奴隶。
2 [施疏]柏拉图让普罗塔戈拉来雅典的消息出现在人们满足最为日常的需求的时刻。希珀克拉底的兄弟更早知道普罗塔戈拉来了雅典,但他对此无动于衷,可见他没有追求智慧的兴趣。

来找你，要你替我同他说说。毕竟，我眼下还年轻呵，何况，我还没见过普罗塔戈拉呢，甚至没听他说过任何话；[e5]他第一次来雅典时，[1] 我还是个孩子。再说，苏格拉底，所有人都在夸赞这个男人，说他在言谈方面最智慧。[2] 为什么我们不这会儿就[311a]去他那儿，在他出门前逮住他？听说他正在希珀尼科斯的儿子卡利阿斯那里，[3] 我们去吧。"

我说，"我们别[急着]去那儿，好小子，毕竟[天色]还早呐。不如我们立马起身，去院子里转转，我们在那里悠闲悠闲，等天亮，然后我们再去。毕竟，[a5]普罗塔戈拉大多时候都在家悠闲。你得有信心，我们兴许会在[卡利阿斯]屋里逮着他。"

说罢我们就起身，[4] 在院子里转悠。[311b]为了考察

---

1 普罗塔戈拉第一次到雅典是在公元前444年。

2 [施疏]希珀克拉底把修辞等同于有智慧，可见他不能区分修辞术与智术，或者说，当时的人们不能区分修辞术与智术——反过来看，智术师们是否区分两者呢？关于这个问题，柏拉图的《高尔吉亚》有透彻的探究。

3 卡利阿斯是雅典富豪，其父希珀尼科斯在公元前424年战死，留给他巨额财富。其母跟希珀尼科斯离婚后嫁给伯利克勒斯又生了两个儿子，即下文[315]出现的帕拉洛斯和克山蒂珀斯。因他太富有，雅典人有时直接称他"富翁"。他喜交智术师，由于挥霍无度，最后家财散尽，贫困不堪。

4 [施疏]柏拉图笔下的苏格拉底在床边的谈话共四次：《克力同》中与克力同的谈话，《会饮》中阿尔喀比亚德记叙的与苏格拉底的床边谈话，《斐多》中与哲学青年的谈话。床边谈话是最为私密的谈话，这四次谈话唯有《斐多》中的谈话是多人在场，其他三次都是单独谈话。《克力同》的谈话地点在苏格拉底的囚室，而非睡房，与《斐多》相同。就谈话涉及的内容而言，

希珀克拉底的决心,我问了些问题来考察他。[1] 我说,"给我说说看,希珀克拉底,你这会儿打算去普罗塔戈拉那儿,想要付钱给他,作为教你的酬金,这是去什么人那儿,并要成为[b5]什么人呢?比方说吧,如果你打算去与你同名的科俄斯岛的希珀克拉底——也就是阿斯克勒皮奥斯家族的那个[希珀克拉底]那里,[2] 为了自己付他一笔钱,若有人问:'说说看,希珀克拉底,因为他是个什么[人]你[311c]打算付希珀克拉底一笔呢?'你会怎样答?"[3]

"我会说,"他说,"是个医师。"

"为了成为一个什么[人]呢?"

"医师,"他说。

"那么,要是你找到阿尔戈斯人珀吕克莱图斯或雅典

(接上页)与希珀克拉底的床边谈话接近《会饮》中阿尔喀比亚德记叙的谈话,两次都是最为平常的时刻。可以说,《克力同》与《斐多》的床边谈话构成一对;这里的床边谈话与《会饮》中的床边谈话构成一对。

1 [施疏]这里可以看到戏剧文体与叙述文体的差异:叙述文体可以直接呈现角色的主观意图。要不是苏格拉底这里的叙述,我们很难看出接下来的这段对话是苏格拉底在测试希珀克拉底的决心。

2 希珀克拉底是古希腊医术的奠基人,与苏格拉底同时代;阿斯克勒皮奥斯则是传说中的医术始祖,被尊为医神。

3 [译按]原文为"是个什么",意思指此人有什么能力(尤其才能)。如我们对某个人好奇时会问"他是干什么的",回答说:他是诗人或小提琴家或商人。

人普斐迪阿斯,[1]打算为了你自己付他们一[c5]笔,这时有人问你:'你打算付这笔给珀吕克莱图斯和普斐迪阿斯,因为[他们]是什么呵?'你会回答什么?"

"我该说,雕刻家。"

"那么,你自己要成为什么呢?"

"很清楚嘛,我该成为雕刻家。"

"那好,"我说,"[311d]这会儿我们已到了普罗塔戈拉那儿,我们——你和我——肯为了你付钱给他,如果我们的钱够数,就用这笔来说服他;要是不够数,就把乡友们的也搭上。那么,[d5]我们如此热切地追求,倘若有个人问我们:'苏格拉底,还有你——希珀克拉底,请对我说说,你们打算付钱给普罗塔戈拉,由于他是什么呀?'我们该[311e]回答什么?对普罗塔戈拉,我们听见人家用什么别的名称称呼他来着?比如,称呼普斐迪阿斯为雕刻家,称呼荷马为诗人;我们听到人们相应地称呼普罗塔戈拉什么?"[2]

"哎呀,人家把[e5]这人叫智术师,苏格拉底,"他说。

"啊哈,因为是智术师,那我们要去付钱啦?"

---

1 珀吕克莱图斯是阿尔戈斯人,著名画师,生卒年不详;普斐迪阿斯(约公元前490—前430年)是雅典人,著名雕刻师,曾主持修建帕特农神庙,其中最美的雕塑都出自他手。

2 [施疏]苏格拉底装着不知道人们怎么称呼普罗塔戈拉。

"完全没错。"

"要是还有人问你：[312a]'你自己呢，你去找普罗塔戈拉，为的是让自己成为什么人？'"

他脸红了——当时已经天光熹微，脸红清楚可见——他回答说，"要是这与刚才的那些[问题]相像的话，显然为的是成为一个智术师。"

"你呀……"[a5]我说，"凭诸神发誓，[1]你让你自己在希腊人面前是个智术师，难道你不感到羞耻？"

"怎么不会呢，凭宙斯，苏格拉底，要是得说出我的想法的话。"

"不过，希珀克拉底，兴许你并没有以为，跟普罗塔戈拉学[312b]就会让你自己成为[智术师]这样的人，而是[认为]像跟语文教师、音乐教师、体育教师学习一样？毕竟，从这些课业你并非为的是习得一门技艺，由此成为那样的一个艺匠，而是为了接受针对常人和自由民的教化。"[2]

---

1 [施疏]这次是苏格拉底先发誓，而且是向"诸神"发誓。苏格拉底有可能意在提醒希珀克拉底留意普罗塔戈拉对诸神的态度，因为，普罗塔戈拉著名的《论诸神》一文怀疑诸神的存在。做普罗塔戈拉这样的人的学生，无异于拜一个不虔敬的人为师。按社会上的看法，智术师错在教学收费，与此不同，苏格拉底则认为这类智识人错在怀疑诸神的存在。

2 "常人"指不具备技艺的人，与"艺匠"相对，也与"诗人"、"医生"之类有技艺的人相对；"自由民"则指不靠攒钱过日子的人。这类人的教育如今叫做"自由教育"，即目的不是使得一个人具有挣钱能力，而是培养品德成为好人。

"的确[b5]我也这么觉得,"他说,"跟普罗塔戈拉学,其实不外乎如此。"

"那么,你知道你这会儿要去做的事情了罢,抑或你没觉察到?"我说。

"[没觉察到]哪一点?"

"[没觉察到]你打算把自己的灵魂交[312c]付给一个你称为智术师的男人照看。我很好奇,你是否知道,一个智术师究竟是什么东西。就是说,要是你还没有认识到这一点,要是你并不知道在把灵魂交付给谁,你就不知道正在把灵魂交付给要么好要么坏的事情。"[1]

"我认为嘛,起码……"他说,"还是知道吧。"

"那说说看,你认为[c5]智术师是什么?"

"我嘛,"他说,"就像这名称所说,一个智术师就是对智慧的东西有知识。"

于是我说,"对画师和木匠儿,不也可以说这个——他们对智慧的东西有知识?[2] 可是,[312d]要是有人问我

---

1 [施疏]苏格拉底直截了当地警告希珀克拉底,做智术师的学生可能损害自己的灵魂。这是第二次警告,尽管仍然显得温和——用了假设条件句。苏格拉底对希珀克拉底提出教育与灵魂的关系问题,以关心自己的灵魂问题为前提。在柏拉图笔下,苏格拉底关心灵魂问题,首先是关心自己的灵魂(参见《苏格拉底的申辩》)。

2 [施疏]"画师"技艺可能被用来形容智术师所有的修辞术,"木匠儿"的职分是建房屋,很有可能暗指政治生活,因为建屋涉及城邦,或者说,城邦是由房屋(家)构成的(比较亚里士多德《政治学》的开头)。从而,

们:'画师对哪些智慧的东西有知识?'我想,我们会这样回答他:'这些东西涉及描画肖像,以及其他类似的东西。'可要是有人问,'智术师呢,对什么智慧的东西有知识?'[d5]我们该怎样回答他?智术师对什么样的工作有知识?"

"我们该说他是什么呢,苏格拉底?除了对造就人在言说方面厉害有知识?"

"也许吧,"我说,"我们兴许就说真有那么回事罢。不过,要说啊,这还不够,这回答要求我们进一步问:智术师在哪些事情上造就人言辞厉害?[1]比如说,基塔拉[312e]琴师明显在他有知识的事情上造就人言辞厉害,也就是在基塔拉琴的事情上言辞厉害,对吧?"

"没错。"

"那好;那么智术师呢,在什么事情上他造就人言辞厉害?是不是明摆着在他拥有知识的事情上?"

"好像是这样。"

"那么,智术师自己[对其]拥有知识并且[e5]让

(接上页)画师和木匠儿并举,很有可能暗含修辞术与政治的关系。当然,这两个语词的并用也可能仅仅表明,苏格拉底从最普通的智慧问起——事实上,智慧可以体现在许多方面,而且与智性不是一回事。

1 [施疏]"造就人"的说法在一开始说到智术师时就用过,这里的重复已经上升到一个新的层面:在哪方面"造就人"。

自己的学生也拥有知识的这个东西，是什么呢？"

"天啦，"他说，"对你我还真说不上来。"

［313a］经过这番［谈话］以后，我就说，"怎么样啊？你知道押上自己的灵魂是在冒怎样一种危险吗？如果你必须得把自己的身体交托给什么人，而冒这个险会使得身体要么有益要么糟糕，难道你不会翻来覆去想想，究竟该不该［a5］交托［给他］，你会把乡友们和亲戚们叫到一起商议，考虑好多天。你所想的东西，也就是你的灵魂，要比你的身体更值，对灵魂要么有益要么糟糕，端赖于你自己的所作所为是好还是坏。可是，在这件事情上，你却既没有与父亲也没有与兄弟［313b］商量，甚至没有找你的我们这些友伴们中的任何谁商量，是否该把你的灵魂交托给这个来到此地的外邦人。相反，你［昨儿］晚上才听说他［到了］——如你所说，［今儿］天刚亮就早早跑来，对是否应当把［b5］你的灵魂交托给他，你自己没个说法，又不同任何人商量，却已经打算用上你自己的钱，还有你朋友们的钱，就好像你已经清楚认识到，方方面面都应该做普罗塔戈拉的学生，可你并不认识他，如你自己所说，也从不曾［313c］和他交谈过。你称他智术师，可你显得并不知道智术师究竟是什么，就这样一个人，你竟然打算把自己的灵魂交托给他。"

听了我这番话，他说："从你说的来看，苏格拉底，好像是那么回事。"[1]

"所以，希珀克拉底呀，智术师不恰恰［c5］就是某个贩卖养育灵魂的东西的大贩或小贩么？据我看哪，智术师就是这类人。"[2]

"可是，苏格拉底，灵魂靠什么得到养育呢？"

"兴许靠学习吧，"我说。"不过，友伴啊，智术师夸赞自己出售的东西不会是在哄骗我们罢，就像那些商人或小贩夸赞［313d］涉及身体的食物？毕竟，那些人其实并不知道自己带来的贩运品对身体有益还是糟糕，他们夸赞出售的所有东西，从他们那儿买［东西］的人们其实也不知道［对身体有益还是糟糕］，除非碰巧有人是体育教练或医生。［d5］同样，那些人拎着学识周游各城邦贩卖，向那个［对学识］总有欲求的人兜售，他们夸赞自己贩卖的所有东西。可是，最好的人儿，有些人兴许并不知道自己

---

[1] ［施疏］值得回顾一下谈话以来希珀克拉底的反应：起初是"笑了起来"（310b4），显得自以为是；然后是"脸红"，感到羞耻；现在是"听话"——希珀克拉底变得有理智起来。与此同时，两人对话时向神发誓的口头禅没有了。苏格拉底越是逗趣的时候，向神发誓越多，话题越严肃时，发誓越少。

[2] ［施疏］苏格拉底在开头自己提出的问题，现在由他自己来回答，这个回答经历了一场辩证对话。在这部作品的三场对话中，苏格拉底与希珀克拉底的对话是唯一的单独对话，开场的对话虽然是与一个朋友对话，听者却不止一个；接下来的对话同样有许多听者。这一谋篇表明，唯有在这场对话中，苏格拉底很可能才说出了对智术师的真实看法。倘若如此，就为我们看待随后的对话提供了一个衡量尺度。

贩卖的每样东西［313e］对灵魂有益还是糟糕；同样，从他们那里买的人也不知道，除非他碰巧是个灵魂的医生。

所以，要是你恰好对什么是有益的东西和什么是糟糕的东西有知识，你向普罗［e5］塔戈拉和别的任何谁买学识才安全。但倘若不是的话，幸运小子，看好啊，［314a］可别拿自己最心爱的东西去下赌和冒险。毕竟，购买学识的危险比购买食物大很多。从大贩或者小贩那里买来吃的喝的，一个人有可能把它们摆在别的盛器里，［a5］在把它们吃进喝到身体中去之前，有可能放在自己家里，叫来那个夸赞的人商议一下，什么该吃该喝、什么不该吃不该喝，吃多少喝多少和什么时候吃喝；[1] 所以，购买食物的危险不大。可学识就没可能［314b］用别的盛器装走，相反，一旦付了钱，把学识装进灵魂，获得学识，离开时灵魂必然不是已经受到损害就是已经获得裨益。所以，我们得认真看清楚这些事情，而且同［b5］我们的长辈们一起［看清楚］；毕竟，我们还太年轻，决定不了这样大的事。不过，既然我们已经起了心，就不妨去吧，听听那人［的说法］；听的时候，我们不妨也同其他人一起交流。毕竟，那儿不仅普罗塔戈拉一个人，［314c］

---

1 ［施疏］苏格拉底在这里打比喻时增加了"喝的"，显然与智术师有关。在《会饮》一开始可以看到，智术师的学生阿伽通主张，智慧可以从一个杯子倒进另一个杯子。

还有厄勒伊俄斯人希琵阿斯，[1] 我认为，克欧斯人普洛狄科也在，[2] 还有许多别的有智慧的人。"

带着这样一个意见我们上路了。不过，到了大门口，我们站了下来，继续谈论路上我们碰到的［c5］某些话题。由于不想话题半截子撒下，而是这样子继续下去，直到有结论，我们站在大门口谈了一会儿，直到相互之间达成了某种一致。[3] 所以，我觉得，那个门房——某个阉人——听到了我们［的谈话］，而且似乎［314d］由于有大批智术师进了这院子来，他烦得不行。不管怎样，我们敲门，他打开门见到我们，他说，"嗐，又是些个智

---

1 希琵阿斯是著名智术师，生卒年不详。他学问渊博，据说上至天文、下至裁缝技艺，无所不通，尤精天文、几何，在数学和天象学方面特厉害。

2 普洛狄科（公元前 465—前 395 年），是著名智术师，精通语义辨析，尤其善于辨析同义词，很可能是伊索克拉底、欧里庇得斯和忒拉绪马霍斯的老师。他经常访问雅典，教人如何在演说中正确用字——苏格拉底自称是他的学生。据传他留下两部书：《四季》（*Horai*）讲述了十字路口上的赫拉克勒斯遇见美好和邪恶两条道路（色诺芬在《回忆苏格拉底》卷二 1.21–34 重述了这个故事）——另一部书名为《论人的天性》。比起其他智术师，柏拉图对待他显得格外谨慎。

3 ［施疏］苏格拉底讲了很多细节，偏偏没有说这个细节具体谈的是什么，达成了怎样的一致。这证明苏格拉底的讲述并未披露这次事件的每一具体内容。值得注意的倒是，两人站在那里完成了交谈，有了最后的结果——与此不同，随后苏格拉底与普罗塔戈拉的对话最终没有完成。这也许意味着，苏格拉底与希珀克拉底能够达成一致，却没法与普罗塔戈拉达成一致。

术师!他本人没空闲!¹ 说着就用双手狠狠把门摔[d5]上。"² 我们再敲,他隔着关上的门在里面回答:"你们这些家伙啊,没听见说他本人没空闲?"

"可是,上人,"我说,"我们不是来找卡利阿斯,而且我们也不是智术师,您放心吧;[314e]我们来是需要见见普罗塔戈拉。请通报一声吧。"过了一会儿,这人很不情愿地替我们开了门。

进到里面后,我们拿到正在廊前踱步的普罗塔戈拉。围着他一起踱步子的,[e5]一边是希珀尼库斯的儿子卡利阿斯和伯利克勒斯的儿子帕拉洛斯,³ 这两人是同母[315a]异父兄弟,还有格劳孔的儿子卡尔米德。⁴ 另一边

---

1 "他本人"这里指"主人家"。不过,在学园里,老师也被叫做"他本人"。因此,在希珀克拉底听来则可能理解为他要找的"老师"普罗塔戈拉。
2 [施疏]阉人讨厌智术师,因为他觉得智术师整天坐在屋子里不停嚼舌头,像女人不像男人。男人应该在市场、公民大会或战场上忙乎。换言之,在常人眼里,智术师都有点儿怪里怪气,不像正常人。
3 伯利克勒斯(大约公元前495—前429年)早年曾是著名自然哲人阿那克萨戈拉的学生,从公元前463年起直到前429年去世,一直是雅典十将军成员。在伯利克勒斯治下,雅典城邦日益强盛起来。伯利克勒斯集公民大会的所有权力于一身,成功地建立了雅典城邦在海上的军事优势(史称公元前5世纪为伯利克勒斯的世纪)。
4 这个卡尔米德是柏拉图的舅父,雅典贵族世家子,苏格拉底曾鼓励他参加政治活动。公元前404年雅典贵族复辟,三十人执政团当政,领袖人物克里提阿是卡尔米德的叔父(说"堂兄")。公元前403年,复辟势力与民主派军队交战,叔侄二人阵亡。

是伯利克勒斯的另一个儿子克山蒂珀斯，普斐洛墨鲁斯的儿子普斐利琵德斯，还有门戴俄斯人安提摩伊儒斯，[1]此人在普罗塔戈拉的学［a5］生中最受器重，他凭靠技艺学习为的是将来当智术师。还有一大批人紧跟在后面听［他们］在说什么，这些人似乎大多是普罗塔戈拉周游各城邦时带来的外邦人。普罗塔戈拉就像［315b］俄耳甫斯，[2]用声音迷住这些人，而他们就在对这声音的痴迷中紧随着他。这个合唱歌队里甚至有几个本地人。看到这班合唱歌队，我特别乐的是，他们都小心翼翼，绝不抢在普罗塔戈拉步子之前碍着他。［b5］要是他本人折回，他身边的那些人跟着折回，这群听者就乖乖儿整整齐齐分列两旁，随之绕个圈转身，总是保持在后面的位置，走得实在漂亮。

荷马说，"此后我又认出"[3]厄勒伊俄斯人［315c］希琵阿斯，他端坐在对面廊下的一把椅子上，围着他的几条凳子上，坐着阿库墨努斯的儿子厄里刻希马库斯、米

---

1 普斐利琵德斯出身希腊望族，安提摩伊儒斯则无从查考，他是唯一有名有姓的普罗塔戈拉弟子。
2 ［译按］传说中的人物，传为忒腊克王俄阿格若斯与缪斯卡利俄佩之子，阿波罗送给他基塔拉琴，缪斯们教他如何演奏。他的歌唱感动动物，连大树和石头都为之震动。
3 苏格拉底让自己化身为荷马笔下进入冥府召唤英雄们的亡魂时的奥德修斯，当时奥德修斯说："此后我又认出力大无穷的赫拉克勒斯，一团魂影。"（《奥德赛》卷十一601；王焕生译文）

利奴西阿人斐德若、安德罗提翁的儿子安德隆,以及几个外邦人,有些是希琵阿斯的同乡,有些〔c5〕不是。他们好像正在探问希琵阿斯一些天象学中涉及自然和天上的东西,希琵阿斯坐在椅子上,正在对这些东西逐一下断语,详细讲解所问的问题。

接着,"我又认出坦塔洛斯"[1]——〔315d〕克欧斯人普洛狄科果真也在这院里。他在某个房间里,这房间原是希珀尼库斯的贮藏室,由于这会儿寄宿的人多,卡利阿斯将这房腾空,供外邦人寄宿。普洛狄科这时正躺〔d5〕着,看上去裹着羊皮和毯子以及好多东西。紧挨着他的长凳上,坐着来自克拉美斯的泡萨尼阿斯,泡萨尼阿斯旁边的那个年轻人还很年轻,我感觉他〔315e〕天性既美又好,模样非常漂亮。我觉得,我听到他的名字叫阿伽通,[2] 如果他恰巧是泡萨尼阿斯的男伴,我不会吃惊。这个〔阿伽通〕还是个少年,两个叫阿得曼图斯的也在,一个是克琵多斯的儿子,一个是〔e5〕罗科洛普斐达斯的儿子,还有其他一些人。至于他们在说些什么,我从外面没法听到,虽然我非常想听普洛狄科〔说的话〕——

---

1 语出《奥德赛》卷十一 583。坦塔洛斯是希腊神话人物,因偷神的食物予人,被罚在冥府永受饥渴之苦。苏格拉底用他来比拟普洛狄科身体虚弱,身受苦楚。

2 阿伽通生于公元前 448 或前 447 年,后成为著名肃剧诗人。按这里的历史时间(公元前 432 年),当时他大约十五六岁。

毕竟，我觉得这人智慧圆融，[316a]而且神气——由于他嗓音低沉，屋子里有一种嗡嗡声，没法听清在说什么。[1]

我们刚进去，阿尔喀比亚德就紧跟着我们进来，这美人哦——就像你说的，我[a5]服了——还有卡莱斯克若斯的儿子克里提阿。[2]就这样，我们进来后，在一些小事上悠闲了一小会儿，仔细看了看这些，然后朝普罗塔戈拉走去。[316b]我说，"普罗塔戈拉，我们来拜访你呵，你瞧，我和这个希珀克拉底。"

"你们希望单独[同我]谈谈，"他说，"还是跟其他人一起[谈]？"

[b5]"我们嘛，"我说，"一点儿没所谓。不过，你听听我们为何而来，你自己考虑吧。"[3]

"那么，是什么呢，"他说，"你们为何而来？"

"这个希珀克拉底是本地人，阿波罗多洛斯的儿子，出自一个大户殷实人家。他嘛，天性似乎与同龄人有得

---

1 [施疏]对前两位智术师，苏格拉底没有说想听他们在说什么，但却听到了普罗塔戈拉和希琵阿斯在说什么。苏格拉底提到希琵阿斯在说什么，却只字不提普罗塔戈拉在说什么，可见对他说的没有丁点儿兴趣。苏格拉底对智术师的描述明显带有调侃口吻，尤其对普罗塔戈拉的描绘。在苏格拉底看来，缺乏自知之明是一种"可笑的"灵魂品质。
2 克里提阿是柏拉图的堂舅，肃剧诗人，与智术师们过从甚密，公元前404—前403年雅典复辟时的三十人执政团成员之一，事败后丧生。
3 [施疏]普罗塔戈拉让苏格拉底和希珀克拉底选择，苏格拉底反过来让普罗塔戈拉选择——这是苏格拉底与普罗塔戈拉过的第一招。

一比。我觉得，他欲求［316c］成为这城邦中数得着的人物。[1] 他认为，要是他跟了你的话，这事儿绝对就会成啦。所以，请你考虑一下这些，你觉得关于这些事情你需要一对一谈，还是与其他人一起［谈］。"

［c5］"正确呵，"他说，"苏格拉底，你替我事先考虑。毕竟，一个异乡的人物，在各大城邦转，说服那儿最优秀的青年们离开与别人在一起——无论熟悉的人还是陌生人，老年人还是年轻人——来跟他在一起，为的是他们靠与他在一起［316d］将会成为更好的人——做这种事情必须得小心谨慎。毕竟，这些事情会招惹不少的妒忌，以及其他敌意乃至算计。[2] 我说啊，智术的技艺其实古已有之，古人中搞［d5］这技艺的人由于恐惧这技艺招惹敌意，就搞掩饰，遮掩自己，有些搞诗歌，比如荷马、赫西俄德、西蒙尼德斯，另一些则搞秘仪和神谕歌谣，比如那些在俄耳甫斯和缪塞俄斯周围的人。我发现，有些甚至搞健身术，例如塔冉庭的［d10］伊克柯

---

1 ［施疏］希珀克拉底先前并没有向苏格拉底表达这样的政治热望，仅仅说自己想成为有智慧的人。显然，这是苏格拉底自己编出来的说法，希珀克拉底未必这样想。
2 ［施疏］高尔吉亚也说到修辞家面临被逐出城邦的危险，他懂得，有人学会修辞术这种非常有力的武器后会拿来行不义。但高尔吉亚说，以此为理由把所有修辞家逐出城邦则是不对的（参见《高尔吉亚》456c–457b）。普罗塔戈拉并没有提到智术也有被人用来行不义的可能，他强调的是，智术会让人们变得更好。

斯,¹以及还健在的头号智术师［316e］塞吕姆比雅的赫若狄科斯——原来是麦加拉人。²你们的阿伽托克勒斯用音乐搞掩饰，是个了不起的智术师；还有克莱俄人庞托克莱德斯³以及其他多数人。所有这些人，如我所说，都因为恐惧妒忌而用这些［e5］技艺作掩饰。我呢，［317a］在这一点上可不与所有这些人为伍。毕竟，我认为，他们没有实现自己的所愿：没逃脱各个城邦中那些有权力的人——恰恰由于这些人才有掩饰［的必要］。至于众人，［a5］压根儿就毫无感觉，有权力的［人］宣讲什么，他们跟着唱什么。［想要］偷偷溜走又没法偷偷溜走，而是被看出来，这溜走的企图就太愚［317b］蠢咯，而且必然使得世人更敌视他。毕竟，世人会认为，别的不说，这样一个人简直是无赖。我呢，采取的做法与这些人完全相反：我既承认自己是智术师，也承认我［b5］教育世人。而且我认为，这样一种小心谨慎比那种［小心谨慎］更好：与其否认［是智术师］不如承认更好。当然，除此之外，我也考虑到其他［小心谨慎］。所以，凭神来说，我不会由于［317c］承认自己是智术师而遭遇任何可怕的事情。我投身这门技艺已经好多年；事实上，我

1　伊克柯斯是当时著名的体育家和教练。
2　赫若狄科斯出生于距雅典三四十公里的麦加拉，体育教练，同时行医。
3　阿伽托克勒斯和庞托克莱德斯均为当时的著名乐师，后者还是一个能干的治邦者。

已经大把年纪,凭这年纪,你们中间没谁我不可以做父亲。[1] 所以,对我来说,会非常乐意——倘若这是你们的所愿——就 [c5] 这些事情当着所有在外面的人来立言。"

我猜他很想在普洛狄科和希琵阿斯面前演示一番,让自己充分显得我们这些有爱欲的[317d]都是冲他而来,因此,我说:"我们为什么不把普洛狄科和希琵阿斯以及与他们在一起的人也叫过来,以便他们也听听我们的?"

当然好啊,普罗塔戈拉说。

[d5] "那么,"卡利阿斯说,"你们想要我们布置出一个议事间吗,这样你们可以坐着谈?"

[大家都] 觉得需要;我们所有人都欣喜不已,既然要聆听这些有智慧的人 [交谈],我们自己搬凳子和长椅,摆到靠希琵阿斯那里,因为,那里已经 [d10] 有些凳子。我们忙乎这的时候,卡利阿斯和阿尔喀 [317e] 比亚德俩去领普洛狄科——扶他下长椅——和与普洛狄科在一起的人。[2]

我们大家坐到一起后,普罗塔戈拉说:"现在,苏格拉底,既然都在这里了,请你 [e5] 把刚才关于这年轻

---

1 [施疏]在旁边的希珀克拉底听了难免会想起前面苏格拉底对他说的话:灵魂方面有事情首先得找父亲商量。普罗塔戈拉让自己充当在场的人的父亲,所谓启蒙,严格来讲就是哲人教育取代传统的父教。
2 [施疏]让追慕普洛狄科和希琵阿斯的年轻人过来一起听普罗塔戈拉谈话,无异于让他们换了老师。

人对我说的话再说一遍。"

[318a] 于是我说:"普罗塔戈拉,我认为这事的开头本身是这样的,也就是说,我为何而来。这不,这希珀克拉底正欲求要跟你当学生。他说他乐了解,要是跟你在一起,自己会有怎样的结果。我们[a5]的说法就这样。"[1]

逮着这当儿普罗塔戈拉就说:"年轻人啊,要是你与我在一起,那么,你与我在一起一天,回家时就会变得更好,接下来的一天同样如此,每天都会不断朝更好长进。"

[318b] 我听了[这话]就说:"普罗塔戈拉,你说的一点儿都不让人惊讶,倒是看似如此。毕竟,即便是你这把年岁和这样有智慧的人,倘若有谁教你什么你恰好不知道的东西,你也会变得更好。别这样子[回答],[2]

---

1 [施疏]苏格拉底与希珀克拉底单独谈话时,希珀克拉底的愿望含糊不清。见普罗塔戈拉后,是苏格拉底替希珀克拉底表达愿望,但苏格拉底的两次替代表达的说法不同:对普罗塔戈拉说的是,希珀克拉底想要成为政治上有作为的人,现在对所有人说的是,他想要成为一般意义上的智识人。于是,普罗塔戈拉一拨人记得的是成为治邦者的问题,希琵阿斯和普洛狄科及其追随者们听到的是成为智术师的问题。由于普罗塔戈拉将要回答的是前一个问题,成为治邦者的问题就隐藏在成为智术师的问题之中了。

2 [施疏]普罗塔戈拉的话是对希珀克拉底说的,希珀克拉底显然没有能力与普罗塔戈拉直接展开对话式讨论,接下来必然是普罗塔戈拉对希珀克拉底来一番训话。苏格拉底马上作出反击,不让希珀克拉底处于无力承受的处境,他以挑战口吻说普罗塔戈拉的回答没有切题。

[b5] 而是像这样：假若这希珀克拉底忽然改变欲求，转而欲求做赫拉克勒俄忒人宙克希普斯的学生，[1] 而这个年轻人这会儿刚刚抵达村社，希珀克拉底就来找他，就像眼下来找 [318c] 你，听他说了那些与从你这儿听到的完全相同的说法：做宙克希普斯的学生，他将一天天变好，一天天长进。假若希珀克拉底进一步问他，'为什么你说我将会变好，我会朝向什么长进？'宙克希普斯会对他说，朝向绘画术。又假若希珀克拉底去做 [c5] 忒拜人奥达戈拉斯的学生，[2] 听他讲了那些与从你这里听到的完全相同的说法，他会进一步问，做这人的学生会朝什么一天天变好？奥达戈拉斯会说，簧管啊。就这样子，你也告诉这年轻人，还有我，既然 [318d] 我在替他问：这希珀克拉底做普罗塔戈拉的学生，只要做一天他的学生，离开时都会变得更好，以后每天都会这样子朝什么 [变好]，普罗塔戈拉，为了什么长进？"

[d5] 普罗塔戈拉听了我这番话后说，"你问得漂亮哦，苏格拉底，我呢，当然乐意回答这些问得漂亮的人。好吧，希珀克拉底来我这儿，不会遭受像做别的智术师的学生会遭受的那些事情。也就是说，别的智

---

1 公元前 5 世纪最知名的希腊画家之一，柏拉图把他的作品当作绘画艺术的典范，参见《王制》卷十。
2 奥达戈拉斯是演奏 aulos [簧] 的高手，aulos 的传统叫法为"箫"，却是一种簧乐器。

术师摧残年轻人。因为，年轻人［318e］刚刚逃脱种种技艺，这些智术师违背年轻人的意愿，又逼着把他们领进种种技艺，教什么算术以及天文、几何、音乐——"这时，他瞟了希琵阿斯一眼。"来我这里呢，他将学到［e5］的不过是他来这儿为了要学的东西。要学的是持家方面的善谋，亦即自己如何最好地齐家，［319a］以及城邦事务方面的善谋，亦即如何在城邦事务方面最有能耐地行事和说话。"[1]

"那么，"我于是说，"我跟得上你的理路吗？你对我说的似乎是治邦术，而且许诺造就［a5］好城邦民？"[2]

"没错，苏格拉底，"他说，"我承诺的正是这个承诺。"

"要是你的确做成了的话，"我说，"你做成的这工艺品漂亮哦。当然，对你啊，我可没得说的，除了说出我的真实想法。［a10］毕竟，普罗塔戈拉，我一直以为

---

[1] ［施疏］如果善谋是用于治国的智慧，那么，普罗塔戈拉说的其实不是齐家与治国的差别，而是两种治国方式的差别：以齐家方式治国还是以别的方式治国。以齐家方式治国即一人当家作主（所谓父权制），延伸到国家就是君主制，相应的治国术就是王政术。民主政取消了王权，治国术就变成了"最有能耐地办事和说话"，这叫做"治邦术"。

[2] 在公元前5世纪的雅典，培养治邦者与培养好公民没有很明显的区别，因为当时是民主制，每个成年男性公民都直接参加公民大会。［施疏］如果普罗塔戈拉把齐家与治国并举的说法暗含王政术，那么，在雅典民主政制的处境中，这当然政治不正确。从而，苏格拉底的如此说法也许是在帮普罗塔戈拉避开危险，同时提醒他说话要小心。

这〔治邦术〕没法教。[319b] 可对你这话,我兴许又不得不相信。不过,在哪一点上我觉得这〔治邦术〕不可教,不可由人们提供给人们,我还是说出来才对。毕竟,我,还有其他希腊人会说,雅典人是有智慧的人。[1] [b5] 我看啊,每当我们聚在一起开大会,倘若城邦必须解决的涉及城建,就招集建筑师们来商议建造方面的事情;倘若必须解决的涉及造船,就招集船匠;其他所有事情也这样,这些事情 [319c] 被认为是可习得和可教的。要是有谁也要插进来给雅典人出主意,而他们却并不认为他是个有专长的能匠,那么,就算这人仪表堂堂、腰缠万贯、门第很高,雅典人也不会接受,[2] 反倒会讥笑、[c5] 起哄,这插嘴的家伙不是被轰,灰溜溜走人,就是大会纠察奉城邦民大会主席团之命把他拽走或撵出去。涉及被认为属于技艺的事情时,他们就这样子解决。不过,一旦必须考虑的事情涉及 [319d] 城邦治

---

1 [施疏] 苏格拉底说雅典人有"智慧",而非说有"治邦术"。这意味着,雅典人并不把治邦术看作是一种技艺,从而是不可传授的,政治智慧这东西源于雅典人这个政治共同体。这种说法实际上区分了政治智慧与治邦术。事实上,如此区分在今天仍然有效。普罗塔戈拉提出的治邦术可以说就是如今的政治学专业的滥觞,他要培养的是政治学专家。苏格拉底的区分意味着,这类专家即便非常熟知政治事务,也不等于他们有政治智慧。

2 [施疏] 门第是贵族政制传统,财富与此相关。这意味着,政治智慧需要靠某些条件来供养——其实,即便在民主政制中,财富也是重要的议政资格要素,哪怕并非法律上规定的要素。

理,那么,一个木匠儿也会站起来就这类事情为雅典人建言。同样,铁匠、鞋匠、商贾、水手,富人也好穷人也罢,出生贵贱统统不论,任谁都一样,[1] 没任何人会因此像[d5]先前那种情形那样[出来]呵斥:谁谁谁压根儿就没从什么地方学过,从未拜过师,居然就来出主意。显然,雅典人并不认为这[治邦术]是可教的。

"不仅涉及这城邦的[319e]共同事务时是这样,在常人事务上也如此:即便我们最智慧、最优秀的城邦民,也没法把自己具有的德性传授给其他人。比方说伯利克勒斯吧——这两位年轻人的父亲,[2] 他教育儿子们时,就从老师那里学到的东西而言,他既[教得]好又得法,[320a]但就他本人是个智慧人而言,他却既没有亲自教育他们,也没把他们交托给谁[去受教],而是放他们随意到处找草儿吃,除非他们会自个儿磕磕绊绊地在哪儿撞上德性。然而,要是你愿意的话,说克莱尼阿吧——这儿这位阿尔喀比亚德的弟弟,[a5]他的监护人同样是这伯利克勒斯。由于生怕克莱尼阿会被阿尔喀比亚德带

---

1 [施疏]这表明雅典民主政制以平等的政治权利为基础,不存在政治权威。由于这里的基本戏剧场景是在对雅典朋友讲述,可以设想,苏格拉底不可能直接说雅典民主政制不好的话。
2 伯利克勒斯的两个儿子帕拉洛斯(Paralos)和克山蒂珀斯(Xanthippos)当时都在场——两人后来前后相差八天死于公元前429年的瘟疫,当时伯罗奔半岛战争刚刚爆发。

坏，伯利克勒斯把克莱尼阿从阿尔喀比亚德那里拽开，放到阿里普弗隆家，[1] 在那里教育他。可是，还不到半年，[320b] 伯利克勒斯就把克莱尼阿送回给阿尔喀比亚德，因为他对克莱尼阿毫无办法。[2] 我还可以给你讲一堆别的人，虽然他们本人都好，却绝对没法把任何人造就得更好，不管亲戚还是外人。所以，我呢，普罗塔戈拉啊，见到这些，才不认为[b5]德性可教。不过，听你说过这番话，我动摇了，而且以为你说出了点儿什么，因为我想到你见多识广，自己还富有创见。所以，要是你能给我们更为清楚地揭示[320c]这[治邦的]德性可教，就别吝啬，揭示一下吧。"

"不会的，苏格拉底，"他说，"我不会吝啬。不过，我是该像老人给年轻人讲故事那样来给你们揭示呢，还是一步步论述？"

[c5]坐在旁边的众人于是回答他说，他不妨按自己愿意的那样来揭示。"那么，"他说，"我觉得给你们讲故

---

1 阿里普弗隆是伯利克勒斯的兄弟。阿尔喀比亚德的父亲死于公元前446年的Coronee战争，当时阿尔喀比亚德只有四岁。他和弟弟克莱尼阿一起被托付给近亲伯利克勒斯抚养。

2 [施疏]按苏格拉底的说法，伯利克勒斯作为父亲不像个父亲，不关心自己儿子的品德教育。换言之，伯利克勒斯在齐家方面没有表现出政治上的"卓越"。苏格拉底为什么要以伯利克勒斯为例？因为普罗塔戈拉是伯利克勒斯的朋友。这里暗示的是普罗塔戈拉的观点与雅典民主政治有某种内在关联。

事更优雅。

"从前那个时候，诸神已经有了，会死的族类［320d］还没有。后来，会死的族类诞生的命定时刻到了，神们就掺合土和火以及由火和土混合起来的一切，[1]在大地怀里打造出他们。到了神们想到该把会死的族类引向光亮的时候，神们便盼咐普罗米修斯和［d5］厄琵米修斯[2]替每个［会死的族类］配备和分配相适的能力。厄琵米修斯恳求普罗米修斯让他来分配：'我来分配，'他说，'你只管监督吧'。这样说服普罗米修斯后，他就分配。[3]分配时，厄琵米修斯给有些［族类］配上强健但没敏捷，［320e］给柔弱的则配上敏捷；他武装一些［族类］，却赋予另一些［族类］没有武装的天性，不过也替它们设计出一些别的能力来保存自己。比如，对用弱小来穿戴的那些，他就［给它们］配上翅膀可逃，或寓居地下；对增大［躯体］块头的那些，就［让它们］用这块头［321a］来保护［自

1　参见赫西俄德《劳作与时日》61a-b："他让著名的赫斐斯托尽快揉起／土和水，并加入人的声音和力量。"

2　厄琵米修斯和普罗米修斯是一对天性相反的兄弟：前者笨拙、心不在焉（事后聪明）；后者机灵、有远见（事先思考）。

3　［施疏］普罗米修斯居然同意了，这不仅表明他的确不是完全聪明，而且自己在天性上还有弱点，这就是心软，经不起弟弟恳求，明知弟弟比自己聪明不到哪里去，也让他单独干。

己］；其余的也都如此均衡地分配。厄琵米修斯设计这些［能力］时善谋，以免某一类灭掉。[1]

"为会死的族类提供了避免互相毁灭的法子后，厄琵米修斯又设计出抵御来自宙斯的季节变化的法子——［给它们］裹上密密的［a5］毛和厚厚的皮，既足以御冬，又能耐夏热，要睡觉时还可当作自己家里的床被，而且毛和皮都是自动长长。[321b]厄琵米修斯给有的［族类］套上蹄子，给另一些则裹上坚韧的不会出血的皮。然后，厄琵米修斯给不同的［族类］提供不同的食物——有些给地上的青草，另一些给树上的果实，还有一些则给根茎，有些甚至让它们以别的动物为食物。[b5]他让有些生育得少，让死得快的生育多，以便它们保种。可是，由于厄琵米修斯不是太那么智慧，他没留意到，[321c]自己已经把各种能力全用在了这些没理性的［族类］身上。世人这个族类还留在那儿等厄琵米修斯来安置，而他却对需要做的事情束手无策。

"正当厄琵米修斯束手无策时，普罗米修斯朝他走来，检查分配情况，他看到，其他生命已全都和谐地具

---

[1] ［施疏］厄琵米修斯预见到动物会"相互毁灭"，反过来看，他为"会死的族类"建立生活秩序或者说立法的原则基于它们的保命。换言之，在赋予所有动物类似政治的本性时，厄琵米修斯首先考虑的是后来霍布斯的政治哲学提出的著名出发点：人与人像狼，会相互毁灭。厄琵米修斯这样做的时候，把人也考虑在内，并没有区分动物与人。

备了［c5］这些［能力］，世人却赤条条没鞋、没被褥，连武器也没有。[1] 轮到世人这个族类必须从地下出来进入光亮的命定时刻已经迫在眉睫。由于对替世人找到救护办法束手无策，普罗米修斯就［321d］从赫斐斯托斯和雅典娜那里偷来带火的含技艺的智慧送给人做礼物。[2] 毕竟，没有火的话，即便拥有［这智慧］，世人也没办法让这到手的东西成为可用的。[3] 就这样，人有了活命的智慧，

---

1 ［施疏］在《会饮》中，苏格拉底借老师第俄提玛之口表达了对人的自然性的看法，这就是对"爱若斯"喜欢打赤脚、睡觉不盖被褥的著名描述（203c-d）。这意味着，"赤条条没鞋、没被褥，连武器也没有"的爱欲才是人的自然本性。苏格拉底与其他古希腊哲人在人性观上的差别，不在于人的自然性还是城邦性，而在于人的自然性的根基是理智还是爱欲，由此可引出政治哲学的差异。

2 赫斐斯托斯与雅典娜是诸神中的一对兄妹，分别掌握火的技艺和纺织技艺。

3 关于普罗米修斯盗火的说法，普罗塔戈拉与赫西俄德（《神谱》522-616；《劳作与时日》50以下）和埃斯库罗斯的说法（《被缚的普罗米修斯》109）都不同，甚至与柏拉图《治邦者》（274c）中异乡人的说法也不同。［施疏］如果比较一下普罗塔戈拉讲的神话与其他柏拉图笔下的神话，可以发现，普罗塔戈拉没有声称自己依据任何传统。这意味着这个神话［故事］是他自己的聪明才智的发明创造——唯有在322a处用了"据说"，而这个地方并非关键之处，毋宁说，这里唯一的"据说"反倒凸显出整个神话都不是"据说"。智术师普洛狄科讲赫拉克勒斯在十字路口的选择这一著名故事时，也没有诉诸传统（见色诺芬，《回忆苏格拉底》卷二第一章）。智术师们讲故事与苏格拉底讲神话［故事］的区别之一在于是否假托传统。普罗塔戈拉在这里不动声色地用了传统的关于普罗米修斯的故事，却不认为自己讲的这个故事需要传统的支撑。他感觉自己战胜了古代，战胜了传统，而且自信地觉得，他能够迷倒所有人。

可是，世人还没有［d5］治邦术，这个［智慧］在宙斯身边。普罗米修斯没法进到卫城——宙斯的居所，何况，那些宙斯的守卫可畏着呢。不过，他偷偷进到雅典娜和赫斐斯托斯的共同居所——［321e］他们在那里热心搞技艺，偷走赫斐斯托斯的用火技艺和雅典娜的另一种技艺，然后送给世人。[1] 由此，世人才有了活［322a］命的好法子。可后来呢，据说普罗米修斯却由于厄琵米修斯而被控偷窃受到惩罚。

"于是，这个世人分有了属神的命份。首先，由于与这个神沾亲带故，唯有这个世人信奉神们，[2]［a5］着手建祭坛和替神们塑像；第二，凭靠这门技艺，这个世人很

---

[1] ［施疏］两次说到赫斐斯托斯和雅典娜掌握的技艺时，都提到"火"，或者说两次都明确提到赫斐斯托斯的技艺，雅典娜的技艺究竟是什么却始终语焉不详。看来，雅典娜的技艺应该比铁匠技艺要复杂些，等级要高些。雅典娜掌握的技艺是纺织术，亦即女人的技艺，但雅典娜也是战争女神——在柏拉图的《治邦者》中，政治术被比作纺织术，而战争术显然是最高的政治术。普罗塔戈拉对雅典娜掌握的技艺含糊其辞，意味着普罗米修斯还搞不懂这门技艺。

[2] ［施疏］"这个神"是加冠词的单数，"这个世人"用的也是单数，同样加了冠词。这意味着分有神性命份的不是人类，而是某个世人。由于人类还没有获得宙斯拥有的命份，这个单数的"神"同样不可能指宙斯。普罗塔戈拉表面上说，人拥有的技艺是普罗米修斯"偷来"的，实际上说，这技艺是从某个单数的神那儿得来的。普罗塔戈拉在这里开了一个漂亮的玩笑：借说普罗米修斯的"偷窃"，自己却偷偷在神话中引入了一个确定的神，以至于我们得说，真正的偷儿在这里是普罗塔戈拉——马基雅维利的命题更为简洁：人为了生活，被迫要行窃。

快就发出语音甚至叫出名称,还发明了居所、衣物、鞋子、床被,以及出自大地的食物。如此得到配备以后,起初[322b]世人分散居住,没有城邦。[1]于是,世人就被野兽给灭了,因为,世人在所有方面都比野兽孱弱。对于世人填饱肚子,艺匠技艺倒是足够,但要与动物斗,[这技艺]就贫乏喽[b5]——毕竟,世人还没有治邦的技艺嘛,战争术就是其中一部分。于是,世人寻求聚居,靠建立城邦来保存自己。[2]可是,一旦聚居在一起,他们又

---

1 [施疏]按此说法,"创建城邦"不是人类生活一开始就有的,或者说人天生不是政治性的——近代的霍布斯、卢梭跟随的是普罗塔戈拉的主张。如果从纯粹哲学的观点出发,就应该同意普罗塔戈拉(比较《王制》卷二369b以下)。人并非天生是政治性的,人的政治性归因于一种约定,这种观点一般被说成是典型智术师的看法。在这里,普罗塔戈拉以讲神话的方式把哲人的真实看法讲了出来。

2 [施疏]建立城邦的目的是为了"保存自己",这是一种非常强有力的意愿性动机,如此动机与聚居的基本社会性不同。无论柏拉图笔下的苏格拉底还是亚里士多德,都从聚居的基本社会性开始探讨城邦的起源。所谓基本的社会性指,社会性是人与生俱来的东西,属于人的生活本身的天然性质,与生活得好或坏是两回事——生活得好或坏,才指涉人生活的动机,因为这涉及生活的主观愿望,可以有选择。"保存自己"属于这样的动机,而且是最低的动机,因为人活着不仅仅是为了活着。社会性则是人的生活无从选择的前提,或者说,人在任何条件下都是社会生物,即便人生活在散居或孤寂之中。按普罗塔戈拉在这里的说法,人是先有动机(保命),后有聚居,从而,社会性(或者说人的政治性的源头)的出现是有条件的,是受到强暴动物威胁的结果。言下之意,如果没有这样的威胁,人就不会过上聚居生活——这就与柏拉图的苏格拉底和亚里士多德的出发点不同了。

相互行不义，因为没有治邦的技艺嘛，结果他们又散掉，逐渐灭了。由于担心[322c]我们这个族类会整个儿灭掉，宙斯吩咐赫耳墨斯把羞耻以及正义带给世人，以便既会有城邦秩序又会有结盟的友爱纽带。

"于是，赫耳墨斯问宙斯，他应当以怎样的方式把正义和羞耻带给世[c5]人：'我是否该像分配技艺那样来分配这些，也就是这样来分配，即一个人拥有医术对于多数常人已经足够，其他手艺人也如此。我是不是该这样子让[322d]世人具备正义和羞耻，抑或应当分给所有人？''得分给所有人，'宙斯说，'让所有人都分有；毕竟，倘若极少数人才分有，就像其他技艺那样，恐怕就不会有城邦。而且，得依我的命令立下一条法律：把凡没能力[d5]分有羞耻和正义的人当作城邦的祸害杀掉。'[1]

"就这样，苏格拉底啊，由于这些，其他人也好雅典人也罢，如果有某个涉及木匠手艺的德性或其他什么艺匠德性的道理，那么，他们会认为，[唯有]少数人应该建言，倘若[322e]有谁不属于这些少数人却要建言，如你所说，他们就不会容许——如我说，看似就是如此。

---

1 [施疏]普罗塔戈拉口中的宙斯实际上给出了两个相互矛盾的命令：让所有人分有羞耻和正义的政治德性，同时又要求定立严厉的惩戒性法律。事实上，"羞耻和正义"很难真正成为城邦秩序必不可少的条件。宙斯的这一立法依据的是一种必要性：如果不定立这样的酷法，就不会有政治德性，或者说就不会有城邦民，城邦也就没法建立，人就没法自保。

不过，倘若他们要凭靠治邦［323a］者的德性聚到一起商讨，而这整个儿必须得自正义和节制，他们看似就容许所有男子［建言］。因为，这适合所有男子分有这种德性，不然就不会有城邦。苏格拉底啊，这就是之所以如此的原因。[1]

［a5］"不过，为了你不至于以为自己认为在这件事情上被蒙骗——也就是，所有人实实在在都认为，所有男子都分有正义或其他涉及治邦者的德性——你不妨考虑一下如下论证。[2] 毕竟，就其他德性而言，如你所说，要是有人说自己是个好簧管手，或在某些其他技艺方面好，而实际上他并不是，人们就会讥笑［323b］他或严

---

1 ［施疏］普罗塔戈拉起初明确说，他要讲的是一个神话［故事］，但我们不可忘记，实际上并非普罗塔戈拉直接在说，而是苏格拉底在转述。通过这个虚拟的故事，柏拉图让我们看到袒露出来的普罗塔戈拉的灵魂：这个灵魂对技艺入迷，他的爱欲指向才智本身，而且大胆勇为。普罗塔戈拉讲的这个神话［故事］涉及的是人类共同体的生活方式（政治生活），神话涉及的是人类很难拥有知识的事情——人类共同体的生活方式恰恰不属于这类事情，我们的祖先已经拥有了这方面的知识，并通过独特的形式传给了我们，这就是古老的神话［故事］。普罗塔戈拉重新讲人的政治生活诞生的神话［故事］，意在重新给人的政治生活方式下定义，从而具有启蒙性质——所谓启蒙，在这位智术师那里，其含义就是：让人懂得自己可以变得像诸神那样有能耐。

2 ［施疏］普罗塔戈拉无异于承认自己讲的［神话］故事并不成功，需要换一种说法。普罗塔戈拉随即发表了一通演说式的长篇大论，如此长度的说辞在柏拉图作品中并不多见。

厉谴责他，乡亲们也会出面训斥他疯癫。但涉及正义或其他涉及治邦者的德性时，倘若他们明知他不义，而这人自己在众人面前说出自己的真实，那么，说真话在别处会被认为是节制，在这儿就会被认为是疯癫。而且，据说，所有人无论自己正义抑或不义，都必须宣称自己正义，或者说，谁不让自己显得正义就是［脑筋］疯癫。仿佛这是必然的：［323c］我们中间没谁在这［正义］方面没份儿，否则就不算世人中的一员。

"我说的正是这些，即由于人人都分有德性［这种看法］的引导，人们理所当然地承认，每个男子都应该对这种德性提建言。［c5］我想要向你进一步揭示的一点是，人们并不认为，这［德性］是天生的或自己冒出来的，而是教会的，靠努力培养出来的。毕竟，人们认为，世人都会有许多［323d］天生的或偶然得来的丑，别人有这样的丑，没谁会生气，或训诫或教导或惩罚这些人，使得他们不带着这些丑生活。相反，人们会怜悯他们。比如，有人长得丑，或个儿矮，或弱不禁风，谁会如此没理智到要去对他们做这类事情呢？毕竟，［d5］据我看来，人们知道，这些东西——美及其反面——对世人来说都是天生的和偶然的。不过，人们认为，对世人来说，好品质出自努力或训练或施教，［323e］谁要是没有，却有与此相反的坏品质，针对这些人，人们的生气、惩罚、训斥就来了。其中的一种［坏品质］就是不义和不虔敬，

[324a] 总而言之，就是那种与治邦者的德性整个儿相反的东西。在这里，谁都的确会对所有这号人生气和训斥，显然是因为，这种（治邦者的）德性可以靠努力和学习来获得。

"毕竟，要是你愿意动脑子想想，苏格拉底，惩罚究竟会对那些行为不义的人有什么作用，[a5] 那么，这本身就会教你［懂得］：世人的确认为，德性是一种可以制作出来的东西。有脑筋的人没谁惩罚行为不义的人，仅仅因为和由于这人行为不义——谁也 [324b] 不会像头野兽那样毫无理性地报复。带有理性地施行惩罚，不会报复一桩已经犯下的不义行动。毕竟，已经做成的事情不会［因惩罚而］不再是已经发生的事情；惩罚为的是将来的事情，以便无论行不义的人自己 [b5] 还是看到行不义受到惩罚的他人都不会再行不义。有这样一种想法的人当然就会想到，德性是教育出来的东西：无论如何，惩罚是为了劝阻。因此，所有采取报复——[324c] 不管以个人方式还是以民众方式报复——的人都持有这种意见。所有其他［地方的］人都报复和惩罚他们认为行不义的人，不仅仅你的雅典城邦民们如此。按照这一道理，雅典人也属于认为德性是可制作出来和 [c5] 可教的那类人。因此，你的城邦民们看似会采纳铁匠和鞋匠对城邦事务提出的建言，因为他们认为德性可教、可制作出来——这些证明对于你，苏格拉底，至少在我看来[324d]已经够充分。

"还剩下一个困惑,也就是你对好男子感到的困惑:为什么那些好男子要教自己的儿子们[别的]老师所拥有的其他东西,以便[d5]造就他们[在这些事情上]有智慧,而在这[自己的]德性方面,好男子们却没法把[自己的]儿子们造就得更好。关于这,苏格拉底,我将不再给你讲故事,而是讲论述。[1] 请这样动脑子想想:倘若会有城邦存在的话,会不会有一种东西是所有[324e]城邦民必然分有的呢?正是在这一点上,你感到困惑的这个困惑本身会得到解决,绝不会是其他什么。另一方面,倘若有这样一种东西,而且这一东西并

---

[1] [施疏]普罗塔戈拉特别说明不再讲神话[故事],无异于暗示前面刚刚讲过的一段实际上是神话[故事]。尽管他说过是论证,但故事也可以用来论证。柏拉图笔下的神话,未必一定是讲故事。他的意思是:我现在才开始正儿八经来对付你苏格拉底提出的问题,先前说的都是对付孩子们的说法。我们必须紧紧抓住柏拉图所设计的戏剧性场景:苏格拉底在向普罗塔戈拉表达自己的困惑时,以雅典民主为例,既给普罗塔戈拉出了难题,又是在警告他现在就在雅典。普罗塔戈拉的戏剧处境因此是:既要回答苏格拉底以雅典民主为例出的难题,又不能打开窗户说亮话。在受到苏格拉底的警告后,普罗塔戈拉不敢明说雅典民主要不得,只好用讲故事的方式来表达。普罗塔戈拉心里清楚,他必须蒙骗潜在的众人,给他们讲故事听,但他不能用讲故事来蒙骗在场的智识人,否则在这些人面前就实在太丢份。因此,普罗塔戈拉不得不提供两种不同的说法:说给潜在的聪明人听的和说给鞋匠一类人听的。随后普罗塔戈拉开始了自己的长篇大论的中间段落——中间段落往往非常有趣。

非木匠手艺、铁匠手艺或陶匠手艺，[325a]而是正义、节制和虔敬，我概括为一个东西本身，即一个男子的德性——如果有这东西，它必然便是所有人必须分有的东西。有了这，每个男子想要学习或做什么事情才做得成，否则[a5]就做不成；或者，[如果有这东西]就必然得训导和惩罚没有这[德性]的人，无论小孩、男子抑或女人，直到通过惩罚使他变得更好。谁要是不听从惩罚和训导，就得被视为不可救药者[325b]撵出城邦或者处死——如果情形就是如此，如果情形是如此自然而然，那么，请思考一下，那些好男子如果教自己的儿子们时别的什么都教，就不教这个[德性]，他们何以会成为好人，岂不怪哉？人们认为，这东西本身可教，[b5]在个人和民众方面都如此，对此我们已经作了揭示。那么，既然这是可教、可培育出来的，难道他们会只教自己的儿子们别的东西——即便不知悉这些东西也不至于惹上死刑，却不教这些东西？如果自己的孩子们不学习、[325c]不培育德性，就会惹上死刑和放逐，除了死刑还有家产充公，总而言之，整个家都会毁掉——他们肯定会用全副心思关切这事。必须这样认为，苏格拉底！

[c5]"从孩子很小的时候开始，只要[父母]健在，他们就会教和训诫自己的孩子。一旦[孩子]会更快地懂得话语，保姆、母亲、家丁[325d]甚至父亲本人都

会为此奋斗,[1]即孩子怎样才会变得更好,会在一言一行上教他和展示给他,这个对、那个不对,这个美、那个丑,这样虔敬、那样不虔敬,[d5]做这些、不要做那些。要是愿意听话嘛……,[2]要是不听,他们就要像整治一根弯弯扭扭不直展的[幼]树桩那样,用威吓和抽打把他整直。经过这些之后,他们送[孩子]去学堂,叮嘱老师们要多多致力于孩子们的[325e]行为端正,而非仅是语文和音乐课。[3]老师们要努力的就是这些事情;一旦孩子们学了识字,想要明白成文的东西一如以前理解口头言辞,老师们就要给坐在自己面前的板凳上的孩子们[e5]摆出好诗人们的诗作要他们诵读,强迫他们[326a]背诵。这些作品中有许多警言,还有不少古代好男子的外传、颂赋和赞歌,使得这孩子受到激发要摹仿[他们],渴望成为这样的人。音乐老师则涉及其他诸如此类的东西,致力于[孩子们的]节制,[a5]以免青少年有失体统。

"除了这些,当孩子们学会弹基塔拉琴之后,老师们要进一步教他们另一些好诗人——抒情诗人的诗作,给

---

1 家丁是贵族家庭陪伴小主人出行的奴隶,并在必要的时候纠正小主人的言行。
2 这里省略了"听话"的可能,以便突显随后"不听话"的严重性质。这种刻意省略是一种修辞,称为"缄口不言",古代修辞学校经常用到。
3 指基塔拉琴课。

[326b]基塔拉琴作品配上诗作,强迫孩子们的灵魂熟悉节律以及和音,让他们更温雅,养成善于更富有节律、更富有和音的言和行。[b5]毕竟,人的一生都需要富有节律和富有和音。[1] 除此之外,他们还要送[孩子们]去体育老师那里,以便孩子们有更好的身体可以为有益的思想效力,[326c]不会在打仗时或其他行为中因身体糟糕而被迫胆怯。做这些的大多是极有能力的人——极有能力的人[往往]是最富有的人,而且[c5]他们的儿子入学年龄特别早,离开老师又特别迟。他们离开老师时,城邦又会强制他们学习礼法,并在生活上依从礼法一如依从范例,[326d]使得他们不会凭自己的偏好任意行动,而是简单地就像语文老师用写字笔给不会写字的孩子们刻写下文字笔画,然后把这应该写下的文字给孩子,强制他们按[d5]笔画规范写字。同样,城邦把刻写下来的礼法——贤明的古代立法者们的发现——[给孩子们],强制他们按照礼法来统治和被统治。谁要是特立独行,城邦就要惩罚他——对于这种惩罚,在你们这里和[326e]别的许多地方都叫做'纠正',因为,正义就是纠而正之嘛。既然在个人和民众方面对德性的努力

---

1 [施疏]这里谈的教育内容涉及"言"和"行"两个方面,普罗塔戈拉先说的是"言"的教育,然后再说"行为端正"的教育。可是,正义的举止首先在于行为而非言辞。

如此之多,苏格拉底啊,你对德性是否可教还会感到奇怪,还会困惑么?没必要奇怪啊,要是德性不可教,才[e5]奇怪得很呢。[1]

"那么,为什么好父亲的许多儿子们会变得低劣呢?来学习一下这一点吧。其实,倘若我刚才说的那些是真实的话,这并没有什么奇怪。就这件事情而言,[327a]亦即就德性而言,如果会有城邦存在,就必定不会有谁[对德性]是外行。倘若情形的确如我说过的那样,那么,所有情形大多也就如此——不妨选取一个别的随便什么[与德性不同的]生活方式和学识来思考一下吧。

"其实,若非我们所有人都是簧管手,[a5]根本就不会有城邦存在——除非无论谁个个都能干这行,每个人都能凭个人和民众教每个人[簧管],并责骂吹奏得不好的人,不妒忌任何一个[会这乐器的]人,就像如今没谁在涉及正义和法律的事情方面妒忌[任何人],不会[327b]像[隐藏]别的技艺成品那样隐藏[这种成

---

[1] [施疏]普罗塔戈拉的长篇大论的第二部分在此结束,却留下了一个很大的困难。这一部分论说仅仅证明,教育可施行或者说人可教。但麻烦在于,教育可教或可施行并不直接等于德性可教。换言之,普罗塔戈拉还没有真正回答苏格拉底对他的施教专长的质疑。于是,他接下来开始了长篇论述的第三段。

品]。¹毕竟，我认为，[一个人与另一个人]相互之间的正义和德性对你们有益。由于这些原因，人人都热切谈论正义的东西和教合法的东西。所以，如果我们在这方面也热切[b5]且毫无保留地教其他人，就像在簧管方面那样，那么，你会以为"——他说——"苏格拉底呵，好簧管手的儿子们会不及蹩脚簧管手的儿子们成为好簧管手么？我可不[这样]认为，毋宁说，无论谁的儿子，只要碰巧生来有极好的簧管天赋，他[327c]就会成为名手，无论谁的儿子，只要没天赋，就会籍籍无名。何况，好多时候，一个蹩脚簧管手也会出自一个好簧管手[的儿子]，而好多时候，一个好簧管手也出自一个蹩脚簧管手[的儿子]。不过，尽管会有如此情形，所有这些簧管手毕竟比压根儿不懂簧管的外行在行。所以，[c5]现在不妨认为，一个在礼法和人世中长大的人，无论在你看来多么不义，他本身还是正义的，甚至在这事情上还是个巧匠。如果[327d]必须拿他与那些既没受过教育、也没受过法庭或礼法或任何强制——即那种让每个

---

1 [施疏]普罗塔戈拉以簧管手为例，表明他现在开始把治邦者的德性说成技艺，与前面把技艺说成德性在顺序上相反——德性也是一种技艺，可以与簧管术相比。然而，"若非我们所有人都是簧管手，根本就不会有城邦存在"这一假设条件句并不真实，从假定每个人都是簧管手推出假定每个人都会指导每个人簧管术，是佯谬。这一矛盾的说法不是逻辑失误，而是在以暗度陈仓的手法谈论某种东西。

人努力成德的强制——［约束］的人们作比来衡量的话，这些人毋宁说是野蛮人——诗人斐若克拉底去年在勒奈俄节上教化的那类人。[1] 要是你［d5］置身在这样的人——亦即这位诗人的合唱歌队中的那些个厌恨人世的人中间，你若是遇上欧儒巴托和弗儒诺达兴许会格外欣喜，[2] 然后你兴许会放声恸哭，痛惜这儿这些人［327e］身上的弱点。你啊，苏格拉底，现在被宠喽。因为，所有人都按其所能地是德性教师，而你却觉得没谁是。这就好像，如果你研究一下谁是［教］讲希腊话的［328a］教师，就没有一个会显得是。同样，我认为，如果你要找谁来为我们教工匠的儿子们从自己父亲那儿学到的那门手艺，也不会［找到］。他们的父亲以及父亲的［a5］那些有相同技艺的乡友们恰恰有这种能力，他们谁都能教。因此，我当然认为，苏格拉底，要做这些人的老师会不容易，但要做完完全全不懂这［技艺的年轻人］的老师，就会很容易，在德性和所有其他事情上就是如此。不过，倘若我们中间有谁在增进德性方面哪怕突出一丁点儿，［328b］就是一件让人高兴的事情。我以为，我就是这样

---

1 斐若克拉底是谐剧诗人，其代表作《野蛮人》于公元前421—前420年在勒奈俄节上演（仅存极少残段）。勒奈俄节是狄俄尼索斯的节日，亦是古希腊人举办戏剧大赛的时候。
2 欧儒巴托和弗儒诺达是当时出名的坏人，在剧中他们并非歌队成员，而是演员。

的人中的一个，有助于某个人在臻进美和好的品质方面比其他人突出。而且，我做这事收取报酬值［这个数］啊，甚至收取更多，求学者自己都［b5］觉得值。由于这些，我做这样的事情一向以这种方式收取报酬。毕竟，无论谁跟我学，只要他愿意，他付［多少］我就收［多少］钱；要是不愿意，他就［328c］去神庙，发誓说这些［学到的］学识值多少，然后就付多少。"

"苏格拉底，"他说，"这就是我给你讲的故事和论证：何以德性可教，雅典人何以这样认为，以及［c5］何以毫不奇怪，既然珀律克莱托斯的儿子们——［他们的］年龄与这里的帕拉洛斯和克山蒂珀斯一般大——一点儿不像他们的爸爸，好父亲的儿子会成为低劣者或者低劣的［父亲的儿子］会成为高贵者；[1] 其他艺匠的儿子们也如此。当然，对这儿这些［小伙子］［328d］下如此断言就不那么恰当啦；他们还有希望，毕竟还年轻嘛。"[2]

---

1 珀律克莱托斯是当时著名的雕塑艺匠。克山蒂珀斯是伯利克勒斯的多个儿子中的老大，据普鲁塔克记载（《伯利克勒斯传》36），他娶了一个年轻的挥金如土的女人为妻。
2 ［施疏］由于苏格拉底的警告，普罗塔戈拉得意地讲了一个神话故事，但讲到一半发现不能实现自己的意图，赶紧改口，于是有了这番如此之长的演说。换言之，普罗塔戈拉整个儿是在苏格拉底的支配下表演，他不能说自己想要说的东西，完全按苏格拉底要他做的那样去做。我们不清楚在一旁听的希珀克拉底多大程度上意识到苏格拉底让普罗塔戈拉演了一场戏，因为柏拉图没有就此着墨。但在普罗塔戈拉演讲的最后一段，我们看到，

如此之长且如此这般的这番演示过后,普罗塔戈拉结束了论说。而我呢,已经沉迷[其中],望[d5]着他好半天,仿佛他还有什么要说,而我很欲求听。当我感觉到他确实已经讲完,还真费了点儿劲才让自己回过神来。我瞟了一眼希珀克拉底,[对他]说,"阿波罗多洛斯的儿子啊,我实在感激你,把我拉来这里。听了从普罗塔戈拉那里听到的[这些],[328e]我所获多多。毕竟,就在刚才之前,我还以为,好人之成为好人,不是凭人为努力;但这会儿我信服了。不过,我有个小小的地方没想通。显然,普罗塔戈拉轻易就[e5]能开导[我],既然他开导了那么多的事情。毕竟,如果有人就同样这些事情与任何一个[329a]民众演说家——无论伯利克勒斯,还是别的哪个铁嘴——讨论,大概也会听到这样一些说法。可是,如果还有什么要进一步问,[他们]无不像书本那样,既不能解答,也不能反躬自问。如果有谁就所讲的东西中哪怕小小的一点儿[a5]问下去,[他们]就会像被敲响的铜盆响个不停,直到有谁摁住它。那些演说家们就这样,要是[329b]有人问一丁点儿,他们就会扯出一段长篇大论。这位普罗塔戈拉有本事讲得又

(接上页)他自我感觉变得越来越良好,明显在笑话苏格拉底,反过来,苏格拉底其实也在笑看普罗塔戈拉的表演——于是,这个戏剧场面就成了两个智识人在相互笑对方,整个儿是谐剧色彩。

长又漂亮，就像刚才他表明的那样，他也有本事简扼回答提问，若问问题，也会等待和听取［b5］回答——极少数人才会到这份上。

"普罗塔戈拉啊，这会儿我只差一丁点儿就搞通所有的喽，要是你能回答我这一点儿的话。你［刚才］说，德性可教，而我呢，要是我会被别的任何人说服，也会被你说［329c］服。不过，你在讲的时候，那个［让我感到］惊讶的东西在我心里堵得慌。你当时说，宙斯把正义和羞耻分给人，而在论说中的好些地方，正义、节制、［c5］虔敬以及所有这类东西，都被你总起来说成仿佛是一个东西，即德性。[1] 请给我用论证详尽地仔细说，究竟德性是不是一个东西，而它的各部分则是正义、节制、虔敬；抑或我刚才［329d］说的这些不过是实为一个东西本身的各个名称。这就是我渴望［知道］的。"

"可是，这很容易回答，苏格拉底，"普罗塔戈拉说，"因为，你问的那些实为一个东西即德性的［各个］部分。"

---

1 ［施疏］苏格拉底所提出的问题是：正义与虔敬是否一回事。苏格拉底表示，就这一点儿没想通。换一种表述，这个问题是：你普罗塔戈拉虽然论证了德性可教，却没论证哪种德性可教。这里不是问何谓德性本身，而是问正义究竟如普罗塔戈拉所说是一种，还是有多种。因为，普罗塔戈拉在神话中说到正义和羞耻，在长篇大论中则说到正义、虔敬和节制（325a，参323e），甚至说到正义与智慧（323a），听起来像是至少有两类正义。

"是不是这样,"[d5] 我说,"就好像一张脸的部分是嘴巴、鼻子、眼睛、耳朵,抑或像金子的部分那样,部分与部分没差别,无论这一部分与另一部分还是与整体[都没差别],除了大小[之别]?"

"对我来说,它们显得是前一种,[329e] 苏格拉底,就像脸的部分与整个脸。"

"那么,"我说,"人们拿取德性的部分,是不是有些人拿取这一部分,另一些人拿取那一部分?或者,要是某人拿取一[部分],必然就有了全[部]?"

[e5]"不会[是后一种],"他说,"因为,多数人勇敢却不正义,就算多数人正义,也不智慧。"

"那么,这[两者]也是德性的[330a]部分了,"我说,"亦即智慧和勇敢?"

"大多恐怕都如此吧,"他说,"而且,各部分中最大的[部分]当然是智慧。"

"它们每一个都与另一个不同吧?"我说。

"没错。"

"它们每一个都有自己的能力吧,就像脸的那些[部分],眼睛不像耳朵,它们的能力[a5]就不是一回事,其他[任何]部分也没有哪个与另一个相同,无论按能力还是按其他方面都不同。德性的各个部分是不是也如此,没有哪个[330b]与另一个相同,无论其本身还是其能力?或者,明摆着就是如此,要是像这[脸的]范例的话?"

"可的确就是如此啊，苏格拉底，"他说。

于是我说，"那么，德性的别的部分就没有与知识［学问］一个样的，也没有哪部分与［b5］正义一个样，或者与勇敢一个样，或者与节制一个样，或者与虔敬一个样？"

"没有，"他说。

"那好吧，"我说，"我们不妨一起来考察，它们每一个究竟是什么性质的东西。首先［考察］这种：［330c］正义是做某件事情，抑或不是做某件事情？[1] 对我来说，毕竟，它显得是［做某件事情］，你［觉得］是吗？"

"对我来说也是，然后呢？"他说。[2]

"要是有人问我还有你，'普罗塔戈拉和苏格拉底啊，对我说说看，你俩刚才名之为做事情的这个，也就是正义，这个［做事情］［c5］本身是正义的抑或是不义的

---

[1] ［施疏］这个提问实际上问的是：正义究竟是不是与一件切实的事情（a tangible thing）甚至一个事件（affair）相关。比如说，正义的确也可能是虚构出来的某种东西，以便用来说服人们做义人——苏格拉底的下一问就表明，正义有可能仅仅是个名称而已。

[2] ［施疏］苏格拉底自己对问题已经作出了回答（"对我来说，毕竟，它显得是……"），这无异于同时给了普罗塔戈拉回答提问的方向。这样的提问显得不像是真的在诘难普罗塔戈拉，苏格拉底在别的场合问难时并不这样提问。为何苏格拉底要这样提问？因为他是为了希珀克拉底来到这里，希珀克拉底一直在场听苏格拉底与普罗塔戈拉的交谈，苏格拉底得保护他，不让他的灵魂受到不适合的言辞的影响——往后我们还会看到，苏格拉底在必要时甚至会很不地道地打断普罗塔戈拉的话。

呢？'我自己这方会回答他，是正义的；你那方呢，会投哪一票？[1] 与我相同还是不同？"

"[与你]相同，"他说。

"那么，正义就是像做义人这样的事情，我会这样回答那个 [330d] 提问的人说；你不也会吗？"

"会，"他说。

"要是他接着问我们，'你们不是说虔敬是某种东西吗？'我们兴许会说 [它是]，如我想的话。"

"没错，"他说。

"那么你们是说，这也是做某件事情，是抑或不是？我们会说是吧。或者不会？"

他对这也 [d5] 表示同意。

"'那么，这个做事情本身可以说自然而然就是做不虔敬的人或者做虔敬的人吗？'——对 [那人的] 这个问题，我兴许会光火起来，"我说，"而且兴许会说：'扯淡，你这家伙，要是虔敬本身会是做不虔敬的人，哪还会 [330e] 有虔敬这回事啊！'——你会说什么？你不也会这样回答？"

"当然会，"他说。

---

[1] 古希腊人投票时把石子放在瓮中，白色无洞的表示无罪，黑色有洞的则为有罪。[施疏] 苏格拉底的提问方式明显在引导普罗塔戈拉，并不民主，但表面上苏格拉底很民主。

"那么，要是在这以后他问我们说：'你们刚才怎么说的来着？难道你们［的说法］我听得不正确？［e5］我觉得你们好像说的是，德性的各部分彼此是这样的：它们的每一个都与另一个不同。'于是，我兴许会说：'别的你都没听错，听错的是你以为我也是这样说的。毕竟，是这普罗塔戈拉［331a］在回答这些啊，我不过是提问而已。'要是这会儿他说：'普罗塔戈拉，这人说的是真的吗？你的确说德性的这一部分在性质上不是另一部分？这就是你的说法么？'——你会回答他什么？"[1]

"被［a5］迫得同意［这一点］，苏格拉底，"他说。

"那么，普罗塔戈拉，我们将回答他什么呢？我们同意这些后，要是他进一步问我们：'这样一来，虔敬在性质上就不是做正义的事情，正义在性质上就不是做虔敬的事情，而是做不虔敬的事情；虔敬在性质上也不是做正义的事情，而是［331b］做不义的事情，［正义］就是做不虔敬的事情？'我们将怎么回答他？我本人当然会替我自己［回答］说，'正义就是做虔敬的事情，虔敬就是做正义的事情。'要是你会让我替你说，我将会回答，这些是一样的：'其实，行为［b5］正义当然与虔敬是一回事，或者极为相似，简直可以说，正义在性质上即虔

---

[1] ［施疏］这话听起来就像是苏格拉底在与普罗塔戈拉同行了一段路程之后把他抛弃了。

敬，虔敬在性质上即正义。'不过看清楚喔，你是不是允许这样回答，或者你是不是也这样同意。"[1]

"把行义与做虔敬的事情扯在一起、[331c] 把虔敬与做正义的事情扯在一起，苏格拉底，我可不觉得如此简单，"他说，"我觉得，它们之间还是有某种差异。[2] 不过，造成这差异的究竟是什么呢？"他说，"如果你愿意的话，我们姑且就让正义是做虔敬的事情、虔敬是做正义的事情吧。"

"我不，"我 [c5] 说，"我完全不需要用这个'如果你愿意'和'倘若你觉得'[之类] 来辩驳，而是 [需要] 我和你 [的直接辩驳]。我说'我和你'，因为我认为，谁要最佳地探讨出个道理，[331d] 就得让自己离这'如果'远点儿。"[3]

---

1 [施疏] 正义和虔敬"极为相同"的说法也可以理解为，即便最为对立的事物，也会有某种相同。从实践目的来看，正义与虔敬的确很相同，因为常人往往忽视两者的差异，很容易把两者视为同一种东西。
2 [施疏] 普罗塔戈拉不领苏格拉底的情，显然，如果他接苏格拉底递过来的搭桥，就成了苏格拉底在教他如何回答问题。在眼下这个场合，普罗塔戈拉不愿让自己在众多人面前丢脸。
3 [施疏] 苏格拉底与普罗塔戈拉抬杠，并非是为了自己在众多人面前的面子，而是为了教育希珀克拉底。希珀克拉底肯定多少听说过普罗塔戈拉的主张，如果不让普罗塔戈拉在这里更多暴露自己的观点，对希珀克拉底彻底认识普罗塔戈拉不利。毕竟，对希珀克拉底来说，亲自听见普罗塔戈拉说什么，非常重要。

"不过，当然喽，"他说，"正义的确有点儿像虔敬，毕竟，任何东西都这样或那样地与随便什么东西相像。白在某种情况下像黑，硬［在某种情况下］像软，还有［d5］其他显得相互极为对立的东西［也是这样］。就我们在某个时候说到的东西而言，都有各自的能力，这个东西在性质上不是那个东西——脸的各个部分就这样或那样地［相互］相像，这个［部分］在性质上就是那个［部分］。所以，要是你愿意的话，你当然可以用这样一种方式来辩驳，［说］所有东西［331e］相互都相同。不过，把那些有点儿相同的东西叫做相同，是不对的；把那些不那么相同的东西叫做不相同，也不对，即便它们会有相同的地方，也仅是一丁点儿而已。"[1]

我感到奇怪，便对［e5］他说，"那么，对你来说，做正义的事与做虔敬的事相互之间就是这样子的，因为它们相互所有的相同就那么一丁点儿？"

"不是，"［332a］他说，"不是这样子，不是你觉得

---

1 ［施疏］苏格拉底在前面把正义与虔敬等同起来，暗含的正是正义与虔敬有某种相同，但说得相当隐晦，普罗塔戈拉却把苏格拉底说得隐晦的含义挑明了。换言之，苏格拉底在挑明普罗塔戈拉隐含的真实观点时同时在替他隐藏，普罗塔戈拉在挑明苏格拉底的隐含观点时，却没有替苏格拉底隐藏，反而揪住苏格拉底的这一说法发起攻击。这显然给苏格拉底出了难题，将了苏格拉底一军。

我以为的那样。"[1]

"不过算了吧，"我说，"既然你让我觉得你对这很烦，就让我们放下这个，我们不妨来细看你说的另一个东西吧。你把这什么叫做没节制？"

他说［是的］。

"做这［a5］事情不就完全与智慧相反吗？"

"至少我觉得［是］，"他说。

"那么，要是人们做事情既正确又有益，在你看来，他们如此做事情时算节制呢，还是［当他们］相反地做事情［算节制］？"

"［如此做事情时算］节制，"他说。

"他们岂不［332b］是凭节制来节制吗？"

"必然如此。"

"那些不正确地做事情的人岂不是做事情没节制，因而，这样子做事情就是没节制吧？"

［b5］"我也这样觉得，"他说。

"那么，没节制地做事情就与节制地做事情相反了？"

他说是。

"没节制地做的事情岂不是靠没节制做出来的，节制

---

[1] ［施疏］两人在这里僵住了，普罗塔戈拉明显不想就这个话题继续谈下去。普罗塔戈拉是外邦来的大名人，他已经感觉到苏格拉底这个雅典名流非常聪明，对他究竟是个什么家伙心里没底，甚至可能觉得苏格拉底故意在让自己难堪，自己周游列国遇到这种情形恐怕还是头一回。

地做的事情是靠节制［做出来的］？"

他同意。

"要是一件事情是得力地做出来的，就是得力地做事，要是一件事情是软弱地做出来的，就是软弱地做事吧？"

他觉得是。[1]

"要是一件事情是敏捷地做出来的，就是敏捷地做事，要是一件事情是慢腾腾地做出来的，［332c］就是慢腾腾地做事？"

他说是。

"那么，一件事情是以如此方式做出来的，就是由这个本身来做事情，要是一件事情是以相反方式［做出来的］，就是由相反的东西［来做事情］？"

他同意。

"那么好，"我说，"有某个美的东西吗？"

他同意。

"除了丑的东西，它还与什么东西相反呢？"

"没有。"

［c5］"然后呢？有某个好的东西吧？"

"有哇。"

---

1 ［施疏］普罗塔戈拉的回答随着苏格拉底的提问在发生微妙变化。普罗塔戈拉的回答有时显得根本没有说话，仅仅用面部表情来表达。可见，普罗塔戈拉已经逐渐意识到自己在逻辑上出了麻烦，有些尴尬起来。

"除了坏的东西,它还与什么东西相反呢?"

"没有。"

"然后呢?声音中有某个高点儿的东西吧?"[1]

他说有。

"除了低沉的东西,它还与什么东西相反呢?"

他说没有。

"那么,"我说,"相对立的东西中的每一个都仅有一个相对立的东西,而不是许多?"

他同意。

[332d]"那么好吧,"我说,"让我们总括一下我们已经同意的。我们已经同意,一个东西仅有一个相反的,而非许多,是吧?"

"我们已经同意。"

"以相反方式做的事情是由相反的东西做出来的,是吧?"

他说是。

"我们已已同意,[d5]与无节制地做事情相反的是节制地做事情,是吧?"

---

1 [施疏]苏格拉底引入了智慧,尽管没有提到智慧之名——智慧当然是美[高贵]、好、高的东西。如果把五种描述依次排列,高贵[美]处于中间位置:强、弱、美[高贵]、好、高。美[高贵]与好被区别为两种品质非常重要,不然就没法说高贵的对立面是低俗,好的对立面是坏——至少从逻辑上讲如此。

他说是。

"那么,节制地做的事情是由节制做出来的,没节制地 [做的事情] 是由没节 [332e] 制做出来的?"

他同意。

"那么,以相反方式做的事情是由相反的东西做出来的,是吧?"

"是。"

"这事是由节制做出来的,那事是由没节制 [做出来的],是吧?"

"是。"

"以相反的方式呢?"

"当然。"

"那么,是由相反的东西做出的?"

"是。"

"那么,没节制 [e5] 与节制相反?"

"显得是这样。"

"你还记得,刚才前不久,我们已经同意没节制与智慧相反吧?"

他同意。

"可一个东西只有一个相反 [333a] 的啊?"

他说 [同意]。

"那么,普罗塔戈拉啊,这 [两个] 说法我们该选取哪个呢？¹一个东西仅有一个相反的[这个说法]，抑或那个[说法]——据它说，智慧与节制是两回事，但两者每个都是德性的部分，而且这一个与那一个不一样，不仅自身[不一样]，而且[a5]其能力[也不一样]，就像脸的各部分[不一样]？我们该选取[这两个说法中的]哪一个呢？毕竟，这样两个说法一起说实在不符合缪斯技艺啊。它们既唱不到一起，也无法相互合调。²毕竟，它们怎么会唱到一起呢，倘若[下面]这一点是必然的话：[333b]一个东西仅有一个相反的，而非有许多。没节制是一个东西，可它与智慧和节制都相反？是这样的吗，普罗塔戈拉？"我说，"不然又是怎样呢？"

他同意，不过十分勉强。³

"那么，节制岂不就会和[b5]智慧是一回事了？先

---

1 [施疏]苏格拉底其实是任意地摘取了两条假定中的一条。因此，我们得追究，苏格拉底为什么摘取这一条假定。如果我们相信苏格拉底的智慧，就得相信他选择这一条假定一定自有其道理。实际上，基于这一似是而非的原则，苏格拉底给出了一个非常漂亮的对智慧与节制的异同的分析。
2 [施疏]苏格拉底最后的提问是：一个东西仅有一个相反的或者也有许多相反的，这两个说法我们得放弃一个。如此提问实际上暗含这样的意思：没节制的确可能既是智慧的对立面，又是节制的对立面。说到底，一个对立物只能有一个对立面这一原则建立在一大堆困难之上，实际上是有问题的。
3 [施疏]这里的两段问答共讨论了四种德性：正义、虔敬、智慧、节制，前面提到的五种德性中，唯有勇敢没有提到，我们必须想一想为什么？如果取消了勇敢这个居间分隔两类德性的中心性德性，那么，智慧就与节制、正义和虔敬成为一类德性了。

前［说的］其实已经让我们看到，正义与虔敬几乎就是同一个东西。好啦好啦，"我说，"普罗塔戈拉，我们别泄气，我们还要细看余下来的东西。在你看来，某个做事情不义的［333c］世人，就他做事情不义而言，算得上节制吗？"

"这个嘛，我就不好意思同意喽，苏格拉底，"[1] 他说，"尽管世人中的多数人恐怕会说［是这样］。"

"那我该与那些［多数］人搞清道理，还是与你搞清道理啊？"我说。

"如果你愿意，"他说，［c5］"你不妨先拿这说法与多数人对话吧。"

"其实我倒没所谓，要是你仅仅回答：你觉得这些究竟是［这样］抑或不是。毕竟，我要审查的主要是这个说法。结果会是，无论提问的我还是回答者，都会平等地受到审查。"[2]

---

1 ［施疏］"不好意思"不意味着否认，而是怕脸红。普罗塔戈拉没法否认，节制地行不义或者说一个人既行不义同时又是节制的，至少从逻辑上讲可能，因为他主张各种德性的分离——他不好意思公开承认，或者说承认这一点会让他脸红，显然因为承认这一点会违背常识道德。柏拉图虽然没有用"脸红"来描述普罗塔戈拉的反应，但"不好意思"的含义与第二场景中希珀克拉底的"脸红"在性质上相同：都是因某种如今所谓"社会道德"而产生的反应。

2 ［施疏］在前两段问答中，苏格拉底都摆出两种可能性让普罗塔戈拉作出选择，这一次虽然也摆出两种可能性供选择，由于普罗塔戈拉明显想要躲避选择，苏格拉底已经是在以近乎强制的姿态逼他选择。如果强制就是行

[333d] 起初，普罗塔戈拉在我们面前装模作样，嘀咕这论题繁难，然后才同意回答。

"开始吧，"我说，"从起头回答我。有些人做事情不义，对你来说显得是做事情节制吗？"

"就算是吧，"他说。

[d5]"你是说[做事情]节制即善于思虑吧？"

他说是。

"善于思虑就是[他们]由于做事情不义要周全考虑吧？"

"就算是吧，"他说。

"是哪一种呢，"我问，"是他们做不义的事情时做得漂亮还是低劣？"

"做得漂亮。"

"那么你是说，有某些好的东西？"

"我的确说有。"

"那么，"我说，"好的东西就是对世人有益的[东西]吧？"

[333e]"当然是啊，凭宙斯说！"他说，"即便对世人并没益处的，我也会称为好东西。"

我感觉到普罗塔戈拉这时脾气上来啦，回答时一副摆出阵势争胜的样子。见他这副样子，我小心翼翼起来，

（接上页）不义，那么，苏格拉底的如此姿态就是行不义。但苏格拉底在这里的强制之举，恰恰就是节制地行不义。

温和地问——"你是说，"我说，[334a]"普罗塔戈拉啊，那些对一个人没益处的东西，还是说那些整个儿没益处的东西？而你把这些也称为好［东西］？"[1]

"绝不是［这意思］，"他说，"我自己当然知道，许多东西对人并没益处——吃的、喝的、药物以及别的[a5]数也数不过来的东西，但［我也知道］有的东西对人有益。还有一些则谈不上对人有益或者有害，却对马有益；有些仅对牛有益，有些则对狗有益。还有一些对这些［动物］谈不上有益或者有害，却对树木好；而且有些对树根好，对嫩枝却有害，比如畜粪，撒在所有树木的[334b]根上都好，可要是你想把它们撒在新苗和嫩枝上，就把它们全毁喽。甚至还有橄榄油，对所有植物都极为有害——而且是除人以外所有[b5]生物的毛发的大敌，却呵护人的毛发甚至身体的其他地方。所以，一个东西的好实在复杂，而且五花八门。[2]就拿这个［橄

---

1 ［施疏］苏格拉底问的这个问题的意思是：难道你能节制地称某种对谁都没有用的东西是好东西或有益的东西吗？

2 ［施疏］普罗塔戈拉起初说，对人而言东西有好坏之分，现在则说，好东西是各种各样的，有各种不同的好处，因为除了人，还有别的动物，或者说，除了人这个类，还有别的类，因此，好东西要分种类。于是，不好的东西实际上消失了，没有不好的东西。因为，对人来说是不好的东西，对马或牛或狗就是好东西。这个论点显得非常漂亮，有理有据——狗食对狗是好东西，对人显然不是好东西。这个论点的实质用今天的话说叫做价值相对主义，在《王制》卷二，格劳孔也提出过这一论证，并进一步引申下去。

榄油］来说，在［334c］体外对这人就是好东西，但在体内，同样的这个东西［对这人］就极坏。[1]由于这个原因，医生全都禁止体弱者在［c5］想吃的东西中用橄榄油，除非极少一丁点儿，以祛除食物和佐料中让鼻子感到的难闻味为限。"

普罗塔戈拉说这番话时，在场的人大声喝彩，似乎他讲得好，我则说，"普罗塔戈拉呀，我恰恰属于记性不好那类人，要是有个世人对我说得老长，［334d］我就记不住这番话是关于什么的了。就好比倘若我恰好耳朵有点儿不好使，你就会认为，一旦你要同我讨论什么，就需把嗓门提得比对别人更高。这会儿也是这样，既然你恰好遇到个记性不好的，要是我得跟上你的话，［d5］请替我把回答截短，搞得更简短些。"[2]

"你怎么要求我回答得简短呢？难道我对你的回答得比必须的更短？"他说。

---

[1]［施疏］"一个东西的好实在复杂，而且五花八门"这个命题与一开始说的"许多东西对人并没益处……"看似一致，其实不然。因为，开始的说法以人作为一个整体的类来区分好或坏的东西，现在则说，对人来说，好东西本身多种多样。这等于说，在人这个类里，好东西也因人而异。由此必然引导出对人这个类作进一步区分，就像前面对动物类进一步区分马、牛、狗。可是，普罗塔戈拉没有进一步区分人这个类的属相，而是区分了人体外部与人体内部。

[2]［施疏］苏格拉底在抱怨普罗塔戈拉的同时，又与普罗塔戈拉套近乎。相反，普罗塔戈拉接下来断然拒绝了苏格拉底。接下来他指责苏格拉底对自己发指示、提要求，简直就是对他行不义，对白差不多就是在吵架。

"不是那个意思,"我说。

"而是必须的那么短?"他说。

[334e]"就是,"我说。

"那么,我该回答你的这个'必须回答那么多'究竟是我觉得的那么多,还是你觉得的那么多啊?"

"其实,我曾听说,"我说,"要是你愿意的话,你自己[e5]教别人这些事情时既能讲得很长——这样子时绝不会没话可说,又能讲得简短——这样子时[335a]没谁说得比你更简洁。所以,要是你愿同我讨论的话,请你对我用后一种方式,即言辞简短的方式。"

"苏格拉底,"他说,"迄今为止我已经和好些人舌战[a5]过,倘若我过去是按你要求的那样来做——按反驳者要求我[必须]如何讨论的那样来讨论,我就既不会显得比任何人更优秀,普罗塔戈拉也不会名满希腊啦。"

而我呢——毕竟,我发觉他对自己[335b]先前的回答不满意,而且不再愿意情愿在讨论时回答[提问]——既然我认为,这样的在一起[聚谈]不是我的活儿,我便说,"其实啊,普罗塔戈拉,我不是非要我们这样在一起[谈],违背你觉得[b5][想要的方式]。只不过,要是你愿意以我能够跟得上的方式来讨论,我当然会和你讨论。你毕竟——就像关于你据说而且你自己也这样说——有能力既以长篇大论的方式又以言简意赅的方式搞聚谈。[335c]毕竟,你有智慧啊——可我没能力[跟上]这些长篇大论,尽管我愿意有这能力。不过，既然你两方面都行，你就必须将就我们咯，这样[我们]才可以在一起[谈]。但既然现在你不愿意，而我又没什么空闲，不能[c5]待在你旁边听长篇大论——毕竟，我得赶去别处，我要告辞啦，尽管我也许不是不高兴听你的这些[长篇大论]。"

说这番话时我站起身来要走，当我站起来时，卡利阿斯右手拽住[我的]手，[335d]左手抓住[我]这件磨破的外套，说道："我们不会放你走，苏格拉底，你要一走，谈话对我们就会不一样啦。我要你与我们待着，任听谁都没有比听你和[d5]普罗塔戈拉交谈让我高兴。你可别让我们大家扫兴。"

这时我已经站起来要走出去，我说，"希珀尼库斯的儿子呀，我可是一向钦佩你的这种热爱智慧，眼下[335e]尤其赞赏和热爱[这种热爱智慧]，要是你的要求我可能[办到]的话，我倒很愿意让你开心。可这会儿你简直就像是要求我跟上希墨拉的跑手克利松——他正是精力最旺盛的时候，或者要我与某个长跑手或急差比着跑，而且不落下。[1][336a]我会对你说，我比你更要求我自己跟上这些个跑手们，可我不能啊。要是需要看我同克利松一起跑，你就得要他慢下来。毕竟，我没能力

---

[1] 克利松是来自西西里的希墨拉的长跑家，曾先后在公元前448、前444、前440年的奥林匹亚竞赛中获胜。

跑快，[a5] 而他却有能力［跑］慢。要是你欲求听我和普罗塔戈拉［交谈］，你就得要他这会儿像起初他回答我提出的那些问题时一样回答简洁。[336b] 不然的话，交谈的方式会成什么样子啊？何况，我觉得，在一起相互交谈与搞民众演说毕竟是两回事嘛。"[1]

"可是，苏格拉底，你看到吗？"他说，[b5]"普罗塔戈拉如果认为应该允许按自己愿意的方式来交谈，他似乎说得蛮正义哦，你不同样也如此［要求］按你愿意的方式来交谈嘛。"[2]

这时阿尔喀比亚德插进来，他说，"你说得实在不美，[3]卡利阿斯。毕竟，这苏格拉底已经承认他跟不上长篇大论，输给了普罗塔戈拉。至于说这样子交[336c]谈以及设置话题——给出和接过话题，要是苏格拉底会输给任何人的话，我就会觉得奇怪啦。所以，要是普罗塔戈

---

1 ［施疏］前面卡利阿斯的强留带有谐剧成分，现在这番对卡利阿斯说的话却非常严肃。虽然这番话是对卡利阿斯说的，实际上是说给希珀克拉底听的，因为苏格拉底承担保护希珀克拉底的义务，这是他来卡利阿斯家的前提。苏格拉底其实并非真的要离开，他没有真话实说，从形式上看，这样做是不义之举，但由于是为了顾及他人的利益，如此行不义就获得了辩护。

2 ［施疏］卡利阿斯的说法表明了他对正义的理解：正义等于每个人有平等的权利，没有谁的要求会是为更正义的，没有任何东西会是为更正义的——正义等于平权。

3 ［施疏］"美"这个副词这里包含"高贵"或者"公道"的意思。

拉承认，在交谈方面他比苏格拉底更为蹩脚，对苏格拉底来说就够啦。但要是他坚持不让，就让他以［c5］问和答来讨论，而不是在每个提问上把大话扯得老长，言辞躲闪，不愿［336d］给出个说法，却滔滔不绝，以至于在听的多数人——我说'多数人'［而非'所有人'］——都忘了问的问题究竟是关于什么的。当然咯，我担保苏格拉底不忘事儿，他不是不会开玩笑，说自己记不住。[1] 所以，在我看，苏格拉底［d5］说得更恰当。[2] 毕竟，［我们］每个人都必须表明自己的看法嘛。"

阿尔喀比亚德之后，我想，说话的是克里提阿吧，［他说，］"普洛狄科和希琵阿斯呵，据我看，卡利阿斯似乎太向着［336e］普罗塔戈拉，阿尔喀比亚德呢，对自己拥护的任何事情总是争强好胜。不过，我们不必跟着争强好胜，无论偏向苏格拉底还是偏向普罗塔戈拉；我们

---

1 ［施疏］这话表明阿尔喀比亚德听得出苏格拉底的话中开玩笑的地方——我们会说苏格拉底装样子或说谎，阿尔喀比亚德却能够准确把握苏格拉底的风格，懂得苏格拉底的玩笑，尽管切不可忘记，玩笑式的谎话并不等于不再是谎话。不过，这里的关键在于，阿尔喀比亚德的说法无异于揭了苏格拉底的真相（在《会饮》中，阿尔喀比亚德也如此）——这个真相不仅是苏格拉底强有力，也有苏格拉底顾及心智能力较低的人。从而，阿尔喀比亚德无意中揭示了苏格拉底的正义真相。

2 ［施疏］"更恰当"的含义是"更公平"，亦即更高的正义。阿尔喀比亚德依据自己对苏格拉底的真相的认识提出了能力或资质的差异，认为应该正视并承认差异才公平，公平比平等更高，从而反驳了卡利阿斯的权利平等观。

得一致请求两位别中途分手。"[1]

[337a] 克里提阿说这些后,普洛狄科说:"我觉得,你看起来说得好,克里提阿。毕竟,这类言辞的参与者必须共同听取投入交谈的双方,但不是平等地[听取],毕竟,[两者的说法]不是同一个东西。毕竟,应当共同[a5]听取双方,不等于[应当]平等地赞赏各方。应当多给更有智慧的,少给更无学识的。[2] 所以,我本人认为,普罗塔戈拉和苏格拉底啊,你们应该谦让,相互围绕论题对辩,[337b] 不要争吵嘛。毕竟,朋友与朋友对辩是出于善意,彼此不合和互为敌人的人才争吵。这样,我们就会有一场极好的聚谈。这样,你们两位发言人就会赢得我们这些[b5]听者的极大敬重,而非受到称赞:敬重出自听者的心底,没有蒙骗,称赞往往是些违背自己的意见说谎的言辞。[337c] 而且,这样的话,我们这些听者也会极为欣喜,而不是愉快:欣喜指靠精神本身学习和获得某种见识,愉快则指吃到某种东西或靠身体

---

1 [施疏] 克里提阿的如此表态表明他对何谓正义有这样的看法:正义就是不偏不倚,就是不要抱团。克里提阿进一步要建立一个形式正义的法庭,从而推进了阿尔喀比亚德促请在场的人投票的提议。

2 [施疏] 普洛狄科否定了权利的平等分配,主张不平等的分配:应当多给有智慧的,少给无学识的——这意味着给聪明的人多些权利,给不聪明的人少些权利。进一步推论下去很容易得出这样的观点:智识人统治是正义的,哲人应该当王。

本身快乐地得到某种东西。"

普洛狄科说的这些，在座的多数人都接受。[1][c5]接着普洛狄科之后，希琵阿斯这个智者说："在座诸位，我认为，就自然而非礼法而言，你们是同族和同一个家庭的成员，[337d]每个都是城邦民。毕竟，相同的与相同的凭自然彼此亲近。可是，礼法是[支配]世人的王者，它强制许多针对这自然的东西。对我们来说，羞耻的是，我们懂得诸事的自然，而且在希腊人中最智慧，[d5]眼下聚集在希腊的这样一个地方，[聚集]在这智慧的主席团大厅，[聚集]在这城邦最伟大、最光耀的高宅，可我们一点儿都没[337e]拿出配得上这名位的东西，竟然像世人中的那些最为低劣的人那样相互争来吵去！[2]所以，我这会儿敦请和奉劝，普罗塔戈拉和苏格拉底啊，你们得和解。我们就像公断人把[你们]拉到[338a]这中间地带，你[苏格拉底]就别非寻求这种严格的对话样

---

1 [施疏]普洛狄科的建议没有得到在场所有人的赞同，原因可能有两个。首先，他的说法因精细的语义辨析而过于学术化，不够通俗；其二，他的正义观明显基于资质不平等：智识人应该得到更多的东西——在座的显然有些人并非智识人，比如卡利阿斯和希珀克拉底清楚自己还算不上智识人。

2 [施疏]希琵阿斯彰显自然与礼法的对立，更为明确地区分了常人与非常人：不聪明的人是常人，没必要帮他们，因为他们即便得到帮助也会搞得乱七八糟——这无异于暗中否定了苏格拉底主张的"顾及"常人。希琵阿斯的发言最后得到一致赞同，因为他把所有在场的人都阿谀了一番。

式——非常简洁［的样式］——不可，要是普罗塔戈拉不喜欢的话，不妨随他滔滔不绝，使得［他的］辞令可以对我们显得更为宏伟壮丽、更为井井有条。反过来呢，［a5］普罗塔戈拉就别整个儿夸夸其谈，乘风扬帆，遁入言辞汪洋，以至于陆地隐而不见——反正，你俩守点儿中道。就这样做吧，听我劝，选出仲裁或主管或主席，替你们［338b］看住各自言辞的适中长度。"[1]

这话让在座的都满意，所有人都称赞，而且卡利阿斯说，他不会放我走。于是，他们要求我选个主管。我说，"选个言辞裁判出来，未免羞耻罢。［b5］毕竟，要是被选出来的比我们还差，更差的管住更好的，这可不正确哦。要是［被选出来的和我们］一样，同样不正确。毕竟，一个［与我们］一样的人会与我们做一样的事情，选他［338c］出来是多此一举。[2] 当然，你们会选一个比我们更好的人出来。实际上，我觉得，对你们来说，没

---

1 "仲裁"的字面意思是拿着棍子的人，在奥林匹亚竞技会上指体操比赛的裁判。［施疏］希琵阿斯比普洛狄科走得远，但并没有离开普洛狄科的基点。
2 ［施疏］现在我们看到，关于何谓正义的问题，实际上没有结论。正义本身应该起到的就是裁决作用，但裁决何谓正义却又需要裁决。裁决何谓正义需要有智慧的人，但有智慧的人聚在一起时，发生争执又没法选出一个仲裁者。这看起来的确可笑，却隐含着非常严肃的问题。不仅如此，这里的语境是民主，何谓正义没有结论，也就意味着，不可能靠民主方式得出何谓正义的结论。既然这里的正义是作为德性之一来谈论的，也就意味着，不可能靠民主方式得出何谓德性的结论。

可能选出一个比这普罗塔戈拉更智慧的。要是你们万一选了个一点儿都不更好的人,[1] 你们却宣称更好,对这普罗塔戈拉就会成为一种耻辱——竟然选一个 [c5] 低劣的世人当主管。至于我自己嘛,倒没什么所谓。

"不过,为了你们热望的事情——我们的聚谈和交谈可以实现,我倒愿意这么办:如果 [338d] 普罗塔戈拉不愿回答,就他来问、我来答,同时,我会试着向他演示,我所说的回答 [问题] 该是怎样回答。一旦我回答了他愿意问多少就问多少 [的问题] 之后,让他再以 [d5] 同样方式对我说明道理。要是他显得并不热心回答 [我] 所问的问题,你们和我就要共同要求他做你们要求我做的事情:不要毁了聚 [338e] 谈。因此,完全没必要有一个主管,而是你们大家共同主管。"

大家都觉得应该这样办。普罗塔戈拉虽然老大不情愿,也被迫同意问问题,[e5] 问够之后,再以简短回答给出说法。

于是,他开始像下面这样提问。"我认为,苏格拉底,"他说,"对一个男子来说,教育的最大部分在于 [让他在] 诗句方面 [339a] 厉害。这就是有能力透彻理解诗人们所说的东西——[理解] 哪些是 [诗人] 正确地

---

1 [施疏] 苏格拉底偷偷用"好"的观念替换了"智慧"的观念。显然,有智慧未必等于"好人"。

作成的诗,哪些不是,亦即懂得[怎样]区分[这些],而且,当有人问的时候懂得给个说法。那么,现在呢,提问仍然涉及的是我[a5]和你谈论的同一个问题,也就是关于德性[的问题],转到了诗作而已——差别就这么一点儿。有一次,西蒙尼德斯[1]对忒塔洛人克瑞翁的儿子斯科帕斯说:

> [339b]一方面,要成为一个好男子,真的难啊,
> 无论手、足,还是心智
> 都要做到方方正正,无可指责。

你知道这首诗歌吗?要不我整个儿给你背诵一遍?"

[b5]我说,"完全没必要,我知道的,而且我碰巧还对这首诗歌下过一番功夫哩。"

"那就好,"他说。"那么,你觉得它作得美不美、正确不正确啊?"

"非常美,而且正确,"我说。

"要是这诗人自己说了与自己相反的,你也觉得[b10]作得美?"

---

[1] 西蒙尼德斯(约公元前556—前468年)史称西方文学史上第一个"职业诗人",开了为钱写诗的新风尚,只要给钱就什么都能写,据说品达称他为"受雇的缪斯"。

"那兴许就不好咯,"我说。

"那么,"他说,[339c]"再好好看看[这首诗]。"

"可是,好人呃,我已经看得够可以的啦。"

"那么,你看,"他说,"这诗人在接下来的诗歌中说:

> 我可不觉得匹塔科斯的话中听,[1]
> (5)尽管话是一位智者说的,[2]
> '难呵,'他说,'是一个[c5]高贵者。'

"你想过吗,这同一个[诗]人[现在]这样说,先前却那样说。"

"这个我知道,"我说。

"那你觉得,[后面的]这些与[先前的]那些一致?"

"我觉得它们显得如此"——其实,这时我还真害怕他会说出点儿什么——"不过,你呢?"我说,"它们显得不是[这样]?"

"这[诗]人两样都说,怎么会[339d]显得与自己一致呢?一方面,这[诗]人首先确立的是,成为一个好男子实际上很难,可诗作刚往前走一点儿,他就给忘啦。明

---

1 匹塔科斯是公元前7世纪勒斯比俄斯(Lesbos)岛的行政官,史称"七贤"之一。

2 [译按]圆括号中的数字指西蒙尼德斯的原诗行码。

明匹塔科斯［d5］说的与他说的是同一个说法——是高贵者太难——他却［难道不是在］谴责［这个说法］，而且宣称不接受匹塔科斯的与他自己相同的说法？要是他谴责一个跟他自己有同样说法的人，那么很明显，他是在谴责自己。所以，他所说的要么前一个不正确，要么后一个不正确。"[1]

［d10］他说完这些，听者中的多数人发出喝彩和［339e］叫好。而我呢，当他说过这番话和其他人喝彩时，我起初仿佛挨了好拳手一击，两眼漆黑，脑子晕眩。然后——至少对你说真的——为了有时间来思考这位诗人究竟说的是什么［意思］，我转向普洛狄科，然后喊他，"普洛狄科呀，"我说，"你可是西蒙尼德斯的城邦民，[2]［340a］你帮这人一把才正义啊。我觉得我应该向你喊援，就像荷马所说，斯卡曼德戎遭阿基琉斯围困时向西莫恩塔喊援，他说的是：'亲爱的兄弟呀，让咱俩一起来顶住这汉子的［a5］大力吧。'[3] 所以，我也向你喊援，以免普罗塔戈拉把我们的西蒙尼德斯给灭啦。毕竟，为了纠正

---

1 ［施疏］本来应该是普罗塔戈拉问问题，苏格拉底回答。实际上，普罗塔戈拉并没有很好地提出问题，他明显是在指教苏格拉底应该如何注意到西蒙尼德斯诗中的自相矛盾。

2 西蒙尼德斯和普洛狄科都是克欧斯岛上的尤里斯（Iulis）人——克欧斯岛在爱琴海南部基克拉迪群岛，那里的人在德性方面有卓越声誉（参见柏拉图《法义》卷一 638b）。

3 《伊利亚特》卷二十一 308-309。

西蒙尼德斯，需要你的缪斯技艺，你靠它区分过愿望和[340b]欲求不是同一个东西，还有你凭此说的好些美的东西。所以，请注意看看，是否你与我一同[这样]觉得。毕竟，西蒙尼德斯并没有显得在说与自己相反的东西。普洛狄科，你就摆出你的看法吧，在你[b5]看来，'成为'与'是'是一回事，抑或另外回事？"[1]

"另外回事，凭宙斯，"普洛狄科说。

"西蒙尼德斯不是自己在起头[几行]就说出了自己的看法么——'要成为一个好男子真的难啊'？"我说。

"你说得真实，"[340c]普洛狄科说。

"那么，西蒙尼德斯谴责匹塔科斯，就不是像普罗塔戈拉认为的那样，因为匹塔科斯说了与他自己说的同样的东西，而是因为说了别的。毕竟，匹塔科斯并没有像西蒙尼德斯那样说'成为'[c5]高贵者难，而是说'是'[高贵者难]——'是'和'成为'并非同一回事啊，普罗塔戈拉，这普洛狄科说的喔。除非'是'与'成为'是同一回事，西蒙尼德斯自己并没有说与自己相反的东西。兴许[340d]这普洛狄科和别的多数人都会按赫西俄德[的说法]说，成为好人难呢，因为：'在德性面前，

---

[1] [施疏]通过向普洛狄科提问，苏格拉底又回到了提问者的位置。苏格拉底刚刚自己定了规矩，他必须先回答普罗塔戈拉的提问，然后才轮到他向普罗塔戈拉提问（338e），才不到一会儿就破了自己订立的规矩，或者说又在行不义。

诸神铺下了汗水',但是,谁一旦'抵达[德性的]顶峰,成就[德性]就容易了,[d5]虽然获得[德性]曾经难'。"[1]

普洛狄科听到这番话便夸奖我,普罗塔戈拉却说:"苏格拉底啊,你这纠正比你所纠正的错得更大喽。"

我说,"哎呀,事情反倒被我搞糟啦,好像是这样吧,[340e]普罗塔戈拉;我简直是个可笑的医生,我治病却搞得病更重。"

"岂不就是这样么,"他说。

"岂不是怎样,"我问。

[e5]他说,"要是这诗人竟然说,以如此方式获得德性是件太寻常的事儿,而所有世人都觉得,这是所有事情中最难的,这诗人就太没常识喽。"

我说,"凭宙斯,普洛狄科恰好在我们这儿,对这些个说法简直是时机难逢。兴许可以说,[341a]普罗塔戈拉啊,普洛狄科那神样的智慧很有把年纪了喔,不是起自西蒙尼德斯[的辈分],就是甚至还要年迈些。而你呢,尽管在好些其他事情上老练,在这方面却显得没经验,不像我那么老练——我毕竟是普洛狄科的弟子嘛。[a5]我觉得,你似乎还不懂得,西蒙尼德斯对这'难'的用

---

[1] 比较赫西俄德,《劳作与时日》289-292:"在有识之士面前,永生的诸神铺下了/艰辛,通往有识之士的路又长又陡,/到达顶点艰难曲折;一旦抵达顶峰,/道路从此变得平坦,无论前路多么艰难。"柏拉图的引用有改动,使之更为尖锐,尤其第二行(行290)。

法并不是像你的用法那样，倒像这位普洛狄科在涉及'厉害'[这个词]时每每告诫我的那样——当我称赞你或别的某个人时，我说普罗塔戈拉是个厉害的有智慧的男人，他就问我，[341b]把好东西叫'厉害'，我难道不感到羞耻？毕竟，他说，'厉害的[事情]是坏[事情]。所以，绝不会有谁会说厉害的富足或厉害的安宁或厉害的健康，但会[有人]说厉害的疾病、厉害的战争和厉害的贫困，[b5]因为，厉害的就是坏的。'[1]所以，兴许克欧斯岛人和西蒙尼德斯所用的'难'[指的]是'坏'或你还不懂的别的什么。我们不妨问普洛狄科吧，毕竟，涉及西蒙尼德斯的方言，问他才正义。普洛狄科啊，西蒙尼德斯的这个[341c]'难'说的是什么呢？"

"坏[事]，"他说。

"那么，由于这些，"我说，"普洛狄科啊，当匹塔科斯说'做高贵者难'，西蒙尼德斯才谴责匹塔科斯吧。因为，在西蒙尼德斯听起来，仿佛[c5]匹塔科斯在说'做高贵者是坏[事]'。"

"可是，苏格拉底，难道你认为，"普洛狄科说，"西蒙尼德斯说的是别的什么[意思]而非是这[意思]？即他责骂匹塔科斯是因为，匹塔科斯不懂得正确区分语

---

1 [译按]苏格拉底的话是直接引语（用双引号），引普罗洛科的话是间接引语（用单引号），但其中的间接引语再无引号可用，以楷体代替。

词，毕竟，他是勒斯比俄斯岛人，在外邦方言中长大。"[1]

[c10]"普罗塔戈拉，"我说，"普洛狄科说的这些你听见了吧。[341d]对这些你有什么话说？"

普罗塔戈拉说，"这样的话，就太离谱啦，普洛狄科。其实，我很清楚地知道，西蒙尼德斯说的'难'，与我们[说]的不是一回事，不是'坏'，而是不[d5]容易，靠许多作为才成得了。"

"不过，普罗塔戈拉呵，"我说，"其实我也认为，西蒙尼德斯说的是这[意思]，而这位普洛狄科当然也知道这一点。他不过开个玩笑，似乎要考验一下你是否有能力持守住你自己的论点。西蒙尼德斯并没有说'难'[事]是[341e]'坏'[事]，最重要的证据是紧接着的下一说辞。毕竟，他说：'唯有一个神恐怕才有这奖赏'，[所以，]他不至于说'做高贵者'是低劣的事，而是说，[e5]唯有神才拥有这，唯有这神才配得到这奖赏。毕竟，普洛狄科兴许会说，西蒙尼德斯简直是个放纵的家伙，根本就不是克欧斯人。不过，在我看来，西蒙尼德斯在这首诗歌中究竟有什么意图，我倒乐意告诉你，[342a]如果你愿意考考——如你所说——我对这些诗句[的理解能力]如何。当然，如果你愿意，我会听你[说]。"

听了我说的这番话，普罗塔戈拉就说："苏格拉底，

---

[1] 匹塔科斯的父亲是弑腊刻人。

如果你愿意［就听我说］……"[1] 不过，普洛狄科和希琵阿斯则［a5］急切怂恿［我说］，其他人也如此。

"那么，"我说，"我就来试试向你们详述我觉得这首诗歌［说的什么］。[2] 毕竟，热爱智慧极为古老，在克里特岛和［342b］拉刻岱蒙，[3] 希腊人中［热爱智慧的］这些人最多，这世上的智术师就那儿最多。不过，他们绝不承认［自己热爱智慧］，装得无学识的样子，以免公然显得自己在智慧方面超过［别的］希腊人——就像普罗塔戈拉刚才说到的那些智术师们，而是让自己显得在打［b5］仗和勇敢方面超过［别的希腊人］。他们认为，要是人们知道了［他们］凭什么超过［别人］，所有人都会去练这个——也就是智慧啦。而现在他们都隐藏这个，蒙骗诸城邦里那些追仿拉刻岱蒙生活方式的人们[4]——有些人摹

---

1 苏格拉底在刚才的说法中用了两个不同的"如果你愿意……"，前一个是"如果你愿意考考我"，意思是听苏格拉底解释西蒙尼德斯的诗，后一个是听普罗塔戈拉继续解释西蒙尼德斯的诗。普罗塔戈拉的回答接受的是后一个"如果你愿意"，但被普洛狄科和希琵阿斯阻止了。

2 ［施疏］苏格拉底接下来首先谈的是热爱智慧［哲学］，然后再谈西蒙尼德斯的诗，关于热爱智慧的说法夹在对西蒙尼德斯的诗的解释的中间。对此我们需要提出两个问题：1. 苏格拉底为什么谈热爱智慧以及如何谈热爱智慧；2. 谈热爱智慧与此前和此后谈论西蒙尼德斯的诗是什么关系。

3 拉刻岱蒙是斯巴达的正式名称。

4 ［译按］原文为动词 lakōnizō［模仿拉刻岱蒙人（的衣着、言谈、生活方式）］的分词，意为"模仿拉刻岱蒙生活方式的人"，苏格拉底寓指热爱智慧［哲学］的人。

仿他们，把耳朵打得来青肿，[342c] 裹着拳击皮套，热爱练身，还披短衫，似乎拉刻岱蒙人就凭着这些主宰希腊人似的。而拉刻岱蒙人呢，一旦想要公开而且轻松地亲自与他们的那些 [c5] 智术师们聚会，厌烦悄悄聚会，他们就对这些追仿拉刻岱蒙生活方式的人们以及任何在当地逗留的外方人下逐客令，与智术师们在一起才不会让外方人发觉。他们还绝不许自己的年轻人 [342d] 去别的城邦——克里特岛人同样也不许，以免年轻人不努力去学习他们教给年轻人的东西。在这些城邦，不仅男子为自己的教养极为自豪，而且女人们也如此。

"你们兴许会认识到，我 [d5] 说的这些是真实的，拉刻岱蒙人对于热爱智慧和言辞受过最好的教育，其 [表现] 方式是：倘若有人想要与最寻常的拉刻岱蒙人在一起，就会发现，这拉刻岱蒙人在谈话中大多时候显 [342e] 得是个寻常人。然而，在说到某些要点时，他就抛出简洁、凝练、值得思考的语句，像个厉害的标枪掷手。所以，与他交谈的人显得一点儿不比小孩子更好。总有这样的人——无论今儿还是从前，他们已经领悟到这件事情：[e5] 追仿拉刻岱蒙生活方式其实指的是热爱智慧，而非热爱练身；[1]

---

1 [施疏] 苏格拉底没有给出任何支撑就作出了断言：斯巴达人真正会搞的是哲学——这话无异于在揭秘。因为，在雅典民主政制中，哲学会被看作智术的同义词。雅典的一般人搞不清楚老派哲人与新派智术师的区别。

他们知道，有能力谈吐这样的言语，非得［343a］是那些受过教化的人。这些人中有米利都的泰勒斯、米提勒涅的匹塔科斯、普瑞厄涅乌斯的比阿斯，还有我们的梭伦、林狄俄的克勒俄布洛斯，克奈的弥松，拉刻［a5］岱蒙的基龙据说算这些人中的第七位。¹他们都是拉刻岱蒙人［式］教育的追慕者、爱欲者和学生，他们个个懂得［自己拥有的］智慧是这样一种［智慧］：每个人说出来的话都是简洁而又值得记住的言辞。他们甚至［343b］一起去德尔斐的神庙，把这智慧共同祭献给阿波罗，写下［后来］所有人都会唱诵的这些［箴言］：'认识你自己'和'勿过度'。²

"我为啥要说这些呢？因为，这是前辈们热爱［b5］智慧的方式，即某种拉刻岱蒙式的简洁言辞。的确，匹塔科斯的'做高贵者难'这个说法虽然受到智者们赞许，却在私下流传。可西蒙尼德斯呢，［343c］由于在涉及智慧方面爱声誉，他知道，要是他能像个名气很大的竞技者一样颠覆这个说法，击败匹塔科斯，自己就会在当世爆得大名。正是为了这，而且为了实现这一图谋，西蒙

---

1 传统的古希腊"七贤"的名单大同小异，最后两人没有弥松，通常是哥林多人佩里安德（Periander）和克里特人厄琵墨尼德斯（Epimenides），参见第欧根尼·拉尔修，《名哲言行录》卷一 22-122。这里的七贤录里没有普罗塔戈拉，苏格拉底似乎有意避而不谈智术师的秘密传说说法。

2 "认识你自己"是德尔斐的阿波罗神殿的著名铭文。

尼德斯作了［c5］这整首诗歌把［匹塔科斯的］这个说法拦腰斩断——在我看来就是如此。

"我们大家不妨共同来仔细考察一下，我［刚才］说的是否真实。简直可以说，如果［诗人］想要说'成为好男子难'的话，诗歌的这个开头兴许就显得是疯的。［343d］所以，他插入了'一方面'。其实，插入这个显得毫无理由，除非假定，西蒙尼德斯［这样］说是为了与匹塔科斯的说辞争辩。匹塔科斯说，'做高贵者难呵'，西蒙尼德斯则争［d5］辩说，'才不是呢，而是成为好男子一方面难呵，匹塔科斯哟，真的'——不是'实际上好'，不是为了这个［好］他说这'真实'，[1] 似乎一些人［343e］真的是好人，另一些好人却不是真的［如此］——毕竟，这样会显得头脑简单，西蒙尼德斯才不会这样呢。毋宁说，必须把诗歌中的这个'真的'设为颠倒法，也就是把匹塔科斯的说法当作前提放在前面——仿佛我们把［e5］匹塔科斯设为说者，把西蒙尼德斯设为答者——匹塔科斯说：'世人呵，做高贵者难。'西蒙尼德斯则［344a］回答：'匹塔科斯呀，你没说真实。毕竟，并非是好男子难，毋宁说，一方面，成为好男子，手、脚、

---

[1] ［译按］西蒙尼德斯用的"真的"相当于语气副词，从而是个虚词，苏格拉底把它解释为实词（名词）用法。言下之意，西蒙尼德斯的意思是并没有"真实的好"这种品质本身。

心智都方方正正，无可挑剔，才真的难。'¹这样，[a5] 插入'一方面'以及把'真的'正确地摆在最后，才显得有理由。整个下文都会证实这一点，[诗歌] 所说的就是如此。

"这首诗歌中所说的每一处 [344b] 都有许多东西，凡此表明，这诗歌作得妙，非常优雅、精巧。不过，这样子细说会太费事儿。我们不妨细说一下它的整个轮廓和意图。通过这整首诗歌，[西蒙尼德斯][b5] 几乎处处是在反驳匹塔科斯的说辞。毕竟，在述说过一丁点儿之后，他就仿佛在说道理似的说道，成为好男子难，真的；不过，其实在某段时间 [成为好男子] 还是可能的。可是，成了之后，要保持 [344c] 这样一种习惯，是个好男子，如你所说，匹塔科斯哟，才没可能，这不是属人的 [能力]，唯有神兴许才会有这奖赏，可是，

> 男子汉嘛，没法不是低劣的人，²
> [c5][一旦] 让人束手无策的厄运击垮他。

---

1 [施疏] 通过虚拟的对话，苏格拉底偷偷拿回了简短问答这一所谓拉刻岱蒙风格：匹塔科斯问、西蒙尼德斯答，让我们很容易与苏格拉底问、普罗塔戈拉答对应起来。苏格拉底不仅化解了表面上得维护西蒙尼德斯而不得维护匹塔科斯的困境，还让在场的人想起苏格拉底与普罗塔戈拉谈话时用过的同样手法，尤其希珀克拉底会想起苏格拉底与他谈话时的相同手法。
2 [译按]"低劣的人"这里指没有技艺能力、做事情总是失败。

"统领航船时，不可抗拒的厄运击垮的是谁呢？明显不会是个常人，毕竟，这个常人总是已经被击垮。正如没谁会击倒一个已经趴下的人，倒是会击倒曾几何时站立着的人，使他趴下，而非使一个［已经］趴［344d］下的人趴下，同样，不可抗拒的厄运击倒的乃是那个曾几何时善于搞设计发明的人，而非从没能力搞设计发明的人。[1] 一场大风暴突袭航船舵手，会使得他失去掌控能力，庄稼汉会被突来的恶劣天气搞得束手无策，［d5］医生［也会遇到］同样的事情。所以，一个高贵的人也有可能成为低劣的人，就像另一位诗人所证实的那样，他说：'即便好男子也有时低劣，有时高贵。'[2]［344e］可是，对低劣的人来说，并非有可能变得低劣，毋宁说，他被迫从来就是［低劣的人］。所以，既然不可掌控的厄运击倒的是善于搞设计发明且有智慧的好人，［他］就'没可能不是低劣的人'。可是，你呢，匹塔科斯啊，却说'是高贵者难'。［e5］其实啊，成为高贵者虽难却有可能，是高贵者则没可能。

（10）毕竟，［若走运］事情做得佳，个个都是好男子，

---

[1] ［译按］"善于搞设计发明"显然需要有技艺能力，苏格拉底影射普罗塔戈拉以为凭自己的技艺能力无所不能，还发明了"政治术"。
[2] 此句出处不详，"低劣"和"高贵"在这里具有政治含义。色诺芬在《回忆苏格拉底》（卷一2.20）引用过这一行。

但若[事情]做得低劣，就是低劣的人。

　　[345a]"那么，涉及语文的话，什么是好的行为呢？什么使得一个人在语文方面算好呢？显然是学习语文。很好地做什么才造就一个好医生呢？显然是学习如何医病。'做得低劣，就是低劣的人。'那么，谁[a5]会成为劣医呢？显然，这人首先得尝试做医生，然后才会是好医生，毕竟，[这好医生]也可能会成为劣医。我们这些常人不通医道，[即便]做得低劣也绝不会[是]劣医或劣工匠或[345b]其他诸如此类的[匠人]。即便有谁做得低劣也不会成为医生，显然是因为，并没有劣医。同样，好人也会一时变低劣，要么因为时间长，要么因为辛苦，要么因为害病或其他什么不幸——[b5]毕竟，知识被剥夺，才是唯一的低劣行为。但低劣的男人就绝不会成为低劣的，因为他从来就是[低劣的]；倘若他会成为低劣的人，必须先成为好人才行。[1] 所以，这首诗歌的这一部分趋向的是这一点，[345c]做好人没可能，即没可能一直好，但可能成为好人，当然，这同一个人也可能成为低劣的。大多时候都优秀的人，是那些神们

1　[施疏]从字面上看，苏格拉底是在解释西蒙尼德斯，暗中却是在攻击普罗塔戈拉的德性可教的观点：既然德性是知识，那么，有的人就没法拥有这样的知识，即便教育也无能为力，从而并非对所有人来说德性是可教的。

"所有这些都是针对匹塔科斯说的,[c5]这首诗歌接下来说的更清楚地表明了这一点。他说:

> 正因为如此,我绝不去寻求,
> (15)没可能的这种成为,白白地
> 把咱一生的命扔进不切实际的希望,
> [寻找]方方面面无可指责的人,
> 他摘取丰硕大地的[c10]生果;
> (20)倘若找到[他]我会告诉你们。

[345d]"他这样子说。整首诗歌从头到尾就这样激烈攻击匹塔科斯的所言。

> 我倒是愿意称赞并喜爱所有人,
> 无论谁,只要他不做
> [d5]一点儿丑事;即便神们也不
> 与必然斗。

"这也是针对这一点本身而说的。西蒙尼德斯不至于如此没教养到会说,他称赞不会愿意做低劣的事的人,似乎有些人会愿意做低劣的事。毕竟,我宁可认为是这个[意思]:没有哪个[345e]智慧人会以为,有什么人愿意犯错，或者愿意做丑事或低劣的事；他们清楚地知道，所有做丑事和低劣的事的人都是不情愿地做的。[1] 因此，西蒙尼德斯并非是说，[e5] 他称赞那不愿意做低劣的事的人，毋宁说，这个'愿意'是就他自己说的。因为他以为，一个［本来］既美又好的男人可能常常强迫自己成为某人的朋友和称 [346a] 赞者［去喜爱和称赞他］——就像一个男人常常遇到的情形：他有乖戾的母亲或父亲或父邦或诸如此类别的什么。拙劣的人一旦遇上这类事情，看上去仿佛喜滋滋的，[不停] 谴责、揭露、[a5] 指控自己的父母或父邦的拙劣，以免世人指控他们无视自己父母或父邦的拙劣，或者由于他们无视这些拙劣而责骂他们，于是，他们更起劲地谴责，给不得不为之的事情添加自愿的 [346b] 敌视。可好人呢，则掩藏自己［的看法］，强制自己称赞［父母或父邦］，即便受到自己的父母或父邦的不义对待而愤愤不已，他们也自

---

1 ［施疏］根据前面的第二项论证，做低劣的事可以归咎于无学识，因为，缺乏德性根本上就是无学识。这种做低劣的事与第一项论证有所不同：医生、农夫、医生或其他技艺行业者遇上自己的技艺应付不了的情形，他们的行为至多可以称为过失。过失当然是一种低劣。但谁都会有过失，一个好人也会时不时做事情低劣。总之，前面的两项论证实际上区分了两类不同的人：一类人把事情做得低劣，是因为遇到没法掌控的局面，一类人把事情做得低劣，是因为这类人从来没有好好学习最基本的正确行为方式。西蒙尼德斯的说法的要害是：没有谁总是把事情做得很好，但他故意模糊事情做得不好有各种各样的类型。

己消气，自己化解，强制自己去［b5］爱、去称赞属于自己的所有。[1] 所以我认为啊，西蒙尼德斯常常在想，他自己曾经称赞和歌颂过一个僭主或别的这类人，并非情愿，而是被迫［为之］。当然咯，他还对匹塔科斯说了［下面］这些：［346c］'匹塔科斯啊，我责备你可不是因为我好挑剔哦，毕竟：'

（25）我觉得已经够喽，谁只要不低劣，

或不是太过没出息，多少

懂得有益于城邦的正义，为人［c5］通达。

我不会指责［他］；

我可不是好责备的人；

（30）毕竟，一代代蠢人不可数。

---

1 ［施疏］这是苏格拉底在这段解释中举的第三个例子，与前两种事情做得劣的例子相反，这个例子是做事很好。但与前两个例子相同的是：舵手、农夫、医生的行为受"机运"支配，说到底是受"必然"支配，常人则受无学识的"必然"支配，这里的"强制自己称赞父母或父邦"同样受"必然"支配，只不过是受自我强制的支配。前两种"必然"的含义是自然，这里的"必然"的含义则是礼法。十分明显，与前面举的舵手、农夫、医生的例子不同，这里说到的"好人"不是专业技能上的"好"，而是道德行为上的"好"。总之，这个例子与前两个例子相比非常独特：这个人是有所知地做事得体，却不是自愿地做的，从而也不是欣喜地做的。苏格拉底让我们看到，一个好的行为不一定是令人愉快的行为。

"'所以，如果有谁喜欢责备，就让他去满足自己的责［c10］备吧：'

所有东西都美着呢，并没有羼杂丑的东西。

［346d］"他说这［话］并非好像他说所有东西都洁白，不夹杂黑色——否则就未免方方面面都可笑；［这话的意思］毋宁是，他自己接受中不溜的东西，以免责备它们。'我绝不去寻求，'他说，'方方面面无可指责的人，他摘取［d5］丰硕大地的实果；倘若我找到［他］，会告诉你们的。'——正因为如此，我才谁都不称赞。对我来说，谁要是中不溜，不做低劣的事，就已经满足喽，所以，'我喜爱并称赞所有人'——在这里他用了［346e］米悌勒涅［方言］的音调儿。[1] 因为，他冲着匹塔科斯说：'我愿意称赞并喜爱所有人'——这儿的'愿意'之后必须断句——'无论谁，只要他不做丑事。'[2] 当然，我并不愿意称赞和喜爱有些人。至于你呢，即便中不溜地［347a］说了些恰切和真实的［事情］，匹塔科斯，我也绝不会责

---

[1] 米悌勒涅是勒斯波岛的首府，"用了米悌勒涅的音调儿"指"称赞"这个语词，苏格拉底故意对这个词发音滑稽。

[2] ［译按］与汉语语序不同，"愿意"这个副词在原文中的位置后置，因此苏格拉底说这里应该断句，否则，"愿意"这个副词就当理解为属于随后的关系从句。

备你。可是，你眼下竟然就最最崇高的事情讲假话，尽管你显得说的是真实，正因为如此，我要责备你。[1] 在我看来，普洛狄科和普罗塔戈拉，"我说，"这些就是西蒙尼德斯 [a5] 作这首诗歌的用意所在。"

希琵阿斯说，"苏格拉底，我觉得你对这首诗歌所作的解说很好哇；不过嘛，"他说，[347b]"我自己对此也有好的说法，要是你们愿意 [听] 的话，我会展示给你们。"

于是阿尔喀比亚德说，"当然咯，希琵阿斯，不过下次吧，这会儿 [做] 普罗塔戈拉和 [b5] 苏格拉底相互约定的 [事情] 才正义：要是普罗塔戈拉仍然愿意问就问，苏格拉底回答；要不然，如果普罗塔戈拉愿意就来回答，苏格拉底会来问。"[2]

---

1 [施疏] 苏格拉底再次提到西蒙尼德斯与匹塔科斯的对立，并戏仿西蒙尼德斯对匹塔科斯说话的口吻说了一番话。这段戏仿之言极其含混、自相矛盾，但如果反复细嚼这番戏言，我们可以读出其中的严肃成分。这话的基本意思涉及的是讲假话：西蒙尼德斯认为自己讲假话可以原谅，匹塔科斯讲假话则应该受到责备。如果这时我们回想起前面苏格拉底说到智术师传统的那段说法，我们就可以明白：虽然讲假话是古老的哲学传统，西蒙尼德斯这个近人与匹塔科斯这个古人有天壤之别。

2 [施疏] 阿尔喀比亚德出面阻拦显得有理有据，似乎行的是正义之举，实际上他僭取了主席的位置。他言辞委婉、态度强硬地要希琵阿斯闭嘴，但没有谁给过他这个权威。阿尔喀比亚德对苏格拉底的爱欲，兴许是他如此行为的真正动机。如果与苏格拉底在前面的行为比较，可以看到，阿尔喀比亚德的行为看起来正义，实质上不正义，苏格拉底看起来不正义，实质上正义。

我说,"我嘛,就让给普罗塔戈拉[去选]他更乐意哪一种。不过,如果他愿意的话,关于诗歌和[347c]诗句,我们就让它们去吧,关于我最初问你的,普罗塔戈拉,我倒乐意与你一起来探究一番,以便有个了结。我觉得,聚在一起谈论关于作诗的事情,简直就像低俗的市井之[c5]人的饮酒场合。由于缺乏教养,这些人没能力凭自己相互聚在一起,喝酒时没有属于自己的声音[347d]和属于自己的言辞,便搞来昂贵的簧管女,花大价钱租用不属于自己的箫的声音,靠这些声音来让相互聚在一起。凡饮酒者是既美且好的人[的场合],都受过教育,你就不会看到簧管女、舞女或抚琴女,他们自己聚在一起就足够啦,没有这些瞎闹和[d5]小孩子气,整个儿是属于自己的声音,发言和倾听各自有序地轮着来,即便他们也[347e]大饮特饮。[1]

"如此一来,这样一类聚谈倘若是由这样的人——我们中的多数人都说自己是这类男人——来搞的话,

---

[1] [施疏]苏格拉底现在说话不那么客气了,不再像先前那样对普罗塔戈拉有话不直说,而是直截了当、坦诚地贬责普罗塔戈拉建议的谈论诗的话题档次太低,这无异于当众贬低大名鼎鼎的普罗塔戈拉档次太低。在证明对没有智识的统治者不可能坦诚以后,苏格拉底自己变得完全对普罗塔戈拉坦诚,既然普罗塔戈拉在任何意义上都不能说是个统治者,苏格拉底对他坦诚就并非是不节制的。反过来看,苏格拉底如此直截了当的贬责,也表明他并非不懂得坦诚或在任何情况下都不坦诚。

根本无需外人的声音，甚至无需诗人［的声音］。诗人们说的什么，其实没可能问出个名堂来。多数人说话引用［e5］诗人的时候，一些人说这诗人是这些个意思，另一些人则说是那些个意思，就这些事情争来辩去，始终不能得出结论。可他们［既美且好的人］呢，干脆让这类聚谈［348a］靠边儿去，凭自己的东西自己在一起聚谈，用属于自己的言辞提出和接受互相检验。正是这样的人，我觉得，我、尤其你应该模仿，而非［模仿那些低俗的人］，让诗人们靠边儿去，凭我们自己的东西［a5］相互立言，检验真理和属于我们自己的东西。如果你还想问，我仍旧让自己回答你；不过，要是你愿意，你就让我，使我们停在中途的［话题］进行下去，以便有个了结。"

［348b］我说了这些以及其他类似的事情后，普罗塔戈拉却不肯明白表示他究竟要做哪一样。这时，阿尔喀比亚德瞟了卡利阿斯一眼说道，"卡利阿斯呀，"他说，"普罗塔戈拉这会儿不愿［表示］给个说法还是［b5］不给，你觉得他做得美吗？我可不觉得［他做得美］。要么让他讨论下去，要么让他说［自己］不想讨论，这样我们才会知道，而苏格拉底或别的哪个人——只要他愿意的话——可以同另一个人讨论。"

［348c］阿尔喀比亚德说了这些后，我当时觉得，普罗塔戈拉感到羞耻，加上卡利阿斯和几乎所有在场者纷纷

请求,他勉强让自己讨论下去,催我问他[问题],他好回答。

[c5]但是我说,"普罗塔戈拉啊,可别以为我同你讨论是因为有别的什么用意,我每次都是自己有困惑,才来探究这些事情。我认为,荷马[的这句诗]肯定说了点什么:[348d]'两人一起同行,总有一个先想明白。'[1] 毕竟,我们这些世人在做事、说话和思考[有困惑]时总会更能找到出路;'要是单单一个人在动脑筋',[2]他马上四处走寻,不停地找,直到遇上[有个人]指点,并[d5]一起搞清楚。所以,我很高兴同你而非同别的谁讨论,不过是因为我认为,在探究[348e]适合一个出类拔萃的人探究的各种事情上,你最优秀,尤其在德性方面。毕竟,有谁赶得过你啊,你自己当自己是个既美且好的人,就像其他认为自己是出类拔萃者的某些人那样,但这些人不能造就别人如此啊;你不仅自己是好人,还[e5]有能力造就别人[成为]好人。于是,你对自己充满自信,别人要隐[349a]藏这门技艺,你却公开宣称自己,在所有希腊人面前称自己是智术师,显示自己是一个[教]教养和德性的教师,还第一个想到值得为此收

---

1 荷马,《伊利亚特》卷十 224——《会饮》174d 也引(或错引)了这句诗。
2 荷马,《伊利亚特》卷十 226。这两句诗的原文语境是,涅斯托耳问众将领是否有谁敢冒险前往特洛亚人宿营地打探敌情。各位将领都不吭声,唯有狄奥墨得斯应答。

取学费。因此，我叫住［a5］你探究这些事情，问问题、一起交流，难道不是必须的么？非如此不可啊。

"这会儿呢，我欲求通过你来重新回忆开头我首先问你的那些东西，然后给［我们的］考察添加另一些东西。当时问的，［349b］我想的话，是这样一个问题：智慧、节制、勇敢、正义和虔敬，这五种名称涉及的是一件事情，抑或每个这样的名称各有某种属己的所是，各是一回事情，各有［b5］自己的作用力，它们的这一个都与那一个不同？你当时说，它们并非一件事情的名称，毋宁说，［349c］这些名称的每个都基于一个属己的事情，所有这些事情乃是德性的部分，但不是像金子的各部分那样彼此相同、整体之与部分相同，而是像脸的各部分那样，与作为各部分的整体不同，［c5］彼此之间亦不相同，每部分各有属己的能力。要是这些在你看来仍旧如当初［你说的］那样，就说是；但要是有些不同了，就区分这［不同］，反正如果你这会儿说得不同我不会给你记上一笔账。毕竟，如果你［要说］当时说的这些不过是为了考［349d］考我，我不会感到惊讶。"

"可是，我要对你说，苏格拉底，"普罗塔戈拉说，"所有这些都是德性的部分，其中四种多多少少相互相像，但勇敢与所有这些都差别极大。你会认识到，我讲［下面］这样的话，说的是真实：你会发现，世人中的多数人极不正义、不虔敬、不节制、没学识，却［d5］极为出众地勇敢。"[1]

［349e］"且慢，"我说，"你说的确实值得考察一下。你是说，勇敢就是大胆，还是什么？"

"甚至还急切地冲着多数人所恐惧的而去，"他说。

"行啊，你说德性是美的东西吧，所以［e5］你才让自己做一个［教］这种美的东西的教师？"

"再美不过，"他说，"不然我就疯了。"[2]

"是不是，"我说，"德性的这一点儿丑，那一点儿美，抑或整个儿都美？"

"整个儿都美，美得没治啦。"

"那么你知道吗，谁［350a］够胆儿潜进井里？"

"我知道，潜水夫。"[3]

"［够胆儿是］因为他们［在这方面］有知识，还是因为别的什么？"

"因为有知识。"

---

1 ［施疏］普罗塔戈拉提出了勇敢德性的独特性问题，这是苏格拉底逼出来的。换言之，正因为普罗塔戈拉对德性各部分的关系的解释都不够好，勇敢才成为一个独立的问题。这篇对话的所有困难都集中在最后这一节，这里讨论的主题是勇敢及其与智慧的关系：智慧是否等于勇敢。
2 ［施疏］在讲完普罗米修斯神话之后开始长篇演说之前（323a-b），普罗塔戈拉关于何谓"疯"有过一番说法。
3 雅典人在夏天习惯把食物放进罐子密封沉入水井起冷藏作用，潜水夫的职业是下井把这些罐子捞上来。

"谁够胆儿骑着马打仗？会骑马的还是不会骑的？"

"会骑的。"

"谁［a5］够胆儿［打仗时拿］轻盾？会用轻盾的还是不会用轻盾的？"[1]

"会用轻盾的。其他所有事情［都这样］，倘若你要寻求的是这个，"他说，"有知识的比没知识的更胆大，他们自己［350b］一旦学习就比学习之前更胆大。"

"可是你已经看到，"我说，"有些人在所有这些事情上并没知识，却对这些事情每一件都胆儿大？"

"我嘛，"他说，"的确倒是见过，不过［这些人］胆子也太大了些。"

"那么这些胆大的人就是勇敢的人？"

［b5］"哪里啊，"他说，"那样的话，勇敢就会是丑的东西啦，因为这些人疯了。"

"可是，"我说，"你怎么说勇敢的人？他们不就是胆儿大吗？"

"现在嘛，［我］还是［这说法］，"他说。

［350c］"可是，如此胆大的人，"我说，"岂不显得他们不是勇敢的人，而是疯了么？再说，那些最有智慧的人不就是最胆大的人，最胆大的人不就是最勇敢的

---

[1] 轻型盾没有镶边，不加皮带，轻型步兵用（［译按］又译作"新月形小盾"）。

人？ [1] 按照这个说法，智慧就 [c5] 会是勇敢喽？" [2]

"我当时说的和回答你的话，苏格拉底，你回忆得不漂亮，"他说，"当时你问我勇敢的人是不是胆儿大的人，我确实同意过 [是]。可是，胆儿大的人是不是勇敢的人，可没问过我呵。要是你当时问我，我就会说，[350d] 并非所有 [胆大] 的人 [都是勇敢的人]。至于说到勇敢的人并非就是胆儿大的人，你也一点儿没有表明，我的这同意 [勇敢的人是胆大的人] 同意得不正确。进一步说，你提出，那些有知识的人比他们自己 [有知识之前] 和其他没知识的人更为胆大，在这一点上 [d5] 你认为，勇敢和智慧是同一个东西。以这种方式来追究，你恐怕会认为，[身体] 强壮也是智慧。毕竟，以如此方式追究，如果你首先问我，[身体] 强壮的人是否就是 [350e] 有能力的人，

---

1 [施疏] 苏格拉底的整个这段提问带有反讽意味——所谓反讽意味指的不是明知故问，而是故意隐含逻辑错误。潜水夫敢于潜到水底是因为他有专业知识，清楚知道自己潜入水底并无危险，这样的行为其实算不上勇敢。因此，我们值得问：有单纯的勇敢吗？在《斐多》结尾，我们看到苏格拉底面对死亡时的勇敢，我们在生活中很少见到有谁这样勇敢。这种勇敢同样不是单纯的勇敢，而是基于一种知识的勇敢，只不过这种知识不是专业技艺性的知识，而是一种智慧性的知识。

2 [施疏] 的确不能说智慧等于勇敢。比如，面对僭主及其权力，是一个有智慧的人得面对的最为危险的事情。如果是西蒙尼德斯，他会说，有智慧的人得调整自己（346b），不会去面对这样的危险——这算得上有智慧，但算不上勇敢。如果一个有智慧的人出于正义反抗僭主，直面生命危险，那么，他算得上勇敢，但这勇敢不是因为他有智慧，而是因为他有正义。

我就会说［是］。接下来［如果你再问］，那些有摔跤知识的人是否比没有摔跤知识的人更有能力，而且他们在学过［摔跤］之后是否比学之前更有能力，我就会说［是这样］。在我同意了这些后，就让你得以援用这同样的一些［e5］证据来说，按照我所同意的，智慧就是［身体］强壮。可是，我根本就不同意而且也没同意过，有能力的人就是强壮的人，即便［我同意］强壮的人就是有能力的人。［351a］毕竟，能力和强壮不是同一个东西。这个出自知识，也就是能力，当然，还出自疯癫和血气，至于［身体］强壮，则出于天性和身体养育得好。同样，在这儿，大胆和［a5］勇敢不是同一个东西。所以，碰巧勇敢的人是胆大的人，但并非所有胆大的人都是勇敢的人。毕竟，对世人来说，胆大来自技艺，正如［351b］能力来自血气和来自疯癫，而勇敢则来自天性和灵魂滋养得好。"[1]

"你是说，"我说，"普罗塔戈拉，有些世人活得好，有些活得坏吧？"

他说［是这意思］。

"那么，在你看来，要是世人［b5］苦恼和痛苦地活着，他活得好吗？"

---

[1] ［施疏］普罗塔戈拉现在显得对自己非常有把握，不再紧张。这当然得归功于苏格拉底的节制做法，他在对话前让普罗塔戈拉放松，即便改变自己早先的说法也没关系。

"不［好］，"他说。

"要是他快乐地活着终了自己的生命呢？你不觉得他这样就是很好地活过？"

"我觉得［是］，"他说。

"也就是说，［351c］快乐地生活是好，不快乐地生活是坏？"

"如果凭靠那些美的东西生活有了快乐的话，"他说。

"什么意思，普罗塔戈拉？难道你不像多数人那样把有些快乐的事情称为坏，有些苦恼的事情称为好？我［的意思］是说，有些事情就其本身是快乐，却并非就其本身是［c5］好的事情，除非由它引发了某些别的事情？反过来，那些苦恼的事情同样如此，并不因是苦恼的事情其本身就是坏？"

"我不知道，"他说，"苏格拉底，我是否必须［应该］像你问的那样如此简单地［351d］来回答：凡快乐的事情就是好的，凡苦恼的事情就是坏的。我倒是觉得，不仅为了我眼下的回答，也为了我的整个余生，使得回答更为可靠的是这样的：有些［d5］快乐的事情并不好，反之，有些苦恼的事情并不坏，还有第三种，即一些事情两者都不是，既说不上坏也说不上好。"

"你称为快乐的那些事情，"我说，"不就是分有［351e］或造成快乐的事情吗？"

"完全如此，"他说。

"但我的意思是［要问］，其本身是快乐的事情是否就不好？我要问的是，快乐本身是否不是好的东西。"

"就像你每次都会说的那样，苏格拉底，让我们来探究这同一个东西吧。如果探究［e5］结果看起来在理，足以表明快乐与好是同一个东西，我们就会走到一起；如果不是的话，我们就即刻接着对辩。"

"那么，"我当时说，"你愿意引导这番探究，还是我引导？"

［e10］"你有义务引导哦，"他说，"毕竟，你引发这个话题的嘛。"

［352a］"那么，"我说，"以这样的方式，兴许［探究］对我们会变得清楚起来吧？就像有人要凭一个人的样子来探究某个世人，无论［探究］健康还是别的什么身体作用，看了脸和双手后，他会说，'来吧，把你的［a5］胸膛和背脱出来让我看看，以便我可以更清楚地检查。'我也想要对某种这样的东西作这样的检查。看到你对好和快乐持有如你说的如此［看法］后，我也必须说某种这样的话：'来吧，普罗塔戈拉，［352b］把你的思想脱出来：你对知识持有怎样的［看法］，这［看法］对于你是否就像对于多数世人那样，还是另一回事。在多数人看来，知识是这样一种东西：它并非强有力的东西，既没有引导能力也没有统治能力。［b5］在他们心目中，知识并不是这样一种性质的东西。毋宁说，［他们认为］当某个世人有知识，但这知识经

常并不统治他,统治他的是别的什么——这会儿是血气,那会儿是快乐,过会儿是苦恼,有时是爱欲,更多时候是恐惧。[1] 他们如此没技艺地[352c]看待知识,就好像[知识]不过是脚下的奴隶,任由所有别的东西拉来扯去。那么,在你看来,关于知识也是这样的什么吗?抑或[在你看来]知识是一种美的东西,能够统治一个世人。而且,要是谁认识到[c5][什么是]好的事情和坏的事情,他恐怕就不会受任何东西的强制去行事,只会按知识吩咐[他的去行事],从而,对于救助世人,见识就足够了?'"

"看来,"他说,"[是]像你说的那样,苏格拉底;况且,[352d][如果]不把智慧和知识看作所有人间事务中最强有力的东西,对所有人来说都是羞耻——对我来说也是。"[2]

---

1 [施疏] 这里提到五种激情（passions）,尽管列举不是很清楚。349b 提到五种德性,因此值得注意两种列举之间是否有任何对应关系。我们还值得看看,是否能为历数的五种激情找出某种秩序。快乐和苦恼肯定与当下有关;血气和恐惧肯定与未来的恶相关,"爱欲"肯定与未来的好相关——这似乎是一种潜在的划分,不用说,这五种情感都是基本的情感。

2 [施疏] 这里出现了一些重要的东西。多数人认为,某些东西可以战胜知识——许多人分享这一看法。正如苏格拉底在 345b 所证明的那样,西蒙尼德斯也以某种方式分享了这一观点。但普罗塔戈当时反驳了这一点,现在他似乎认可了这一点,因为他提到"人间事务中最强有力的东西"。但他提到这一点是什么意思?是因为有别的一些东西不是人间事务?比如,我们可能会想到机遇、命运。

"你这［话］说得好呵，"我说，"而且说得真实。可是，你知道吗，［d5］多数世人不听我和你的劝，［他们］反倒说，多数人认识到最好的事情也不愿去做，即便他们有可能去做，也非做别的事情［不可］？无论我问过多少人，这究竟是什么原因，［他们］都会说，由于［他们］被快乐［352e］或苦恼减小［亦即征服］，[1] 或者屈从于刚才我说的那些东西中的一种，他们照做不误。"

"我认为，苏格拉底，"他说，"世人说的其他不正确的事情多着呢。"

［e5］"那好，同我一起来试着说服世人，教他们［懂得］自己［所经历］的情感是什么，当他们说，他们被［353a］快乐和别的东西征服，以至于认识到最好的事情却不去做，［他们这样说］是什么意思。毕竟，当我们［对他们］说，'世人们呵，你们说得不正确哦，你们在说谎。'他们兴许会问我们：'普罗塔戈拉以及苏格拉底呀，如果这不是一种［a5］被快乐征服的感受，那是什么，你

---

[1] "征服"的原文在词源上有"减小"的含义。在毕达哥拉斯派的用法中，"减"既是数理语词，也是伦理语词——西蒙尼德斯的诗中用到的"方方正正"就是如此。"被快乐或苦恼减小"意指一个人如果耽于快乐，他的为人状态就变小，成了道德上"更小的人"（a smaller, lesser person）。"征服"这个说法也与随后普罗塔戈拉提出的衡量术原则（356a-357e）相吻合：伦理学是一门衡量技艺。［译按］随后一再出现的"被征服"一词，都带有这种伦理意义上的"减小"含义。

们说它是什么呢？对我们说说嘛！'"

"苏格拉底啊，干嘛我们非要去探究多数世人的这个意见呢？他们不过随便说说而已。"

[353b]"我认为，"我说，"就寻求勇敢，寻求德性的各个部分以及它们如何相关而言，[多数世人的意见]这一点对于我们毕竟意味着点什么。所以，倘若你觉得最好还是持守刚才我们觉得[很好]的，即由我来引导，因为我以为，以此[方式]事情会最漂亮地变得清楚起来，[b5]你就跟着[我]吧。但如果你不愿意，如果为了让你喜欢，我就放弃。"[1]

"不过你说得倒正确，"他说，"照你开始的去完成吧。"[2]

[353c]"那么再说吧，"我说，"如果他们问我们：'你们说的这个，也就是我们说我们被快乐征服，究竟是什么[意思]？'我呢，兴许会对他们这样说：'听着，普罗塔戈拉和我会试着告诉你们。你们不是说，[c5]你们恰好就是这样的吗，常常屈从于比如吃啊喝啊以及性

---

1 [施疏]苏格拉底又给了普罗塔戈拉一次机会，让他作出在351e作出过的同样选择。不过，前一次苏格拉底仅仅说到自己的引导，这次则强调了自己的建议，更为明确地要普罗塔戈拉跟随他。为什么苏格拉底在说到"我就放弃"时用到两个条件句，颇为费解。

2 [施疏]直到358a都是"对多数人的回答"——这一段为了常人的段落拉得很长颇为奇怪，我们必须试着理解为什么如此。

感之类的即时快乐,你们认识到它们是辛苦的事情,[1]却照样做这些?'"[2]

"他们会说[是]。"[3]

"那么,我们——你和我——再问他们:'你们凭什么说这些是辛苦的事情呢?[353d]因为这些事情提供这种即时的快乐,而且它们每个都是快乐,还是因为[这些事情]后来引致疾病和匮乏,招致其他诸如此类的许多东西?或者,就算这些中的某一个[快乐]日后不会招[d5]致任何[坏的]东西,仅仅造成享受,那么,它虽然是坏的事情,不过因为它们不管怎样都造成享受?'我们会认为,普罗塔戈拉,他们偏偏会这样回答:'并非由于即时快乐本身的作用,[这些快乐]才是坏的事情,[353e]而是由于随后出现的事情即疾病以及其他[坏的事情]'——他们会[这样回答]吗?"

---

1 [译按]"辛苦的"这个词有多个义项:辛苦的、糟糕的、无用的、恶劣的、邪恶的(与 kakos[坏]同义)。饮食男女之事是世人的基本生存需要,没有这些需要,人世也就不复存在。有的世人的确会说,一辈子只是为了饮食男女,活着好辛苦、好累……但绝大多数世人不会这样看。比较尼采,《善恶的彼岸》,第三章 61 节。

2 [施疏]注意苏格拉底如何表述世人的看法,非常重要。苏格拉底说,当世人说到被快乐征服这件事情时,世人的意思是被那些坏的感性快乐征服——这就是世人心目中被快乐征服的现象。

3 [施疏]普罗塔戈拉代替多数世人回答苏格拉底的虚拟对话,可以看到,普罗塔戈拉现在变得很谨慎。

"我倒是以为,"普罗塔戈拉说,"多数人会回答[是]这个[原因]。"[1]

"'那么,造成疾病不就造成苦恼,造成匮乏不就造成苦恼?'[2] 我相信,他们会同意吧。"

[e5] 普罗塔戈拉表示同意。

"'可是,这对你们不是很清楚吗,你们常人啊,就像普罗塔戈拉和我说的,这些事情之所以坏,不就因为它们以苦恼告终,剥夺了其他[354a]快乐?'他们会同意吧?"

我们两人都觉得[他们会同意]。

"那么,如果我们再问他们相反的:'世人啊,你们说,好的事情也是苦恼的哦,你们说的不会是这样一些事情吧:诸如练身呵从军呵,以及[a5]由于医生的治疗而出现的那些烧灼呵、切割呵、[3]药疗呵以及禁食吧?这些事情尽管是好事情,却是苦恼的事情?'他们会说[是这样]吧?"

他也觉得[他们会]。

"'那[354b]么,你们把这些叫做好事情,是因为它们随即带来极度的疼痛和苦痛,还是因为后来从其中产生出健康和良好的身体状况,乃至救助城邦、统治他人[b5]

---

1 [施疏]普罗塔戈拉小心地同意,这会是多数人的回答。他说"我倒是以为"的意思是,他对多数人不熟悉——回答非常小心谨慎。

2 [译按]"匮乏"不是"贫乏",指欲望满足后又会重新产生需要满足的欲望。《会饮》中的第俄提玛说到爱若斯的诞生时,用到这个语词。

3 [译按]"切割"即如今的外科手术。

以及［获得］财富呢？'我会认为，他们会说［是这样］。"

他也觉得［他们会］。

"'这些事情是好事情，没别的原因，不过因为它们以快乐告终，释解和祛除痛苦？[1] 或者，当你们把这些叫做好事情时，[354c] 除了快乐和痛苦，你们还能够说出别的什么你们所盯住的目的吗？'我会认为，他们会说不［会有别的目的］。"[2]

"我也觉得［他们］不［会有别的目的］，"普罗塔戈拉说。

"'你们不是把快乐当作好东西来追求，把痛苦当作［c5］坏东西来逃避吗？'"

他也觉得［是这样］。

"'那么，你们认为，坏即痛苦，好即快乐，因为你们说，享受本身也是坏［事情］，只要它夺去了比它拥有的所有快乐更大的［快乐］，或者引致了比［354d］自身带有的快乐更大的痛苦。如果你们为的是别的什么，转而盯住别的什么目的才把享受本身称作坏，你们就能够告诉我们。可你们却不能。'"

---

1 ［译按］苏格拉底用了多个同义词或近义词作为"快乐"的反义词：起初是"苦恼"，然后是"疼痛"和"苦痛"，从这里开始用"痛苦"。
2 ［施疏］苏格拉底非常清楚，在常人看来，好就是快乐，常人除了快乐没别的标准。常人选择好东西，实际上是在选择快乐，或者选择在他们看来是快乐的结果。

"我也觉得他们不［能］，"普罗塔戈拉说。

"'再说，关于遭受痛苦这件事情，［d5］难道不同样是这种方式？你们把遭受痛苦本身称为好东西，［不就因为］当［遭受痛苦］要么祛除了比这些痛苦自身中的痛苦更大的痛苦，要么提供了比痛苦更大的快乐？如果你们把遭受痛苦［354e］本身称为好事情，你们转而盯住的是别的什么目的，除了我所说的之外，你们也能告诉我们吧？可你们却不能［告诉我们］。'"

"你说的是真实，"普罗塔戈拉说。

"'那么再进一步，'"我说，"'世人们啊，如果你们再问我：关于这一点你们说那么多究竟为了哪一桩啊，而且［e5］翻来覆去说？'[1] 我呢兴许就会说，'原谅我吧。毕竟，第一，因为不容易表明你们所谓的被快乐征服究竟是什么［意思］嘛；其次，［我的］所有证明都基于这一点。不过，［你们的说法］这会儿还可能后退一步，［355a］如果你们能这样子说：好与快乐是某种不同的东西，或者坏与苦恼是某种不同的东西。要不然，对于你们来说，快乐地过一辈子没有痛苦的生活是不是就够了呢？如果够了，如果你们只能说，好或坏的东西不过就是以这些［快乐和痛苦］［a5］告终，你们就且听下文吧。

1　［施疏］常人厌烦了：为何说得老长，我们已经懂啦。如此翻来覆去说得老长让常人厌烦。

我要对你们说，如果是这样的话，[你们的]这个说法就变得可笑啦——倘若你们说，尽管一个世人经常认识到坏的事情就是坏的事情，却照样做这些事情，尽管有可能不做，[因为]他受快乐[355b]驱使而神魂颠倒。反过来，你们又说，这个世人认识到好的事情，却由于即时的快乐不愿去做，被这些[即时快乐]征服。倘若我们不同时使用许多名称，[使用]快乐和苦恼、好和坏，[1] [b5]这些事情实在可笑，就会是明摆着的。毋宁说，既然这些事情显得是两样，我们就得用两对名称来表达它们，首先用好和坏，然后再用快乐[355c]和苦恼。'

"'一旦确定了这一点，我们就应该说：这个世人认识到坏的事情是坏的，却照样做这些事情。要是有人问我们，为什么呢？我们会说，因为他被征服了。那人会问我们，被什么征服？于是，我们便没可能[c5]再说被快乐[征服]，毕竟，已经有另一个名称替代了快乐，即好[这个名称]。所以，我们应该回答那个人并说：他被征服了。他会说，被什么征服呢？我们会说，被好[征服]，向宙斯发誓！'[2]

---

1 [译按]双重引语中的直接引语用楷体，下同。
2 [施疏]谁发的这个誓？很可能是苏格拉底单独发的这个誓。他通过向宙斯发誓强调自己的说法。在这篇对话中，苏格拉底很少发誓，除了起头与希珀克拉底单独在一起时。后来，普罗塔戈拉发过一次誓，普洛狄科发过一次誓，苏格拉底发过一次誓。这是苏格拉底最后一次发誓，而且隔了很长时间。

"如果问我们的人碰巧是个肆心的人,他会哈哈大笑,[355d]然后说,'如果有人尽管认识到[这些是]坏的事情而且并不需要去做,他却去做[这些]坏的事情,这就是被好的东西征服,那么,你们说的事情简直可笑啊。'他会问,'[如果那人被好东西征服],在你们看来,是好的东西不足以战胜坏的东西,还是足以[战胜坏的东西]呢?'

"我们会[d5]回答说,'很清楚啊,因为[好东西]不足以[战胜坏东西,才会被好东西征服]。毕竟,我们说他被快乐征服的那个人恐怕不会搞错。'可是,他兴许会说,'凭什么[道理]好的东西不足[以战胜]坏的东西,或坏的东西不足[以战胜]好的东西呢?除了按照其中一个大一些、另一个[355e]小一些[这个道理],还会有别的[道理]吗?或者[按照]这个更多,那个更少[的道理]?'我们恐怕不能说不是这个[道理]吧。'所以很清楚,'他会说,'你们所谓的被征服,就是拿更大的坏取代较小的好嘛。事情就是如此。'[1]

"我们不妨再换用[e5]'快乐'和'苦恼'这些名

---

1 [施疏]这个质疑者也许解决了困难,他可能会说,也许人们得到更大的坏作为更小的好的代价。这看起来似乎是个满意的回答,因为他消除了整个困难,也就是把两对对立带来的困难全消除,而苏格拉底仅用到一对对立。

称在同样的事情上,¹ 然后我们说，这个世人做事情——先前我们说［他］做'坏的事情'，现在我们则说［他］做'苦恼的事情'，尽管他认识到这些是苦恼的事情，因为他被［356a］快乐征服。很清楚,［因为苦恼的事情］不足以战胜［快乐的事情］嘛。毕竟，除了相互的过度和不足，还会有别的什么比快乐足以针对痛苦呢？这些［过度和不足］就是相互变得更大和更小、［数目上的］更多和更少、［程度上的］更足［a5］和更差嘛。毕竟，如果有谁要说：'可是，苏格拉底，即时的快乐与将来的快乐和痛苦毕竟差得老远呵。'——我呢就会说：'除了在快乐与痛苦上不同，还会有什么不同呢？毕竟,［它们］并无任何别的不同！毋宁说，就像［356b］一个善于衡量的世人把快乐的事情摆到一起，把痛苦的事情摆到一起，还有近和远，然后放到天平上，说［两边］哪个更多。要是你用快乐的事情称量快乐的事情，你肯定总是取［数量］更大和更多的。要是你用痛苦的事情称量［b5］痛苦的事情,［你肯定总是］取更小和更少的。要是用快乐的事情称量痛苦的事情，倘若快乐的事情重过苦恼的事情，无论远的重过近的

---

1 ［施疏］苏格拉底提出新的提议，这是个流俗的说法或日常的说法，用的是好与坏的对立，快乐与不快乐的对立。这导致了混乱。苏格拉底仍然是在为思考很慢的学习者而与普罗塔戈拉谈话，因为其他人也许能够基于前一个对立勾勒出困难。

还是近的重过远的，［你］采取的行动肯定是做那些其中有这些［更大快乐］的事情。但倘若［356c］苦恼的事情重过快乐的事情，就肯定不会做。'我会说，'你们世人呵，这些事情难道不就是这样么？'我知道，他们只会这么说。"[1]

普罗塔戈拉也觉得是这样。

"既然这个［事情］似乎就是如此，我会说，'那么，请你们回答我这个［问题］。［c5］同样大的东西，在眼中对你们就显得近的大些，而远的就小些，或者不是？'"

"他们会说［是这样］。"[2]

"'厚的东西和多的东西也如此吧？还有，一样的声音，近就大些远就小些？'"

---

1 ［译按］按施特劳斯的识读，苏格拉底的整个这一大段虚拟的和普罗塔戈拉一起与常人的对话，是在模拟普罗塔戈拉与常人对话，以此引出普罗塔戈拉的生活哲学原则，即他要向常人推荐的"衡量术"。在虚拟对话的最后（356a7以下），苏格拉底替普罗塔戈拉说出了其"衡量术"的基本原理，也就是普罗塔戈拉所理解的生命"智慧"或关于"好"的学问：懂得称量、衡量、计算生活中的快乐的多少、大小以及程度，就算有了"智慧"或关于"好"的学问。接下来苏格拉底与普罗塔戈拉的直接对话，是要让普罗塔戈拉确认，他的模拟是否有误。这就是苏格拉底在这段对话开始时所说的，让普罗塔戈拉把自己思想的"胸膛"和"背心"脱出来给大家看。

2 ［施疏］注意这是普罗塔戈拉说的。现在普罗塔戈拉讨论俗众回答何谓当下和近以及未来和远的方式，讨论当下和未来、近和远对俗众有怎样的巨大影响。俗众就像是我们俯视的地上的蚂蚁。普罗塔戈拉同意苏格拉底关于俗众会如何回答的说法，他仍然非常谨慎，不希望自己被逮着。

"他们兴许会说［是这样］。"

"'那么，如果［356d］对我们来说，事情做得好凭靠的是这个，即凭靠做和抓住大的事情，避开和不做小的事情，那么，对我们来说，什么才会显得是生命的救助呢？衡量术抑或这种显得如此的东西的力量？或者，这种［显得如此的东西的］力量［d5］会把我们引入迷途，使得我们常常把同样的东西［拿在手里］颠来倒去［举棋不定］，在践行和选取大和小的事情时［常常］后悔？衡量术才戳破这个［显得如此的］幻象，揭开［356e］真实，使得灵魂宁静地栖息在这真实之上，从而解救了生命？'世人们兴许会同意这些事情，即衡量术解救我们，或者［他们会说是］别的技艺？"[1]

普罗塔戈拉同意［他们会说］衡量术。

［e5］"'那么，倘若生命的救助对我们来说凭靠的是选取奇数和偶数，［岂不］就必得正确地一时选取更多一时选取更少，要么就奇数选取这个奇数，要么就偶数选取那个偶数，[2] 不管就近还是就远？对我们来说，什么才

---

[1] 这里似乎在刻意影射普罗塔戈拉的"人是所有财富的尺度"的著名主张（参见《泰阿泰德》152a）。眼下的讨论重新解释了普罗塔戈拉这句格言的含义，因为，衡量的技艺是一种与人不同的东西。［施疏］常人的幸福由获取最大可能的长度构成。"生活的救助"的意思是把生活视为拥有更多的幸福。

[2] 意思是当我们在两个奇数之间或两个偶数之间选择时，要么选取这个［奇数/偶数］，要么选取另一个［奇数/偶数］。

会救助［357a］生命呢？¹ 岂不就是知识吗？既然这才是涉及过度和不足的技艺，岂不就是某种衡量术么？可是，既然牵涉奇数和偶数，那么，除了是算术［这技艺］还会是别的吗？'——世人们会同意我们吧，还是不会呢？"

普罗塔戈拉似乎也觉得［a5］他们会同意。

"'那么好，世人们啊，既然对我们来说，生命的救助显得就是正确地选取快乐和痛苦，选取更多和更少、［357b］更大和更小、更远和更近［的快乐和痛苦］，［生命的救助］岂不首先显得是衡量术，即细究相互之间的过度、不足与均等吗？'"²

"当然必然［如此］。"

"'既然是衡量，明显必然是一种技艺和知识啦？'"

［b5］"他们也会同意说［是这样］。"

"'好吧，这［衡量术］究竟是哪门技艺和知识，我们以后再探究。它是知识，这对于那个证明，即我和普罗塔戈拉［357c］必须证明你们问我们的东西来说，倒是远远足够喽。你们曾问［我们］，要是你们记得的话，当时，我们

---

1 ［施疏］出现了新的难题：这里提出的问题涉及更多或更少，这当然是个更好的例子，因为常人关心变得更富，而更富意味着更多的钱，因此在这里更为恰切。可是，这里的问题并非简单的选择更多，而是在恰当的时间选择更多。
2 ［施疏］苏格拉底把"正确选择快乐和痛苦"与"选择更多和更少、更大和更小、更远和更近"连在一起，但两者显然不是一回事。

[两个]相互达成一致：没有什么比知识更强大，毋宁说，正是这个[知识]，无论它在哪儿，总会强制快乐以及所有其他东西。可是，你们却说，快乐[c5]常常甚至强制一个[即便]认识到[这一点]的世人。当我们不同意你们时，你们就接下来问我们，普罗塔戈拉和苏格拉底呵，如果这不是一种被快乐征服的感受，那它究竟是什么呢，你们说它是什么嘛？[357d]对我们说说看。[1]那么，如果我们当时直截了当对你们说，[简直]无学识，你们就会嘲笑我们。但这会儿呢，如果你们嘲笑我们，你们就是在嘲笑自己喽。毕竟，你们已经同意，恰恰由于在选择快乐和[d5]痛苦——也就是选择好事情和坏的事情时缺乏知识，那些在这些事情上犯错的人才会犯错；[那些人]不仅是由于缺乏知识，而且是由于缺乏你们刚才同意的衡量术[才犯错]。

"'你们已经知道，[357e]一个错误行为就是由于这个人无学识[以至于]无知识地做事情[所致]。所以，所谓被快乐征服就是最大的无学识，对此[无学识]，这位普罗塔戈拉说他是医生哦，还有普洛狄科以及希琵阿斯[也这样说]。[2]可你们呢，由于你们以为[被快乐征服]根本不是什么无学识，[e5]你们既没[自己去找]这些

---

1 [译按]楷体字表示已经是双重引语中的引语。
2 [译按]苏格拉底把计算生活中快乐的多少、大小以及程度的技艺视为智术师共同拥有的"智慧"。

事情的老师，也没送你们的孩子们［去找］这些智术师，仿佛［这些事情］不可教，而是舍不得给这些［老师们］钱财，你们在私和公方面事情都做得坏。'

［358a］"这些大概就是我们对多数人的回答。不过，我想要问你们，希琵阿斯和普洛狄科，还有普罗塔戈拉——毕竟，这个道理对你们来说是共同的，在你们看来，我说的是真实［a5］还是说的假话呢？"

所有人都觉得，刚才所说的这些真实得太自然不过啦。

"那么，你们都同意，"我说，"快乐［的事情］是好，苦恼［的事情］是坏喽？不过，我请求这位普洛狄科别搞名称辨析，别搞你说'快乐'或'欣喜'或'高兴'［的辨析］，或者给'你何以和如何高兴起来'诸如此类的事情［358b］命名，最棒的普洛狄科，径直回答这个［问题］，这才是我想要的。"

普洛狄科笑了，他表示同意，[1] 其他人［也同意］。

"那么，诸位，"我说，"这样一个东西究竟是什么呢？所有朝向这个东西的行为——即朝向不带痛苦的快

---

1 ［施疏］普洛狄科也同意了，虽然他更懂（不妨回想他在337c用两个语词来指称两种快乐，可见他的区分的感觉何等细腻），所以他笑了，然后才表示同意。普罗狄科笑了，不仅因为苏格拉底要考他，而且因为他多少看出，苏格拉底是在搞笑，搞一个大玩笑——普洛狄科欣赏这个玩笑。不过，苏格拉底欣赏的玩笑与普洛狄科欣赏的玩笑有一个很大差异，而且是明显的差异。

乐生活的所有行为，难道不都是美的［和有益的］吗？［b5］美的作为难道不是既好又有益吗？"

［所有人］觉得如此。

"那么，"我说，"如果快乐就是好，就没谁在知道或相信还可能有别的比［358c］他正在做的［事情］更好的［事情］的时候，却依然做［他正做的］那些事情，要是可能［做对他来说］更好的事情。被自己征服岂不恰恰就是无学识，而掌控自己岂不恰恰就是智慧？"

所有人都觉得如此。

"那么，然后呢？你们［不是］说，无学识是这么回事：持有虚假的意见和［c5］在非常重要的事情上被蒙骗？"

所有人也觉得是这么回事。

"那么，别的什么呢，"我说，"没谁愿意去求坏的事情或他认为坏的事情吧？［358d］看来啊，这个［行为］并非基于世人的天性哦，即愿意去求自己认为坏的事情而不求好的事情。一旦被迫在两个坏的事情中选取一个，没谁会选取更大的，要是可能选取更小的。"

［d5］我们所有人都觉得，所有这些事情就是如此。[1]

"然后呢？"我说，"你们把某种东西称为畏惧或恐

---

[1] ［施疏］上一次苏格拉底说的是大家接受了这一点，我们不知道苏格拉底是否同意。这一次苏格拉底用的是"我们大家"——这意味着包括苏格拉底和普罗塔戈拉在内。

惧吧?而且是我逮着的那个东西?我对你说呐,普洛狄科。我说的这个是某种对低劣的事情的预感,你们要么称它为畏惧要么称它为恐惧?"

普罗塔戈拉和希琵阿斯觉得,这就是畏惧和恐惧;[358e]但普洛狄科觉得,这是畏惧,不是恐惧。

"这倒无关紧要,普洛狄科,"我说,"但是,这个[倒是紧要的]:如果[我们]此前所说的事情是真实的,会有哪个世人愿意去求[面对]这些他感到畏惧的事情吗,要是他有可能去求[面对]他不[感到畏惧的事情]的话?或者,按前面[e5]已经同意的来看,这不可能?毕竟,刚才已经同意,一个人认为,他畏惧的事情是坏的事情,而没有一个人会愿意去求[面对]或拿取他认为是坏的事情。"[1]

所有人[359a]也都觉得是这样。

"既然这样子假定了这些,"我说,"普洛狄科和希琵阿斯啊,就让这位普罗塔戈拉给我们辩护一下他最初的

---

[1] [施疏]这里的含混基于这里用于表达"去求取"的希腊语介词 epi,这个介词完全没法用英语来表达。这里关涉一个双重含义,如果硬译的话,不妨这样来表达:没谁会去 epi[求取]他明知或认为是坏的事情;没谁会去 epi[面对]他感到或认为是可怕或危险的事情。苏格拉底玩的就是介词 epi 的双重含义:既有 after[追求]的含义,又有 toward[面对]的含义。当然没谁去"追求"(go after)坏的事情,但总得有少数人"面对"(go toward)坏的事情,这显然是两回事。这个特别的介词用法模糊了这个差异,模糊了"追求"与"面对"的差异。同样,没谁去追求危险的事情,但总得有少数人出于这样或那样的原因会面对危险的事情。

回答何以正确吧——绝不是［他最初说的］那个，［a5］当时他说，德性有五个部分，没有一个有如另一个，每个都有自己属己的能力。我说的不是这些，而是他后来说的。[1] 毕竟，他后来说，四种［德性］彼此颇为［359b］相像，而有一种［德性］与其他［德性］完全不同，这就是勇敢。他说，我会凭靠如下证明认识到这一点——［他说］'你会发现，苏格拉底，世人们极为不虔敬、极为不正义、极为不节制、极为无学识，却极为勇敢。由此［b5］你会认识到，勇敢与德性的其他部分非常不同。'[2] 当时我简直对这回答非常诧异，我同你们讨论过［刚才讨论的］这些后，就更诧异。[3] 我当时问这个人，是否他

---

1 ［施疏］苏格拉底不够地道，因为，他把普罗塔戈拉已经转换的立场抹掉了——他说自己的意思不是普罗塔戈拉在开头正确地说的东西，而仅仅是讨论完西蒙尼德斯的诗之后的讨论开头所说的东西。不过，苏格拉底现在是法官，他告诉普罗塔戈拉，你得负责的仅仅是你最后说的那些话，也就是你认真考虑之后的那些说法——这是一条司法原则。

2 ［施疏］这里是完整重复349d5-8一段，如果我们亲自对比一下，会是一次学习如何阅读柏拉图的好训练，因为，这次重复中的变化要比苏格拉底引用常人说如何如何时大得多。很清楚，不虔敬和不正义的位置变了，而且不虔敬和不正义被表述为可以互换。

3 ［施疏］如果注意看苏格拉底如何引述普罗塔戈拉的观点（一定要注意字面），我们就应该回想起，当时苏格拉底并没有表示出一点儿诧异！现在苏格拉底说表示诧异，因为现在的情况完全不同了。显然，当时表示诧异毫无用处。情况的变化在于经过与大家的讨论，注意苏格拉底说的是"我同你们讨论过这些后"，不仅仅是与普罗塔戈拉讨论。

说勇敢的人是大胆的人。他说，[他们]甚至[359c]急切哦。你还记得吧，普罗塔戈拉，[当时]你这样回答这些事情。"

他同意[他说过]。

"那好，"我说，"对我们说说，你说的勇者急切面对的是什么？是懦夫[c5]面对的那个吗？"

他说不是。

"那么[懦夫]面对别的东西？"

"是的，"他说。

"是否懦夫面对[让人]大胆的事情，勇者则面对可怕的事情？"

"的确，苏格拉底，世人们的说法如此。"

"你说的是真实，"我说，"不过，我问的[359d]不是这个，而是[问]：你，即你说勇者急切地面对的[那个]是什么？[他们]面对可怕的事情，即他们认为这些事情可怕，抑或面对不可怕的事情？"

"但这一点嘛，"他说，"你[刚才]说的那些道理已经证明不可能。"

"你说的这个也真实，"我说，"所以，如果[d5]这一点已经正确地得到证明，就没谁会去求取[面对]自己认为可怕的事情，因为被自己征服见之于无学识。"

他同意。

"不过，懦夫也好勇者也罢，所有人都去求取[面对]

他们大胆［去求取］的事情啊，在这一点上，至少［359e］懦夫和勇者去求取［面对］的是相同的事情。"

"可实际上，苏格拉底，"他说，"懦夫和勇者去求取［面对］的［事情］完全相反；譬如说，勇者愿意上战场，懦夫却不愿。"

"那么，"我说，"上战场是［e5］美的事情还是丑的事情？"

"美的事情，"他说。

"既然是美的，我们先前已经同意，它也就是好的；毕竟，我们已经同意，所有美的行为都是好的［行为］。"

"你说的是真实，而且我一向觉得如此。"

"这才正确嘛，"我说，［360a］"可是，尽管［上战场］既美又好，你说［勇者和懦夫中的］哪种人不愿意上战场呢？"

"懦夫，"他说。

"是吧，"我说，"即便［上战场］是美的事情、好的事情，而且是快乐的事？"

"［这一点］当然已经同意，"他说。

"那么，懦夫就是，明明认识到［这些］，却不愿去求取［a5］更美、更好、更快乐的事情？"

"不过，如果我们也同意这一点，"他说，"我们就会推翻先前同意的［说法］。"

"那个勇敢的人［会做什么］呢？他岂不会去求取更

美、更好、更快乐的事情?"

"必然得同意[这一点]，"他说。

"那么，一般而言，那些[360b]勇者如果恐惧的话，他们不会恐惧丑的恐惧，也不会对丑的大胆胆儿大吧？"

"[你说的是]真实，"他说。

"如果他们不丑，岂不就美[高贵]？"

他同意。

"如果[他们]美[高贵]，也就好？"

"是的。"

"反过来，懦夫或莽夫或疯癫[b5]的人岂不既恐惧丑的恐惧又对丑的大胆胆儿大？"[1]

他同意。

"他们对丑的和坏的事情胆儿大，岂不恰恰是由于没见识和无学识？"[2]

"正是[360c]如此，"他说。

"然后呢？懦夫因之而是懦夫的这个东西，你叫作懦

---

[1] [施疏]勇敢并不意味着不畏惧，而是意味着有正确的畏惧。勇者有的仅是高贵的畏惧和高贵的信心（confidence），这是快乐的畏惧和快乐的信心。懦夫或莽夫有的则是低俗的畏惧和低俗的信心，或者说不快乐的畏惧和不快乐的信心。但为什么苏格拉底现在要引出莽撞的人和疯狂的人？莽撞者体现为急切地要去任何战场，哪怕是愚蠢的、不正义的战争，而勇者的信心仅仅涉及有理由的正义的战争。这意味着，勇敢与智慧和正义分不开。

[2] [施疏]很清楚，这就是此前的一切所暗含的东西。懦夫并不知道为了正义的理由而死得高贵，莽撞的人并不知道为不义的理由而死得低劣。

弱还是勇敢？"

"我当然［叫作］懦弱，"他说。

"懦夫岂不是因为对可怕的事情无学识而显得是［懦夫］？"

"完全如此，"他说。

"那么，由于这种无学识本身，他们才是懦夫？"

［c5］他同意。

"按你同意的，他们因为懦弱所以是懦夫？"

他承认。

"对可怕的事情和不可怕的事情无学识岂不就是懦弱？"

他点点头。

"可是，"我说，"勇敢与怯懦［360d］［刚好］相反吧？"

他说［是］。

"那么，对可怕的事情和不可怕的事情有智慧与对这些事情无学识相反吧？"

这儿他仍然点点头。

"对这些事情无学识是懦弱吧？"

对此他十分勉强地点头。

"那么，对可怕的事情和不［d5］可怕的事情有智慧就是勇敢，与对这些事情无学识则相反吧？"

在这儿他不再愿意点头，也不吭声。

于是我说,"怎么啦?普罗塔戈拉,对我问的,你既不说是也不说不是?"

"你自己完成它吧,"他说。

"仅有一件事情,"我说,[360e]"我还想问问你:你是否仍然像起初那样认为,有些世人既极其无学识,又极其勇敢?"

"我觉得,"他说,"苏格拉底啊,你让我做一个回答[问题]的人是为了好胜哦。我会让你高兴,而且我说,按[e5]已经同意的,我认为这不可能。"¹

"其实,"我说,"我问的所有这些不是为了别的,不过是想看清楚涉及德性的事情究竟怎么回事,德性本身究竟是什么。毕竟,我知道,倘若这一点变得明朗[361a]起来,我们——我和你俩——说了老半天的那个[问题]才会变得极为清楚:我说德性不可教,而你说可教。我觉得,我们的这些说法迄今为止的结局就像一个世人在指控和[a5]嘲笑[我们],如果[这结局]会发出声音的话,它恐怕就会说:'苏格拉底和普罗塔

---

1 [施疏]我们看到,普罗塔戈拉在法庭面前遭到谴责不能捍卫自己,这个法庭由胜过他的人组成。然而,三人法庭仅仅是假象,实际上是一人在统治,是独一的王在统治——这个王是苏格拉底。于是,我们在这里有了一个很清楚的最好的人统治的例子,一个所谓哲人王统治的漂亮例子。然而,这个王取消了自己当王的资格,他同意自己不适合当王,因为他缺乏当王所要求的知识——这就是接下来我们将会看到的。

戈拉啊，你们真是出格之人哦！你［苏格拉底］呢，在起先的那些［说法］中说德性不可教，这会儿你却急冲冲与自己［361b］相反，力图证明所有有用的东西都是知识，甚至正义、节制以及勇敢［都是知识］，以此方式［表明］，德性似乎显得最为可教。毕竟，倘若德性是某种不同于知识的东西，像普罗塔戈拉试图［b5］说的那样，它显然就会不可教。可现在呢，苏格拉底呵，倘若［德性］整个儿将显得就是知识，如你急冲冲得到的那样，如果它不可教才会让人诧异呢。¹反之，普罗塔戈拉呢，当初假定［德性］可教，这会儿却显得急冲冲要得到相反的［观点］，［德性］显得最［361c］不像的就是知识。这样的话，德性就会至少是不可教的。'²

---

1 ［施疏］苏格拉底自己点出了自己的自相矛盾！有谁这样做过吗？我们不能有这样一个预设：柏拉图在突出苏格拉底，让他战胜普罗塔戈拉，或者说，让普罗塔戈拉在剧中显得很愚蠢。柏拉图绝没有在对话中让苏格拉底显得比普罗塔戈拉更为突出，而是在展示苏格拉底这个人的独特性——这就是所谓戏剧原则：每个人物都有自己独特的人身品格（个性），展示这种品格就是剧作家的任务。

2 ［施疏］苏格拉底转向普罗塔戈拉的自相矛盾。苏格拉底认定，这次讨论并没有给普罗塔戈拉带来哪怕是细微的变化。普罗塔戈拉仍然相信自己开始所说的，正如这次讨论也没有给苏格拉底带来丝毫变化。两人与开始时一样，采取各自的立场。如果这场对话的目的是苏格拉底应该学到某种东西或普罗塔戈拉应该学到某种东西，那么就可以说，这场对话完全失败。但我们知道，这场对话的首要目的不是苏格拉底或普罗塔戈拉应该学到什么，而是对希珀克拉底的影响。

"所以，我呵，普罗塔戈拉，当我观察到所有这些事情颠七倒八可怕得混乱不堪时，我就以全副热心要让这些事情变得清楚起来。在我们［c5］经历过这些事情之后，我很想我们会去求取德性究竟是什么，然后再来仔细考察它可教还是不可教。没准儿那个厄琵米修斯会在我们考察时［361d］要诡计让我们失败，如你所讲的那样，就像他在分配［能力］时忽略我们。所以，［你的］这个故事中是普罗米修斯而非厄琵米修斯更让我喜欢得多。用他［做榜样］，把我自己的整个生命先想清楚，［d5］我才忙碌于所有这些事情。而且，要是你愿意，就像我在开头说的那样，我会极为快乐地同你一起彻底探究这些事情。"

于是普罗塔戈拉说，"苏格拉底，我呵，赞赏你的这股子热心以及这些说法的路径。当然喽，［361e］在别的事情上，我不觉得自己是个低劣的人，而且世人中我最少妒忌，因为我对许多人说到过你，在我所遇到的这些人中，我最叹服你，尤其［同你］年岁相若的人，最为［叹服你］。而且我还说，如果你会成为凭智慧而受到［e5］敬重的人，我不会感到诧异。只要你愿意，我们以后再来详细考察这些事情。不过，这会儿该是去办别的事情的时候了。"[1]

---

[1] ［施疏］对话其实并未结束，关于德性是什么的对话没有出现——这不是苏格拉底的错，因为普罗塔戈拉撑不住，他已经在精神上被击垮。

[362a]"可不嘛,"我说,"如果你觉得[必须做]的话,这才是必须做的。毕竟,我说过,我早就该离开了,却留下来让这位漂亮的卡利阿斯高兴。"[1]

在说了和听了这些后,我们就离开了。[2]

---

[1] 卡利阿斯这个名字的希腊文与"美的"希腊文发音很近。为了体现这个发音上的噱头,不妨译作"[漂亮的]卡利阿斯"。

[2] [施疏]希珀克拉底跟着苏格拉底一起离开了,他没有留下来做普罗塔戈拉的学生。苏格拉底通过自己与普罗塔戈拉的交谈展示了智术师与热爱智慧者的差异,但希珀克拉底未必理解了这种差异,因为他的理解力不高。他最终未必明白,普罗塔戈拉是一个败坏灵魂的学人——何况,普罗塔戈拉绝非日常意义上的坏人,他的行为在日常礼节方面非常周到,人品上并没有明显的毛病或缺陷,一般人尤其年轻人很容易受这类危险智识人的吸引。但希珀克拉底看到,普罗塔戈拉在言辞上被打败——看到这一点无需智识,对他来说,普罗塔戈拉失去了吸引力。他至少觉得,花很多钱跟普罗塔戈拉学划不来,还不如跟苏格拉底学便宜些。苏格拉底活到七十岁是为了与种种危险的说教作斗争,但这并不意味着是要让希珀克拉底这类人憎根制造危险说教的智术师。希珀克拉底天生没有能力辨识危险说教,不能真正理解智术师的坏处,让他恨智术师也没有意义,重要的是让他别成为智术师的学生。一个人不能分清骗子和好人,你没法让他恨骗子,保护他的最好办法是让他远离骗子。毕竟,就人的天性而言,有的人甚至多数人一辈子都不能分辨好人与骗子,因为他们天生缺乏这种分辨能力。

会 饮

阿波罗多洛斯〔172a〕我觉得啊,你们打听的〔事情〕,我并非没琢磨过。碰巧就在那天,我从我家所在的法勒雍进城去,¹〔路上〕有个熟人从后面老远看到我就喊,而且边喊边打趣,"嘿,法勒雍仔,"他说,〔a5〕"就你啊,阿波罗多洛斯,²你不等等!"于是,我停下来等。

"阿波罗多洛斯呀,"他说,"正找你呐,我想彻底打听那次阿伽通的聚会,³〔172b〕就是苏格拉底、阿尔喀比

---

1 直到公元前5世纪初佩莱坞建成港口之前,法勒雍是雅典的港口,位于雅典城墙东南大约3公里的佩莱坞以东,属于阿提卡的170个村社之一。从法勒雍步行去雅典,大约一小时。
2 阿波罗多洛斯是苏格拉底的弟子,几乎与苏格拉底形影不离。他心地质朴、诚挚,性格柔弱,易动感情。
3 阿伽通是公元前5世纪晚期著名肃剧诗人(约公元前445—前400年),公元前416年,他的第一部肃剧得奖(古希腊官方文献记载的节庆提供了证据)。

亚德以及其他人一起吃晚饭的那次,[1] 他们关于爱欲的说法究竟是些什么。[2] 有人已经对我说了说,他是从斐利波斯的儿子弗依尼科斯那里听来的,[3] 还说你也知道。可是,他讲得一点儿都[b5]不清楚。还是你给我说说。毕竟,由你来传达你的友伴的话才最正义。不过,先告诉我,"他说,"那次聚会你本人在场,还是不在啊?"

我于是说:"看来,讲的那人给你讲得完完全全一点儿[172c]都不清楚,如果你以为你问的那次聚会是前不久的事情,甚至以为我也在场。"

"我本来就这样想嘛,"他说。

"怎么会呢,格劳孔?"[4] 我说,"阿伽通没待在家乡这里已经多年啦,[5] 而且,我与苏格拉底[c5]一起消磨时光,

---

1 公元前399年苏格拉底受指控时大约70岁,按此推算,《会饮》记叙的这次事件时,苏格拉底大约52或53岁。阿尔喀比亚德是雅典著名政治人物,在这次"会饮"事件中,阿尔喀比亚德大约三十多岁。这次会饮(公元前416年)的第二年(公元前415年),阿尔喀比亚德领军远征西西里时,雅典城发生亵渎赫尔墨斯神像案,阿尔喀比亚德涉嫌遭雅典法庭传讯,他闻讯叛逃斯巴达。
2 在柏拉图写作《会饮》时,当事人多已过世。
3 [施疏]弗依尼科斯出现在色诺芬的《会饮》中,其父斐利波斯是个乡下汉,喜欢讲笑。
4 格劳孔可能是柏拉图的长兄(《王制》中的主要对话角色之一),这次会饮事件时,格劳孔也是孩子,当时柏拉图才12岁,格劳孔的年纪不会差柏拉图太远。
5 公元前407年(亦即这次会饮之后十年)阿伽通离开雅典,前往马其顿王阿尔克劳斯(Archelaos,即菲利普[Philippe]的父亲)的宫廷。

每天忙乎专注于认识他的言或行还不到三年,难道你不知道？[173a]在这之前,我就这样瞎打盲撞、东游西荡,还以为在做点儿什么,其实比谁都更悲惨,[悲惨得]并不比眼下的你更少,以为做什么都肯定强过热爱智慧！"

于是他说,"别挖苦我啦,告诉我,那次聚会本身是啥时候的[a5]事？"

我说,"那时我们都还是小孩子呢,当时,阿伽通的第一部肃剧赢了,第二天,他自己以及歌舞队员们酬神庆贺得奖。"

"这么说,"他说,"看来的确很早。但谁对你讲的？难道苏格拉底本人？"

[173b]"当然不是,凭宙斯,"我说,"是那个[告诉]弗依尼科斯的人。有个叫阿里斯托得莫斯的,他是奎达特耐人,[1] 小矮个儿,总光着脚丫。那次聚会他在场,他是苏格拉底的爱欲者,[2] 我觉得,在当时爱欲苏格拉底的那些人中他算得上之最。当然喽,我后来也并非没[b5]就从阿里斯托得莫斯听来的一些问过苏格拉底,不过,他

---

1 奎达特耐在雅典南区,阿里斯托得莫斯是苏格拉底的崇敬者和追随者,亦步亦趋。
2 古希腊的同性恋关系并非是两个年龄相若的成熟男人之间的恋情,而是成年男子与少年之间的恋情。主动一方的成年男子被称为"爱欲者",被动一方的少男被称作"被爱欲者"。阿里斯托得莫斯被说成苏格拉底的爱欲者,按此推论,他比当时已50出头的苏格拉底还年长。

仅仅同意阿里斯托得莫斯所讲的。"

"是嘛,"格劳孔说,"何不给我讲讲?进城还有好一段路,正好边走边说,我边听。"

于是,我们一边走一边谈论这些事情。[173c] 所以,我先头说,我并非没琢磨过[这事]。如果必须也得讲给你们听,就应该是我来做这些事情。何况,只要是谈论热爱智慧——无论我自己谈还是我听别人谈,且不说我认为自己会受益,[c5] 我都会喜出望外。要是别的什么事情,尤其你们这班富人和赚钱人的事情,我自己就会觉得沉闷,而且替你们这些友伴感到惋惜,你们自以为在做点儿什么,其实 [173d] 无所事事。同样,你们兴许会反过来以为我才是可怜虫;我相信,你们真的以为我是可怜虫。我可不是[这样]以为你们,而是确实知道你们[是可怜虫]。

友伴 你总是一个样,阿波罗多洛斯,总是责骂你自己,[d5] 责骂别人。我看哪,你显得简直就认为所有人都悲惨——从你自己开始,只有苏格拉底除外。我还真不知道,你从哪儿得了个绰号叫"疯癫的家伙"。[1] 你啊,总这样说话,恼怒你自己,恼怒别人,[d10] 除了苏格拉底。

阿 [173e] 亲爱的,既然我对自己、对你们有如此

---

1 [译按] Burnet 本的原文是 to malakos [软蛋],另有抄本作 manikos [疯癫的人],与下文的说法吻合(参见 Dover 笺注)。

看法，不明摆着我疯癫、我神经质嘛？

友 阿波罗多洛斯，这会儿为这些争吵不值得啊；[e5]你还是按我们请求你的做吧，讲讲当时说的是些什么。

阿 好吧，当时说的那些话是这样的……得啦，不如[174a]试着给你们按他所讲的从头讲吧。

阿里斯托得莫斯说，[1]苏格拉底碰上他时刚洗过澡，穿了双别致的便鞋，苏格拉底很少做这些。阿里斯托得莫斯问[a5]苏格拉底去哪儿，让自己变得这么美。

苏格拉底说，"去阿伽通那儿吃晚饭。昨天，我躲掉了他的获奖庆典，因为我惧怕人群，但答应今天会参加。所以，我这样打扮了一番，以便我可以美美地去一个美人那里。呃，对了，"苏格拉底又说，[174b]"愿意当不速之客去吃晚饭么，你觉得怎样啊？"

"我嘛，"阿里斯托得莫斯说，"我说，你怎样吩咐就怎样。"

"那好，你跟着，"苏格拉底说，"这样我们就可以通过置换来毁掉那句谚语啦：'阿伽通[好人]的宴，[b5]好人会不请自来。'[2]毕竟，荷马恐怕不仅毁了这谚语，甚

---

1 讲述从这里开始，以下直到全文完，都是阿波罗多洛斯转述阿里斯托得莫斯的话。
2 谚语原文为"好人办宴好人不请自来"，见赫西俄德《辑语》264和巴绪里德《辑语》22.46。[译按]阿伽通的名字与"好人"（第二格）同音。

至还给这谚语本身添加了肆心。[1] 毕竟，他虽然把阿伽门农写成打仗特别突出的[174c]好男儿，却把墨涅拉奥斯写成'软绵绵的武士'。[2] 有一次，阿伽门农搞献祭摆宴，荷马把墨涅拉奥斯写成不速之客赴宴，让一个更差的人赴一个[c5]更好的人的宴。"[3]

阿里斯托得莫斯说，他听到这些就说，"恐怕我同样是在冒险哦，我并不像你说的那样罢，苏格拉底，倒像荷马说的，一个微不足道的人当不速之客去赴一个智慧男子摆的宴。你想想看吧，带我去的话你会怎样辩护。要我去做不速之客，我可不同意，[174d]我会说是你把我叫上的。"

"'我俩结伴一块儿上路'，"[4] 苏格拉底说，"我们总会想出该说什么。我们走吧。"

就这样，阿里斯托得莫斯说，他们交谈着这些上了

---

1 "肆心"（hubris）这个词通常指轻漫、挖苦甚至欺负的行为，用法较宽泛，从傲慢、放肆（尤其性骚扰）到渎神。在本篇对话中，这个语词出现达9次之多，主要用在苏格拉底身上。[译按]试译为"肆心"，取"恣纵"、"放肆"之义——"肆"者"极"也，与hubris原文义相切："昔（周）穆王欲肆其心，周行天下"（《左传昭公十二年》）；"肆心于细务者，不觉儒道之弘远"（《抱朴子外篇·崇教》）。
2 语出荷马《伊利亚特》卷十七586–588。苏格拉底在这里引荷马诗的方式是歪引，故意学智术师派引用古诗的方式。
3 荷马《伊利亚特》卷二408–409，亦参《伊利亚特》卷三179。
4 《伊利亚特》卷十221–225。[译按] 两个脑袋胜过一个脑袋的说法，亦见《普罗塔戈拉》348d。

路。可是，[d5]走到半路，苏格拉底自个儿想什么想得入神，落在后面。阿里斯托得莫斯等他，他吩咐阿里斯托得莫斯先走。阿里斯托得莫斯走到[174e]阿伽通家，看见大门已经开着。阿里斯托得莫斯说，当时他感到自己在那里有点儿可笑。有个男童马上从里面出来迎他，领他到其他人躺卧的地方，他见到他们正要吃晚饭。当然啰，阿伽通立马就[e5]看见他，于是说："哟，阿里斯托得莫斯，来得正好，一起吃晚饭！要是你为别的什么事儿来，事情也下次再说。昨天我还找你呐，想叫上你，就是没见到你……呃，你怎么没把苏格拉底给我们带来啊？"[1]

阿里斯托得莫斯说，"我回头一看，果然不见苏格拉底[e10]跟着。于是我就说：'我亲自和苏格拉底一道来的，而且还是被他叫来这儿吃饭的。'"

"你做得好！"阿伽通说，"可他在哪儿呐？"

[175a]"刚刚还走在我后面嘛，会在哪儿呢，我自己也觉得奇怪。"

阿里斯托得莫斯说，阿伽通说："小家伙，还不去看看，把苏格拉底领进来！阿里斯托得莫斯，你呢，"他说，"就挨厄里刻希马库斯[a5]躺罢。"[2]

---

1 [译按]这话的意思似乎是，阿伽通知道他们两人形影不离，像对恋人。
2 厄里刻希马库斯是个医生，雅典人，他父亲是名医——《普罗塔戈拉》（315c）和《斐德若》（227a, 268a）都提到他。

阿里斯托得莫斯说，于是，男童给他洗脚，好让他躺下。[1] 另有一个男童来传报，"那个苏格拉底退回到邻居的前门站着，我喊他，他却不肯进来。"

[a10] "真出格呃，"阿伽通说，"再去喊，你别让他走掉！"

[175b] 阿里斯托得莫斯说，于是他说，"别去[喊]，让他去吧。他习惯这样，有时跑开一会，直呆呆地站在碰巧哪个地方。我想，过会儿他会来的。所以，别打搅他，还是由他吧。"

"如果你这样认为，那我们就必须得这样做啦。"阿里斯托得莫斯说，[b5] 阿伽通这样说。"嘿，小家伙们，给我们其余的人上吃的！把你们愿意摆的都摆上来，我们中没人会使唤你们！我从来不使唤你们，现在也不使唤；你们就只当我和其余这些人都是你们请来的，[175c] 好好招呼哦，我们会夸奖你们！"

随后，阿里斯托得莫斯说，他们吃晚饭，但苏格拉底还没进来。阿伽通好几次要吩咐人去接苏格拉底，阿里斯托得莫斯没让去。苏格拉底来了，[c5] 比起往常，他[这回]消磨时间不算太久，当时他们晚饭刚吃到一半。阿里斯托得莫斯说，阿伽通碰巧单独躺在最末一张榻上，于是

---

[1] 希腊人会饮时躺在床上，上半身朝左，左肘靠在左边的垫子上，用右手从床的左边桌子上拿东西吃喝。

就说:"来这儿,苏格拉底,挨我躺,好让我[175d]享受你在邻居门前那会儿碰触到的智慧。显然,你已经发现智慧,而且有了智慧。不然,你只怕还会在那儿呆站。"

苏格拉底坐下来,然后说:"阿伽通啊,如果智慧是这样一种东西,那兴许就好啰,可以从我们中盈[d5]满的人身上流入空虚的人身上,只要我们相互挨着,就像酒杯里的水通过一根羊毛从满杯流入空杯。毕竟,要是智慧也会这样,[175e]我挨你坐就太值啦。我相信,那样的话,你的美不胜收的智慧就会灌满我。毕竟,我自己的智慧实在浅陋,或者跟梦一般靠不住。你的智慧呢,既耀眼又前景无量。而且啊,[e5]你年纪轻轻,智慧就如此光彩夺目。前天,你的智慧已经在三万多希腊人的见证下展露出来。"

"你这肆心的家伙,苏格拉底,"阿伽通说,"过一会儿我和你再就智慧打官司,[e10]由狄俄尼索斯当判官做裁决,现在先用饭。"

[176a]接下来,阿里斯托得莫斯说,苏格拉底躺下来,与其他人一起吃饭。他们献上祭酒,唱赞神歌,履行所有例行仪式,[1] 然后开始喝酒。阿里斯托得莫斯说,泡

---

1 会饮前的例行仪式共六项:(1)用纯酒祭"美好的精灵";(2)洁净桌子;(3)洗手;(4)客人们献花环;(5)三祭酒(一祭奥林匹斯的宙斯和众神,二祭诸英雄,三祭主神宙斯);(6)齐唱敬宙斯神的歌。

萨尼阿斯带头开口说了[a5]下面一番话。[1]"好吧,诸位,"他说,"我们怎样个喝法才最轻松啊?我呢,不妨对你们说,我还没从昨天的酒里全醒过来,需要歇歇气。我想,你们大多也都这样,因为你们昨天都在。诸位想想看,[176b]我们怎样个喝法才最轻松。"

阿里斯托芬接过话头说:[2] "你这话倒是说得对,泡萨尼阿斯,这喝法[b5]的确该安排得轻松点儿。毕竟,昨天我自己也醉得不行。"

阿里斯托得莫斯说,阿库墨诺斯的儿子厄里刻希马库斯听到这些后说:"你们说得好。不过,我还得听听诸位中有一个人怎么说,看他酒量如何——阿伽通。"

"不行不行,"阿伽通说,"我自己本来就不胜酒力。"

[176c]"这样看来,如果你们喝酒能力最强的今天都放弃,"[3]厄里刻希马库斯说,"那我们——我、阿里斯托得莫斯、斐德若和其他几位,可就神赐良机啦,因为我们从来就没能力嘛。我没把苏格拉底算在内,他两样都

---

1 泡萨尼阿斯是雅典人,与阿伽通关系亲密。《普罗塔戈拉》(315d–e)提到,他是阿伽通的爱欲者。

2 阿里斯托芬是著名谐剧诗人(约公元前445—前388年),曾写作谐剧《云》(公元前423年)讽刺苏格拉底,写作《地母节妇女》(公元前411年)讽刺阿伽通。

3 "你们"指阿伽通和阿里斯托芬。[施疏]比酒量是比肆心的能力;对观《法义》(649–672)中的"会饮"。

行，所以，[c5]我们怎么做他都会满意。在我看来啊，既然在座各位没谁贪多喝酒，我说说醉酒的真实不会有人烦我罢。毕竟，我认为，对我来说，这一点[176d]从医术来看已经变得十分清楚，即醉酒对世人来说是件难事。就我的意愿来说，我自己既不会愿意喝，也不会劝别人喝，尤其是有人昨天已经喝得晕晕乎乎。"

[d5]"可不是嘛，"阿里斯托得莫斯说，米利努斯人斐德若插进来说，[1]"我向来听你劝，尤其在你说到医术的事情时。不过啊，今天其余各位也会听劝，如果他们会采纳好建议的话。"[176e]听到这些，大家同意，眼下这次聚会不搞醉，喝多少随意。

"既然这一点得到了同[e5]意，"厄里刻希马库斯说，"喝多少随各人的意愿，不得强制，那么，我进一步建议，[2]让刚才进来的那个簧管女走人吧；让她吹给自己听，或者如果她乐意的话，吹给这院里的女人们听。这样，今天我们就可以通过言辞相互聚在一起。至于什么样的言辞，如果你们愿意的话，我倒愿意给你们[e10]建议。"[3]

---

1 斐德若生于大约公元前450年，在《普罗塔戈拉》中（315c），斐德若是智术师希琵阿斯的崇拜者。在柏拉图作品之外，有关斐德若的材料极少。
2 这个语词在雅典成了民主政治的语汇，指提出某项议案，与前面的"既然都同意"呼应。
3 这段定喝酒规矩的描写，看起来像民主政治中的议会商讨。

[177a] 大家都说愿意,要他提出建议。于是,厄里刻希马库斯说,"我的话按欧里庇得斯《墨兰尼普》¹里的一句来起头:我要说的'这故事不是我的',而是这位斐德若的。[a5] 斐德若每次都忿忿不平地对我讲,'厄里刻希马库斯啊,'他说,'诗人们对别的神们既作祷歌又作颂诗,诗人虽如此之多,可爱若斯这老迈而又了不起的神呢,² 竟然从来 [177b] 没有一位了不起的诗人作过一篇颂辞,难道不让人生气吗?³ 要是你愿意的话,不妨瞧瞧那些能干的智术师们,他们为赫拉克勒斯以及别的谁编写过记叙体辞赋,比如那个优秀的普洛狄科。⁴ 这倒无需惊讶,因为,我啊,[b5] 就在前不久还读到过一个智慧男人的一卷 [辞赋],其中大肆赞颂盐的益处——你还可以看到许多 [177c] 别的诸如此类得到赞颂的东西。他们会为许多诸如此类的东西耗费热忱,可直到眼下的今天,也没有哪个世人胆敢以配得上的方式歌颂爱若斯。一个

---

1 《欧里庇得斯辑语》488:"这故事不是我的,而是我母亲的"。
2 "爱若斯"(eros)原义指任何强烈的欲望,尤其指向性爱对象,因此当译作"欲爱"、"爱欲"。在古希腊神话中,eros 也被拟神化为神——所谓的"爱神"。作为爱神的用法,通常首字母大写,以此区别于人的爱欲。但本篇对话的基本主题之一是:eros 是否是神。在本稿中,这个关键词将根据文脉分别译为"爱欲"或"爱若斯"以及"爱若斯神"。
3 斐德若的说法显然夸张,索福克勒斯和欧里庇得斯均写过关于爱若斯神的美妙诗句。
4 普洛狄科参见《普罗塔戈拉》。

如此了不起的神被忽略到这等地步！'我觉得啊，斐德若［c5］说得真好。所以啊，我不仅渴望献上一份歌颂，以讨斐德若欢心，而且，我觉得，眼下这个场合适合我们在座各位礼赞这位神。要是［177d］你们一致同意，我们就足以在言辞中消磨时间。[1] 所以，我提议，我们每个人应该从左到右为爱若斯说上一篇赞颂的讲辞，要尽其所能讲得最美。斐德若该第一个开头，因为他躺在起首，而且是［d5］这个［赞颂爱若斯的］说法之父。"

"没谁会投票反对你的，厄里刻希马库斯，"苏格拉底说，"起码我不会否定，我要说，除了爱欲的事情，别的我都不懂。阿伽通和［177e］泡萨尼阿斯也不会反对，[2] 阿里斯托芬更不会，他整个儿都在狄俄尼索斯和阿芙洛狄忒那里消磨时间。[3] 其余在座各位，我看没谁会反对。只是，这样的话，对我们这些躺在后面的不大公平。不过，那些躺在前面的要是讲得透、讲得美，［e5］我们也值。让斐德若开始赞颂爱若斯吧，祝好运哦！"

所有其他人都赞成这番话，而且［178a］跟着苏格拉底

---

1 ［译按］关于高档次的人聚在一起的会饮，对观《普罗塔戈拉》中苏格拉底的说法（347c3-e1）。

2 两人并提暗含两人有同性恋关系。16年前在卡里阿斯家，苏格拉底当时已经提到两人的恋人关系（《普罗塔戈拉》315e）。

3 狄俄尼索斯隐喻酒，阿芙洛狄忒隐喻性——苏格拉底暗指阿里斯托芬整天泡在性和酒中。

怂恿。每个人当时讲的,阿里斯托得莫斯已经记得不全,他对我讲的,我也记得不全。不过,在我看来,值得记住的都记住了,我会给你们说说每个人所讲的值得记住的东西。

[a5] 于是,如我所说,阿里斯托得莫斯说,斐德若头一个讲,并这样开头:爱若斯在世人和诸神中都是个伟大而又神奇的神,在许多方面都如此,至少从其诞生来看如此。"毕竟,这位神起码年纪 [178b] 最大,"斐德若说,"这是一种尊荣。凭据就是,爱若斯没有父母,从来没有哪个常人或诗人说起过爱若斯有父母。[1] 倒是赫西俄德说过:最初生成的是浑沌,[b5] '在那以后,是胸脯宽阔的大地,万物永久的稳靠宅基,然后是爱若斯'。[2] 阿库西勒俄斯[3] 也同意赫西俄德,继浑沌之后生成的是这两个,即大地和爱若斯。[4] 帕默尼德则说,[5] [b10]

---

1 斐德若的说法让在座的吃惊,因为,诗人阿尔凯俄斯、西蒙尼德斯和欧里庇得斯都说到过爱若斯的父母。

2 见赫西俄德《神谱》116-120,斐德若的引用掐头去尾。

3 阿库西勒俄斯是公元前5—前4世纪的纪事家,在有的地方被尊为七贤之一。相传著有《神谱》(Genealogien)三卷,将赫西俄德的《神谱》改写成散文,并有添加,在公元前5世纪中期流传颇广,迄今尚存辑语四十多个段落。

4 [译按] L.Robin 依据另一抄本将这一句挪到随后的帕墨尼德句之后(伯纳德特本亦然),Brisson 认为不可取,因为,根据保存最完好的古抄件和司托拜俄斯的摘录,此句紧接斐德若援引赫西俄德的诗之后。Paul Vicaire 以及大多数英译本依从 Burnet 本,此句在援引帕墨尼德之前。

5 帕墨尼德是著名自然哲人(约公元前515—前445 [译按] 又译"巴门尼德"),出生于南意大利的厄勒阿(Elea),柏拉图写过以他命名的对话。

起源'在设想所有诸神时最先设想爱若斯'。[1][178c]所以啊,从许多方面来看,人们都同意,爱若斯起码年纪最大。

"既然年纪最大,爱若斯对于我们来说就是最大的好东西的起因。[2]我呢,不妨肯定地说,没有比一个人在年轻时就得到心仪的爱欲者或得到心仪的被爱欲的[c5]男孩更好的事情。毕竟,对世人来说,想要过上美满日子,应该不是靠什么家世啊、名望啊、财富啊之类来打造,而是应该让爱欲来美满地引导[178d]整个一生。[3]我这样说指的是什么呢?指的是面对可耻的事情要羞耻,面对美好的事情要爱荣誉。毕竟,没有这些,无论城邦还是常人,都做不出什么伟大、美好的成就。所以,我要说,一个正在爱欲的男子[d5]要是做了什么丢人事,或受人欺辱连声也不敢吭,那么,这一点会变得十分明显:让他痛苦不堪的并非是被父亲瞧见,也不是被友伴或其他什么人瞧见,[178e]而是被自己的男孩瞧见。我们看到,对被爱欲者来说,情形同样如此,要是他被看见做了什么丢人事,在爱欲者面前就会无地自容得很。所以,要是能想出什么法子,一个城邦或一支军队全由

---

[1] 参见亚里士多德,《形而上学》984b26。

[2] 亚里士多德把这种看法归在恩培多克勒名下,参见《形而上学》卷一985a2-10。[译按]整个这段引经据典与亚里士多德在《形而上学》卷一(984b24-985a10)中的说法相似。

[3] 对观《斐德若》中吕西阿斯的讲辞有关好及其分类等级的说法(232a4-e1)。

爱欲者和男[e5]孩来组建,他们就会把自己[的城邦]治理得再好不过。因为,他们会远离所有让人羞耻的事情,在别人面前表现得热爱荣誉。[179a]要是这样的人与别的人一起打仗,那么,这种人即便是极少数,要说啊也能战胜所有世人。[1]毕竟,一个正在爱欲着的男人要是临阵逃脱或丢盔弃甲,宁肯被所有别的人看见也不肯被[自己的]男孩看见。[a5]在临阵逃脱或丢盔弃甲之前,他多半会选择战死。不用说,男孩置身险境时,爱欲者不会丢下不管,不会不去援救。任谁都不至于坏成这样,连这位爱若斯神亲自激励也不朝向德性——其实,受这神激励,才像个最佳天性的人。[2] [179b]简单来讲,正如荷马所说,这个神给一些个英雄们'鼓起斗志',[3]爱若斯凭靠自己就足以让爱欲着的人们获得斗志。

"再说,唯有正在爱欲着的人才会愿意替别人去死,[b5]不仅男人这样,女人也如此。珀利阿斯的女儿阿尔

---

1 这样一支军队事实上有过——公元前379—前378年,忒拜人组成过一只"圣队",且在公元前371年的曼提内阿(Mantineia)战役中表现出色,因而成为确定《会饮》写作时期的内证之一。

2 [施疏]这话的意思是:"爱欲"是一个人的"最佳天性","朝向德性"就是成就这种天性——这无异于说,"爱欲"本身就是"德性"。[译按]斐德若把自己基于爱欲者或被爱欲者的特殊人性论推向一种普遍人性论。

3 "鼓起斗志"参见荷马《伊利亚特》卷十482-484(雅典娜给狄奥墨得斯打气)和卷十五262(阿波罗给赫克托耳打气);亦参《奥德赛》卷九381。虽然这里的"神"用了定冠词,并非特指爱若斯。

刻斯提向希腊人充分证明了这种说法：[1] 只有阿尔刻斯提愿意为自己的丈夫去死，虽然她丈夫有父 [179c] 有母，她对丈夫的爱欲却超过了父母对儿子的疼爱，以至于她向父母证明，他们与自己的儿子是陌人，仅仅名字相属而已。阿尔刻斯提所成就的行为，不仅在世人看来成就得如此之美，[c5] 连诸神看来也如此。成就过许多美的行为的人何其多，但诸神给予屈指可数的人这样一种奖赏：灵魂从哈得斯再返回。神们让阿尔刻斯提死后还魂，表明他们赞 [179d] 叹阿尔刻斯提之举。神们就是如此特别敬重涉及这种爱欲的热忱和德性。神们从哈得斯遣回俄伊阿格若斯的儿子俄耳甫斯时就没让他如愿以偿，[2] 他为妻子而来到哈得斯，神们让他瞧了一眼妻子的虚影，

---

1 阿尔刻斯提的丈夫阿德墨托斯（Ademetus）命定早早病死，阿波罗将命定神灌醉，然后说服命定神让阿德墨托斯摆脱早死之命。命定神们答应了，但条件是得有一人替死。其父母虽然年老，也不肯替死，唯有妻子阿尔刻斯提愿意。神们后来嘉奖她，让她死后回生。参见欧里庇得斯，《阿尔刻斯提》。

2 哈得斯，指冥府。俄伊阿格若斯是忒腊克的河神，传说他和缪斯卡利俄佩生下俄耳甫斯。俄耳甫斯是希腊神话传说中著名的弦琴诗人，其歌声能令铁树发芽，兽石感动。其妻欧律狄刻（Eurydice）被蛇咬死，俄耳甫斯虽然怀念甚切，仍然活足天年才到阴间，求冥王准他带妻子回人世。受俄耳甫斯音乐感动，冥王准了他的要求，但要他的妻子跟在后面走，未到阳间之前不准回头看。即将迈出阴间的那一刻，俄耳甫斯忍不住回头看看妻子是否跟随在后，从此永远不见妻子。俄耳甫斯被缪斯们变成一滴滴眼泪，浮在水流上还在哀唱。

却没还给妻子本身。因为,神们觉[d5]得他软绵绵的,基塔拉琴师就这样,¹ 不像阿尔刻斯提那样敢为爱欲而死,一心只想活够岁数去到哈得斯。所以啊,正是由于这些,神们让俄耳甫斯遭受惩罚,要他死在女人们手里。²[179e] 神们对忒提斯的儿子阿喀琉斯就不像这样,而是敬重他,[他死后]送他去了福人岛。³ 因为,阿喀琉斯从母亲那里得知,如果他杀了赫克托耳,⁴ 自己也得死,如果不杀,就会平安回家,享足天年,[e5]他却敢于去救爱欲者帕特罗克罗斯,⁵[180a]替他复仇,不仅敢为爱欲者死,而且敢于紧随已经断气的爱欲者去死。⁶ 所以说,神们极为夸赞阿喀琉斯,特别敬重他,就因为他为自己的爱欲者付出过如此之多。埃斯库罗斯简直是在瞎说,竟然说阿喀琉斯爱欲帕[a5]特洛克罗斯。阿喀琉斯不仅比帕特洛

---

1 按古希腊的习传观念,琴师或歌手与武士和农夫的形象相反,是胆小鬼。
2 这里讲的是俄耳甫斯传说的一个变文,与流行的俄耳甫斯被酒神的女信徒们撕死的传说不同。
3 按《奥德赛》卷十一 467 以下的说法,忒提斯的儿子阿喀琉斯同其他死者一起去了冥府,而非福人岛。在荷马之后的传说中,英雄死后灵魂才住在福人岛。
4 参见《伊利亚特》卷九 410-416;亦参卷十八 95 以下。
5 参见《伊利亚特》卷二 673,尤其卷十一 786 以下。阿喀琉斯与帕特罗克罗斯有爱欲关系是后来的说法,在荷马笔下两者仅有英雄间的友谊。
6 柏拉图玩了一个隐晦的谐音游戏,阿喀琉斯死在帕特罗克罗斯之后,而非死在他的尸身之上。

克罗斯俊美,甚至比所有英雄都俊美。何况,他胡子还没长出来,肯定比帕特洛克罗斯年少得多,荷马就是这么说的。[1]不管怎么说,虽然神们的确非常敬重涉及[180b]这种爱欲的德性,但神们更惊叹、夸赞和犒赏的是被爱欲者爱上爱欲者,而非爱欲者爱上男孩。毕竟,一个爱欲者比被爱欲者更富于神样,因为他身上有这位神。由于这些,神们更敬重阿喀琉斯而非阿尔刻[b5]斯提,要送他去福人岛。

"所以啊,我要说,爱若斯在神们中间年纪最大、最受敬重,而且最有权主导世人在活着的时候和终了之后求取德性和幸福。"[2]

[180c]阿里斯托得莫斯说,斐德若说的大致就是这样一篇讲辞。紧接斐德若之后,其他人讲了些什么,阿里斯托得莫斯记不大起了,他略过那些,讲泡萨尼阿斯的说法。[阿里斯托得莫斯说]泡萨尼阿斯说:"在我看来啊,斐德若,你抛给我们的这个说法抛得不美哦,[c5]竟然命令我们如此粗陋地赞颂爱若斯。倘若爱若斯是一个,你的说法倒还算美,可实际上爱若斯不是一个啊。既然爱若斯不是一个,更为正确的方式是,起头就

---

[1] 参见《伊利亚特》卷二 673,卷十一 786。荷马的确说帕特洛克罗斯年长于阿喀琉斯,但没说小很多,更没说两人有同性恋关系。

[2] [施疏]斐德若颂辞的主题是爱自己,一个人爱自己是整个《会饮》的一大主题,在柏拉图其他对话中,这一主题也处于显著地位。

得先[180d]讲清楚,要赞颂的是哪个爱若斯。所以,我呢,尝试来纠正这一点,首先指明应该赞颂的是哪个爱若斯,再以配得上这位神的方式来赞颂。

"我们都知道,没有爱若斯,就没有阿芙洛狄忒。[1]若阿芙洛狄忒[d5]是一个,爱若斯也会是一个;既然有两个阿芙洛狄忒,[2]爱若斯必然也有两个。阿芙洛狄忒怎么会不是两个性感神呢?[3]一个肯定年长些,她没有母亲,是天的女儿,所以我们称她为'属天的[性感神]'。较年轻的一个是宙斯和狄俄涅的女儿,[180e]所以,我们把她叫做'属民的[性感神]'。[4]因此,必然的是,作为其中一个阿芙洛狄忒的帮手的爱若斯该正确地叫做'属民的[爱若斯]',另一个叫做'属天的[爱若斯]'。

---

1 [译按]爱欲既可以是异性之间的,也可以是同性之间的,阿芙洛狄忒作为性爱则仅是异性之间的。
2 按荷马《伊利亚特》卷五370-430,阿芙洛狄忒是宙斯和狄俄涅所生,被许配给火神赫斐斯托,后与战神阿热斯私通,私生子就是爱若斯(参见《奥德赛》卷五266以下)——按赫西俄德《神谱》(188-196),阿芙洛狄忒为"天"所生。
3 [译按]原文为阴性的"神",西文译本通译为"女神"。中译若译作"女爱神"实不易与"爱神"相区别。阿芙洛狄忒是性欲、性感的象征,试译作"性感神"。
4 在雅典有两座阿芙洛狄忒庙,一座在城中小丘上,是属天的阿芙洛狄忒庙。属民的阿芙洛狄忒庙在雅典卫城西南山坡上的功业庙下面,自梭伦时代以来,这里成了妓女聚集地。

"每个神当然都应该得到赞颂,但必须得说每个神各自被分派到的东西。毕竟,任何行为都这样:[e5]当做[事情]时,这做本身就其自身而言既谈不上美[高贵]也谈不上丑[低贱]。[181a]比如,我们现在所做的:喝酒啊、唱歌啊、交谈啊,这些事情本身都无关乎美。毋宁说,在做这些事时,怎样做才会见出[美丑]这样一类性质。做得美、正确,[所做的事情]就会成为美;做得不正确,[所做的事情]就会成为丑。[a5]爱欲以及这个爱若斯神也如此,并非所有的都美,都值得赞颂;只有那位激发人美美地爱欲的爱若斯神[才美、才值得赞颂]。

"那位属民的阿芙洛狄忒的爱若斯神真的属于[181b]普泛众生,他们的作为不过是随机缘而为,世人中那些不咋地的人爱欲起来时,拥有的就是这样一位爱若斯神。首先,这样一类人爱欲起来时,不是爱欲女人就是爱欲男孩,其次,他们爱欲起来时,更多爱欲的是身体而非灵魂。再说,他们爱欲的[b5]都是些没智性的,因为他们盯住的仅仅是这种做过一回,并不关心爱欲得美还是不美。所以,他们才会随机运而做这种事情,不管这爱欲是好事还是相反[的坏事],都一个样。毕竟,这位爱若斯神出自那位比[181c]另一位性感神要年轻许多的性感神,她出生时既分有女性也分有男性。

"属于属天的性感神的爱若斯呢,首先,这位神不分有女性,¹ 单单分有男性（所以，这是对男孩的爱若斯）。² 再说，这位神年纪更大，[天性的]命份没那么肆心。³ 所以，[c5] 那些受这种爱若斯感发的人会转向男性，爱欲天生更有劲儿、有更多智性的男性。谁都兴许能从这男童恋本身认识到，这样一些人纯粹 [181d] 由这种 [男童恋的] 爱若斯驱使。毕竟，他们爱欲的与其说是男孩，不如说是爱欲当时刚开始萌发智性的而已，只不过他们的胡子刚发芽儿。⁴ 这些有所准备的人之所以要等到这时候才开始爱欲 [一个男孩]，我认为啊，是因为要和他相濡以沫、[d5] 白头偕老，而不是骗他，欺负他年少无知，把他讥笑个够后去追另一个。因而，应该有禁止爱欲 [小] 男孩的法律，⁵ [181e] 免得在未知的事情上浪费太多热情。毕竟，就灵魂和身体的劣性和德性方面而言，男孩的完善在何处算达到目的还是未知数。好人都自愿地自己给自己订立这条法律，至于那些属民的爱欲者们，

1　指没有母亲。
2　[译按] 圆括号为 Burnet 本中的方括号，意为有可能是古代编辑家所加，有的现代西文译本删除不译。
3　按雅典民间看法，"属天的阿芙洛狄忒" 并非像 "属民的阿芙洛狄忒" 那样沉溺于肉感欲望。
4　对观《普罗塔戈拉》309b，泡萨尼阿斯此处想到的应该是十四岁以上的少男。
5　这里说到的 "小男孩" 与前面说到的 "男孩" 虽然是同一个词，其实指不同年龄段的男孩。言辞上的含混，恰恰是泡萨尼阿斯言辞精确的表征。

[e5]就应该强制他们这样做，正如我们要尽我们所能[用法律]强制他们[182a]不可爱欲民女。[1] 毕竟，正是这些人[把爱欲男孩]搞成了挨骂的事情，有些人甚至于敢说，对爱欲者献殷勤是可耻的事。其实，他们说的[意思]是，他们看到这些[属民的爱欲者]可耻，看到他们不得体和不正派。显然，[a5]无论什么事情，只要做得遵礼守法，就正派，不会招来非议。

"进一步说，在别的城邦，关于爱欲的法律一般都容易明白，毕竟，这些法律订得简陋；但在这里[182b]和在斯巴达，[2][这类法律]就错综复杂。在厄里斯和在玻俄提亚人中间[3]——那里的人都不是说话智慧的人，对爱欲者献殷勤被法律简陋地规定为美[高贵]的事情，无论年轻人还是老人，没谁说这可耻。我认为，这为的是省去[b5]用言辞费力劝导年轻人的麻烦，因为那里的人没有言说能力。而在别的好些地方，比如伊俄尼亚[4]以

---

1 字面意思是"自由女人"，即出生为自由民而非奴隶，并非现代意义上的"自由女人"（[译按]译作"民女"取"自由民"之义）。

2 "在这里"指在雅典。

3 厄里斯和玻俄提亚都是希腊南部的城邦，民性较强悍拙直，文化也较雅典落后。

4 伊俄尼亚本指小亚细亚沿岸的中部地区及其周边岛屿，公元前387年至前386年的和平协议之后曾受波斯统治，柏拉图写《会饮》时仍在波斯治下。

及凡居住在外方人治下的人们那里,[1] 礼俗都认为[这种献殷勤]可耻。毕竟，由于这些僭主统治，对外方人来说，[对爱欲者献殷勤]这种事情以及[182c]热爱智慧和热爱体育都可耻。依我看，[这是由于]被统治者中间一旦产生出伟大的见识，甚至产生出强烈的友爱乃至团体，毕竟对统治者们不利，而这种[男童恋]爱若斯恰恰尤其热衷于培植伟大的见识以及所有其他那些[友爱和团体]。

"正是由于这种作为，[c5][我们雅典]这儿的僭主们曾经得到过教训，那就是，亚理斯脱格通的爱欲和哈莫第乌斯的友爱一旦变得牢不可破，[2] 僭主们的统治就瓦解了。所以，对爱欲者献殷勤凡是被规定[182d]为可耻的地方，都是基于立法的这些人[自身品质]低劣，即统治者贪婪，被统治者则缺乏男子气。凡法律简陋地把[献殷勤]规定为美[高贵]的地方，则是由于立法的人灵魂懒惰。在[雅典]这里，订立的规矩就要美很多，当然，[d5]像我说过的，也不易明白。不妨思考思考，据说公开地爱欲比秘密地爱欲更美[高贵]，尤其是

---

1 [译按]"外方人"旧译"蛮夷"，这个语词的含义仅仅指"非希腊人"，并不带贬义。

2 亚理斯脱格通爱上美少年哈莫第乌斯，僭主希琵阿斯（Hippias）的兄弟希普帕库斯（Hipparchus）夺宠不成，凌辱这两位爱友。两位少年谋划刺杀希琵阿斯和希帕库斯，但仅成功杀掉希帕库斯。事在公元前514年，修昔底德的《伯罗奔半岛战争志》有记载（卷六 54.2-3）。

爱欲那些最高贵者、最优秀者，哪怕他们比别人丑。而且，爱欲者会受到所有人热情喝彩，压根儿不是在做什么可耻的事情。夺得［被爱欲者］被视为干得漂亮［美］，［182e］［被爱欲者］被抢走才丑死了。对于非［把被爱欲者］抢到手不可的企图，法律给予爱欲者这样的许可：一旦做成出彩的成就就会受到表彰。但谁要是敢于为了追求别的什么而这样做，［183a］想要践行除此之外的任何事情，就会受到（针对热爱智慧的）极度责骂。[1] 毕竟，要是为了想从某人那里搞钱或获得官职或别的什么权势，一个人就愿意做像爱欲者追男孩那样的事情，百般殷勤、［a5］苦苦央求、发各种誓、睡门槛，甚至愿意做些连奴仆都做不出来的奴相，那么，他的朋友甚至敌人都会阻止他做出这样的事情，［183b］敌人会骂他谄媚、下贱，朋友则会告诫他，并为他的行为感到羞耻。可是，所有这些要换了是这位爱欲着的人来做，就会满有光彩，而且法律允许这样做，不会责备他的行为，仿佛他在做的是某种美得很［b5］的事。最厉害的是，像多数人说的那样，唯有爱欲着的人发誓不算数才会得到神们原谅，因为神们说，发性爱方面的誓不算发誓。可见，［183c］无论神们还是世人，已经为爱欲着的人打造了种种许可，

---

[1] ［译按］"热爱智慧"在 Burnet 本中被加了方括号。也许可以理解为：人们会把对做可耻的事情的谴责用来针对热爱智慧。

就像［我们］这里的法律所说的那样。[1]

"由此来看，可以认为，在［我们］这个城邦，无论爱欲还是成为爱欲者的朋友，都会被法律认定为美得很的事情。当然，父亲们会让带孩子的家［c5］奴们看住［自己的］被爱欲激发的儿子，禁止他们同爱欲者交谈，这些是指派给家奴们的职责，而那些［与家奴看管的孩子］年龄相若的伙伴甚至友伴一旦看到发生［家奴禁止他们交谈］这样的事情，就会责骂［家奴］。再说，［183d］长辈们既不会阻拦这些责骂［家奴］的人，也不会因为他们说得不正确而非难他们。谁要是看到这些，他兴许又会以为，这样一种事情在［我们］这里会被法律认定为可耻。[2]

"可是，我认为，实情其实是这样：事情并不那么简单。像我开头说过的那样，［d5］单就事情本身来看，既没有美也没有丑，毋宁说，做得美就美，做得丑就丑。丑就是向无益的人无益地献殷勤，美就是向有益的人以美的方式献殷勤。所谓无益的人，就是前面说的属［183e］民的爱欲者，即更爱欲身体而非灵魂的那种人。他不是恒定不变［专一］的人，因为他被爱欲的并非是

---

1 ［译按］试比较现代民主政制中的相关法律以及当代法学中关于法律与道德的论争。
2 ［译按］"这样一种事情"指家奴禁止代管的孩子谈情说爱。

恒定不变的事情。一旦身体——而他所爱欲的恰恰是身体——如花凋谢，他就'远走高飞'，[1]许多说过的话、许过的诺统统［e5］不算数。具有有益性情的爱欲者则终生不移，与恒定不变的东西消融在一起。

"所以啊，我们的法律［184a］想要以良好而又美好的方式审察这些［爱欲者］，要［被爱欲者］只对这些［有益的爱欲者］献殷勤，躲开那些［无益的爱欲者］。由于这些，我们的法律既鼓励［爱欲者］追逐，又鼓励［被爱欲者］逃避，既组织［爱欲者］竞争，又安排［对爱欲者进行］审察：这个爱欲着的人属于哪类，［a5］这被爱欲者又属于哪类。正因为这样的原因，首先，太快委身通常被视为可耻，以便经历一段时间，对许多事情来说，经历［一段］时间被看作是很好的审察。第二，由于金钱或城邦权力而委身可耻，［184b］不管是如果遇到伤害而软弱和承受不了，还是面对献上的钱财或城邦势利抵挡不了诱惑。毕竟，这些被看作要么是靠不住的东西，要么并非是恒定不变的东西。何况，高［b5］贵的友爱从来不是由这些东西滋养出来的。所以，如果男孩们想要以美的方式对爱欲者献殷勤的话，我们的法律只留下了一条路。

"我们的法律其实是这样的：从爱欲者方面说，对

1　参见《伊利亚特》卷二71。

男孩无论怎样甘愿［184c］当牛做马受奴役，不算谄媚，也无可指责。所以，也有一种且仅有一种甘愿受奴役无可非议。毕竟，这种受奴役本身涉及德性。在我们这里，按照习俗看法，如果有人愿意侍奉谁，［c5］是因为他相信，通过这人，他自己要么在某种智慧方面要么在任何其他德性部分方面将会成为更好的人，那么，这种甘愿受奴役本身就并不可耻，也不能算谄媚。所以，如果有人想要得出男孩向爱欲者献殷勤是美事这样的结论，［184d］这样两条法律必须合为同一个东西，一条涉及男童恋，一条涉及热爱智慧［哲学］和其他德性。毕竟，一旦爱欲者和男孩走到这同一点，就会各依其法：对献殷勤的男孩，［爱欲者］［d5］在侍候他们时无论什么事情都要正义地侍候，反之，对在智慧和好［品德］方面打造自己的爱欲者，男孩也应该正义地无论什么事情都服侍。爱欲者在实践智慧和［184e］其他德性方面有能力扶助男孩，男孩则需要在这方面受教育和获得其他智慧。当且仅当这些单个的法律在此聚合为同一个东西，才会得出［这样的结论］：男孩对爱欲者献殷勤是美事，否则在任何情况下都绝不能［说是美事］。就［e5］此而言，即便受蒙骗也不可耻，但在所有其他情况下，一个人无论是否受蒙骗都可耻。要是谁［185a］为了财富向一个他以为是富人的爱欲者献殷勤，没有得到钱财才一下子明白过来，这爱欲者其实是个穷光蛋，那就是不折不扣的可耻。毕竟，这样一类被爱欲者让人看到，他表明自己为了钱财会在任何事情上侍候任何人，[a5] 这当然不美。所以，按照同样的道理，谁要是对自己的爱欲者献殷勤是因为他人好，[以为]通过与这位爱欲者的友爱自己将会变得更好，即便后来一下子才明白过来是受骗，这人其实是坏人，[185b] 自己并没有[从他身上]获得德性，这种受骗仍然美。毕竟，在人们看来，这男孩已经清楚表明，为了德性和为了成为更好的人，他自己会随时热衷于一切事情，没有什么事情比这更美的了。

"因此，为了德性献殷勤，[b5] 再怎么都美。这是属天的性感神的爱若斯[神]，而且[自己]就是属天的，无论对城邦还是常人都非常值得。毕竟，这位爱若斯[神]逼着爱欲者自己和被爱欲者各自[185c] 多多关切[践行]德性。至于所有其他的爱欲，都属于另一个[性感神]，即那个属民的[性感神]。以上这些，"泡萨尼阿斯说，"斐德若啊，就是当下我为你奉献给爱若斯的啦。"

泡萨尼阿斯泡到这里[1]——不妨用那些智慧人教我的[c5] 同音谐韵这样子讲，[2] 阿里斯托得莫斯说，该轮到阿里斯托芬讲了。可是，阿里斯托芬因吃得太饱或别的什

---

1 [译按]"泡到这里"的原文是"暂停、停下来"，发音与泡萨尼阿斯的名字相近，都以 pausa 起头。为体现这一谐音，故译作"泡到这里"。
2 所谓"同音谐韵"意为利用两个语词的同音异义玩语言游戏，这种言辞技巧据说是高尔吉亚的发明。这里的"智慧人"即指智术师。

么事情碰巧正在打嗝，一时不能说话。[185d]于是，他对躺在旁边榻上的医生厄里刻希马库斯说："厄里刻希马库斯啊，要么你止住我的嗝，要么替我讲，等我止住嗝再讲，才正义哦。"

厄里刻希马库斯说，"不如两件事都给你包办。我呢，[d5]在你的位置上讲，你呢，一旦止住嗝就在我的位置上讲。我讲的时候，你且长长憋口气，打嗝兴许就止了；如果没止住，就吞一[185e]口水。要是这嗝顽强得很，就得拿个什么搔搔鼻孔，打个喷嚏。这样来回一两下，即便再顽强的嗝也会止住。"

"别啰嗦，"阿里斯托芬说，"讲吧，我[e5]照做就是。"

于是，厄里刻希马库斯说："我以为，既然泡萨尼阿斯对这番说法很美地开了个头却[186a]草草收尾，我啊，就必然得来尝试给这番说法作结。鉴于爱若斯是双的，我看啊，作出区分就美。不过，爱若斯并非仅仅在世人的灵魂中朝向别的美人，[a5]也在其他事物中朝向别的许多事物——在所有动物的身体中、在所有大地上的生长物中，总之，在万事万物中[朝向别的许多事物]。从我们的这门技艺也就是医[186b]术来看，我觉得这位神实在伟大、神奇，把属人的和属神的事务全包啦。

"为了对这门技艺表示崇敬，我就从医术谈起。身体的自然就有这个二分的爱若斯。[b5]毕竟，谁都同意，身体的健康和疾病各是各的，并不一样，不一样的东西欲求和爱欲不一样的东西。[1]所以，基于健康的爱欲是一码事儿，基于疾病的爱欲又是一码事儿。正如泡萨尼阿斯刚才所说，给世人中的好人献殷勤是好事儿，[186c]给放纵之人献殷勤就是可耻的事了。就身体本身来说，同样如此。给每一个身体中好的、健康的东西献殷勤是好事，而且应该如此，这就是名为医疗的事儿；给身体中坏的、有病的东西献殷勤就是可耻的事情，而且谁如果要想[c5]身怀技艺，就必须祛除[身体中有病的东西]。

"简言之，医术可以说就是懂身体上的爱欲的胀和泄；[2]谁如果会给身体上[186d]美的以及可耻的爱欲把脉，谁就算超级医术高手；谁若能施转变，用一种爱欲取代另一种爱欲，让身体获得本来没有但应该勃发的爱欲，就算懂培育。要是还会摘除身体中有的[不应有的]爱欲，那他就是妙手回春的[d5]艺匠。毕竟，必须让身体中最交恶的东西成为朋友，使它们相互爱欲。最为交恶的东西莫过于最为对立之物：冷与热、苦与甜、燥与湿以及[186e]所有诸如此类的东西。我们的祖先阿斯

---

1 通常的说法是"相同者欲求、爱欲相同者"，即所谓物以类聚——对观《斐德若》240c。
2 [施疏]"胀"的希腊文词干与"怀孕"相同，"胀"和"泄"暗含孕育和生出孩子。

克勒皮奥斯[1]就懂给这些交恶的东西培植爱欲和相同——如这里在座的诗人所说,[2]而我也信服这一点——并[因此而]建立起我们的这门技艺。

"不仅医术——像我刚才说的——完全由这位神[187a]来掌舵,健身术和农事也如此。[3]这一点对每个人来说都再明显不过,只要他稍微动脑筋想想,乐术的情形同样如此,就像赫拉克利特兴许也想要说的那样,[4]尽管实际上他说得并不美。[a5]因为他说,这个一'自身分立却与自己并立','有如琴弓与七弦琴的谐音'。[5]不过,说和音自身分立或出自仍然分立的东西,那就太荒谬啦。当然,赫拉克利特兴许想要说的是,原先[187b]高音和低音分立,后来,凭靠乐术的技艺,[高音和低音达成]一致才产生出[和音]。毕竟,要是高音和低音仍然

---

[1] 阿斯克勒皮奥斯是传说中的神医,从智慧的人头马怪兽刻戎(Chiron)习得医术(参见《伊利亚特》卷四218—219)。赫西俄德(辑语51)说阿斯克勒皮奥斯是阿波罗的儿子,在许多地方被当作神来崇拜。

[2] 熟悉传说是诗人的份内事。"在座的诗人"指阿里斯托芬和阿伽通。

[3] [施疏]农事关心植物的健康,因而与医生厄里刻希马库斯相关。柏拉图《法义》(889b-e)中的"雅典人"将医术、农术、健身术相提并论,在这位"雅典人"眼里,技术低于自然,而这三种术最靠近自然——政治术离自然最远,根本是人事。

[4] 赫拉克利特(公元前550—前480年)是有名的"晦涩"思想家,故意用神谕式的含混格言表达思想,因此很难搞清楚其格言的含义。

[5] 参见赫拉克利特《辑语》B51,比较辑语B10。赫拉克利特的格言自古以来就费解,这句格言就是例证。

分立，哪里会有和音呢。毕竟，和音是并立，而并立是一种一致。[b5]可是，只要分立的东西仍然分立，就不可能由此产生出一致。进一步说，凡分立的东西或没达成一致的东西也不可能发出和音。正如出自快和[187c]慢的节律，产生于先前分立的[快和慢]后来达成一致。[1]正如那医术，这乐术的技艺将一致植入所有这些东西，培植它们相互的爱欲和同声同气。所以，乐术也是关于[c5]爱欲的和音和节律的专门知识。不过，要从和音和节律的构成本身中看出爱欲的作用，并不太难，这里还没有出现这个二分的爱欲。一旦必须把节奏和谐音[187d]应用于世人，那么，无论制作节奏和谐音——也就是人们说的抒情诗，还是正确地运用于已经制作成的歌曲和格律，也就是人们所说的教化，那就难了，于是得需要好艺匠。

"再回到那个说法本身，亦即必须对[d5]世人中那些端正的人献殷勤，甚至必须对那些虽还不怎么端正但兴许会由此变得更端正的人献殷勤，必须看护这些端正

---

1 [施疏]赫拉克利特的说法是，和音中仍有欲望存余，才算真正的和音。厄里刻希马库斯的说法是，通过技艺的作用消除了原初的不协和，才算有了协和。厄里刻希马库斯因帕默尼德而贬赫拉克利特，但厄里刻希马库斯的看法恰恰靠近赫拉克利特，而非帕默尼德。帕默尼德主张，爱若斯是万物之父，赫拉克利特则主张，争斗才是万物之父。在厄里刻希马库斯看来，自然的本性就是两种因素的对立，协和倒是人靠技艺搞出来的。

的人的爱欲。这种［爱欲］才是美的、属天的，是属天［187e］缪斯的爱若斯［神］。属众缪斯的爱若斯［神］则是属民的［爱欲］，[1] 无论何时用到这种爱欲，都得小心去用，让它既收获自己的快乐又绝不会培植放纵。正如在我们的技艺中，一大功夫就是围绕烹饪术［e5］来美美地使用欲望，以便获得快乐而又不致害病。

"一般来讲，在乐术、医术以及世人和神们的所有其他事情中，都必须留神两种爱欲每一种各自的可行性，毕竟，在这些事情中两种爱欲都有。［188a］比如说一年四季的构成，也充满这两种爱欲，我刚才说到的热和冷、燥和湿要是恰好遇上适合各自的端正爱欲，就会获得和音般清爽的气候，[2]［a5］它们带着好季节而来，也给世人以及其他动物和植物带来健康，不会造成不义。可是，一旦怀有肆心的爱若斯［神］过强地支配一年四季，就会摧残许多事物，对许多事物行不义。［188b］毕竟，瘟疫以及野兽和草木身上的许多别的奇奇怪怪的疾病，就喜欢从诸如此类的东西中滋生出来。霜啊、雹啊、霉啊之类，都滋生于诸如此类的爱欲相互的贪婪和紊乱。［b5］涉及星换斗移、四时交替方面的这些爱欲的知识，被称为天

---

1 赫西俄德《神谱》（75-79）提到有两个缪斯，一个是属天的（Ouranie）、一个是属众的（Polymnia）。
2 "气候"的原意是"混合"，这里指两种对立因素的平衡和调节，因此被比喻为"和音"。

象学。[1]再进一步说,所有祭祀和占卜术管辖的事情——这些涉及神们[188c]与人们的互相交通,不外乎牵涉到爱若斯[神]的防护和治疗。毕竟,一旦有谁不依从、不敬重端正的爱若斯[神],对待无论在世还是已过世的父母以及神们时,任何作为都不遵从这位爱若斯,而是依从、敬重另一位爱若斯,[c5]种种不虔敬就喜欢滋生出来。所以,占卜术专责看管这些爱欲着的人并医治他们。反过来说,[188d]占卜术也是神们与世人之间友爱的艺匠,毕竟,它深通属人的爱欲,懂得爱欲必须延及神法和幸福虔敬。

"所以,整个来说,这位爱若斯具有多样而且伟大的能力,[d5]甚至具有普泛的能力。一旦这位关涉种种善的爱若斯借助节制和正义在我们[世人]和神们中间实现自己的目的,就会具有这种最伟大的能力,为我们带来种种幸福,让我们能够彼此在一起生活、做朋友,甚至让我们能与比我们更强大的神们彼此在一起生活、做朋友。恐怕[188e]我对爱若斯的赞颂有不少遗漏,尽管我并非愿意如此。要是我忽略了什么,阿里斯托芬,补充就是你的活儿啦。要是你想以别的什么方式来赞颂这位神,就请赞颂吧,你的嗝已经止住了。"

---

[1] 古希腊的医学很重视气候的差异和变化(参见 Hippocrates, *De aeribus*, 第二章)。

[189a] 阿里斯托得莫斯说，阿里斯托芬接过话头说："嗝倒止了，不过，此前对它用上了喷嚏。所以啊，真让我奇怪，身体的秩序也欲求像喷嚏之类的一些声响和瘙痒。[a5] 毕竟，对嗝用上喷嚏，果然马上就止！"

厄里刻希马库斯说："好家伙，阿里斯托芬，瞧你在干什么！开口就搞笑。你这是在逼我[189b]做卫士看住属于你自己的言辞,[1] 看住你讲的时候别搞笑，尽管其实你有机会在和平中讲。"

阿里斯托芬朗笑着说，"你说得好嘛，厄里刻希马库斯，就当我说的不算数。不过，别看[b5]住我，因为就要说的东西而言，我畏惧的倒不是我会讲笑——毕竟，讲笑兴许也是有益的东西，何况本属我们的缪斯，我畏惧的是落下笑柄。"

"你以为你会得逞，阿里斯托芬，"厄里刻希马库斯说，"然后溜之大吉。[189c] 不过还是用心点儿，必须讲得条理清楚。当然啰，要是依我之见，我兴许会干脆免掉你[讲]。"

"那倒是的，厄里刻希马库斯，"阿里斯托芬说，"我的确想要讲得跟你和泡萨尼阿斯有些不同。[2] 毕竟，依我

---

1 柏拉图《王制》（374d 以下）说到城邦的"卫士"，其品性是能分清敌友，而且从不醉酒（403e）。厄里刻希马库斯在这里表明自己代理理智的清醒。
2 ［施疏］阿里斯托芬所谓采用不同的方法指讲故事的方式。不过，阿里斯托芬在后面（193d）没有称自己的颂辞是故事，而是称为论说。

看，世人迄今还没有完全［c5］感受到爱若斯的大能，要不然，他们就会替爱若斯筑起最雄伟的庙宇和祭坛，搞最盛大的献祭，哪会像现在这样，这些围绕爱若斯的事情从未发生，尽管所有这些事情太应该发生。毕竟，爱若斯在神们中最怜爱［189d］世人，是世人的扶持者，是治疗世人的医生，世人这个族类［靠爱若斯］会得到最美满的福气。[1] 所以，我要试试指教你们［何谓］爱若斯的大能，使得你们会成为其他人的老师。[d5] 不过，你们必须首先懂得世人的自然［天性］及其遭际。毕竟，我们的自然从前与现在并非是同一个［自然］，而是完全不同。

"首先，世人的性从前是三性，不像现在是两性，即男性和女性，[189e] 而是还有第三性，也就是接近男女两性的合体。如今，这类人仅保留下来名称，本身则已绝迹。在当时，这种人是阴阳人，[2] 形相和名称都出自男性和女性两者的结合。可如今，[这类人]已不复存在，仅［e5］留下个骂名。其次，每个世人的样子从前都整个儿是圆的，背和两肋圆成圈，有四只手臂，腿［的数目］与手臂相等。[190a] 在圆成圈的颈子上有一模一样的两张脸，在这两张摆得相反的脸上是一个脑袋。耳朵四个，生殖器则是一对，

1　[译按]"族类"（to genos）这个语词有多种义项：氏族、后代、种族、性别、性属。在阿里斯托芬的讲辞中，这个语词出现频繁，有单数用法，也有复数用法。本稿将根据文脉分别译作"族类""性别""后代""类"等等。
2　[译按]"阴阳人"的原文是"男人""女人"两个词的合写。

其余所有的由此也可以推测出来。[从前世人]走路像如今一样直着身子，[a5]想要[朝向]任何方向[都无需转身]，想要跑快就把腿卷成圆圈，像翻斤斗一样直直地翻滚，这时，八只手脚一起来，飞快地成圈移动。从前[世人]之所以有三[190b]性，而且是这个样子，乃因为男人原本是太阳的后裔，女人原本是大地的后裔，分有[男女]两性的则是月亮的后裔，¹ 因为月亮也分有两者。² 不过，这分有两性的人自身就是圆的，行走也是圆的，因为与父母[b5]一样。

"他们的力量和体力都非常可怕，而且有种种伟大的见识，竟然打神们的主意。荷马所讲的埃菲阿尔特斯和奥托斯³的事情不妨用来说他们——他们打主意登上天[190c]去攻击诸神。⁴ 于是，宙斯和其他神们会商应该做些什么[来应付]，却束手无策。毕竟，总不能干脆杀掉，像从前用雷电劈巨人，⁵ 抹掉这一族类；那样的话，[c5]他们得自世人的敬重和献祭也随之被抹去。可是，神们

---

1 太阳是男性神，大地"母亲"是女性神，月亮是双性神，这种说法见于 Philochorus（《辑语》，184），后来又见于"俄耳甫斯颂歌"（Orphic hymn）。
2 "两者"既可能指大地和太阳，也可能指男女两性。
3 参见《奥德赛》卷十一 305-320；《伊利亚特》卷五 385-391。埃菲阿尔特斯是巨人之一，本来是个鬼，夜里潜入人的胸膛，使得人呼吸困难。
4 [译按] 对观阿里斯托芬的《鸟》。
5 参见《奥德赛》卷十一 307-320：巨人们谋划推翻诸神，爬到天上，宙斯和他们打了十年，才用雷电灭了他们。

又不能允许这样子无法无天。经过一番绞尽脑汁，宙斯说：'依我看，有个法子既让世人活着又不再放纵，这就是让他们变得［190d］更弱。现在我就把他们个个切成两半，'宙斯说，'这样他们就会更弱，又对我们更有利，因为，世人的数目会倍增。而且，他们［以后只能］凭两条腿直着走路。要是他们显得仍然无法无天，［d5］不愿意带来安宁，'宙斯说，'那么，我就［把世人］再切成两半，让他们用一只脚蹦跳着走路。'宙斯说到做到，把世人切成两半，像人们切青果［190e］打算腌起来那样，或者用头发丝分鸡蛋。每切一个，他就吩咐阿波罗把脸和半边颈子扭到切面，[1] 这世人看到自己的切痕［e5］就会更规矩。宙斯还吩咐阿波罗治好其他［伤口］。阿波罗把脸扭过来，把皮从四周拉到现在叫做肚皮的地方，像拽紧布袋那样，朝肚皮中央系起来做一个口子，就是现在说的肚脐眼。阿波罗把其余的［191a］许多皱纹搞平整，把胸部塑成型，用的家什就是鞋匠用来在鞋楦上打平皮革皱纹一类的东西。不过，阿波罗在肚皮本身和肚脐眼周围留了少许皱纹，让世人记住［a5］这些古老的遭遇。[2]

"世人的自然［天性］被切成两半后，每一半都渴望

---

[1] 阿波罗代表了与医术相关的神（《克拉提洛斯》405a-b），他是医神阿斯克勒皮奥斯的父亲。

[2] ［施疏］对观《普罗塔戈拉》320d-321e。

与自己的［另］一半走到一起，双臂搂住相互交缠，恨不得［欲求］生长到一起。由于不吃饭，［191b］其余的事情也不做——因为他们不愿相互分离，世人就死掉了。一旦两半中的某一半死了，［另］一半留了下来，这留下来的一半就寻求另一半，然后拥缠在一起，管它遇到的是一个完整女人的一半——我们现在叫做一个女人——还是［b5］一个男人。世人就这样渐渐灭了。

"宙斯起了怜悯，搞到另一个法子，把世人的生殖器挪到前面——在此之前，世人的这些都在外侧，生产［191c］和生育不是进入另一个，而是进入地里，像蝉一样。[1] 宙斯把世人的［生殖器］挪到前面，由此使［世人］在另一个中繁衍后代，亦即通过男性在女性中［繁衍后代］。宙斯这样做的目的是，［c5］如果男人与女人相遇后交缠在一起，他们就会生产，然后产生后代。同时，如果男人与男人相遇后交缠在一起，至少可以靠这种在一起满足一下，然后他们会停下来转向劳作，关切生命的其他方面。所以，很久很久以前，［191d］对另一个的爱欲就在世人身上植下了根，这种爱欲要修复［世人的］原初自然，企图从两半中打造出一个［人］，从而治疗世人的自然。

---

[1] 蝉的生殖方式并非如此，柏拉图可能把蝉与蚱蜢搞混了。

"于是，我们个个都是世人符片，[1]像比目鱼［d5］从一个被切成了两片。所以，每一符片总在寻求自己的［另一半］符片。凡由［两性］合体——过去叫阴阳人——切成的男人就爱欲女人，多数有外遇的男人就出自这样一类。[191e]反之，凡由［两性］合体切成的女人就爱欲男人，有外遇的女人就出自这样一类。凡由女性切成的女人几乎不会对男人起心思，而是更多转向女人，［e5］女友伴们就出自这类女人。凡由男性切成的男人则追猎男性；还是男孩的时候，由于是出自男性的切片，他们爱欲［成年］男人，喜欢和他们一起睡，搂［192a］抱他们。在男孩和小伙子当中，这些人最优秀，因为他们的天性最具男人气。肯定有人说，这些男孩无耻——他们说谎啊。毕竟，这种行为并非出于无耻，而是出于勇敢、男子气概［a5］和男人性，拥抱与自己相同的东西。这不乏伟大的证明；毕竟，到了成熟年龄时，只有这样一些男人才会迈入城邦事务。[2]一旦成了成年男人，[192b]他们就是男童恋者，自然不会对结婚和生养子女动心思——当然，迫于礼法［又不得不结婚生子］。毋宁说，他们会满足于不结婚，与另一个男人一起度过终生。

---

1 "符片"的原意是"一个色子的一半"，即将一个东西劈作两半，两个人各持一半用作无论情谊还是生意、政治方面的信物。
2 阿里斯托芬在谐剧中说治邦者年轻的时候都热衷搞同性恋，是嘲笑的说法（参见《骑士》875–880）。

整个来讲，凡是成了男童恋者和象姑的，[1]肯定都是这样一类男人，[b5]他们总是拥抱同性。

"因此，男童恋者或所有别的人一旦遇到那位自己的另一半本身，[2]马上惊讶得不行，友爱得一塌糊涂，[192c]粘在一起，爱欲勃发，哪怕很短的时间也绝不愿意相互分离。这就是那些相互终生厮守的人，虽然他们兴许说不出自己究竟想要从对方得到什么。毕竟，没有谁[c5]会认为，[他们想要的]仅仅是阿芙洛狄式式的云雨之欢，尽管每一个与另一个凭着最大的炽情如此享受在一起，的确也为的是这个。毋宁说，每一个人的灵魂明显都还想要[192d]别的什么，却没法说出来，只得发神谕[似的]说想要的东西，费人猜解地表白。

"当他们正躺在一起，如果赫斐斯托斯拿着铁匠家什站在旁边，他就会问：'世人哦，你们想要从对方为自己得到的究竟是什么啊？'[d5]如果他们茫然不知，赫斐斯托斯再问，'你们欲求的是不是这个：尽可能地相互在一起，日日夜夜互不分离？倘若你们欲求的就是这，我倒愿意把你们熔在一起，[192e]让你们一起生长成同一个东西。这样，你们虽然是两个，却已然成了一个，只

---

1 [译按]"象姑"的字面意思是"喜欢爱欲者"，也就是男同性恋中的被动一方。
2 [译按]"所有别的人"指异性恋者，阿里斯托芬把同性恋说成与异性恋一样出于天性。

要你们活着，双双共同生活就像一个人似的。要是你们死，甚至在哈得斯那儿，也会作为一个而非两个共同终了。看看吧，你们是不是爱欲这样，[e5]是不是恰好这样，你们就会心满意足.'[1]我们知道，恐怕不会有哪怕一个人在听到这番话后拒绝，这兴许表明，他想要的不外乎就是这。毋宁说，他兴许会干脆认为，他听说的恰恰是他一直欲求与被爱欲的人结合在一起，熔化在一起，从两个变成一个。个中原因在于，我们的原初自然[e10]从前就是这样，我们本来是整全的。所以，爱欲有了欲求[193a]和追求整全这个名称。

"从前，如我所说，我们曾是一个；可现在呢，由于我们的不义，我们被这神分开了，就像阿尔卡德人被拉刻岱蒙人分开。[2]于是我们有了畏惧：要是我们对

---

[1] 《奥德赛》卷八266以下（尤其321-343行）：阿芙洛狄忒本是火神赫斐斯托斯的妻子，战神阿热斯爱上她，和她私通。赫斐斯托斯用铁链设圈套，将阿热斯和阿芙洛狄忒在床上双双逮住，然后招集其他神们来见证通奸，神们却兴高采烈，甚至妒嫉阿热斯的福气。[施疏]阿里斯托芬把荷马讲述的诸神谐剧挪到人间上演：让赫斐斯托斯逮住两个外遇的人。

[2] 也许指公元前385年拉刻岱蒙人入侵伯罗奔半岛东北地区的名城曼提内阿（Mantineia），强行把当地人分成四个村庄（参见色诺芬，《希腊志》卷五，2.5-7）。也可能指公元前417年，斯巴达为争霸权解散阿卡狄亚同盟。如从前说，《会饮》应写在公元前385年之后，如从后说，它可能写得较早。

神们不规矩，我们恐怕会被再［a5］劈一次，像刻在墓石上的浮雕人似的四处走，鼻梁从中间被劈开，成了半截符片。由于这些，每个男人都必须凡事竭诚敬拜［193b］神们，以便我们既逃掉这些，又幸得那些［我们想要的］，以爱若斯为我们的引领和统帅。谁都不可冒犯这位神——冒犯了就会得罪诸神；毕竟，只要我们成为这位神的朋友，与这位神和解，我们就会找到甚至［b5］遇上我们自己的男孩，如今仅少数人做到这一点。别让厄里刻希马库斯插嘴，搞笑［我的］这番说法，［说］我是在说泡萨尼阿斯和阿伽通。当然喽，兴许他们［193c］正是这种遇上了自己的男孩的人，而且两人在天性上就是男性。我讲的实际上针对的是每个男男女女：如果我们让这爱欲达至圆满，我们这一类会变得如此幸福，个个［c5］遇到自己的男孩，[1] 从而回归原初的自然。

"倘若这就是最好，那么最接近这最好的，必然就是现在当下中的这种最好，即遇到天生合自己心意的男孩。因此，如果我们要赞颂爱欲［神］的话，［193d］这才是我们正义地赞颂这位神的原因。毕竟，正是这位神当下带给我们最多的心满意足，把我们领向［与自己］亲熟的东西，还给我们的未来提供了最大的希望：只要我们

---

1 "自己"的原文与自身是同一个语词，似乎意为找到自身的另一半。

提供对诸神的虔敬，爱欲［神］就会把我们带往原初的自然，¹［d5］通过治疗给我们造就福乐和幸福。

"这个，厄里刻希马库斯啊，"阿里斯托芬说，"就是我关于爱若斯的讲辞，与你的不同。如我已经请求过你的，别对它搞笑，以便我们可以听听剩下各位［193e］——呃，这两位中的每一位——会讲什么；毕竟，只剩下阿伽通和苏格拉底了。"²

"那好，我会依你的，"阿里斯托得莫斯说厄里刻希马库斯说，"毕竟，这番说法讲得让我觉得舒服。若不是我同样清楚，苏［e5］格拉底和阿伽通在爱欲的事情方面都厉害的话，我还真害怕他们会没词儿，因为，［爱若斯的］方方面面都已经被讲过了啊。所以，我这会儿仍然有信心。"

［194a］"你自己倒美美地赛过了，"苏格拉底说，"厄里刻希马库斯，要是你变成现在的我，或者甚至是阿伽通漂亮地说过之后才将是［轮到］的我，你恐怕也会非常畏惧，像我现在一样，整个儿不知所措。"

---

1 ［施疏］《会饮》与《普罗塔戈拉》在形式上几乎完全相同，除了阿里斯托芬。可以说，在《会饮》中，阿里斯托芬代替了普罗塔戈拉——谐剧诗人代替智术师，人性脆弱的神话代替人性了不起的神话。

2 ［施疏］阿里斯托得莫斯紧靠厄里刻希马库斯（175a4），本来接下来该他讲，阿里斯托芬把他给忘了。

[a5]"你想要灌我迷魂汤啊,[1]苏格拉底,"阿伽通说,"让我因为以为观众满怀期待我会说得漂亮,于是心里发慌。"

"那我就未免健忘喽,阿伽通,"苏[194b]格拉底说,"既然我见过你带着演员登上剧台时你的那份男子气和超迈心志,目睹过你面对那么多的观众急于展示自己的言辞,而且你一点儿都没惊慌失措,现在[b5]我怎么会以为,你会由于我们这些少数世人而心里发慌。"

"什么意思,苏格拉底?"阿伽通说,"你不至于会以为,我被观众围住,以至于竟然不知道,对于有脑筋的人来说,有头脑的少数人比没头脑的多数人更让人畏惧。"

[194c]"阿伽通啊,"苏格拉底说,"要是我竟然会以为你是个乡巴佬,那我岂不丢人现眼。我可清楚得很,要是你遇见你以为智慧的人,你当然会看重他们,而非看重多数人。不过,只怕我们[在座的]并非这种智慧人哦。毕竟,[你演出]那天我们[c5]也在场,我们属于多数人。你要是碰巧遇到别的智慧人,如果你兴许认为自己做了什么可耻的事,你会在他们面前感到羞耻,你说的是这个意思吗?"

---

1 [译按]直译为"对我施药"。[罗森疏]面对自己的对手,苏格拉底要么是刺激他说话(《苏格拉底的申辩》30e4–5),要么是诱发他说话——所谓助产士方式(麻醉产妇,让她稀里糊涂地生产,参见《泰阿泰德》149a4)。

"你说得真实，"阿伽通说。

"但要是你在多数人面前做了什么可耻的事，兴许你就不会感到[c10]羞耻？"

[194d]阿里斯托得莫斯说，斐德若这时插进来说，"亲爱的阿伽通，一旦你回答苏格拉底，他就会只与那个人对谈，根本不管在这儿还会发生任何什么事情，更别说那人还是个美男。我倒是喜欢听[d5]苏格拉底[与人]对谈，可我现在被迫得关注赞颂爱若斯[神]，从你们每一位那里收取言辞。[1] 所以，请你们俩各自先还清欠这位神的，然后随你们怎样对谈。"

[194e]"你说得美哦，斐德若，"阿伽通说，"没有什么会阻止我讲；毕竟，同苏格拉底对谈，以后有的是机会。"

"我嘛，想要首先说，[2] 我必须如何说，[e5]然后再来说。[3] 毕竟，据我看，迄今已经说过的每一位其实都不算在颂扬这位神，而是在庆幸世人得到种种好东西，[4] 而这位神恰是这些好东西的原因。可是，赠予[世人]好东西

---

1 [施疏]斐德若充当了维持秩序的人，此前是泡萨尼阿斯（213e），此后则是阿尔喀比亚德。
2 [施疏]阿伽通是唯一在发言开头强调第一人称"我"的讲者。
3 一句话中三次用同一个动词，是高尔吉亚的修辞风格。
4 [译按]按希腊文的发音，"好东西"与阿伽通的名字谐音，听起来就像说的是"庆幸世人得到阿伽通"。

的［195a］这某位本身究竟是怎样的，没谁说到过。任何人颂扬任何谁，其实只有一种正确的方式：[1]［那就是］无论讲辞涉及的是什么，讲辞都得详细描述其性质以及这任何谁恰巧是其原因的那些事情的性质。[2] 我们颂扬爱若斯的正义方式同样［应该］如此：首先，他是什么性质，然后才是［a5］他赠予的东西。

"因此，我说啊，虽然所有神都幸福，爱若斯则是——如果这样子说神法［允许］而且不算冒犯诸神的话[3]——神们中最幸福的，因为，爱若斯最美，而且最好。就爱若斯最美而言，其性质是这样的。首先，爱若斯在神们中最年轻，斐德若噢。[4]［195b］他亲自为［我的］这种说法提供了一大证明：他躲避老年唯恐避之不及。显然，老年［来得］飞快；至少，老年来到我们身上时比应该［来到］更快。因此，爱若斯［神］天生憎恨老年，绝不靠近它哪怕一点儿。爱若斯总与年轻在一起，而且他［自身］就是年轻。［b5］毕竟，古人说得好，'物以

---

1 "任何人"与"只有一种"在修辞上形成对比，这是高尔吉亚式的修辞风格。
2 从"这位神恰是这些好东西的原因"到这句结束，已经出现十一个以 -os 结尾的语词，听起来有押韵效果。
3 "如果这样子说神法［允许］而且不算冒犯诸神"句显然是同语反复，这也是一种修辞手法：肯定表达与否定表达的对比。
4 与斐德若说爱若斯最年长的说法（178a9 以下）恰恰相反。

类聚'。¹ 我同意斐德若所讲的许多其他方面，但我不同意这一点，即爱若斯比克洛诺斯和伊阿珀托斯更为古老。² 可 [195c] 要我说啊，爱若斯在神们中最年轻，而且永远年轻。至于赫西俄德和帕默尼德讲的关于神们的旧事，³ 倘若他们说的是真的，也肯定发生在阿兰克 [必然女神] 身上，⁴ 而非发生在爱若斯身上。毕竟，要是当时爱若斯已经在神们中间，就不会有神们的互相阉割、囚禁以及其他 [c5] 许多暴力行为，而是会有友爱和安宁，就像如今，自从爱若斯当了神们的王那样。

"爱若斯岂止年轻噢，除了年轻，他还轻柔。不过，这就 [195d] 需要一个有如荷马那样的诗人来揭示这位神的轻柔。毕竟，荷马说过，阿特是位女神，⁵ 而且轻柔，至少那双脚轻柔——荷马说：'当然，她双脚轻柔，毕竟，

色退了 [196b] 和已经凋谢，其他什么也好，爱若斯就不肯馥郁之处，他就会落脚并待下来

"岂止关于这位神的种种美还 [b5] 遗留不少没说，但接性。最重要的是，爱若斯既不义：既不会遭受来自神的不义会遭受来自世人的不义，也不果经受什么的话，爱若斯自身力毕竟不会 [196c] 碰触爱若斯力——毕竟，每个人侍奉爱若斯情愿。凡 [双方] 心甘情愿自愿城邦的诸王'才宣布是正义的事

"除了分有正义，爱若斯还人们同意，节制 [c5] 就是统爱若斯更强的快乐。如果 [其当然就得受治于爱若斯；既然快乐和欲望，他肯定特别地有节

---

1 这段言辞显得繁复，因为阿伽通采用了人、行不义与遭受不义交错。
2 语出品达的名句，但智术师们特别喜欢引用。

---

1 语出《奥德赛》卷十七 218：因为神明总是让同类与同类相聚。
2 克洛诺斯是天和地的儿子，宙斯的父亲——伊阿珀托斯是宙斯的兄弟，也是普罗米修斯、厄琵米修斯以及撑起天穹的阿特拉斯的父亲（参见赫西俄德《神谱》，134 以下、507 以下）。克洛诺斯和伊阿珀托斯堪称最老的神，说爱神比他们还老，无异于无从推算爱神的年纪。阿伽通这话虽然是嘲讽斐德若，实际上也带有挑斐德若的逻辑毛病的意味。
3 事见赫西俄德《神谱》147–210（尤其 176 以下），453–506（尤其 502 以下）以及 618 等各处，帕默尼德的有关说法未见于现存文献（[译按] 也许可以参看《帕默尼德辑语》D13 和 D18）。
4 [译按] 原意指必然发生的事情，被人身化为女神，亦可译作"命定女神"。
5 [译按] 指命定的懵懂，被人身化为女神——称为"不幸女神"，亦可译作"懵懂女神"。

她从不[d5]沾地，而是晔
我看来，用这个美的证明
为阿特不在坚硬的东西上
走。同样的[195e]证明我
轻柔：他既不在大地上行
壳并不是什么柔软的东西
上走，还寓居其中。毕竟
和灵魂里[e5]筑起[自
所有灵魂里，毋宁说，凡
离去，遇到性情柔软的灵
是用脚和[浑身]每一处去
他必然最为轻柔。

[196a]"爱若斯岂止
他的样子也水一般柔。² 毕
硬，爱若斯就不能随处卷
后再溜出每个灵魂。爱
柔的一大证明是，他优雅
都特别地相一致，毕竟，
这位神活在鲜花之中标志

---

1 见《伊利亚特》卷十九 92-93。
2 "水一般柔"原文的字面意思是
3 阿伽通有一部肃剧名为 Anthos
手持鲜花的爱神图。

甚至连[196d]'阿热斯也无力抵挡'爱若斯。¹ 毕竟，并非阿热斯拿住爱若斯，而是爱若斯拿住阿热斯——如故事所讲的，是阿热斯爱欲阿芙洛狄忒。拿住的比被拿住的更强。² 既然爱若斯治住了所有其余的最勇者，他当然就最勇敢。

"岂止这位神的正义、节[d5]制和勇敢都已经说过了，还剩下智慧要说。就能力而言，我必须尝试不要有所遗漏。首先，我也要对我们的技艺表示崇敬，就像厄里刻希[196e]马库斯崇敬他的技艺：这位神是如此智慧的诗人，以至于他能制作出别的诗人。³ 至少，每个人一经爱若斯碰触都会成为诗人，⁴'即便以前不谙缪斯技艺'也罢。⁵ 对我们来说，这可以恰切地用来证明：总起来讲，在乐术方面，爱若斯[e5]在样样制作上都是好制作者。毕竟，一个人没有的或者不知道的东西，他就既不能拿给别人也不能教给别人。[197a] 何况，谁会反对，所有

---

1 阿热斯是战神，语出索福克勒斯《提厄斯特斯》(*Thyestes*，辑语 235)，但原文说的是"敌不过"阿兰克（命定女神），而非爱若斯。
2 影射前面阿里斯托芬讲的经过改变的荷马所讲的故事。[罗森按] 阿伽通的讲法与荷马和阿里斯托芬的讲法都不同，让爱若斯居高位。
3 阿伽通不仅玩了希腊文的"制作"(poiēsai) 与"诗人"(poiētēs) 谐音的游戏，还表明爱若斯作为诗人并不作诗，而是制作出诗人。
4 "碰触"暗含性的接触。
5 语出欧里庇得斯，见《辑语》663。

类聚'。[1] 我同意斐德若所讲的许多其他方面,但我不同意这一点,即爱若斯比克洛诺斯和伊阿珀托斯更为古老。[2] 可 [195c] 要我说啊,爱若斯在神们中最年轻,而且永远年轻。至于赫西俄德和帕默尼德讲的关于神们的旧事,[3] 倘若他们说的是真的,也肯定发生在阿兰克 [必然女神] 身上,[4] 而非发生在爱若斯身上。毕竟,要是当时爱若斯已经在神们中间,就不会有神们的互相阉割、囚禁以及其他 [c5] 许多暴力行为,而是会有友爱和安宁,就像如今,自从爱若斯当了神们的王那样。

"爱若斯岂止年轻噢,除了年轻,他还轻柔。不过,这就 [195d] 需要一个有如荷马那样的诗人来揭示这位神的轻柔。毕竟,荷马说过,阿特是位女神,[5] 而且轻柔,至少那双脚轻柔——荷马说:'当然,她双脚轻柔,毕竟,

---

1 语出《奥德赛》卷十七 218:因为神明总是让同类与同类相聚。
2 克洛诺斯是天和地的儿子,宙斯的父亲——伊阿珀托斯是宙斯的兄弟,也是普罗米修斯、厄琵米修斯以及撑起天穹的阿特拉斯的父亲(参见赫西俄德《神谱》,134 以下、507 以下)。克洛诺斯和伊阿珀托斯堪称最老的神,说爱神比他们还老,无异于无从推算爱神的年纪。阿伽通这话虽然是嘲讽斐德若,实际上也带有挑斐德若的逻辑毛病的意味。
3 事见赫西俄德《神谱》147—210(尤其 176 以下),453—506(尤其 502 以下)以及 618 等各处,帕默尼德的有关说法未见于现存文献([译按]也许可以参看《帕默尼德辑语》D13 and D18)。
4 [译按]原意指必然发生的事情,被人身化为女神,亦可译作"命定女神"。
5 [译按]指命定的懵懂,被人身化为女神——称为"不幸女神",亦可译作"懵懂女神"。

她从不[d5]沾地,而是噢,在男儿们的头上行走.'[1]在我看来,用这个美的证明,荷马揭示了阿特的柔软,因为阿特不在坚硬的东西上面走,而是在柔软的东西上面走。同样的[195e]证明我们也可以用来证明爱若斯[神]轻柔:他既不在大地上行走,也不在脑壳上行走——脑壳并不是什么柔软的东西,而是在事物最软绵绵的东西上走,还寓居其中。毕竟,爱若斯在神们和世人的性情和灵魂里[e5]筑起[自己的]居所,并且也不是住在所有灵魂里,毋宁说,凡遇到性情坚硬的[灵魂]他就离去,遇到性情柔软的灵魂他才住下来。既然爱若斯总是用脚和[浑身]每一处去碰触柔软得不能再柔软的东西,他必然最为轻柔。

[196a]"爱若斯岂止最年轻、最轻柔,除了这些,他的样子也水一般柔。[2]毕竟,不是这样的话,如果他坚硬,爱若斯就不能随处卷曲起来,也不能先悄悄溜进然后再溜出每个灵魂。爱若斯的[a5]形体匀称和水一般柔的一大证明是,他优雅得体,这在方方面面与爱若斯都特别地相一致,毕竟,不优雅与爱若斯总在相互争战。这位神活在鲜花之中标志着他肤色鲜美;[3]毕竟,只要花

---

1 见《伊利亚特》卷十九 92-93。
2 "水一般柔"原文的字面意思是"湿润"。
3 阿伽通有一部肃剧名为 *Anthos*(或者 Antheus[花]),古希腊陶瓶上常见手持鲜花的爱神图。

色退了［196b］和已经凋谢，身体也好灵魂也罢，或是其他什么也好，爱若斯就不肯落脚；凡花色鲜艳且芳香馥郁之处，他就会落脚并待下来。

"岂止关于这位神的种种美，说这些已经足够，虽然还［b5］遗留不少没说，但接下来必须说说爱若斯的德性。最重要的是，爱若斯既不会行不义，也不会遭受不义：既不会遭受来自神的不义，也不会对神不义，既不会遭受来自世人的不义，也不会对世人不义。[1] 毕竟，如果经受什么的话，爱若斯自身不会凭强力经受什么，强力毕竟不会［196c］碰触爱若斯；他无论做什么也不用强力——毕竟，每个人侍奉爱若斯时做任何事情都是心甘情愿。凡［双方］心甘情愿自愿同意的事情，'礼法即这城邦的诸王'才宣布是正义的事情。[2]

"除了分有正义，爱若斯还分有充分的节制。毕竟，人们同意，节制［c5］就是统治快乐和欲望，而没有比爱若斯更强的快乐。如果［其他快乐比爱若斯］更弱，当然就得受治于爱若斯；既然爱若斯在统治，即统治着快乐和欲望，他肯定特别地有节制。此外，就勇敢而言，

---

[1] 这段言辞显得繁复，因为阿伽通采用了所谓交错配置的修辞手法：神与人、行不义与遭受不义交错。
[2] 语出品达的名句，但智术师们特别喜欢这句，把它当做高尔吉亚的话来引用。

甚至连［196d］'阿热斯也无力抵挡'爱若斯。[1] 毕竟，并非阿热斯拿住爱若斯，而是爱若斯拿住阿热斯——如故事所讲的，是阿热斯爱欲阿芙洛狄忒。拿住的比被拿住的更强。[2] 既然爱若斯治住了所有其余的最勇者，他当然就最勇敢。

"岂止这位神的正义、节［d5］制和勇敢都已经说过了，还剩下智慧要说。就能力而言，我必须尝试不要有所遗漏。首先，我也要对我们的技艺表示崇敬，就像厄里刻希［196e］马库斯崇敬他的技艺：这位神是如此智慧的诗人，以至于他能制作出别的诗人。[3] 至少，每个人一经爱若斯碰触都会成为诗人，[4] '即便以前不谙缪斯技艺'也罢。[5] 对我们来说，这可以恰切地用来证明：总起来讲，在乐术方面，爱若斯［e5］在样样制作上都是好制作者。毕竟，一个人没有的或者不知道的东西，他就既不能拿给别人也不能教给别人。［197a］何况，谁会反对，所有

---

1 阿热斯是战神，语出索福克勒斯《提厄斯特斯》(*Thyestes*，辑语 235)，但原文说的是"敌不过"阿兰克（命定女神），而非爱若斯。
2 影射前面阿里斯托芬讲的经过改变的荷马所讲的故事。[罗森按]阿伽通的讲法与荷马和阿里斯托芬的讲法都不同，让爱若斯居高位。
3 阿伽通不仅玩了希腊文的"制作"(poiēsai)与"诗人"(poiētēs)谐音的游戏，还表明爱若斯作为诗人并不作诗，而是制作出诗人。
4 "碰触"暗含性的接触。
5 语出欧里庇得斯，见《辑语》663。

生物的制作都不过是爱若斯的智慧,¹ 凡生物哪有不靠爱若斯产生和生长？再说种种技艺，我们不是都知道，只要这位神成了谁的老师，谁就会在手艺方面 [a5] 名声远扬，凡未经爱若斯碰触过的就都两眼一抹黑？起码，阿波罗发明箭术、医术和占卜术是受欲望和爱欲引导。[197b] 所以啊，阿波罗得算爱若斯的学生，² 还有通乐术的众缪斯、通锻工术的赫斐斯托斯、通纺织术的雅典娜，³ 乃至'给神们和世人掌舵的宙斯'⁴ [都是爱若斯的学生]。所以啊，神们的事务得到美的安排，显然是因为这位美的爱若斯在神们中诞 [b5] 生——毕竟，爱若斯不与丑厮混。在此之前，如我开头所说，神们中间发生过许多可怕的事情。如已经说过的那样，这是由于那时必然女神 [阿兰克] 在当王；而一旦这位 [爱欲] 神生长出来，对美的东西的爱欲便给神们和世人带来种种好东西。

[197c] "因此，依我看，斐德若，爱若斯才居首，因为他自身最美且最好，此外，对于其他 [所有] 人来说，

---

1 [译按] "制作"（poiēsin）与 "诗"（poiesis）仅结尾一个字母之别，这里一词双关。
2 这话的意思是：爱欲激发发明。
3 [译按] 赫西俄德讲述潘多拉的故事时提到赫斐斯托斯与众缪斯和雅典娜合作："雅典娜紧接着授之以数不尽颜色的编织针线活"（《劳作与时日》63）。
4 出自哪位诗人不详。

他是其他诸如此类［最美和最好］的东西的原因。[1] 我突然想到不妨用韵文来说，正是这位爱若斯在制作：

［c5］人间的安宁，大海的浪静
风平，让风安歇、让烦恼入睡。[2]

［197d］"彼除吾等轩轾兮，滋养休戚；相聚始运于爱神兮，宛若今宵；节庆、歌舞、献祭之既布兮，[3] 正导夫爱神；托彼惠兮，赋畀温厚袪暴戾，仰爱意兮，［d5］馈贻淑气祛歹意；鸿慈为怀，渥泽随敷；智士瞻依，众神交赞；兴乏爱者之羡艳，增禀爱者之所获；富贵乎、荣华乎、丰赡乎、妩媚乎、思念乎、渴慕乎，[4] 皆以爱神为父；扬善且夫隐恶；吾等趔趄彼把舵，［197e］吾等惊恐彼援手，[5] 吾等欲求彼护卫，吾等言说彼救助；[6] 神人阃怿，仰

---

1 一语双关：在这个会饮场合，阿伽通长得最漂亮，"爱若斯居首"无异于说阿伽通居首，而且是大家聚在这里的"原因"。
2 这诗句可理解成阿伽通自己的，也可能是他引用的，出处不详。这两行诗包含双重的交错配置：第一行内有交错配置（"人间"与"大海"），两行相互之间又有交错配置。
3 节庆和歌舞指常见的祭献狄俄尼索斯的庆典。
4 这里采用的是铺排成对同义词或近义词的修辞手法。
5 "援手"指水手，与上句的"舵手"都用的是海战比喻。
6 "救助"原指重甲步兵，其任务是保护自己身边的同伴。"护卫""救助"用了陆战的比喻，与前面比喻海战的"舵手"和"援手"对衬。

其美妙高贵之引领，吾等须眉，赖其龟忏颂声以跟从；男儿之咏，沾濡爱神婉音，皇爱之歌，魔化神［e5］人明智。"[1]

"这就是出自我的说法，斐德若，"阿伽通说，"就把它呈献给这位神吧。按我所能，它既带有一份玩笑，又带有一份严肃。"

［198a］阿里斯托得莫斯说，阿伽通话音刚落，在座的个个鼓掌喝彩，［夸赞］这年轻人讲得既切合自己也切合这位神。苏格拉底瞟了厄里刻希马库斯一眼说，"瞧罢，阿库墨诺斯的儿子，"［a5］他说，"你还会认为我一直在畏惧无需畏惧的畏惧吗？[2] 我岂不有言在先预言得准，阿伽通会讲得神奇无比，我会不知所措？"

"其中的一点嘛，"厄里刻希马库斯说，"依我看，你倒预言得挺准，即阿伽通将会讲得漂亮；但要说连你也会不知所措，［a10］我可不信。"

［198b］"怎么不会？你这幸运的家伙，"苏格拉底说，"不仅我会不知所措，无论哪个要在这样一篇被讲得如此优美而又如此面面俱到的讲辞之后才讲，不也会不知所

---

[1] 这段结尾颂辞（197d1-e5），总体风格十分接近高尔吉亚的一段葬礼演说。除最后一句外，由成对颂句和铺陈的颂词构成，讲究对称、节律和音韵，读起来让当时熟悉希腊抒情诗的人能感其中渗入了抒情诗的多种格律。

[2] ［译按］苏格拉底戏仿阿伽通的修辞，在一个句子里重复三个同义词。

措？当然喽，其他地方不是一样地神奇无比，但收尾处的 [b5] 辞藻和遣句之美，谁听了会不呆若木鸡啊？就我来说，一想到自己再怎么也说不到那么美，就几乎不好意思得 [198c] 想溜，一走了之，如果我有什么地方可溜的话。毕竟，这讲辞让我想起高尔吉亚，¹觉得自己简直就像遇上了荷马描写的情形。我生怕阿伽通会在讲辞收尾时派遣谈吐厉害的高尔吉亚的脑袋来对付我的讲辞，让它 [c5] 把我搞成哑默的石头。²

"我算明白过来啦，我实在可笑，起先居然同意你们，与你们轮着来 [198d] 颂扬爱若斯，还声称自己在爱欲的事情方面厉害。其实，我对这事一窍不通，也不懂必须如何赞颂无论任何什么东西。毕竟，我真傻，本来以为赞颂任何东西都必须讲真实，这是 [d5] 起码的要求，即从真实中挑出那些最美的 [来讲]，组织得天衣无缝。我怀着一番大见识 [以为自己] 会漂漂亮亮讲一番，³

---

1 高尔吉亚是出身于西刻西亚（又译"西西里"）的著名智术师（约公元前485—前380年），公元前427年作为其家乡的使者来到雅典，因其修辞术超群绝伦爆得大名。当时的所谓风格艺人，通常指高尔吉亚修辞风格——柏拉图有以其名命名的对话作品。
2 蛇发女妖戈尔戈（Gorgo）能使目光所及的一切变成石头（参见《奥德赛》卷十一 632-634），苏格拉底利用高尔吉亚与戈尔戈在发音上的谐音，比喻高尔吉亚的言辞有如蛇发女妖般厉害。
3 ［译按］"大见识"一词，对观泡萨尼阿斯的说法（182c7）和阿里斯托芬的说法（190b6）。

因为我知道赞颂任何东西的真实是怎么回事。现在看来啊,赞颂无论什么东西要赞颂得美,根本就不是我以为的那样,而是尽可能[198e]把最伟大和美得不行的东西堆砌到事情上面,管他是那么回事抑或不是,即便是假话,也若无其事。毕竟,倒像先前规定的那样,看来啊,我们个个应该显得是在赞颂爱若斯,而非应该如实地赞颂爱若斯。由于这些,[e5]我认为,你们不过搬来所有言辞,然后堆砌到爱若斯身上,大谈他本身如何,是何等之多的东西的原因,似乎[199a]他看起来如何美得不行、好得不得了。显然,对不认识[爱若斯]的人[才如此],对知道的人来说当然并非如此——于是,颂辞就成了这副美而且让人敬畏[的模样]。

"可是,我当时并不知道是这种赞颂方式啊,也不知道我当时同意自己跟你们[a5]一起轮着来颂扬。'嘴上虽答应,心却没有'哦;[1] 让我免了罢!毕竟,我没法以这种方式赞颂,我毕竟没能力[这样赞颂]。不过,至于[爱若斯的]真实嘛,[199b]要是你们想要的话,我倒愿意按我自己的方式来说一说,不是针对你们的讲辞,免得我丢人现眼。看看吧,斐德若,你看是否还需要这样的一篇讲辞,听我说说关于爱若斯的真实,遣词和造句也如此这般地[b5]随机运而来。"

---

1 语出欧里庇得斯《希珀吕图斯》(*Hippolytus*,612)。

阿里斯托得莫斯说，斐德若和其他人都要苏格拉底讲，而且他自己认为应该怎么讲就怎么讲。

"那么，斐德若，"苏格拉底说，"请允许我问阿伽通几个小小的地方，以便我和他取得一致看法，我才可以[b10]讲。"¹

[199c]"当然，我允许，"斐德若说，"问吧。"阿里斯托得莫斯说，讲过这番话后，苏格拉底从下面这个地方开始。

"好罢，亲爱的阿伽通，我觉得你的讲辞起头起得美。你说，首先必须揭示[c5]爱若斯自身是什么性质，再说他的作为。这样的开头我十分欣赏。既然你美妙而又宏大地描绘了爱若斯究竟是什么性质的其他方面，那好，请对我说说关于爱若斯的这个：[199d]这爱若斯就性质而言是[对]某种东西[某人]的爱欲抑或不是[对]某种东西的爱欲？² 我并非要问，是否是对某个母亲或者父亲的爱欲，毕竟，爱若斯是否是对一个母亲或父亲的

---

1 [施疏]苏格拉底打破了"会饮"定下的用颂辞赞颂爱若斯的规矩，以对话取代。颂辞的论证风格是智术师式的，前面的讲述人除阿里斯托芬外，无一不是用这种风格来赞颂爱若斯。

2 古希腊文用指示代词作第二格时，不区分人和物。[译按]由于 erōs 是带动词意味的名词，这里的二格指示代词既可作所属定语（"某人的爱欲"），也可作宾语（"对某人的爱欲"）——苏格拉底巧妙地利用了这个含混。

爱欲，这个问题也许可笑。[1] 毋宁说，我问的仿佛是这个父亲本身，[d5]即［凡］父亲［都］是某人的父亲抑或不是？[2] 如果你愿意给出美的回答的话，你肯定会对我说，这个父亲当然是一个儿子或一个女儿的父亲，是吗？"

"那当然，"阿伽通说。

"这个母亲岂不同样如此？"这一点也得到同意。

[199e]"那么，"苏格拉底说，"我就再问多一点点儿，以便你可以更明白我想要说的意思。假如我问：'这个又是什么呢？一个兄弟就其是兄弟本身而言也是某人的兄弟，抑或不是？'"阿伽通说，他是。

[e5]"[他]岂不是某个兄弟或者姐妹的兄弟？"[3] 阿伽通表示同意。

"那么，试试来说爱欲，"苏格拉底说，"爱若斯是不

---

1 ［译按］这一句的译法极具争议，可译作"母爱或父爱"，也可译作"对母亲或父亲的爱欲"。［施疏］这里涉及到乱伦问题：苏格拉底的意思是，并没有什么乱伦的爱若斯。乱伦是阿里斯托芬的颂辞涉及的一大主题，似乎乱伦对爱若斯来说是自然而然的事情。
2 ［译按］"父亲"是不带动词意味的名词，所附的二格指示代词不可能是宾语。
3 ［施疏］《王制》（461d-e）和色诺芬《回忆苏格拉底》（卷四 4.20-23）都说到严禁父母与子女间的乱伦；但《回忆苏格拉底》处未提禁止兄妹间的乱伦，《王制》处则提到："法律允许兄弟姐妹同居，如果抽签决定而且德尔斐的神示也表示同意的话。"

对任何东西的爱欲抑或是对某种东西的爱欲？"

"当然是对某种东西的爱欲。"

[200a]"你说的这一点你自己记牢哦，得看护好，"苏格拉底说，"不过，再这样说说：爱若斯是对那个东西的爱欲，即欲求那个东西本身，抑或不是？"

"当然是啊，"阿伽通说。

[a5]"那么，在欲求和爱欲的时候，爱若斯已经拥有了那个[被]欲求和爱欲的东西本身，抑或还没有呢？"

"至少看起来还没有，"阿伽通说。

"可是，想想看，"苏格拉底说，"是否与其说看起来[还没有]，还不如说必然如此呢？即正在欲求着的东西所欲求的是其所需要的东西，或者说一旦不[200b]需要就不会欲求？毕竟，依我看，阿伽通，这一点令人惊异地必然如此。你觉得怎样呢？"

"我也觉得是这样，"阿伽通说。

"这话说得美。有哪个高个子还想要高个儿[b5]或者哪个强壮的人还想要强壮吗？"

"就我们已经同意的来说，这不可能。"

"毕竟，他肯定不会需要自己已经所是的那些东西。"

"你说的是真实。"

"毕竟，如果强壮的人想要强壮，"苏格拉底[b10]说，"如果快捷的人想要快捷，健康的人想要健康——毕竟，兴许有人会设想这些以及种种诸如此类的情形，即他们已经是［200c］这样的人、有这些东西，却还要欲求有的这些东西，为了我们不至于受蒙骗，所以我这样说——毕竟，阿伽通啊，如果你考虑到这些情形，即如果谁眼下已经有了必然得有的每一样东西——无论他愿意还是［c5］不愿意有这些东西，[1] 那么，他还会去欲求明显已有的这个东西吗？其实，倘若谁要是说'我健康又想要健康，我富裕又想要富裕，我欲求我有的那些东西本身'，那么，我们会对他说：'你这世人啊，［200d］你已经拥有富裕、健康、强壮，不过是还要为以后的日子拥有这些，毕竟这些东西至少你眼下已经有了，不管你想要还是不想要有这些东西。'想想看吧，一旦你说'我欲求［d5］我眼下有的这些东西'，你说的意思是不是不过是［c5］这个：'我想要眼下已有的东西为的是以后的日子里也有'。他会只得同意这一点吗？"阿里斯托得莫斯说，阿伽通承认这一点。

于是，苏格拉底说，"这个岂不就是爱欲所爱欲的那个东西吗，不就是爱欲手上还没有的东西，［d10］爱欲自身想要在以后的日子里保有眼下有的东西？"

［200e］"当然喽，"阿伽通说。

"那么，这人以及所有其他正在欲求手上没有的东西的人欲求的是眼下还没有的东西？这人还没有、他自己

---

1 ［译按］苏格拉底用了一个很长的假设从句。

还不是和他所需要的东西,诸如此类的这些,才是欲求[e5]以及爱欲所欲求的?"

"当然啊,"阿伽通说。

"那好,"苏格拉底说,"让我们归拢一下所同意的已经说过的东西。首先,这爱若斯不过就是对某些东西的爱欲吗,第二,这些东西不就是眼下爱若斯自身所需要的吗?"

[201a]"是的,"阿伽通说。

"那么,回想一下你在讲辞中就爱若斯是什么所说的那些话吧。如果你愿意的话,我提醒你。我相信你大致是这样说的:神们安排[a5]事儿靠的是爱欲美的东西,毕竟,并没有对丑的东西的爱欲。你不是这样说的吗?"[1]

"我的确是这样说的,"阿伽通说。

"说得在理呀,友伴,"苏格拉底说,"而且,如果情形就是如此的话,这爱若斯就会不过是对美的[a10]爱欲,而非对丑的爱欲?"阿伽通同意。

[201b]"[你]不是也同意,一个人需要的、还没有的,他才爱欲这个东西?"

"是的,"阿伽通说。

"那么,这爱若斯就需要美,还没有美。"

---

[1] 苏格拉底让阿伽通记起的话见197b。

[b5]"必然如此，"阿伽通说。

"是么？那么，这个需要美、尚未拥有美的东西，你会说它美？"

"肯定不会。"

"那么，如果情形如此的话，你还会同意人们相信爱若斯［b10］美吗？"

于是阿伽通说，"恐怕，苏格拉底，我也不知道我当时在说些什么。"

［201c］"可是你当时说得还是挺美的，阿伽通，"苏格拉底说。"不过，再对我说一点点儿：好东西在你看来也是美的东西吗？"

"在我看来是。"

"那么，如果爱若斯需要美，而好东西就是［c5］美的东西，爱若斯不就也需要好东西？"

"我啊，苏格拉底，没法反驳你，"阿伽通说，"就算是你说的那样罢。"

"才不是呐，被喜爱的阿伽通，"[1]苏格拉底说，"你不能反驳的是这个真实，而反驳苏格拉底其实倒一点儿都不难。

---

[1] "被喜爱的"语义双关，阿伽通既为"众人"所爱，亦为"某人"（泡萨尼阿斯）所爱，所有爱他的人都仅仅爱的是外在的美。［译按］这里用的是"被喜爱"而非"被爱欲"。毋宁说，真正的双关含义在于：虽然阿伽通长得漂亮为人所爱欲，但他自己并非爱欲者，或者说并非爱欲本身，从而彻底掀翻了阿伽通在自己的讲辞中的立论基础。

[201d]"那我就不再缠你啦。从前，我听过一位曼提尼亚女人第俄提玛的一篇关于爱若斯的讲辞，[1]她在这些事情和许多其他事情上是个智慧女人——有一次，雅典人在瘟疫[到来]之前搞献祭，第俄提玛使得灾难延迟了十年，[2][d5]正是她教我这些爱欲的事情。她讲的那篇[关于爱若斯的]讲辞，我现在就试着来对你们详细讲述，从刚才阿伽通和我取得一致的那些东西开始，我会按我自己的所能尽力去讲。

"的确，阿伽通啊，正如你说明过的，得说清楚的[201e]首先是，爱若斯是谁、是什么性质，然后才是他的所作所为。在我看来，最容易做的是，按这异乡女人当时盘诘我的相同方式来讲述。毕竟，当时我对她说的，差不多就是阿伽通今天对我说的那样一些性质的东西：[e5]什么爱若斯是伟大的神，是美的东西的神云云。第俄提玛反驳我时用的那些说法，同我用来反驳阿伽通的在性质上相同，即爱若斯既不美，按我的说法，也不好。

---

1 第俄提玛极有可能是虚构，即便真有其人，在这里也是作为戏剧人物出现的。"第俄提玛"（意思是"受宙斯敬重的"或者"敬重宙斯的"）作为男性名字并不少见，作为女性名字倒很少见——"曼提尼亚"这个地名与mantis[预言者]同音同源，就此来看，这个人物是柏拉图的虚构。
2 这场瘟疫发生在公元前430年。《法义》（卷一642d-e）中的克里特占卜家厄匹默尼德斯在波斯战争之前告诫，敌人在十年内不会进犯，从而帮了雅典。

"于是我就说,'你说的是什么意思啊,第俄提玛,难道爱若斯是丑的、坏的?'[1]

[e10]"第俄提玛说,'你还不住嘴?难道你以为,凡不美的就必然是丑的?'

[202a]"'八成是这样呃。'

"'那么,凡不智慧的就是没学识的吗?难道你没意识到,在智慧与没学识之间还有某种什么居间的东西?'

"'这会是什么啊?'

[a5]"'有正确的意见,却不能给出一个说法,难道你不知道',她说,'就是既非深知其然——毕竟,没道理的事情何以算是知识?——也非没学识,既然毕竟触到点子上,何以算是没学识?所以,正确的意见就是这样的一个东西,即介乎明智与没学识之间。'

[a10]"'你说的是真实,'我当时说。

[202b]"'因此,并非必然的是:不美的就丑,不好的就坏。爱若斯同样如此,既然你自己同意他既不好也不美,就别以为他必须既丑又坏,'第俄提玛说,'而是某种[b5]介乎这二者之间的东西。'

"'可是,'我说,'所有人都同意爱若斯是个伟大的神啊。'

"'你说的是所有不知道的人,'第俄提玛说,'还是

---

1 [克吕格疏]否定爱若斯,可对观《斐德若》230e以下及237b以下。

所有知道的人？'

"'他们全部。'

[b10]"第俄提玛笑了。'苏格拉底啊，'她说，[202c]'这些人连爱若斯是个神都不承认，怎么会同意他是伟大的神？'

"'这些人是谁？'我问。

"'你就是一个，'第俄提玛说，'我也是一个。'

[c5]"于是我说，'你这说的，'我说，'是什么意思啊？'

"'这很容易嘛，'她说，'你对我说说看，你不是认为，所有的神都是幸福的、美的？或者你胆敢说，有哪个神不美、不幸福？'

"'向宙斯发誓，我可不敢，'[1] 我说。

[c10]"'可是，你所说的幸福者，指的不就是拥有好东西和美的东西的那些人？'

"'那当然。'

[202d]"'你不也同意，由于需要好东西和美的东西，爱若斯才欲求他所需要的这样一些东西？'

"'我的确同意过。'

[d5]"'那么，没份儿分享这些美的东西和好东西，

---

1 [施疏]这是对话中第一次出现"发誓"，此前仅阿波罗多洛斯在开场情景中发过一次誓。

怎么能算是个神?'

"'[这样]看来的确不能[算是神]哦。'

"'你看看,'第俄提玛说,'你不就认为爱若斯不是神?'

"'那么爱若斯会是个什么呢?'我说,'是个有死的[凡人]?'

"'很难这么说。'

[d10]"'究竟是个什么?'

"'就像先头说的,'她说,'介乎有死的和不死的之间。'[1]

"'哎呀,第俄提玛,是个什么嘛?'

"'大精灵,[2]苏格拉底,所有精灵[202e]都居于神和有死的[凡人]之间。'

"'精灵具有什么能力呢?'我说。

"'把来自世人的祈求和献祭传述和转达给神们,把来自神们的[e5]旨令和对献祭的酬赏传述和转达给世人。居于两者之间,正好两者都够得着,于是,整体自身就自己连成一气了。这样一来,就有了所有的占卜术

---

[1] [译按]前面的美丑之间在这里变成了生死之间。

[2] "精灵"(daimōn)在荷马笔下属于诸神之一,但没有具体样子(《伊利亚特》卷一221-222),基本含义与命数相关(赫西俄德《劳作与时日》120以下),主管神赐给某个人的幸福或不幸福的命。幸福或不幸福总属于某个具体个人,因此,"精灵"非常个人化。

和涉及献祭、祭仪和［203a］谶语的祭司术,以及种种算命和巫术。本来,神不和世人相交,由于有了精灵,神就与醒着和熟睡的世人来往和交谈。那个在这类事情方面有智慧的人,［a5］就是精灵似的男人,[1] 而在涉及技艺或手工活方面有什么智慧的人,不过是某种低的匠人而已。这样的精灵不少,而且多种多样,爱若斯不过是其中之一。'

"'可是,［爱若斯的］父亲是谁,'我问,'母亲又是谁?'

［203b］"'这就说来话长',第俄提玛说,'不过,不妨给你讲讲吧。从前,阿芙洛狄忒生下来的时候,其他的神们以及默提斯［机灵］的儿子珀若斯［丰盈］摆宴。[2] 他们正在吃饭的时候,珀尼阿［贫乏］[3]前来行乞——凡有欢宴她总来,［b5］在大门口不走。珀若斯［丰盈］被琼浆搞醉——当时还没有酒,[4] 昏昏沉沉步到宙斯的园子倒头

1　［译按］与下面说到的"低贱的人"形成对举。

2　默提斯(metis)原意为"发明""想法""一闪念""办法",赫西俄德已经将这个语词拟人化为宙斯的第一个老婆(参见《神谱》886–900)和雅典娜的母亲(《辑语》343)。珀若斯(poros)的词源与动词"突然看到、听到、感觉到"(peirein)相关,指可以借之通过陆地或水面的工具,其对应的词是"困境"、"困惑"。

3　"贫乏"(penia)的原文是珀若斯［丰盈］的反义词,爱若斯的父母具有完全相反的品质。

4　琼浆是传说中神们长生不老的饮料,亦见《斐德若》247e。

就睡。由于自己无路可走，珀尼阿［贫乏］突生一计——从珀若斯［丰盈］中搞出个孩子，于是睡［203c］到他身边便怀上了爱若斯。因此，爱若斯成了阿芙洛狄忒的帮手和侍从，他是阿芙洛狄忒出生那天投的胎。[1]而且，他在涉及美的东西方面生性是个爱欲者，因为阿芙洛狄忒长得美。

［c5］"'所以啊，爱若斯作为珀若斯［丰盈］和珀尼阿［贫乏］之子，才落得了这样一般境地。首先，爱若斯总是贫兮兮的，远不是众人以为的那样既温文尔雅又美，而是坚硬，［203d］干涩，[2] 打赤脚，无家可归，总是躺地上，也没被子［盖］——睡门廊甚至露天睡路边。因有他母亲的天性，爱若斯总与需要同居。不过，按照他的父亲，他对美的和［d5］好的东西有图谋；勇敢、顽强、热切，是个厉害的猎手，总会编出些什么法子，欲求实践智慧和解决办法，终生热爱智慧，是个厉害的巫师、药师、智术师。他［203e］天生既非不死的，也不是有死的。但是，同一天里，他有时朝气蓬勃、充满活力——如果他有办法的话，有时又死气沉沉，不过又由于父亲的天性活转回来。可是，［由于］搞来的东西总是流失，所以，爱若斯既不会陷入困境，又［e5］不会

---

[1] 参见赫西俄德，《劳作与时日》735以下。
[2] ［译按］针对阿伽通所谓的"水一般柔［湿润］"。

富裕,而是在智慧与没学识之间。[204a]毕竟,事情就是这么回事:没有哪个神热爱智慧和欲求成为有智慧的,毕竟,神就是有智慧的。如果有谁是智慧人,他也不会热爱智慧。反过来说,没学识的人也不热爱智慧和欲求成为有智慧的。毕竟,正是这个本身使得没学识的很难如此,即自己既不[a5]美又不好,还不明智,却觉得自己足够了。一个人不觉得自己有所需要,就不会欲求自己不觉得需要的东西。'

"'那么,第俄提玛,'我说,'既然有智慧的和没学识的都不爱智慧,哪些人才在热爱智慧呢?'

[204b]"'这已经连小孩子都明白啊,'她说,'那些居于这两者之间的嘛,爱若斯也属其一。智慧是最美的东西之一,爱若斯是涉及美的爱欲,所以,必然的嘛,爱若斯是热爱智慧者,而且作为热爱智慧者[b5]居于有智慧的和没学识的之间。这种[居于两者之间的]原因就是其出身,毕竟,因为他有一个有智慧、有办法的父亲,有一个没学识、没办法的母亲。亲爱的苏格拉底,这就是这精灵的天性本身。由于你原来以为爱若斯是那个样,你有这番[搞不懂的]经历[204c]不足为奇啊。我觉得,正如我从你说的话所推断的那样,你以为,爱若斯是被爱欲着的,而非在爱欲着的。由于这些,我认为,爱若斯对你来说才美得不行。毕竟,爱欲才实实在在美、[c5]优雅、完满、有福。可是,爱欲却有另一个

型相，¹即我刚才说明过的那样一种。'

"于是我说，'好吧，异乡女友，你说得美。既然爱若斯是这种性质，他对世人有什么益处？'

[204d]"'这一点嘛，苏格拉底，'她说，'正是接下来我试着要教你的。爱若斯的性质就是这样的，他就是如此出生的；如你所说，爱若斯涉及美的东西。但要是有谁问我们：喂，苏格拉底[d5]和第俄提玛，爱若斯涉及这些美的东西究竟是为了什么呢？不妨表达得更清楚些：对美的东西的爱欲究竟为何爱欲呢？'

"我于是说，'为了成为自身。'

"'可是，'她说，'你的回答还渴求下面这样的提问：美的东西成为那个人的又会是为了什么呢？'

[d10]"'我说，对这样的问题我几乎还一时答不上来。'

[204e]"'那么，'她说，'要是有谁这样换一下，不是用美而是用好来询问呢？来吧，苏格拉底，说说看，爱欲好东西究竟为了什么而爱欲？'

"'为了成为自身，'我说。

[e5]"'好东西成为那个人又会是为了什么呢？'

"'这个嘛，我倒更容易回答，'我说，'他将会幸福。'

---

1 [译按]"型相"的原文是 idean，与"形相"（eidos）不是同一个语词，即便有时语义相同。

[205a]"'毕竟,'她说,'由于获得好东西,幸福的人才幸福,从而也就不需要进一步问:意愿幸福的人究竟为了什么而意愿。毋宁说,这个回答被看作是一个完满的回答。'

"'你说得真实,'我说。

[a5]"'这样一种意愿和这样一种爱欲,你认为对每个世人是否是共同的呢?每个世人都意愿总拥有好东西吗?或者你会怎样说呢?'

"'是这样,'我说,'对每个世人都是共同的。'

"'可是,苏格拉底,'她说,'如果每个世人都爱欲[205b]而且总在爱欲同样的东西,为什么我们不说每个世人在爱欲,而是说有些人在爱欲,有些人不在爱欲呢?'

"'我自己也觉得奇怪啊,'我说。

"'你可别奇怪,'她说,'毕竟,我们从爱欲中抽出[b5]某种形相[的爱欲],称它为爱欲,然后用作整个[爱欲]的名称,但在其他事情方面,我们却用许多别的名称。'

"'比如说?'我问。

"'比如说下面一个例子。你知道,制作其实五花八门;毕竟,无论什么东西从没有到有,其原因就是由于种种[205c]制作。所以,凡依赖技艺制作出的成品都是制作品,所有这方面的高超艺匠都是制作家。'

"'你说的是真实。'

"'可是,同样,'她说,'你知道,并非所有的高超艺匠都被叫做制作者/诗人，[c5] 而是有别的名称。从所有的制作中，我们仅仅拈出涉及乐术和节律的那一部分，¹ 然后用这名称来表达整个制作/诗。毕竟，只是这一部分才被叫做诗，那些具有这一部分制作［能力］的人才被称为诗人。'

[c10]"'你说得真实，'我说。

[205d]"'爱欲的情形也如此。总起来讲，所有对好东西和幸福的欲求统统都是爱欲，最伟大且诡计多端的爱欲。² 但是，那些以种种其他方式投身于此的人——赚钱也好、[d5] 爱好体育或热爱智慧也好，都不叫在爱欲，³ 不被称为爱欲者。那些径直去热情从事这一个某种形相［的爱欲］的人，才有整个爱欲这个名称，才被叫做在爱欲和爱欲者。'

"'你恐怕讲得真实，'我说。

[d10]"'当然喽，有某个说法说，'她说，'那些寻求 [205e] 自己另一半的人才算是在爱欲。不过，我的说

---

1 ［译按］"制作品"与"诗"是同一个语词，"制作者"与"诗人"是同一个语词——第俄提玛巧妙地利用了这个语词的两个词义项。

2 这一句看起来是引文，很可能引自某个诗人的句子，出处无从查考。［译按］"最伟大且诡计多端的爱欲"这句是引文，当施加引号。由于双重间接引语中的引语，无引号可加，用楷体代替（下同）。

3 ［译按］这里的"爱欲"一词不是名词形式，而是动词不定式，为体现这种用法的行为含义故译作"在爱欲"。

法是说，爱欲既非寻求一半，也非寻求整体，友伴啊,[1] 除非这一半或整体确确实实是好东西。毕竟，世人甚至愿意切掉自己的脚和手，如果他们认为 [e5] 自己的这些无益处的话。毕竟，我认为，每个人都不会紧紧抱住自身的东西不放，除非有谁把好东西叫做自身的东西和自家的东西，把坏东西叫做不属于自己的东西，因为，除了好东西，[206a] 世人什么都不爱欲。你觉得他们会紧紧抱住不放吗？'

"'向宙斯发誓，我也觉得不会,'我说。

"'那么,'她说,'是否得干脆这样说，世人爱欲好东西？'

[a5] "'是的,'我说。

"'是嘛？'她说,'是不是得补充一句：世人爱欲的好东西是他们自己的东西？'

"'必须补充。'

"'还有,'她说,'不仅是自己的，而且总是自己的？'

[a10] "'这也得加上。'

"'那么，总起来讲,'她说,'爱若斯是对总是自己的好东西的爱欲。'

---

1 [施疏] 女人称男人为"友伴"，未见于任何古希腊文学作品。这里显然针对的是阿里斯托芬的说法，苏格拉底似乎戴上了第俄提玛的面具对自己的朋友说话。

"'你说得再真实不过啦,'我说。

[206b]"'既然爱若斯总是对这个[好东西]的爱欲,'她说,'那么,被称之为爱若斯的这种热情和投入是以怎样的方式在追猎好东西,以什么行为在践行[爱欲]呢?这样做时的作为究竟是什么?你能说说吗?'

[b5]"'我要是能说,第俄提玛,'我说,'我就不会惊叹你的智慧,按时到你身边学习这些事情本身啦。'

"'我就不妨对你说说,'她说,'其实,这种作为就是在美中孕生,凭身体、也凭灵魂。'

"'你有时说的事情,'我说,'得需要占卜哦,我不[b10]懂。'

[206c]"'那么,我就给你说得再清楚些,'她说。'毕竟,苏格拉底,所有世人都既凭身体也凭灵魂孕育,'她说,'一旦到了某种年龄,我们的自然就欲求生育。[1] 不过,不会在丑中[c5]生育,只会在美中生育。毕竟,男人和女人的交合就是孕生。受孕和生产——这可是神样的事情啊,而且,这就是有死的生命中不死的[一面]。可是,没有合适的,这些就不可能发[206d]生;丑就是在所有事情上对这位神来说不合适,而美就是合适。所以,对于生产来说,卡洛娜[美]就是命运女神和助

---

1 [译按]这里和下面的希腊原文并没有清楚区分生产、怀孕、养育。

产女神。[1] 由于这些，一旦要孕育就会倾近美，变得慈怀起来，喜乐得酥软，[d5] 然后孕育，然后生产；可一旦遇到丑，就会郁郁寡欢，黯然疚怀，蜷缩不怡，然后转身离去，不肯生育，使得孕育难耐。这就是为什么，那个正在孕育的人乳房已经胀满，[2] 会缠着美 [206e] 激动不已，因为，那个拥有美的才会解除巨大的分娩阵痛。毕竟，苏格拉底啊，'她说，'爱欲并非像你以为的那样爱欲美哦。'

"'那爱欲什么？'

[e5] "'[爱欲]在美中孕育和生产。'

"'好吧，'我说。

"'岂止如此啊，'她说，'为什么爱欲生育？因为，生育是永生，是会死者身上不死的东西。可是，[207a] 从已经同意的来看，[3] 欲求不死必然与好东西分不开，既然爱若斯 [所爱欲] 的好东西总是一个人自己的。所以，出于这样一个道理，爱若斯必然就是爱欲不死。'

---

1 引领命运的女神共三位，第一位注定命运，第二位搓命线，第三位在人将死时剪断命线（参见《伊利亚特》卷二十四 209-210；赫西俄德《神谱》904-906；柏拉图《王制》卷十 617c）。助产女神是掌管生产（顺产或难产）的女神；卡洛娜（kallonē [译按] 字面含义是"美"）是掌管分娩的"阿尔特密斯—赫卡忒（Artemis-Hecate）的崇拜之名"（关于阿尔特密斯，参见《俄耳甫斯教祷歌》36）。
2 [译按] "正在孕育的人"是阳性分词作名词，并非指女人，而是泛指世人。
3 参见 206a。

[a5]"所有这些，就是第俄提玛在制作关于爱欲的事情的讲辞时教给我的。有一次她还问我：'依你看，苏格拉底，这个爱若斯和这个欲求的原因是什么呢？或者你是否注意到，一旦欲求[207b]生育的时候，所有动物——无论四脚爬行的还是用翅膀飞的——都凶悍起来，个个[207b]害病，爱欲兮兮地辗转反侧，先是急切地与另一个交媾，然后是哺养生下来的[仔]。为了这些生下来的，最弱的动物都准备好跟最强的斗，甚至不惜为他们去死；宁愿自己[b5]挨饿，千方百计也要哺育生下来的。'她说，'有人兴许会设想，世人做这些也许是出于计算，可动物呢，它们如此爱欲[207c]兮兮地辗转反侧是什么原因？你能说说吗？'

"我再一次说我不知道；于是，第俄提玛就说，'你当真心想，即便没想透这些事情你也会在爱若斯的事情方面变得厉害？'

[c5]"'可是，你瞧，第俄提玛，如我刚才所说，正是由于这，我才到你身边来啊：我认识到我需要老师。告诉我这些事情以及涉及爱若斯的其他事情的原因吧。'

"'如果你信服我们就爱欲在自然上的所是已经多次同意的那个说法，'她说，'你就别感到奇怪啦。毕竟，这里[207d]说到的动物的爱欲与[先前]那个关于世人的爱欲是同一个道理，即会死的自然尽其所能地寻求永活和不死。可是，会死的自然要能不死，唯有靠生育

［后代］这种方式，靠总是留下另一个，即年轻的取代年老的，因为，每一个个体的生命在其一生中被叫做活着，甚至被叫做同一个［生命］［d5］本身——比如，一个人从小孩直到成为老人都被说成同一个人，其实，这人在自身中绝不会是拥有同一个自己，虽然他被叫做同一个人。毋宁说，他在某些方面不断生得年轻时，某些方面也在死灭：头发啊、躯体啊、骨骼啊、［207e］血脉啊，乃至整个身体。不仅身体方面如此，灵魂方面也如此：种种方式啊、性情啊、意见啊、欲望啊、快乐啊、苦痛啊、畏惧啊，以及那些每一个绝不会在当下一成不变的东西，毋宁说，这些东西既在生、也在［e5］灭。

"'更出奇的还在于，知识［208a］难道不也能说在我们身上有的在生、有的在灭——在知识方面，不仅我们从来不是同一个自己，而且每一单个的知识也在经历同一情形？毕竟，所谓的温习知识，就是因为知识离开了［我们］；毕竟，所谓遗忘［a5］就是知识出离，而温习就是用新鲜的记忆取代已经离去的记忆，由此葆有知识，以便它可以被认为还是同一个东西。毕竟，凡会死的都靠这种方式来保存自己，即不是靠绝然总是同一个自己——如［208b］神性的东西那样，而是靠离去的、老朽的东西让位给另一个年轻的但又是其自身那样的东西。靠这个法子，苏格拉底啊，'她说，'会死的才在身体以及所有其他方面分有不死，不死的则靠别的法子。

所以，如果所有东西在天性上都以自己的[b5]后代为荣，你别奇怪。毕竟，在每一个[会死的]身上，这种热情本身亦即爱欲都是为了不死而追求。'

"听了这个说法我当时感到惊讶，于是就说，'是吗，'我说，'最智慧的第俄提玛，真的会像[你说的]这样吗？'

[208c]"而她呢，就像那些圆满的智术师一样，她说：'好好认识这一点吧，[1] 苏格拉底！如果你愿意的话不妨瞧瞧世人对荣誉的热爱，你恐怕就会对[世人的]这种缺乏理性感到奇怪，除非你想明白我[刚才]说过的，思考思考[世人]何其厉害地置身于[c5]成名的爱欲，[欲求]不死地流芳百世。[2] 为此，他们不惜历尽艰险远甚于为了[自己的][208d]孩子，他们耗尽钱财，无论什么辛劳也在所不辞，乃至为之而死。难道你会以为，'她说，'阿尔刻提斯会替阿德墨托斯去死，或者阿喀琉斯会跟着帕特洛克罗斯去死，或者你们自己的科德若斯会为了[d5][自己]孩子们的王国先于孩子们去[送]死，[3]

1　这是智术师在教学时的行话，参见《欧蒂德谟》274a，《希琵阿斯后篇》287c。
2　"流芳百世"系重言（[译按]因无法再施加引号，用楷体表示引文，下同），出自哪位诗人，不详，也可能是第俄提玛自己编的诗句。
3　科德若斯是传说中的雅典国王墨兰托斯（Melanthos）的儿子，斯巴达人入侵雅典时身为雅典国王。德尔斐神谕说，要是雅典国王战死，雅典就会即便他们并不认为自己的德性——我们现在不就还记得——将会被不死地铭记？远不是那么回事啊，'她说，'毋宁说，我相信，为了不死的德性和诸如此类的卓著声誉，每个人才做这一切。他们越是如此［为了声誉而做一切］，兴许［208e］就会越是好人，毕竟，他们爱欲不死。至于凭身体生育的人，'她说，'他们更喜欢近女人，以这样的方式爱欲，通过生育子女，他们以为会为自己［e5］获得直抵整个未来的不死、［被］铭记和幸福。'[1]

"'不过，还有凭［209a］灵魂生育的人，这些人啊，'她说，'更多是在灵魂中而非身体中受孕，以贴近灵魂的东西来妊娠和生育。什么是贴近灵魂的东西呢？就是实践智慧以及这个德性的其余［部分］，而这些东西属于所有诗人以及［a5］所谓搞发明的艺匠一类的生育者。当然喽，最大、最美的实践智慧，'她说，'则涉及治邦和治家的［制度］安排，其名称是节制和正义。[2] 所以啊，一旦有人从［209b］年轻时起——如果他［的灵魂］是神

（接上页）得胜。于是，斯巴达人入侵雅典时小心避免不要伤及科德若斯，他却脱下王袍，扮成一车夫进入敌阵故意送死。为了纪念他，雅典人决定从此不再选雅典国王。

[1] 此系重言，出自哪位诗人，不详，也可能是第俄提玛自己编的诗句。
[2] 在《王制》中，节制和正义是两个单独的德性，按《普罗塔戈拉》中普罗塔戈拉所讲述的神话，同样如此。［施疏］这里所说的"节制"和"正义"与《斐多》82a9–82b2 对举的"节制和正义"不是一回事。这里提到了三种德性，实际上是 4 种，第俄提玛没有提到勇敢。

样的话——就凭灵魂孕育这些德性，到了年龄，他就已经有欲望要孕育和生产。于是，依我看，这个人就会到处寻找美，想要在美中生产，毕竟，他绝不会在丑中生产。所以，正在孕育的人当然［b5］要拥抱美的身体而非丑的身体。[1] 要是遇到一个美好、高贵、天资优异的灵魂，他就会整个儿拥抱这个［身体和灵魂］两者合一者。对这样一个人儿，他会马上滔滔不绝大谈德性，即大谈［209c］这个好男儿必须具备和必须践行的德性，试图教育他。毕竟，碰触这个美人，[2] 依我看，与这美人亲密相交，就是在生育和生产自己此前孕育的东西，无论在［美人］身边，还是不在［美人］身边时回忆起［美人］，一起哺育与这个美人共同生产的东西。

［c5］"'所以啊，这样的一些人与另一个人拥有的结合比共同有孩子的人要紧密得多，友爱也更为牢固，[3] 因为，他们共同拥有的孩子更美、更具不死性质。每个人兴许都宁愿自己已经有这样［属灵魂］的孩子而非［209d］属世人的孩子。只要看看荷马、赫西俄德以及其他好诗人，就会艳羡他们为自己留下的是怎样的子女啊！这些子女自己就是不死的，还给这些诗人们带来不

---

[1] ［译按］阿里斯托芬的讲辞两次用到"拥抱"这个语词（192a5 和 b5）。
[2] ［译按］阿伽通的讲辞多次用到"碰触"（195e7，196c1，196e3，197a5-6）。
[3] "结合"和"友爱"是厄里刻希马库斯在讲辞中用过的说法（182c3）。

死的美名和记忆。要是你愿意的话,'她说,'想想吕库戈斯[d5]在拉刻岱蒙留下的孩子吧,[1]他们是拉刻岱蒙的救星,甚至像有人会说的那样,是希腊的救星。[2]在你们[雅典人]中间,梭伦受到敬重,[3]就是由于他生育了诸法。在别的[209e]许多地方,无论在希腊人中间还是在外方人中间,其他男儿也展示出许许多多美好的作为,孕生出种种德性。由于这样的孩子,已经有那么多的庙宇属于他们,而那些拥有属世人的孩子的人们呢,没谁有庙宇哦。

[e5]"'当然喽,苏格拉底,以上说的这些爱欲的事情兴许还可以向你[210a]授秘;不过,[对于]那些圆满的开悟,我就不知道你是否是那类有能力[领悟]的人啦——正是为了[抵达圆满的开悟]才有[以上说的]这些,如果有谁正确地一路走来的话。当然,我会说的,'她说,'不会热衷于有所保留;如果你有能力的话,你试试跟上吧。毕竟,'她说,'要正确地[a5]走向这种事情,必须从年轻时就开始走向诸美的身体。要是引

---

1 吕库戈斯是斯巴达典章制度的奠立者,半带传说性质;其子女这里指的就是其奠立的典章制度。

2 挽救斯巴达指吕库戈斯使得斯巴达拥有了强大军事力量;挽救希腊指波斯战争期间,希腊采用了部分斯巴达伦理道德。

3 著名的雅典治邦者(约公元前640—前560年),出身王族,据传是雅典政制的创立者,公元前594年订立新的法制,平衡贵族与平民的对立。

领者引导得正确的话，首先，他得爱欲一个［美的］身体，在这里生育美好的言辞。然后，他得意识到，无论哪个［210b］身体上的美其实与另一个身体上的美都是兄弟，也就是说，如果他必须追猎形相上的美，若还不相信所有身体上的美其实都是一个和同一个［美］，就太傻了。一旦心里明白这一点，他就必须成为所有美的身体的［b5］爱欲者，[1] 必须轻蔑地释解这种对一个［美的］身体的强烈［爱欲］，并相信这［个身体的美］微不足道。此后，［这个爱欲者］应该相信，灵魂中的美比身体中的美更弥足珍贵。于是，一旦遇到一个灵魂端正的人，即便兴许他不那么青春得如花似玉，［210c］［这个爱欲者］也应该对他心满意足，爱欲他，为他忧心，孕育和寻求诸如此类的言辞，以便会把青年们造就得更美好。这样一来，［这个爱欲者］就应该被迫去看生活方式的追求和礼法中的美，并看到这美本身整个儿与自身［c5］同宗同族。从而，［这个爱欲者］就会逐渐相信，围绕着身体的美实在微不足道。经过这些生活方式的追求之后，［这个爱欲者］必须引领［被爱欲者走向］诸知识，以便爱欲者自己可以看到种种知识的美。一旦瞥向［210d］这美——这种美才丰盈得很，［这个爱欲者］

---

[1] ［译按］自此以下的行文以带情态意味（必须、应该）的不定式为主，省略主词，中译不得不补充主词"爱欲者"。

就不会再像个奴仆似的,爱上一个东西的美——无论是一个男孩的美,还是某个世人的美,或者某一种生活方式的追求之美——,不会再蝇营狗苟,斤斤计较,而是已然[永不回头地]转向这美的浩然沧海,观照它,[d5]在无怨无悔的热爱智慧中孕育许多美好甚至伟大崇高的言辞和思想。到了这一步,随着自身不断坚实、充盈,[这个爱欲者]就会向下看到某种单一的热爱智慧本身的知识,这种知识关涉的是下面[要说到的][210e]这种美。

"'你试试跟上我吧,'她说,'必须尽你所能用心智哦。无论谁,只要在朝向爱欲的事情方面被培育引领到这里的境地,渐进而且正确地观照诸美的事物,在爱欲的路途上已然抵达终点,他就会突然一下子向下瞥见某种神[e5]奇之美及其自然。这种美噢,苏格拉底,先前的所有艰辛都是为之而付出的啊。首先,这美是[211a]永在的东西,既不生也不灭、既不增也不减;第二,[这美]既非一方面美,另一方面却丑,也非这一时美,那一时又不美,既非既与美的东西相关,又与丑的东西相关,也非在这里美,在那里却丑,[1][a5](仿佛对某些人

---

[1] [译按]"首先"句和随后的"第二"句,各自有两个"既非……也非"关联句式,形式上对称。"第二"句中的"既非……也非"关联句又带有一个"既……又……"关联句,等于关联句套关联句。

是美的，对另一些人又是丑的）。而且，这美既不会被［这个爱欲者］自己想象成比如一张脸、一双手或身体分有的任何某个别的地方，也不会被想象成任何一个说辞或者任何一种知识，或者被想象成任何在某处的某个东西——比如在某个生物身上，在地上、在天上［211b］或在别的任何东西上［的某个东西］；毋宁说，［这美］自体自根，永是单一形相。[1] 所有别的美的东西都以这样一种方式分有这个［自体自根的］美，即当别的美生生灭灭，［自体自根的］美却丝毫既不变得增多、也不［b5］经受减少。

"'所以啊，一旦有谁通过正确的男童恋行为从这儿这些［生生灭灭的］东西上升，开始去看那个［自体自根的］美，他兴许几乎就会碰触到完美的终点。毕竟，正确地走向［211c］或由他人引向爱欲的事情乃是：从这儿这些［生生灭灭的］美开始，为了那个［自体自根的］美总是不断上升，有如把这儿这些［生生灭灭的］美用作阶梯，从一个［身体］上到两个［身体］，从两个［身体］上到所有美的身体；从美的［c5］身体上到美的生活方式的追求，从美的生活方式的追求上到美的诸学问，从诸学问最终圆满上到那个学问——不外乎就是那个美本身

---

[1] 这段关于"美本身"的说法（甚至语式），与《斐多》（78d, 100b–d）和《王制》（474d–479e, 508d）中的说法很相近。

的学问，而且，最终圆满就在于认识何谓[211d]美本身。

"'在生命的这儿，噢，亲爱的苏格拉底，'这位曼提尼亚异乡女人说，'才是一个世人值得过的生活，如果哪儿有[值得过的生活]的话。毕竟，这世人[在这儿]是在观看这美本身啊。一旦你要是看见这美本身，你就会觉得，那些个金器和丽裳、那些个美的男孩和年轻人，都比不上啊。[d5]可你如今还迷醉于看这些——你和其他许多人准备要看的是那些男孩们，准备要与他们永远在一起，不吃也不喝，只要有可能，就仅仅观看他，同他在一起。可我们不是相信，'她说，'其实这是发生在这个[爱欲者]身上的啊，[211e]如果他看见美本身，[1] 看见纯粹、洁净、精致的美本身——丝毫不沾染世人的血肉、色泽或其他许许多多会死的蠢东西的美本身，甚至有能力向下看到那神样的单一形相的美本身的话？难道你不认为，'她说，'如果某个世人[212a]对[美本身]那儿瞧上一眼[之后]，用自己必需的[灵魂能力]去观看那个[美本身]，并与它在一起，[他过去的]生命会变得低劣吗？[2] 难道你没意识到，'她说，'唯有在这儿对

---

1 这段说法是戏仿阿里斯托芬的说法：阿里斯托芬说的是被劈开的爱若斯抱住自己的另一半不吃不喝，只想与之在一起，苏格拉底的第俄提玛把这种情状用来说爱欲者与美本身的关系，用"美本身"取代了被爱欲者的位置。
2 对观《斐德若》250a，《斐多》75a、76e。[译按]比较中国经验的说法："曾经沧海难为水，除却巫山不是云。"

他［爱欲者］才将会发生这种事情，即由于这美的东西对用此［灵魂能力］去看它的人是可见的，他［爱欲者］才不会孕生德性的虚像——因为他没有被某个虚像缠住，而是孕生［a5］真实的德性——因为他被真实缠住。于是，基于他孕生和哺育的是真实的德性，他［爱欲者］才成为受神宠爱的人，而且，如果不死对任何世人都可能的话，他就会成为不死的？'

［212b］"以上这些，斐德若，以及其他各位，就是第俄提玛对我说过的东西，我心悦诚服。由于我自己心悦诚服，也就试图说服别人信服［这样的说法］：为了拥有这些，对于世人的天性来说，恐怕不会容易逮住比爱若斯更好的帮手了。所以，［b5］我要说，每一个有益的男子汉都必须敬重这位爱若斯。我自己就敬重爱欲的事情，格外地修炼［自己的爱欲］，还勉励别人。不仅现在，我总是尽我自己所能赞颂这位爱若斯的能力和勇敢。所以，这［212c］样的讲辞，斐德若啊，要是你愿意的话，你就算作是我说给爱若斯的颂辞吧，不然的话，你喜欢以什么方式称呼这讲辞，你就怎么称呼吧。"

苏格拉底说过这些后，一些人称赞他，［c5］而阿里斯托芬则试图说什么，因为，苏格拉底讲的东西让人想起他的讲辞。突然，有人拍打前院大门，带着一片嘈杂，好像是些纵酒狂欢者，还能听见簧管女的［簧管］

声音。[1] 于是阿伽通说："小家伙们，[212d]还不去查看？倘若是某个圈内人，[2] 你们就请进来吧；但如果不是，你们就说我们没在喝，已经停杯。"

不一会儿，就听见阿尔喀比亚德在前院的声音，他已经烂醉，大声嚷嚷，问[d5]阿伽通在哪里，要人带领他去阿伽通那儿。于是，那个簧管女还有其他几个跟着来的人扶着他，把他领到他们这儿。他在门口站下来，[212e]头上缠着用常春藤和紫罗兰密密缠成几圈的花冠，还戴着好多飘带。[3] 他说："诸位，你们好啊！你们是接纳一个已经喝得烂醉的男子汉一起喝呢，还是我们仅仅给阿伽通系上[花冠]然后就离开啊，[e5]我们不就为这事儿来的么？我啊，哎呀，"他说，"昨儿没能够来成，可现在我戴着头上的飘带来啦，以便我可以从我头上[拿下来直接]系到那个最智慧、最美的头上——（如果我这么说又怎样）。怎么，你们笑我醉啦？随你们[213a]

---

1 [施疏]阿尔喀比亚德打断了阿里斯托芬，对观《普罗塔戈拉》（347b）中阿尔喀比亚德打断智术师希琵阿斯——差别在于，《普罗塔戈拉》中的阿尔喀比亚德清醒，是有意打断，这里的阿尔喀比亚德醉了，是无意的打断。阿里斯托芬与希琵阿斯有共同的东西：均凭靠所谓自然理则，是自然的学生。阿尔喀比亚德打断阿里斯托芬，意味着政治人在自然与习俗的对立中站了苏格拉底一边，反对诗人和智术师。

2 指适合眼下这个高档聚会场合的人，在《斐多》开头（58c），苏格拉底的妻子用到同一个语词。

3 缠飘带在头上，在雅典是比赛得胜的标志或者祭神的表征。

去笑罢，可我呢，照样很知道我说的是真实。不过，你们赶紧对我说吧，按刚才讲定的，我进来还是不进来？你们要[和我]一起喝还是不喝啊？"

所有人都大声喝彩，要他进来躺下；阿伽通也唤他。于是，阿尔喀比亚德[a5]被世人们带领进来，[1] 他取下飘带要[给阿伽通]系上，[手上]拿着的东西挡住了视线，没看见[跟前的]苏格拉底，一下子就坐到阿伽通[213b]边上，也就是阿伽通和苏格拉底中间，因为，苏格拉底看到他就挪出了位子。阿尔喀比亚德一坐到阿伽通边上就拥抱他，给他系上[花冠]。

阿伽通于是吩咐道："小家伙们，给阿尔喀比亚德脱鞋，[b5]好让他躺在这第三位的地方。"[2]

"那当然喽，"阿尔喀比亚德说，"不过，我们这儿的那个第三位同饮的是哪个啊？"他一转身就看到苏格拉底，可是，一看到苏格拉底，他就跳起来说："[他妈的]赫拉克勒斯哟，[3] 怎么回事？苏格拉底在这儿？你躺在这儿又打我埋伏啊，[213c]像你习惯的那样，突然现身在我

---

1 [译按]"被世人们带领进来"，民主政治家被"世人""领导"，而非"领导"世人。
2 [译按]阿尔喀比亚德也是美人，他的到来改变了苏格拉底与美人阿伽通的关系：一个是民主时代的桂冠诗人、一个是民主时代的政治新秀，苏格拉底在城邦中的政治处境变得清晰起来。
3 这种粗话表达的是恼怒，常见于柏拉图先前的对话作品。

相信你起码会在的任何地方！今天你为什么会来啊？为什么又偏偏躺这儿？为什么没挨着阿里斯托芬躺，或者挨着别的哪个可笑的甚至愿意成为可笑的人躺啊？你算得太精喽，居然挨着[c5]这里面[的人中]最美的躺！"

于是苏格拉底说："阿伽通啊，看看吧，你不来护我么？我对这样一个世人的爱欲并没变成低劣的事情啊。毕竟，自从那个时候我爱欲上了他，[213d]我就再没可能看哪个美人一眼或者扯上几句，否则，他就对我醋劲冲天，妒火中烧，做种种出奇的行为，骂我，就差动手。你看看吧，他这会儿别又做出些什么。你给我们[俩][d5]调解调解吧，或者，一旦他想要动手动脚，你得护着我啊，因为，他的这种疯癫和对爱欲者的热爱让我怕得不行。"[1]

"我和你哪可能有什么调解哦，"阿尔喀比亚德说，"不过，对[你刚才说的]这些，我等下次再找你算账。现在嘛，[213e]阿伽通，"他说，"分给我些飘带，我要系到他的这个神奇透顶的脑袋上，免得他怪我给你系飘带，而他的言辞赢了所有世人——不像你仅仅在前天赢了，而是永远赢了——[e5]却没给他系。"阿尔喀比亚德说着就取了几条飘带系到苏格拉底头上，然后才躺下。

躺下后，阿尔喀比亚德说："好吧，诸位！我觉得你

---

1 [译按]"热爱"与"爱欲/欲爱"不是一个语词，并非完全相同。

们还清醒着呢，这可不允许哦，你们还得喝，毕竟，我们都已经同意。现在我选我自己当酒［e10］司令，¹直到你们喝够。阿伽通啊，叫人拿大酒杯，如果有的话。算啦，用不着，小家伙"，他说，"拿那凉碗来。"² 阿尔喀比亚德看到凉碗［214a］盛不止八克度。³ 当酒斟满，他首先一口喝干，然后叫给苏格拉底斟满，并说："对苏格拉底啊，诸位，我这招智术算白搭，毕竟，谁要他无论喝多少，他都会［a5］喝干，从来不会醉过去。"

男童斟满酒，苏格拉底一口喝干。于是厄里刻希马库斯说，"我们怎么着啊，阿尔喀比亚德？［214b］我们就这样子凑着酒杯，既不谈点儿什么，也不唱点儿什么，只管喝，好像我们简直渴得要命？"

于是，阿尔喀比亚德说："厄里刻希马库斯啊，那个最优秀、最节制的父亲的最优秀的儿子，你好啊！"

［b5］"你也好，"厄里刻希马库斯说，"可我们怎么着啊？"

"你吩咐就是。毕竟，我们都得服从你，'一医抵得

1　［施疏］阿尔喀比亚德自推为"酒司令"，有如政治生活中的"僭主"。僭主的典型特征是，他总会说满足你们想要的一切。在这里，僭主参与了前面所定的饮酒规矩，从而显出僭政与宪政程序的一种奇怪混合。
2　"凉碗"（把酒镇凉的器皿）用于盛纯酒，实际喝的酒要兑水，兑水前，酒就盛在凉碗里。
3　八克度大约两升多。

上众多其他人'嘛。[1] 你就随意开方子吧！"

"那你就听着，"厄里刻希马库斯说，"你进来之前，[b10] 我们已经认为我们应该从左到右轮着来，每人说一篇 [214c] 关于爱若斯的讲辞，要尽其所能讲得美，而且要赞颂。现在，我们所有其他人都讲过了，你还没讲，酒却已经喝够啦，[现在] 该你 [讲] 才正义。讲过之后，你就按你所愿给苏格拉底开个什么方子，然后他再给靠右边的 [开个方子]，就这么 [轮] 到 [c5] 其他人。"

"倒是哦，厄里刻希马库斯，"阿尔喀比亚德说，"你说得好。不过，要一个醉汉与一帮清醒人比赛言辞，只怕不大公平罢。[2] 再说，幸运哥儿，苏格拉底 [214d] 刚刚说的什么就让你信服啦？难道你不知道，事情与他说的恰恰相反？毕竟，这个人啊，当他的面要是我不赞美他，而是赞美某个神或者别的某个世人，他恐怕会对我动手哦。"

[d5]"你还不住嘴？"[3] 苏格拉底说。

"向波塞冬发誓，"[4] 阿尔喀比亚德说，"你别拦，既然

---

1 出自《伊利亚特》卷十一 514–515。[施疏] 这句诗的背景是：希腊人当时的处境比以前更加危险，亟待阿喀琉斯来救护，而阿喀琉斯却懒心无肠。阿尔喀比亚德引荷马的这句诗看起来是捧医生，其实是捧自己。
2 [罗森疏] 阿尔喀比亚德注意到：在醒与醉之间，并没有民主的平等。
3 [罗森疏] 这一语式仅另见于前面第俄提玛对苏格拉底的指责（201e10）。
4 这言言语式在谐剧中常见，但在柏拉图则极少见——也许这誓言带有流氓腔。

你在场,我绝不会颂扬另一个别人。"

"如果你愿意的话,"厄里刻希马库斯说,"你就这么着吧。[d10]你赞美苏格拉底吧。"

[214e]"你说什么?"阿尔喀比亚德说,"你当真觉得我该……厄里刻希马库斯?我该当你们的面冲着这男子汉算账?"

"你这个人啊,"苏格拉底说,"打什么主意?为了[e5]搞笑而赞美我?不然你想要干什么呢?"

"我会讲真实,[1]你看看吧,这你是否会允许。"

"那当然,"苏格拉底说,"岂止允许你讲真实,我甚至命令你讲真实。"

"那我就巴不得赶紧喽,"阿尔喀比亚德说,"不过,[e10]你可得这样做:一旦我讲了什么不真实的东西,其间你随时打断——如果你愿意的话,并说我这是在讲假话。毕竟,就意愿而言,我绝不会[215a]讲假话。不过,要是我在说的时候一会儿回忆起这、一会儿回忆起那,你可别奇怪哦。毕竟,以我眼下的情形,要既流畅又连贯地缕述出格的你,不大容易呃。

"可是,要赞美苏格拉底,诸位,我啊,打算这样子,[a5]即通过些比喻[来赞]。当然喽,这个人大概

---

1 [罗森疏]阿尔喀比亚德从这里开始共七次强调了"讲真实":214e1、215a6、215c5-6、216a2、217e4、219c2、220e4。

会认为这是为了搞笑。其实，比喻是为了真实，而非为了可笑的东西。因此，我要说，他太像那些西勒诺斯啦[1]——那些[215b]坐在雕像铺子里的西勒诺斯，[2]也就是艺匠们做成的手持牧管或箫的某种[模样]。如果把他们[的身子]向两边打开，里面有的神像就显露出来啦。我还要说，他像那个萨图尔马尔苏亚。[3]起码，你的这[b5]形相与他们一样，苏格拉底呵，即便你自己恐怕也不会明显持异议罢。[4]

"至于你像[他们]的其他方面，且听我接下来的。你肆心，[5]不是吗？如果你不同意，我就拿出证据。难道你不是个簧管手？肯定啊，你甚至比马尔苏亚更神奇呢。[215c]马尔苏亚凭靠出自嘴上的能力、通过乐器让世人

---

[1] "西勒诺斯"这个名字经常与萨图尔（Satyr）混用，有说是萨图尔们的父亲——萨图尔通常比较年轻，被尊为林神，样子奇丑，经常喝得烂醉，骑在驴屁股或酒罐子上（喻好酒色一类感官享乐）。西勒诺斯像作为工艺品通常摆在店铺门前，因为他肚子里藏着各种神像。据说，西勒诺斯晓得一些重大秘密，若让人逮住，西勒诺斯有时会吐露自己的智慧。

[2] "雕像铺子"指制作赫耳墨斯塑像的雕刻匠的"铺子"。"赫耳墨斯塑像"是四角石像，脸上长胡子，虔信者把它们摆放在圣殿或住宅前。

[3] 马尔苏亚是传说中的一个乐师，曾神气透顶地带箫参加音乐比赛挑战潘笛之神阿波罗的智慧，结果失败，因自己的放肆而遭痛斥。

[4] 阿尔喀比亚德用一句话概括了苏格拉底模样很丑，暗含的意思是，苏格拉底不会是爱若斯的对象。

[5] 萨图尔"肆心"通常指性方面的行为——萨图尔天性无耻，但也天性胆小，不过，酒后就胆子大起来。

着迷，如今不就还有人在吹他的那些调调儿。毕竟，奥林珀斯吹的那些调调儿，我都要说是马尔苏亚的，因为马尔苏亚教过他嘛。[1] 所以，无论好簧管师还是低劣的簧管女，只要吹奥林珀斯的调调，[c5] 干的就仅仅是掌握[世人]，并透露那些求诸神和求秘仪的人，因为，这些调调是神样的。[2] 可你呢，同马尔苏亚仅有一点不一样，你不消用乐器，只凭单纯的言辞就[215d]做这同样的事情。起码，我们听别人说的言辞，即便是个极好的演说家的言辞，可以说没谁会引起[我们]关注。但我们谁要是听你的言辞，或是听别人讲你的言辞，即便这讲的人极为低劣，[d5] 无论女人、男人还是年轻人在听，我们都会被镇住和被掌握。起码我啊，诸位，如果我还没到被以为醉得不行的地步，我愿对你们发誓说，我直到今天都还经受着这人的言辞。[215e] 毕竟，每逢我听[他说话]，心脏就跳得比科瑞般特人还厉害得多，[3] 眼泪就由于这人的言辞涌了出来。而且啊，我还看见许许多多其他人也经历过同样的情形。我听过伯利克勒斯和其

---

1 传说奥林珀斯是马尔苏亚的学生（学唱歌）和爱欲者，后成为著名乐师。
2 亚里士多德《政治学》1340a8–12 提到，奥林珀斯音乐给听者一种被超自然力量掌握的感觉。
3 科瑞般特人是与小亚细亚女神 Cybele 相交的一个神秘群体，祭典时在手鼓和排箫伴奏下狂跳，据说有治疗作用的舞蹈，其癫狂感就是迷狂。仪式后，参加者们解除了心中焦虑，回归宁静平和。

他好的［e5］演说家［的言辞］，固然我认为他们讲得不错，但我从来没经历过这样的情形：要么灵魂被搅成一团乱麻，要么恼怒自己简直像置身奴仆境地。可由于这样的一位马尔苏亚呢，我就常常［216a］被置于这般境地，以至于我认为，我过的生活根本就不值得。苏格拉底啊，你不会说［我说的］这些不是真实吧。

"即便就在现在，我自己心里同样知道，要是我肯把耳朵递过去，我就会坚持不住，且会经历同样的情形。毕竟，他迫使［a5］我同意，虽然我自己需要多多，我却没有关切我自己，而是让我自己忙乎雅典人的事情。[1] 所以啊，我用力捂住耳朵避之而去，就像离开塞壬们，[2] 以免自己坐在这样一个人身边［无所事事］一直到老。仅仅面对［216b］这个世人，我才感受过因某人而羞耻——兴许没谁认为我内心会生发这种羞耻。可是，我仅仅因这个人感到羞耻。毕竟，我自己心里同样知道，我没有能力反驳［这个人］，或者对这个人命令的事情我反驳说这不是必须的事情。可是，一旦离开他，［b5］我就拜倒

---

1 意为忙于搞政治，不关心自己的德性修养。
2 塞壬是荷马笔下住在海岛上的半神女妖——女人头的灵魂鸟，歌声神奇迷人，谁听见她们的美妙歌声，就会不肯离去，然后慢慢死掉。阿尔喀比亚德在这里的意思是，如果他被苏格拉底的言辞迷住不肯离去，自己的政治生命就会慢慢死掉。

在众人追捧的脚下。[1] 所以，我要逃离他，躲避他；一旦看见他，我就会为同意过的事情感到羞耻。[216c] 好多次我都想要快乐地看到他不在人世；可话说回来，如果这事发生的话，我知道得很，我会更加难以承受。所以，我实在不知道拿这个世人怎么办才好。

"我和其他许多人都［c5］这样子经历过我们面前这位萨图尔的那些簧管乐。不过，你们且听我［接下来说］他何以像我拿来比喻他的那些［萨图尔们］，以及他具有怎样神奇的能力。毕竟，你们知道得很，你们中间没有谁［216d］［真的］认识这个人。不过，既然我已经开了头，我就要揭露他。毕竟，你们都看见，苏格拉底爱欲兮兮地贴近美男们，总围着他们，被［美男们］镇住；可转过来，他又所有事情都不明白，什么都不知道。这副外观不就是他的西勒诺斯相吗？［d5］肯定是啊。毕竟，这个人用这个外观把自己从外面包裹起来，就像一尊雕刻出来的西勒诺斯，可一旦打开里面，你们这些诸位酒友们，你们想想看吧，里面装满了多少节制？［实话］告诉你们罢，他压根儿不关注谁美还是不美，而是蔑视——其蔑视程度［216e］一个人兴许无法想象。无论谁是否富裕，还是谁是否拥有别的什么荣誉——在杂

---

[1] 由此可见，热衷搞民主政治的人的心性，是亚里士多德所谓"不能自制的人"。

众眼里这是有福哦,所有这些都被认为是一文不值的所有物。甚至我们[这帮人]也什么都不是,告诉你们罢,他整个一生都是在世人面前[e5]假装无知和打趣中度过的。

"不过,他严肃起来把自己打开的时候,我就不知道是否有谁曾看到过他身子里面的神像啦。反正我已经看见过,而且在我看来,这些神像如此神样、[217a]金烁、美得不行、神奇透顶,[1]以至于凡苏格拉底命令的,[我们]就应该没二话去做。可是,我本来相信,他对我的神赐青春充满热情,而且我还相信,这青春是我的幸运物和神奇之物。所以,凭着这[青春],我若向苏格拉底献殷勤,[a5]这个人就会把他已经知道的所有如此神奇的东西说给我听。毕竟,凭着[自己的]青春,我心高气傲地想,这神奇之物就是如此神奇。[2]

"有了这些想法之后,虽然从前我不习惯不带随从单独同他在一起,也把随从[217b]打发走,单单和他在一起——毕竟,我必须对你们说全部真实,不过,你们得集中注意[听]哦,要是我说假话,苏格拉底,你尽管揭发!毕竟,诸位,当时的确就单单我和他单独在

---

1 [译按]比较前面第俄提玛描述见到美本身时的情形。
2 [译按]这里的"神奇之物"指阿尔喀比亚德自己的身体——他刚刚(217a1)才说到苏格拉底内在的东西"神奇透顶",现在就说自己的"青春"是神奇之物,言下之意,自己的外在之美足以与苏格拉底交换内在之美。

一起。我当时以为，他会趁机与我交谈，就像［b5］爱欲者与男孩独处时交谈那样，而且我享受啊。可是，压根儿就没发生这些事儿，他像往常一样同我交谈，一起度过一整天，然后抬脚离去。

打那以后，我［217c］邀他一起练身，而且我［单独和他］一起练身，［以为］在这儿会达到点儿目的。于是，他和我一起练身，而且常常在没有人时摔跤。¹ 得说什么呢？毕竟，我仍然没有一点儿进展。既然这样子根本不成，我就觉得，［c5］必须对这男子汉追加点儿硬的；既然已经上手，就必须不放手，而是必须看看这事情到底怎么样。于是，我邀请他一起吃晚饭，简直就像爱欲者勾引男孩。这次他没很快［217d］答应我，不过，一段时间后他总算被说服。第一次他来了，可一吃完饭他就要离开。当时，我出于害羞就让他走了。

不过，我再次勾引，等我们吃过饭后，我就和他不停交谈，一直到深更半夜。当［d5］他要离开时，我就借口太晚，迫使他留下。于是，他就在他先前吃饭的卧榻上挨着我睡下。² 睡在这间房里的没别人，就［217e］

---

1 希腊人健身时是裸体，不穿衣服就给火热的爱欲者提供了身体接触的机会，尤其是摔跤，得抱在一起。
2 ［罗森疏］这是《会饮》中第二次说到"晚宴"：第一次是苏格拉底借第俄提玛之口讲的神们的晚宴，宴后醉了的珀若斯（丰盈）被贫乏的珀尼阿占了便宜。

我们［俩］……¹

"到这儿为止，［这事］无论对谁讲兴许都说得出口。可是，接下来的事情呢，我本来绝不会讲给你们听，要不是因为，第一，俗话说，酒后吐真言——［这句俗话］有没有男孩都一样；²第二，既然来赞美苏［e5］格拉底，隐去他的高傲作为，对我来说显得不正义。何况，这经历就跟遭蛇咬过差不多。毕竟，据说任何一个人若有过这番［遭蛇咬的］经历，都不会愿意讲这类事情，除非对那些自己也遭蛇咬过的人讲，因为，只有他们才会是知情人，［218a］而且，如果谁由于忍受着疼痛而做和说了任何事情的话，他们才会原谅。

可我呢，比遭过蛇咬更痛，而且［遭咬的］是一个人会被咬得最疼的地方——是心，或者灵魂，或者必须叫它什么名称都行，我是遭热爱智慧［a5］的言辞打击和咬伤的啊。这些言辞咬起来比蛇更凶猛，一旦逮着一个年轻且并非没有自然禀赋的灵魂，就会使得这灵魂做什么和说什么都行——我看着［这儿的］斐德若、阿伽通、

---

1 ［施疏］为打探到苏格拉底内在的秘密（珍宝），阿尔喀比亚德采取了六个步骤，第俄提玛在说到求美的上升时，也有六个步骤，最后一步（亲见美的汪洋）与这里的阿尔喀比亚德触到苏格拉底的身体在步骤次第上相对等。
2 "酒后吐真言"直译为"酒即真实"，后来扩展成"酒和孩子即真实"（意思是：醉鬼因不清醒、小孩子因天真而说真话）。阿尔喀比亚德的意思是，这句俗语是"酒即真实"抑或"酒和孩子即真实"，都没所谓。

[218b] 厄里刻希马库斯、泡萨尼阿斯、阿里斯托得莫斯以及阿里斯托芬……当然，苏格拉底本人，以及其他在这儿的人，还有什么可说的呢？[1] 你们所有人共同分享着热爱智慧的疯癫及其酒神信徒式的沉醉，所以啊，你们将会听到[我接下来要说的]。毕竟，你们会原谅[b5]当时我所做的和我今天所讲的事情。不过，这家的仆人们，以及如果有谁是未入秘教的人和乡下人，就得用大门把耳朵整个儿闩上。

"当时啊，诸位，灯熄了，[218c]小厮们也出去了，我觉得用不着再对他转弯抹角，而是自由地说出我所想的。我碰了他一下说，'苏格拉底，你睡啦？'

"'还没呐，'他说。

[c5]"'你知道我心里想过什么吗？'

"'[想得]最那个的是什么呢？'他说。

"'你啊，我觉得，'我说，'成了我唯一看重的爱欲者。可你让我觉得你似乎不好意思对我提起。可我呢，情况是这样的：我相信，若是我不把这个或别的[c10]我的什么财物拿来向你献殷勤的话，我会太傻啦——不管是我自己的[218d]还是我朋友们的财物，只要你需要。[2] 毕竟，对

---

1 "我看着……"以下，阿尔喀比亚德心绪激动，句子说得不完整。
2 [译按]对观《普罗塔戈拉》中希珀克拉底想要去见普罗塔戈拉时对苏格拉底说的话（310e1-2）。

我来说，没有什么比让自己尽可能变得优秀更重要的东西啦，可我认为，除了你，在这方面没谁更有能耐做我的帮手。所以啊，我如果对［你］这样一个男人不献殷勤，我会在有见识的人面前［d5］感到羞耻，这远甚于我因对你献殷勤在众人和愚蠢的人面前感到羞耻。'

"这个人听了这番话后，非常装傻地、用绝对是他自己才有的那副惯有口气说：[1]'亲爱的阿尔喀比亚德，你恐怕实实在在不赖呢，要是你说的关于我的这番话［218e］是真实的，要是我身上确有某种能耐，凭靠它你会变得更好。你瞧，恐怕你看到了我身上的那种不可思议的美，看到［这美］与你身上的那个标致的美截然不同。所以啊，若是你观察到我身上的美就起心要与我共享，要以美［e5］换美，那么，你动的心思就没少占我的便宜：你起心用被［人们］以为美的东西来获取美的东西的真实，你打的主意实实［219a］在在是以铜换金哦。[2] 不过，幸运哥儿，再好好考虑考虑罢，没准你没留意到我什么都不是呢。[3] 你瞧，只有让肉眼不再眼尖，思想的视见才开

---

1 "装傻"并非等于反讽，而是"装得谦虚""装得不开窍"。忒拉绪马霍斯曾用不友好的语调说，苏格拉底经常"装傻"（《王制》卷一 337a）。

2 "以铜换金"系用典——《伊利亚特》卷六 232-236。苏格拉底用"铜"指阿尔喀比亚德的美貌，用"金"指道德上的向善。

3 ［罗森疏］苏格拉底的说法诡秘，"什么都不是"听起来就像奥德修斯哄人的说法："我叫无人。"（《奥德赛》卷九 275）

始看得锐利;¹你离这些还远着呐.'

[a5]"我呢,听了这话就说:'当然,在我这边事情就是这些,我所说的与我心里想的绝无二致,而你自己呢,考虑考虑吧,你兴许会认为这样对你和对我都会最好.'

"'那倒是,'他说,'你说的这个很好。毕竟,在往后的日子里,[219b]经过考虑,在这些事情和其他事情方面,我们才会[践行]在我俩看来最好的事情.'

"我啊,在听了和说了这些之后,就像射出了我的箭,以为他已经受伤啦。我干脆爬起身,不让[b5]这个人再说什么,把我的外套盖在他身上——毕竟当时是冬天,然后躺到他磨破的外套下面,双臂抱住这个[219c]真正精灵在身而且神奇的人,²[就这样]躺了整整一宵。[我说的]这些事情,苏格拉底,你不会说我在说假话吧。可是,我做了这些,这个人却对我如此高傲,蔑视而且取笑我的青春,甚至[c5]肆心——关于这青春嘛,我相信我还是有几分的,诸位法官——毕竟,你们是[审判]苏格拉底的高傲的法官³……毕竟,你们知道得很,我向

---

1 这一说法让人想起先知特瑞西阿斯,他眼睛瞎了,反而获得了预见能力。
2 [罗森疏]"神奇"这个词在阿尔喀比亚德的讲辞中出现了十二次:213e2、215b6、216c7、217a1、217a3-4、219c1、220a4、220a7、220c6(以上为肯定性用法)和215a2、2175-6、220b3(否定性用法)。
3 [施疏]阿尔喀比亚德用的是法律术语,无异于把眼下的场景变成了法庭。

神们发誓、向女神们发誓,虽然与苏格拉底睡了[一整夜],[219d]直到起身,我没做别的任何事,仿佛是跟父亲或哥哥睡过[一夜]。¹

"这次以后,你们想象一下,我有了什么样的想法?我认为自己受到了鄙薄,可我仍然爱慕这个人的天性以及[d5]节制和勇敢。我本以为[此生]不会遇见这样一个如此明智、如此坚韧的世人,²却遇见了。所以,我既不知道该如何生这个人气,从与这个人的交往抽身出来,也不知道靠什么好法子来[219e]赢得他。毕竟,我知道得很,钱财对于他在方方面面都刀枪不入,比埃阿斯对铁矛还厉害³——甚至在唯一我以为他会被猎获的那一点上,⁴他照样从我这里溜掉。所以我没辙啦,只得转来转去由这世人使唤,只怕任谁都没由[e5]别人这么使唤过。

---

1 这里所描写的事情发生时,阿尔喀比亚德大约19岁。[施疏]这里所描写的场合是卧室,在柏拉图的作品中,说到苏格拉底在卧室的场合;这是最私密性的。《普罗塔戈拉》开头也说到苏格拉底在卧室,而且恰恰与阿尔喀比亚德相关,但就私密性而言明显不及这里。
2 "坚韧"是节制、勇敢乃至明智的基础,从而是这里的核心德性——随后三次用到这个语词:222a2、222a7和222c2。
3 按《伊利亚特》中的描述,埃阿斯是特洛亚战争中的英雄,赫拉克勒斯在他出生的时候,用墨涅亚狮子的皮裹住了他,使他除了胳肢窝以外浑身不怕刀矛。但埃阿斯并非神奇和超自然意义上的刀矛不入,仅仅因其武艺高强和有七层牛皮做的大盾牌,才不容易受伤。
4 阿尔喀比亚德指靠自己的青春引诱苏格拉底。

"所有这些在我都是老早以前发生的事情啦,这些事情之后,我们一起出征珀特岱亚,[1]在那里我们同桌吃饭。[2]首先,他面临的艰辛不仅我比不上,其他所有人都比不上。有一次,我们在某个地方被切断——出征常有这样的事儿,被迫[220a]断粮,别的人在[忍饥挨饿的]坚韧方面一点儿都比不上他。反过来,在大吃大喝的时候也仅仅他有能力享受[佳肴],尤其是喝酒,尽管他不愿意喝,一旦逼他[喝],他就能摆平所有人。所有事情中最神奇的是,世人中从来没谁见过[a5]苏格拉底醉倒。这方面嘛,在我看来,待会儿就会有考验。

"又说在忍耐严寒方面——当地的冬天毕竟很可怕,他还做出过一些别的神奇事儿。[220b]有一次,霜冻得厉害之极,没谁出门——或者谁要出门,就得穿上多得出奇的衣物,套上鞋还得用羊毛毡和羊皮把脚给裹起来,可这个人呢,和这些人[一起]外出,[b5]穿着他往常穿的那样一类外套,打赤脚在冰上走,比别的穿鞋的人还轻松。兵士们都斜眼看[220c]他,以为他看不起他们。

---

[1] 珀特岱亚是希腊北部的一个城市,本受雅典统治,公元前 433 年起兵反抗。讨伐珀特岱亚之战(公元前 432—前 429 年)即针对这场反抗,它构成了伯罗奔半岛战争的诱因之一。战事发生时(前 432 年),苏格拉底快四十岁。
[2] 战时同一宗族的人被编在一起,苏格拉底和阿尔喀比亚德分别来自不同宗族,却在珀特岱亚战役时同桌吃饭,这暗示两人当时关系异常密切。

这些事情的的确确有过，不过还有这些 [1]——'这位坚韧的男人所历经和承受过的还有这样一件事情'，[2] 也是在那次出征的那个地方，值得听听。一次，他一下子意识到什么，大清早就站在那个地方思考，当他没有进展时，[c5] 他就不放松，仍然站着探究。已经到了下午，世人们才意识到 [他还站在那儿]，于是惊奇得一个传一个说：苏格拉底从一大早就站那儿思索着什么。[3] 最终，到了傍晚，人们吃过晚饭后，有几个伊俄尼亚人 [4] [220d] 干脆搬出来打地铺——毕竟，当时是夏天，既睡在凉爽中，又守望着他，[看他] 是否会站一整夜。他一直站到晨曦发微，太阳升起；然后，他向太阳做了祷告才走开。[5]

[d5] "在战场上——如果你们想要 [听的话]，毕竟，这荣誉该算给他才正义。有一次战斗，将官们给我记了

---

1 这里的两个"这些"，前一个收拢前面的讲述，后一个开启下面的讲述。

2 引文出自《奥德赛》卷四 240-243——柏拉图改变了原诗的开头部分。荷马描述奥德修斯用了坚强、有力、顽强、勇敢，柏拉图用"坚韧"来概括这一切品德。[施疏] 阿尔喀比亚德把苏格拉底比作奥德修斯，把自己比作阿喀琉斯；这意味着，苏格拉底与奥德修斯一样，经历过许多磨难。

3 这里用了三个同义词来描述哲人的沉思：思考、探究、思索。

4 来自亚洲的盟邦或从伊俄尼亚领邦招募来的。

5 [施疏] 这一段赞苏格拉底在夏天的耐性，与前面赞苏格拉底在冬天的耐性对照。冬天人们寻求阳光，夏天人们寻求荫凉，苏格拉底偏偏在夏天寻求太阳——这里重要的并非沉思，而是耐性。为什么是伊俄尼亚人而非雅典人在看着苏格拉底，并非要点，重要的是，阿尔喀比亚德没有好奇。

战功，而当时［的情形是］没任何别人来救我，［220e］除了这人，他不肯丢下受伤的我，把我连同武器一起救出险境。¹ 苏格拉底啊，我甚至当时就要求将官们给你记战功，这事你不至于责备我和会说我在讲假话吧。［e5］可是，将官们瞧了瞧我的等级，［还是］要给我记战功，你自己比将官们更热切地要我领而非你自己领［战功］。

"再说，诸位，苏格拉底还有值得观看的事儿呢——［221a］比如部队从德里俄斯溃退下来的时候。² 毕竟，当时我正巧有马骑，而这人却是个重甲步兵。³ 世人们已经四处溃散，这人和拉克斯一起［后撤］，⁴ 我意外撞上。一看见他们，我马上给他们鼓勇气，［a5］我还说我不会把他俩丢下［不管］。在那里与在珀特岱亚时不同，我能很美地观看苏格拉底。毕竟，由于骑着马，我自己不是那么畏惧。首先，他走起来［行色］比［221b］拉克斯镇

---

1 ［译按］对观《斐多》89a。
2 德里俄斯位于波俄提亚北岸，那里有一座著名的阿波罗神殿。雅典人为了瓦解波俄提亚人的伯罗奔半岛联盟，在各城邦煽动民主革命。公元前424年秋天，雅典军队与伯罗奔半岛联盟军队在德里俄斯发生遭遇战，惨遭溃败，近千名雅典士兵战死（这在当时是一个非常大的数目）。参见修昔底德《战争志》卷四89-101.2。
3 阿尔喀比亚德家世丰裕，可花钱买马；苏格拉底是步兵，背着重兵器，他还必须掏钱买这些兵器，但相对便宜。
4 拉克斯曾任将官（公元前427—前425年），他在公元前418年的Mantinea战役中阵亡。柏拉图有一篇以他命名的对话。

定得多。第二，在我看来——不过，阿里斯托芬啊，这个［说法］算你的——，他在［德里俄斯］那儿经过就像是在［雅典］这儿，'大模大样，两眼瞟着［左右］两边'，[1] 不动声色地扫视朋友和敌人，［b5］让人个个老远就明白，谁要是碰一下这男人，他会极为坚定地捍卫自己。[2] 所以，这人以及他的友伴都安然撤离。毕竟，在战争中要是多少摆出这副架势，谁也不会碰一下，抱头［221c］鼠窜的人才会遭追猎。[3]

"谁要赞美苏格拉底的话，还有许多别的神奇事儿［值得赞美］。不过，在生活方式的追求的其他方面，有人兴许会说，其他人也是这般。可是，世人中没谁［c5］和他［在神奇这一点上］一样——无论在古人还是如今的那些人中间，整个人值得堪称神奇。比如阿喀琉斯成为这样的人，有人会拿布拉斯达斯或别的什么人作比，[4] 又比如伯利克勒斯成为这样的人，有人会拿涅斯托耳和安忒

---

1 参见阿里斯托芬，《云》362。与原诗的用意不同，阿尔喀比亚德的意思指苏格拉底迫于自己置身的处境而保持警觉，没有一点儿惊慌。
2 这段说法反倒表明，苏格拉底的天性非常招惹其他人莫名的嫉恨。
3 参见修昔底德《战争志》卷七 81.5。［施疏］阿尔喀比亚德没有说苏格拉底一点不惊慌，仅仅说苏格拉底比拉克斯镇定得多（毕竟没骑马）——这里突显的是苏格拉底的理性计算：逃跑并不节制。阿尔喀比亚德的这段描绘，除细节外，确证了阿里斯托芬在《云》中对苏格拉底的描绘。
4 布拉斯达斯是公元前 5 世纪的斯巴达战将，以英勇果敢著称，伯罗奔半岛战争期间阵亡（公元前 422 年），当时尚很年轻。

诺[1]以及别的谁和谁作比——[221d]对其他人，有人也会按同样的方式来作比。可是，就这样一个世人的这种出格来说，无论他本身还是他的言辞，恐怕再怎么寻找——无论在今人还是古人中间找——也找不出[与他]相近的，除非像我说的，根本不拿[d5]世人同他作比，而是把他本人以及他的言辞与西勒诺斯们和萨图尔们相比。

"哦，对啦，还有这个呢——我在开头的时候忽略了：他的言辞与打开身子的西勒诺斯像极啦。[2] [221e]毕竟，如果谁愿意听苏格拉底谈论，[他的话]首先会显得很好笑；这些话外面披着的语词和表达简直就是某个肆心的萨图尔的皮。[3]毕竟，他谈什么驴子、驮驴啊，[4]某些个铁匠、[e5]鞋匠、鞣皮匠啊，而且显得总是通过同样的东西说同样的东西，[5]就连任何一个没经历和没脑筋的世人[222a]都

---

1 特洛伊战争中有两个著名谋臣，希腊方面是涅斯托耳（《伊利亚特》卷一248），以善于辞令闻名，特洛伊方面是安忒诺（《伊利亚特》卷三148-151），以足智多谋闻名。相比之下，伯利克勒斯兼有这两个方面的才能。

2 阿尔喀比亚德在开头（215c1以下）就说到苏格拉底的言辞，但当时强调的是其不可抗拒的力量及其内容，这里说的则是苏格拉底言辞的表面与内涵的对立关系。

3 暗喻马尔苏亚被阿波罗剥去外皮。

4 [施疏]"驮驴"涉及军务——军人、治邦者才会说到这样的事情。反过来看，阿尔喀比亚德说苏格拉底谈这类事情，表明苏格拉底的表面言辞可笑、装样子。

5 [译按]这里提到的"铁匠、鞋匠、皮匠"，对观阿里斯托芬的颂辞中说到阿波罗把被切开的人缝起来时所用的方式和工具。

会对这些话发笑。可是,谁要是看见打开的东西,亲自获得里面的东西,谁就会发现,首先,这些话唯有骨子里才有理智;第二,这些话极为神样,里面有极为丰富的德性神像,而且伸展[a5]到极大的领域,毋宁说甚至抵达整个德性范围。凡想要做美好高贵的人,就得思考[这些话]。

"以上这些,诸位,就是我对苏格拉底的赞美。话说回来,我也掺合了些责备,我对你们说过,他对我肆心啊。[1]当[222b]然喽,他并非单单对我做过这些,格劳孔的儿子卡尔米德、[2] 第俄克利斯的儿子欧蒂德谟,[3] 以及别的好多好多人,他们都受这个人蒙骗,[让他们以为]仿佛他是爱欲者,其实他自己置身被爱欲者而非爱欲者的位置。[4] 这就是我要对你讲的,[b5]阿伽通啊,可别受这个人蒙骗哦。我们吃一堑,你得长一智嘛,别像谚语说的,

---

1 具体指219c5的说法尤其下文(222b3)所说"受这个人蒙骗"。
2 卡尔米德是柏拉图的母舅,柏拉图有一篇对话以他命名,其中说到他是个迷人的少男。
3 [译按]叫这个名的不止一个人,一说这里的欧蒂德谟是一位著名智术师,柏拉图以他命名写过对话。一说这里的欧蒂德谟是色诺芬多次提到的那个长得很漂亮的少男(参见《回忆苏格拉底》卷一 2.29 和卷四 2.1)。基本上可以断定是后者。
4 [施疏]阿尔喀比亚德最后说,苏格拉底其实是爱自己,从而把苏格拉底与阿里斯托芬说的爱若斯就是爱自己的主题联系起来。然而,阿里斯托芬爱自己是外在的,苏格拉底爱自己是内在的。[译按]对比前面第俄提玛的说法,真正的"被爱欲者"是纯净的"美本身"。

像个傻瓜，吃了亏才明白过来。"[1]

[222c] 阿尔喀比亚德说到这些，[在场的人]对他的坦诚发出笑声，因为[这些话]让人觉得他仍然对苏格拉底爱欲兮兮。苏格拉底则说，"我看你清醒着呢，阿尔喀比亚德，不然你就不会如此精巧地把自己从头到脚包[c5]裹起来，竭力掩藏你为什么要说这一切，只是到结尾时才插入这个[说法]，不经意地说到，仿佛你说这一切都并不是为了这个目的，即离间我和[222d]阿伽通。你认为，我必须爱欲你，爱欲哪个别人都不行；阿伽通也只能被你爱欲，被别的哪一个爱欲都不行。可是，你并没有不被发觉啊，你的这出萨图尔戏和西勒诺斯戏[让人]一眼就看得明白。[d5]亲爱的阿伽通哟，他一点儿没得逞，你得提防任何人离间我和你哦。"

阿伽通说："是哦，苏格拉底，只[222e]怕你说的是真实。我推断啊，他躺到我和你中间，为的就是离间我们俩。他不会得逞，我马上过来躺你边上。"

"就是嘛，"苏格拉底说，"到我下方这儿[e5]来躺。"[2]

---

1 参见荷马《伊利亚特》卷十七 32；赫西俄德《劳作与时日》218。阿尔喀比亚德在这里总结的是自己的经验（217a–219d）。

2 [施疏]本来的顺序位置是：阿伽通–苏格拉底（175c–d），阿尔喀比亚德躺到中间后成了：阿伽通–阿尔喀比亚德–苏格拉底（213a–b），阿伽通在最上方。苏格拉底叫阿伽通过来，位置就成了：阿尔喀比亚德–苏格拉底–阿伽通，阿尔喀比亚德在最上方。

"哎呀，宙斯哟！"阿尔喀比亚德说，"我又遭这家伙整！他倒想得好啊，在哪儿都得占我先手。要是非这样不可，你这神奇的东西，得让阿伽通躺我俩中间！"[1]

[e10]"不行，这不可能，"苏格拉底说，"毕竟，你刚赞美过我，必须又轮到我赞美右边那位。要是阿伽通挨你躺，在他被我赞美之前，他岂不明显又将赞美我啊？就让他[躺过来]罢，[223a]你这精灵鬼，别妒忌我赞美这小伙儿，毕竟，我太想要歌颂他啦。"[2]

"哟……哟……阿尔喀比亚德，"阿伽通说，"我再怎么也不可能待这儿咯，无论如何得换位子，[a5]好让我被苏格拉底赞美！"

"这些是老一套嘛，"阿尔喀比亚德说，"只要苏格拉底在，别人就没可能分得美的东西。你们瞧，这会儿他多么顺畅地就找到有说服力的言辞，要这儿这位[美男]躺他身边。"

[223b]于是，阿伽通起身躺到苏格拉底旁边，可突然间，一大群纵酒狂欢者来到大门前。因有人刚出去，他们碰上门都开着，便一拥而进，在屋里的人旁边躺[b5]下。整个儿闹哄哄的，毫无秩序地谁都被迫大肆喝

---

[1] 阿尔喀比亚德想要争取的秩序是：阿尔喀比亚德－阿伽通－苏格拉底。
[2] [施疏]为什么这位置对苏格拉底来说很重要？因为涉及阿伽通与苏格拉底谁赞颂谁，苏格拉底急欲要赞美阿伽通。

酒。阿里斯托得莫斯说，厄里刻希马库斯、斐德若和其他几个人离去了，[^1]他则困得不行，[223c]便倒头［一阵］好睡——当时夜长。[^2]

天快亮时阿里斯托得莫斯醒来，公鸡已经在唱歌。醒来时他看见，剩下的人要么还在睡，要么已经走了，唯有阿伽通、阿里斯托芬、苏格拉底［c5］醒着，用大碗从左到右［轮着］在喝。苏格拉底在与他们交谈。他们谈的其他事情，[223d]阿里斯托得莫斯说他记不得了。毕竟，他不是从［他们谈话］起头就在旁边，而且还迷迷糊糊［没睡醒］。不过，他说，要点是苏格拉底在迫使他们同意，同一个男人应该懂制作谐剧和肃剧；[d5]凭靠技艺，他既是肃剧诗人，也是谐剧诗人。[^3]他们被迫同

---

1 场面已经开始进入狂饮，厄里刻希马库斯、斐德若和其他几个人显然因没有酒量或不好酒先离开了。

2 正是二月初，故有夜长之说。

3 ［施疏］这话的语式是重复，但重复时含义不同。"同一个男人应该懂制作谐剧和肃剧"的意思是，在最高的水平上，基于自然禀赋，一个人肃剧、谐剧都来得；"凭靠技艺，他既是肃剧诗人，也是谐剧诗人"的说法有变化，只说同一个人能靠技艺既制作肃剧也制作谐剧。

　　［译按］肃剧和谐剧分别代表对人生的两种透彻理解：对高的东西的理解和对低的东西的理解。柏拉图笔下的苏格拉底并非要提出一种综合肃剧和谐剧的人生理解或综合高低的理解，而是像荷马那样，高的和低的都能理解。从而，肃剧诗人和谐剧诗人对人生的理解无论多么透彻，都是片面的理解，尽管相比之下，肃剧诗人的理解比谐剧诗人的理解要深刻得多——阿里斯托芬和阿伽通先后睡了，意味着谐剧诗人先于肃剧诗人陷

意［这些］，其实简直跟不上，困得不行。阿里斯托芬先睡着，天已经亮了时，阿伽通也睡着了。苏格拉底［谈得］让这两个人睡后就起身离开了，[d10]阿里斯托得莫斯像惯常一样跟着。苏格拉底去到卢凯宫，[1] 洗了个澡，像在别的日子里那样消磨了一整天。就这样一直消磨到傍晚，他才回家歇着。[2]

（接上页）入沉睡。所谓"兼长谐剧和肃剧"指苏格拉底式的哲人的人生理解超逾了肃剧诗人和谐剧诗人对人生的片面理解。参见 Seth Benardete，《苏格拉底与柏拉图：爱欲的辩证法》，Stuttgart，页 33。

1 位于雅典城东门外伊利索斯河边的竞技训练场，后来亚里士多德在此授课。
2 ［施疏］苏格拉底回家仅仅为了睡觉，他总不在家，像爱若斯一样无家可归——苏格拉底没有对属于家的东西的爱欲。

斐德若

苏格拉底 [227a] 亲爱的斐德若，打哪儿来啊，去哪儿？

斐德若 从克法洛斯的公子吕西阿斯那儿来，[1] 苏格拉底，我正要出城墙外溜达呢。毕竟，从一大早我就一直坐在他那儿消闲。经你和[a5]我的友伴阿库美诺劝说，[2] 我正要沿这大道去溜达溜达，他说，这比在城里林荫道

---

1 克法洛斯是外来移民，在雅典开设工场颇为成功。他有两个儿子，大儿子珀勒马霍斯与他一样，尽管没受过什么哲学教育，都崇拜苏格拉底，《王制》的整个对话就在他家进行（328b）。小儿子吕西阿斯（约公元前450—前380年）积极参与民主派的政治活动，在雅典号称十大修辞家之一。吕西阿斯在古希腊文学史上也占有一席之地，他留下的演说辞是雅典民主政制时期的重要历史文献（西塞罗将吕西阿斯与德摩斯忒涅相提并论，评价很高）。当时吕西阿斯约30岁，斐德若与吕西阿斯年龄相仿，苏格拉底则50多岁。

2 阿库美诺是雅典名医厄里刻希马库斯的父亲。在《会饮》中，厄里刻希马库斯与斐德若似乎有同性恋关系（《会饮》176b，198a）。斐德若与厄里刻希马库斯本人和他的父亲（也是医生）都是友伴，并不违反当时雅典的伦理规矩。斐德若在这里提到与他的生活最密切的两类人：修辞家和医生。

溜达［227b］更提神。

苏 说得美哦，友伴。那么，看来吕西阿斯在城里？

斐 没错，在厄庇克拉特处，离［b5］奥林匹亚神庙不远，莫瑞基亚在那儿住过。[1]

苏 那么，怎么消磨时间的啊？很明显，吕西阿斯又拿他的言辞让你们饱餐吧？

斐 要是你有空闲，［随我］走走听听，你会有所得的。

苏 怎么？难道你不相信，按品达的说法，我会把［b10］做这事——也就是听听你和吕西阿斯怎么消磨时间——当做"远胜于忙碌"？[2]

斐 ［227c］那么你带路吧。

苏 你会讲就行。[3]

斐 当真，苏格拉底，听听嘛，至少适合你听一听。毕竟，我们围绕着它消磨时间的这篇讲辞啊，的确以我还不知道的某种［c5］方式充满爱欲呢。因为，吕西阿斯写的是引诱某个美人儿，[4]但又不是被有爱欲的人引诱，这

---

1 厄庇克拉特是雅典城邦的民主政治家，以蛊惑人心的骗子著称，公元前391年因斯巴达使团事件下台，最后以缺席审判处以死刑。莫瑞基亚以崇尚奢靡和美食著称，阿里斯托芬的剧作多次提到他。

2 品达（约公元前520—前450年）是生于忒拜的著名合唱抒情诗人，此句出自《伊斯忒摩凯歌》1.2。

3 ［译按］苏格拉底装得对听吕西阿斯的讲辞很有热望［爱欲］。

4 ［译按］斐德若说的是"吕西阿斯写的"讲辞，这表明吕西阿斯的这篇讲辞已经成文。

一点本身就是构思的妙处所在。吕西阿斯说,必须对没爱欲的人而非对有爱欲的人献殷勤。

苏 [天性]高贵的人哦!但愿他会写必须对穷人而[c10]非富人献殷勤,必须对上了年纪的人而非年轻人献殷勤,以及其他诸如此类[227d]切合我和我们多数人的事情。毕竟,那些言辞有城市文雅味儿,民众喜闻乐见。所以,我啊,的确已经有了热望要听听,即便你会径直溜达到麦加拉,按赫诺狄科斯的盼咐走到那儿的城墙再返回,[1] [d5]我都绝不离开你。

斐 再好不过的人儿啊,苏格拉底,你这话什么意思?[228a]吕阿西斯在当今文人中算最厉害的啦,他编织那篇东西也花了不少闲暇时间,[2] 难道你以为,像我这样一个常人竟配得上背下来?[3] 差远啰。我倒愿意背下来哦,这胜过一堆金子归我。

苏 [a5]斐德若呃,要是我连斐德若都不认识,恐怕我连我自己是谁都已经忘咯。哪儿会呢,我既不会不

---

1 赫诺狄科斯是原籍麦加拉的著名智术师,按普罗塔戈拉的说法,他善于以指导健身伪装传授智慧(《普罗塔戈拉》316d-e)。麦加拉是距离雅典大约四十公里的一个小城邦。
2 "编织"这个动词相当于如今的"写作"(谋篇布局、遣词造句),在临近结尾的278c-d的15行里,这个语词出现了四次。
3 [译按]"常人"这里指没有任何手艺(铁匠手艺、鞋匠手艺、写文章或言说技艺)的普通人。

认识你,也没忘记我是谁。我当然知道,那个听吕西阿斯的讲辞的人不会只听一遍,而是常常吩咐不断再念,吕西阿斯则热心[228b]服从。可那个听的人觉得,这还是不够,到头来他干脆把稿子拿过来,对他尤其渴望的地方看了又看。这就耗上了,从一大早坐到这会儿,于是撑不住要去溜达。凭狗头神发誓,[1] 我啊,相信他对那篇讲辞已烂熟于心啦,[b5]除非它实在有点儿太长。他正要去城墙外练练那篇讲辞呢。可他遇见这个有毛病[热爱]听言辞的人,一瞧见这人,没错,一瞧见,他就欣喜起来,因为他有了分享沉醉的伴儿嘛,[228c]于是吩咐这人领路。可这位对言辞有爱欲的人要求他讲的时候,他又卖起关子来,装作没欲望要讲。可他终归要讲的,如果没谁愿听,他甚至会强迫[人]听。得了吧,斐德若,你还是要求他这会儿赶紧做他现在就想[c5]做的吧。[2]

斐 真是哦,顶好我还是尽我所能讲吧;我觉得啊,若我不讲点儿这啊那啊的,你绝不肯放我走。

苏 我觉得这样真的对你顶好。

---

1 苏格拉底喜欢用的发誓语——狗头神指埃及的阿努比斯(Anubis)神,这个神有一个狗脑袋(《高尔吉亚》482b)。这个神的作用是在阳界与阴界或生者与死者之间传递信息,相当于希腊的赫尔墨斯神所起的作用。
2 起初斐德若用吕西阿斯的讲辞挑逗苏格拉底,现在苏格拉底也逗起斐德若来,因他发现了斐德若身上藏着吕西阿斯的讲稿。苏格拉底装得对吕西阿斯的讲辞有爱欲,但对吕西阿斯的讲辞真正有爱欲的是斐德若本人。

斐 [228d] 就这么着吧。不过，实实在在说，苏格拉底，我哪能个个字都背得啊。不过嘛，那要旨，以及吕西阿斯说如何区分有爱欲的与没爱欲的，我会按顺序说说各个要点，[d5] 就从第一点开始吧。

苏 别忙，亲爱的伴儿，[1] 第一点是展示褂子下你左手拿着的是什么。我猜你拿着的就是那篇讲辞本身；如果是它的话，你就得想想我，[228e] 我多么爱你啊。吕西阿斯就在这儿嘛，再怎么也用不着你来对我练啊。过来，拿出来！

斐 别抢别抢！你破碎了我的希望哦，苏格拉底，本来指望在你身上练一把的。算啦，你愿意我们在哪儿坐下来读？

苏 [229a] 我们从这儿拐出去，沿伊利索斯走；[2] 然后，在随便哪个你觉得安静的地儿坐下来。

斐 看来啊，真巧，我恰好没穿鞋；你嘛，当然总是打赤脚。这样，我们很容易用脚蹚 [a5] 着水走，而且不会不舒服，尤其是一年的这个时节，又是一天的这个时辰。[3]

---

1 这种称呼既有友谊含义，也有性爱关系含义——苏格拉底在后面（267a）称斐德若"我的乖乖"，则是典型的同性恋关系的称呼。

2 这是一条小溪，流入克斐索斯（Cephisos）河。现代考古家发现这地方离如今的 Kalirrhoe 不远，就在古老的城墙附近。在伊利索斯左岸还可见到潘神庙遗迹，不过未发现柏拉图写到的其他祭神处。

3 此为盛夏，接近午时。

苏 你领路吧,顺便瞧瞧哪儿我们可以坐下来。

斐 这不,你瞧见那株好高的梧桐没?[1]

苏 怎么会没?

斐 [229b] 那儿有树荫,风色合度,有草地坐,或者如果我们愿意的话,还可躺着。

苏 你领路吧。

斐 给我说说看,苏格拉底,传说波若阿斯 [b5] 抢走俄瑞逖娅不就在伊利索斯这一带?[2]

苏 传说是[这样]。

斐 是哪儿吗?瞧这溪水显得好妩媚哦,纯净、清澈,适合那妞在这边上玩。

苏 [229c] 才不是呢,还在这下面两三里远,我们[雅典人平时]从那里跨过这溪去阿格腊的那座圣祠,在那里的某个地儿还有座波若阿斯祭坛。

斐 我真还没注意过。[3]不过,说说看,向宙斯发誓,苏 [c5] 格拉底,连你也信服这神话传说是真的?

---

[1] 柏拉图似乎拿自己的名字做了一个小小的文字游戏:"梧桐"的希腊文 platanon(宾格)与柏拉图的名字发音很近。

[2] 俄瑞逖娅的字面意思是"跑山之女",她是雅典最早的国王埃瑞克特乌斯(Erechteus)的女儿。据传说,她在伊利索斯溪畔玩耍时被北风神波若阿斯劫走,生下两男两女,他们的儿子后来参加了阿耳戈英雄随伊阿宋求取金羊毛的远征。

[3] [译按]斐德若显得对雅典人的习传宗教已经陌生,这似乎是受智术师教育的结果。

苏 我要是像有智慧的人那样不相信神话传说,[1]恐怕也算不上出格嘛。如果要智慧的话,我会说,俄瑞绪娅正同法马珂娅玩儿,[2]波若阿斯的一阵风把她从山崖附近吹下去啦。所以,传说最终就成了她被波若阿斯[229d]抢走——又有说是从阿热斯山丘吹下去的。反正啊,她是在那儿而非这儿被抢走的,那说法就是这么说的。不过,斐德若,我啊倒是认为,这样一类说法固然在某些方面漂亮,其实,这种[说法的]男人虽然非常厉害,非常勤奋,却未必十分幸运。原因[d5]没别的,就因为在此之后,他必然会去纠正人面马形相,[3]接下来又纠正吐火女妖形相。[4]于是,一群蛇发女妖、双翼飞马[5]以及[229e]其他什么生物——遑论别的大量不可思议的生物,关于它们的八卦说法稀奇古怪——就会淹没他。如果谁不信

---

1 "有智慧的人"指智术师。
2 法马珂娅是叙利亚国王之女,在柏拉图之前未见记载,此处也许影射"药"。[译按]这个人名的前两个音节与希腊词 pharmakon[药、神奇物、毒药、解药]的前两个音节相同。
3 [译按]这里用了被视为柏拉图作品关键词之一的 eidos[形式、形相],在后面谈到灵魂时,柏拉图大量使用这个语词,似乎把人的灵魂比作人面马。
4 吐火女妖出身神族,为厄客德娜和百头怪所生,具有三种兽性力量:"头部是狮,尾巴是蛇,腰身是羊,嘴里可畏地喷出燃烧的火焰的威力。"(《伊利亚特》卷六 179-184)
5 蛇发女妖共有三位,她们的目光让所见者变成石头——墨杜萨的头就是这样被化为石头的,珀尔塞斯砍下这化为石头的头后,这头竟然生出双翼飞马。

这些，[非要]用上某些个粗糙的智慧把这个个[生物]比附成看似如此[的东西]，就会搭上自己大把闲暇。[1] 我可没一点儿闲暇去搞这些名堂。至于[e5]原因嘛，亲爱的，就是这个：我还不能按德尔斐铭文做到认识我自己。连自己都还不认识就去[230a]探究[与自己]不相干的东西，对我来说显得可笑。所以，我让所有这些做法一边儿去，人们今儿习惯上怎么说这些生物，我就信之若素，我才不去探究这些，而是探究我自己，看看自己是否碰巧是个什么怪兽，比百头怪还要曲里拐弯、欲火[a5]中烧，[2] 抑或是个更为温顺而且单纯的动物，天性的份儿带几分神性，并非百头怪的命份。[3] 啊呀，友伴，说着说着，

---

1 "看似如此／或许如此"的原文（eikos）是动词 eoika [相像、像是、适合于] 变来的现在分词中动态中性（复数形式为 eoika），本是个日常语汇，在智术师那里被用来指一种修辞技艺，即制作"看似如此／或许如此"（plausibility）的说法，以取代人们无法获得的事实真相或确知的知识。"看似如此"成了智术修辞的标志，吕西阿斯正是依赖这种技艺来制作讲辞（其中四次用到 eikos）。

2 "百头怪"（Typhōn）是该亚（大地神）所生的最后一位孩子，有一百个蛇头，能同时发出不同的声音。宙斯用雷电击杀后扔到西刻西亚荒野，使得那里经常有地震。赫西俄德在《神谱》（820-835）中用颇长篇幅描述了百头怪的诞生和样貌。

3 苏格拉底玩了一个语词游戏："并非百头怪的"（un-Typhonic）听起来也可以是"并不狂妄"或"并不欲火中烧"，因为 Typhōn [百头怪] 这个语词与名词 typhos [热症、狂妄自大] 和动词 typhomai [欲火中烧] 都有词源关系，非常接近。动词 typhomai [欲火中烧] 的含义也可以意味着"被百头怪逮着"。

这不就是你要引我们来的那棵树吗?[1]

斐 [230b] 当真,就这棵。

苏 凭赫娜,这落脚的地儿真美!这棵梧桐尤其茂盛、挺拔,那贞椒既高挑又浓荫,多美啊,花瓣俏[b5]枝头,芬芳铺满地……[2] 再有,这梧桐下的涌泉多诱人,流淌着的泉水多清凉,不妨用脚来证明一下。从这些少女塑像和这些画像看来,是水泽女仙和阿刻罗俄斯[河神]出没的地儿![3] [230c] 要是你愿意的话,[我想]进一步说,这地儿的徐风多可爱,舒服极啦;夏日的声音多清脆,应和着蝉的歌队。最精妙不过的是这地儿的草地,顺着斜坡自自然然躺在柔和之中,头正好舒舒坦坦

---

[1] [施疏]神话不是知识,表明神话涉及的事情无法证明,或者说人类对这些事情没可能拥有知识,或要获得知识至少非常困难。我们无法或很难获得知识的事情有哪些呢?苏格拉底最感好奇的是个体灵魂及其命运(尤其生前和死后的命运),这类事情就属于很难获得知识的一类。在这个说到神话的"真实"问题的著名段落(229c4 – 230a7)中,苏格拉底很狡猾,他没有直接回答神话传说是真抑或假(回避实质性问题),而是说自己没功夫去考究这些关于吐火女妖、双翼飞马之类奇奇怪怪"生物"的说法。其实,苏格拉底最有兴趣的就是这些奇奇怪怪的"生物"——也就是灵魂("生物"一词的原文是"自然天性")。个体灵魂有如吐火女妖、双翼飞马之类,奇怪无比。

[2] 苏格拉底化用了一行萨福诗句,比较《萨福残篇》2。

[3] 按赫西俄德,水泽女仙由天神乌兰诺斯与该亚所生(《神谱》130),或由天神的血而生(《神谱》187)。她们又称作泉之精灵,泉水往往带有神意。阿刻罗俄斯是希腊最长的河流,为三千位河神中最年长者。

枕着。[c5] 亲爱的斐德若，你给异乡人做向导做得太棒啦。

斐 你这人哪，哎哟，真奇怪，显得有些个出格之极。简直就像你所说，你的确像个由人领路的异乡人，哪儿像本地人。[230d] 你就没离开过家，既没出过城，也没跨出过这地界，我看啊，你就没走出过四周的城墙。

苏 你得顾着我啊，我的好人儿。毕竟，我热爱学习。田园和树木不愿意教我任何东西，[d5] 倒是城里的世人愿意教。你让我觉得啊，你找到了这疗药把我引出[城]来。就像有人拿点儿什么绿叶或果实对饥饿的动物晃啊晃地引诱，在我看来，你也这样子拿稿子中的言辞伸到我跟前，引我兜着 [230e] 阿提卡到处转，愿意引我到哪儿就到哪儿。不过，反正我们已经到这儿了，我觉得我要躺下啦，你呢，认为什么姿势念起来最轻松，你就取那姿势念罢。

斐 [e5] 那就听好噢。

关于我的事情嘛，你已经知道得很清楚，而且，这事的发展嘛，我认为对我们[俩]都有好处，这你也听过了。可我指望的是，我所需要的不至于因为 [231a] 这一点而落空，即我碰巧并非对你有爱欲。

那些 [有爱欲的] 人欲望一旦停歇下来，莫不追悔自己所献的殷勤；而这些 [没爱欲的] 人呢，就没功夫来改变主意。毕竟，他们并非出于必然而是出于［a5］心愿，[1] 就像为自家的事想尽办法那样，按自己的能力献殷勤。

何况，那些有爱欲的人总在考虑，由于这份爱欲，他们献过的殷勤会让自己蒙受什么损失，为了补偿付出的辛苦，［231b］他们满以为给被爱欲者的好处早该得到回报了。没爱欲的人却不然，既不会假装为了爱欲而不顾及自家，也不会计算过去所付出的辛劳，更不会［因此］埋怨［b5］与亲属们的不和。所以啊，由于排除了诸如此类的坏处，他们无牵无挂，热忱地做自己认为会让被爱欲者高兴的事情。

何况，如果有爱欲的人值得［231c］看重是由于这一点，即他们声称他们对自己所爱欲的人儿爱得不行，为了讨被爱欲者们欢心，[2] 说什么做什么都行，不惜得罪别人，那么，其实很容易认识到，如果他们说的是真实，［c5］那是因为他们爱欲新欢远甚于旧爱——很清楚嘛，只要新欢们觉得行，他们就会对旧爱使坏。老实说，把如此［珍贵的］东西抛付给［231d］一个有这般际遇的人，[3] 不就看似如此嘛——即便没经验的人不也会竭力躲着

---

1 ［译按］所谓"必然"指受爱欲的本能驱使。
2 "被爱欲者们"为复数，除了语法要求外，还暗示有爱欲的人不止一个被爱欲者，他们总会更换自己的被爱欲者。
3 "如此［珍贵的］东西"指爱欲者自己的"好名声"（如"童贞"），"这般际遇"指让爱欲者获得性享受（对观231a1，232b6-c2）。

这种际遇吗？毕竟，有爱欲的人自己都承认，他们有病，而非神志清醒；[1] 他们甚至知道自己心思低劣，但就是没能力控制自己。所以啊，一旦脑子回过神来［不再爱得要死要活］时，［d5］他们怎么会不认为，自己在如此［爱得不行的］状态下的考虑低劣得很呢？

再说吧，如果要从有爱欲的人中挑个最好的，可供你挑的兴许只有极少数人，倘若你要从没爱欲的人中挑个最适合你的，可挑的就是多数人。所以，［231e］在多数人中幸遇一个值得你这份友爱的人，希望会大得多。

如果你畏惧那个法律亦即那个习规，[2] 畏惧世人一旦得知你会遭受闲言碎语，那么，看似如此的是，［232a］有爱欲的人会以为别人羡慕他们，就像他们自己羡慕自己，于是大肆吹嘘，自鸣得意地向所有人显示，自己所费的辛劳没白忙乎。那些没爱欲的人却把握得住［a5］自己，会挑最好的，而非世人所看上的。何况，多数人必然会听到和看到有爱欲的人［整天］跟着那些被爱欲者，只干这一件活儿。所以，多数人只要一瞧见他们在相［232b］互交谈，就会以为他们要么刚欲火中烧地在一起过，要么即将就要欲火中烧地在一起。对没爱欲的人呢，多数

---

1 "神志清醒"这个动词与名词"节制"有相同词干。
2 "那个习规"指人们对同性恋的负面看法，算是未成文习规，并非既定法律（参《会饮》182a–184a）。

人却不会因为这种在一起就起心去说这说那〔指责〕，他们知道，与人交谈是必然的嘛——不是由于友爱，就是由于别的〔b5〕什么乐趣。

再说吧，你难免会有畏惧，认为友爱难以天长地久，时过境迁，发生口角，就会给双方共同带来〔232c〕不幸。然而，要是你抛付了你最值的东西，受到最大伤害的当然就是你咯。看似如此的是，你兴许更应该畏惧有爱欲的人。毕竟，惹有爱欲的人不高兴的事情实在太多，他们会把发生的任何事儿都看作是对自己的伤害。所以，〔c5〕他们总是阻止〔自己的〕被爱欲者与别人在一起，既畏惧拥有财富的人靠财富把自己比下去，又畏惧受过教育的人与自己在一起时比自己更强。那些因获得这样或那样的〔232d〕好东西而有能力的人，个个被他们盯得紧。因此，他们劝你同那些人闹翻，把你搞得一个朋友也没有。但是，一旦你顾及自己的利益，比他们更有头脑，你就会与他们闹掰。可没爱欲的人呢，靠〔d5〕德性去求得自己所需要的，岂会妒忌你与那些人交往啊，他们倒是会憎恨对你没愿望的人，因为没爱欲的人认为〔自己〕会得益于与你的交往，而对你没愿望的这些人却瞧不起你。所以啊，〔232e〕对没爱欲的人来说，从这种事情中产生出友爱而非敌怨的希望要多得多。

再说吧，大多有爱欲的人欲求的是〔你的〕身体，并不了解〔你的〕个性，〔e5〕也不熟悉属于〔你的〕个性的其他方面。所以，他们自己并不清楚，一旦欲望停歇下来，他们是否还愿意友爱继续下去。[233a]那些没爱欲的人呢，在做这些事情之前就已经相互友爱。[1]因此，从这些事情得到的享受兴许看似不会消磨他们的友爱，毋宁说，对这些事情的回忆会留至将要到来的这些事情。

何况，适合你的是，[a5]听从我而非听从一个有爱欲的人，才会成为最好的人。毕竟，即便违背最好的东西，有爱欲的人也一味赞扬你说的和做的，这一半是因为他们怕招恨，一半是因为[233b]欲望使得他们的认知变得很糟。说实话，爱欲所展示的不过就是诸如此类的情形：若事不凑巧没办成，换别人不会觉得痛苦，爱欲却让[有爱欲的人]认为沮丧得不行；若事碰巧成了，换别人没什么值得乐的，爱欲却迫使有爱欲的人赶紧大肆赞美。[b5]所以，有爱欲的人更适合被爱欲者可怜而非追慕。

不过，要是你听从我，那么，首先，我与你交往，不会[只]盯住眼前的快乐，而是也会[233c]顾及未来的益处。我不会屈服于爱欲，而是支配爱欲；我不会为一丁点儿小事大发脾气，遇到大事，火气也会一点点慢慢儿来；无心之失，不会在意，存心之过，则[c5]防之于未然。凡此都会证明，友爱会天长地久。当然咯，

---

[1] "做这些事情"指云雨之事。

如果你这会儿心想，除非爱欲起来，否则不会产生强烈的友爱，[233d]那么就应该用心考虑考虑，[若是那样]我们就既不会为我们的儿子们也不会为我们的父亲和母亲付出很多，我们也不会获得可信靠的朋友——他们可不会产生于那样一种欲望哦，只会产生于另一种追求。

[d5]何况，若是应该给那些最有需要的人献殷勤，那么，在别的情况下也[应该]不是对最优秀的人好，而是对最无助的人好才恰当。毕竟，一旦最无助的人从种种最大的困境中解脱出来，就会对救助者感恩不尽。

再说吧，设私[233e]宴时，值得邀请的不是朋友，而是乞丐和需要填饱肚皮的人。毕竟，这些人会爱戴你、跟从你，来到你门前，乐得不行，感激不尽，[e5]肯付出许多好东西。同样，[应该]不是对最有需要的人好，而是对尤其有能力报恩的人好才恰当；[应该]不是对仅仅恳求的人好，[234a]而是对就事情而言值得的人好才恰当；[应该]不是善待贪图你的青春的人，而是善待即便你老了也能让你分享他们的好东西的人才恰当；[应该]不是对有点儿成就便向别人炫耀的人好，而是对因害[a5]羞而在所有人面前都闭口不提[自己的成就]的人好才恰当；[应该]不是对一时对你热乎的人好，而是对终生与你保持不渝友爱的人好才恰当；[应该]不是对欲望一旦停歇便为敌怨找借口的人好，而是对当你年老色衰仍会[234b]展现自己的德性的人好才恰当。

因此，你呀，得记住我刚才说的，并把这一点放在心上：朋友们难免会因有爱欲的人一门心思干坏事而指责他们，[1] 亲戚们从来不会因没爱欲的人在涉及自己的利益时［b5］打了坏主意而责备他们。

也许你会问我，我是否建议你对所有没爱欲的人都献殷勤。我嘛，是这样认为的：即便有爱欲的人也不会要求你对所有有爱欲的人有这样一种［234c］想法。毕竟，即便有爱欲的人要［从你这儿］得到好处，也与这好处不相称，而你即便想要摆脱别人的注意，也同样没可能。从［爱欲］这种事情中不应该生出一点儿害处，倒是应该给双方带来益处。

我嘛，我认为我说的这些已经够了。［c5］不过，如果你还有什么渴求，认为［我］遗漏了什么，你尽管问吧。[2]

斐　你觉得这篇讲辞怎么样啊，苏格拉底？在辞藻和其他方面说得来都挺神乎吧，不是吗？

苏　［234d］当然啦，精灵透啰，友伴，我都惊呆

1　这话的意思是：有爱欲的人难免会对被爱欲者做出极端的事情，惹来被爱欲者的朋友或家人关注。
2　吕西阿斯以语词游戏结束讲辞：最后一个语词"问"与"爱欲"这个作名词的分词宾格词形（erōta）相同，仅音调符号有差异。只要稍稍变换一下音调，这个句子就成了"如果你还渴求爱欲"。按《克拉提洛斯》398d，erōs 的词源被考索成"问问题"（erōton）。

啦。不过，由于你，斐德若，我才感受到这一点，我瞧你啊，在念这篇讲辞的过程中，我觉得，你神采飞扬哦。[1] 我认为，在这些事情方面，[d5] 你比我在行，我跟随着你，而且在跟随时与你这个神样的脑袋一起酒神信徒般地沉醉。

斐 就是嘛。可你觉得这样是在好玩而已？

苏 我让你觉得我是在好玩，不严肃？

斐 [234e] 哪里哪里，苏格拉底；凭友爱之神宙斯发誓，对我说真的，你认为，在希腊人中还有别的谁能就这同一件事情说得更有分量、更宏富的吗？

苏 [e5] 怎么？我和你还必须得在这方面夸这篇讲辞？也就是还得夸这位作讲辞的说了必须说的东西，而非仅仅夸个个语词被精确地雕琢得既清晰又婉转？如果必须夸的话，我就必须让着你咯，因为那会儿我失去了知觉，我不是我 [235a] 自己啦。毕竟，我集中注意力的仅仅是这讲辞的修辞方面，而且我想，在这一点上，吕西阿斯自己恐怕也未必会以为这讲辞称心如意。

其实啊，斐德若，除非你有别的什么说法，我倒觉得，吕西阿斯翻来覆去说的是同样的事情——尽管他在同一件事情上说了 [a5] 很多，似乎他说得并不那么得心应手；要不然，他也许并不关切这样的事情。我觉得啊，

---

1 斐德若的名字（phaidros）与"神采飞扬"这个动词的含义同义。

他显得青春劲儿十足，要展示自己有能力对同一件事情既这样说也那样说都说得极好。

斐 [235b][你说的]全是废话，苏格拉底！毕竟，这一点本身恰恰是这篇讲辞尤其突出的地方；毕竟，在这事情上凡能够值得说的，一点儿没遗漏啊。所以，就谈论这些事情而言，恐怕没人有能力说更多别的和[b5]更多值得说的啦。[1]

苏 这一点我确实不能被你说服。毕竟，要是我为了讨乖依着你，那些说过或写过同样事情的有智慧的古代男人和女人就会反驳我。

斐 [235c]这些人是谁呀？你在哪儿听到过比这些[说法]更好的？

苏 这会儿我一时说不上来——不过，明显的是，我的确曾经从一些人那里听到过，兴许从美人萨福那里，或者从智慧的阿那克瑞翁那里，[2]再不然就是从某些文人那里[听到过]吧。[3]可是，我这样说，凭据从何而来呢？

---

1 斐德若模仿吕西阿斯的表达：语词重复，尤其结尾时叠用近义词。
2 萨福是著名女诗人，生活在大约公元前7世纪末至公元前6世纪初，比苏格拉底早生大约140年——按巴霍芬（Bachofen）的说法，萨福差不多就是柏拉图笔下的狄俄提玛的原形。阿那克瑞翁是公元前6世纪的抒情诗人，比萨福晚生大约40年。
3 "文人"与"诗人"相对，指不用格律写作——"文章"的含义在古代很宽泛，包括法律文书在内的所有不用格律的文体。在公元前5世纪晚期，文章论及"爱欲"成了一种时尚，一直延续到公元前4世纪。

[c5]怎么我[这会儿]感觉胸口堵得慌啊,你这精灵鬼呢,怕是我也能就这些事情另说一套吧,而且不会差。当然,我心里明白,这些东西绝非出自我自己,我知道得很,自己知道自己没学识。因此我认为,剩下的[可能性]是,通过倾听,从某处来的陌生[235d]流泉像灌容器一样把我给灌满啦。可是,由于迟钝,我又忘记了这些个事情是怎样听到和从谁那儿听来的。

斐 最高贵的人儿哦,你说得太美啦!你啊就[d5]别告诉我从谁那儿听到和怎么听到的,即便我求你说——但你说的这事可得做啊。你已经答应,脱开稿子上的这些另说一套,而且说得更好,篇幅也不会更少。我呢,许诺像九位执政官那样给德尔斐立一尊个头一样大小的金雕像,不[235e]仅我自己一尊,你也一尊。[1]

苏 你太够朋友咯,斐德若,如果你认为我说[得没错],吕西阿斯完全搞错了,而我确实能够就同样的事情说得处处不同,真的[给我]立尊金的喔。老实说,出这种错[e5]连再蹩脚的文人也不至于啊。就拿这讲辞的题旨来说吧,既然说的是应该对没爱欲的而非对有爱欲的献殷勤,你难道会不以为,接下来就得既赞颂[没爱欲的]有头脑,[236a]又责骂[有爱欲的]没头脑?

---

[1] 雅典的九位执政官曾立下誓言,一旦违反法律,他们就向德尔斐进贡一尊金像。参见亚里士多德,《雅典政制》卷七1。

这些无论如何都是必不可少的嘛，否则还有别的什么可说呢？算啦，我认为啊，得允许这样的说法，甚至得原谅这样说的人。就这类话题而言，必须称赞的其实不是立意而是谋篇。若涉及的不是必不［a5］可少的，而立意却煞费心思，必须称赞的才除了谋篇是立意。

斐 你说的我同意，毕竟，我觉得你说得合度。这样吧，我也来个如法炮制。我给你立个题：［236b］有爱欲的比没爱欲的人更病态。你呢，就说接下来的，若说出比吕西阿斯所说的更多别的和［b5］更多值得说的，你就作为一尊用锤子打造出来的［金］祭像立到奥林匹亚［神庙］中库普塞罗斯的祭像旁边吧。[1]

苏 我不过逮着你的乖乖逗你玩，[2] 斐德若，你就对我动真格啊？你以为我真的打算另说一套，说得更为五颜六色，把那人的智慧比下去？[3]

斐 一点儿没错，我亲爱的，你同样被［236c］拿住咯。你绝对得说，怎么说都行，把劲儿都使出来。不

---

1 库普塞罗斯是公元前6世纪末的科林多僭主——他的儿子佩里安德（Periander，约公元前657—前587）也是著名僭主。用锤子打造金像比用模子铸造金像要难得多、也精致得多。

2 "你的乖乖［男孩］"指吕西阿斯。

3 "五颜六色"这个语词（亦见277c）在《王制》中被用来描绘欲望复杂的灵魂，尤其民主制度下的各色灵魂，甚至有一次用来指带野兽本性的人的灵魂（《王制》588c）。

过，留神点哟，咱俩别被逼得像谐剧搞的下作事儿那样相互讽来讽去，可别逼我对那个人说："呃，[c5]苏格拉底，要是我连苏格拉底都不认识，恐怕我连自己是谁都已经忘咯，"或者，"他本来欲求要讲，却又卖起关子。"你想清楚了，若你不把你说堵在心里的说出来，我们就待这儿不走啦。在这荒凉之地单单就我们[俩]，[236d]我更壮，也更年轻，从所有这些来看，"你懂我说的是什么意思。"——别敬酒不吃吃罚酒，自愿说才好。

苏 哎呀，有福的斐德若呃，要我这常人一个[d5]就同样的事情即时口占，与一个好诗人比[高下]，[1] 岂不成笑料。

斐 你也知道有这回事？别再对我装得来不好意思啦！不然的话，我会有话头来强迫你非说不可。

苏 你可千万别说。

斐 别说？可我就要说！君子一言驷马难追。[2][d10]我向你发誓——可凭谁发誓呢，凭诸神中的谁呢？要不你愿[236e]意[我]凭这儿这棵梧桐[发誓]？就凭这吧——要是你不当着这梧桐的面口占一篇讲辞，我[发誓]绝不会再给你展示或传达任何人的任何讲辞了。

---

1 [译按]"要我这常人一个……"模仿斐德若在开头的说法（228a3）。"诗人"拥有写作技艺，与没有任何技艺的"常人"对比。
2 仿《伊利亚特》卷一 239 阿基琉斯对阿伽门农的愤怒之言。

苏 哎呦，好狠心喔！竟然想出这招强迫一个热爱言辞［e5］的男人做你要他做的事情。

斐 既然如此，干嘛还不转变［态度］？

苏 没得说咯，既然你发了这誓。我怎么能够脱离这样一种盛宴啊？

斐 ［237a］那就讲吧！

苏 你知道我会怎样作［讲辞］吗？

斐 怎样［作］啊？

苏 我会［用袂子］把头蒙起来讲,[1] 以便这讲辞飞快［a5］从我经过，免得一瞧见你，我会因羞耻而不知所措。

斐 快讲喔！其他嘛，你想要怎么做都行。

苏 引领我吧，缪斯们，无论你们是因歌咏的形相还是因你们出自善乐的利菊薤族而有清妙嗓音这个别名,[2] "祈求你们与我一起歌唱"这故事吧,[3] 这儿这个真绝了［a10］的家伙逼我讲，好让他的友伴——先前他就

---

1 ［译按］普罗塔戈拉曾说，老派智术师传授智慧时用"外套"伪装自己——这些"外套"有叙事诗、抒情诗和健身术三类。参见《普罗塔戈拉》315d，亦参《书简七》340a。

2 希腊北部 Genua 地区的利菊薤族人以爱唱歌闻名，据说打仗时其军队有一半用唱歌陪战。利菊薤人（Liguōn）这个语词与"嗓音轻妙"（ligeiai）的词干谐音。

3 古老的诗歌常以祈求缪斯起始。柏拉图作品中的所有讲辞，唯有这篇以呼唤缪斯起头。苏格拉底称接下来的讲辞为"故事"［神话］，后来他用了相同语词来称呼他讲的灵魂马车故事（参见253c）。

[237b] 觉得这友伴有智慧——现在更显得有智慧！

从前啊，有这样一个男孩，其实更可以说是少男，他长得忒漂亮，有好一大把爱欲者。不过，他们中有一个挺狡猾，虽然他并不［比别的爱欲者］更少爱欲着这男孩，却想要说服这男孩［相信］自己［b5］并不爱欲他。迫于这种情形，有一次他要说服这男孩［相信］这一点本身，即这男孩应该对没爱欲的而非有爱欲的献殷勤。他是这么说的：

关于所有这些事情啊，我的乖，[1] 凡想要考虑得好，［237c］就得有一个原则，即必须看到究竟要考虑什么，不然的话，必然会整个儿搞错。许多人都没注意到，他们其实并不知道每件事情的实际所是。所以啊，由于他们［以为］知道［事情的实际所是］，在一开始考察时并未求得一致，在考察下去时，他们得到的回报难免是看似如此［的东西］。［c5］毕竟，他们既没有与自己求得一致，也没有相互求得一致。因此，我呢，还有你，我们可别再犯我们指责别人所犯的这种过错。不过，既然你和我面临的说法是，一个人应该喜欢上有爱欲的还是喜欢上没爱欲的，就得对爱欲究竟是什么以及有何种大能

---

1 这种称呼是同性恋关系中的爱欲者对被爱欲者的昵称，带勾引意味。苏格拉底在这篇讲辞的开头这里和结尾（241c）以及下一篇讲辞的开头和结尾（243e，256e，还有252b）都用到这个称呼。

[237d] 求得一致的界定。通过回顾和应用这个界定,我们才能切实考察爱欲究竟带来的是益处还是害处。

其实啊,每个人都清楚,爱欲不过是某种欲望。而且,即便没爱欲着的人也欲望[d5]美的东西,这一点我们也知道。那么,我们又该怎样区分有爱欲和没爱欲的呢?必须注意到,我们每个人身上都有两种型相在起统治和引导作用,[1] 它们引领到哪儿我们就跟到哪儿。一个是天生的对诸快乐的欲望,另一个是习得的、趋向最好的东西的意见。这两种型相在我们身上有时一心[237e]一意,有时又反目内讧;有时这个掌权,有时那个掌权。当趋向最好的东西的意见凭靠理性引领和掌权时,这种权力的名称就叫节制。[238a]可是,若欲望毫无理性地拖拽我们追求种种快乐,并在我们身上施行统治,这种统治就被叫做肆心。

肆心有多种名称,因为它多手多脚、形相多样。[2] 这些[欲望]型相中的一种会因偶然变得特别突显,它逮着谁,谁就会[a5]得到它所叫的那个名称——这名称既不美,也不值得去获得。毕竟,当涉及吃的欲望掌管了关于最好的东西以及其他东西的欲望的说法,就叫做

---

1 这里的 idea [型相] 为一般用法,并非所谓柏拉图式的"理式"含义。
2 对观开场时苏格拉底提到的神话中的怪物(229d)和百头怪(230a),亦参《王制》卷九 580d–e。

[238b]贪吃狂,¹ 被这种欲望逮着的人就会得个贪吃的名。若在醉饮方面有僭越的欲望,就会以同样方式把一个人引向所得到的东西——明摆着他会遇到被叫个什么名。

其余相属的欲望也会得到相属的名称,[b5]很清楚,拥有权力的欲望总适合其所叫的名。为什么要说所有刚才[说的]这些,已经差不多清楚啦。不过,说出来的总比没说出来的更清楚。毕竟,一旦没理性的欲望掌管了冲向正确的意见,[238c][使得这欲望]被引向了美的快乐,而且,这欲望又受到与自身同类的求身体之美的欲望的强劲驱使,并凭靠[这种欲望]引导获得胜利,从这种劲儿本身取得的名称,就被叫做爱欲。²

[c5]等等,亲爱的斐德若,我觉得自己仿佛已经被某种神样的感受攫住,我让你也觉得这样吗?³

斐 当然,苏格拉底,与惯常不同,某种行云流水逮着你咯。

---

1 贪吃狂等等名称暗示缺乏节制德性。
2 苏格拉底界定"爱欲"时玩了两个修辞游戏——首先是句式游戏:全句是个复合句,以简短的主句"就被叫做爱欲"结尾,前面是很长的条件从句。这个条件从句说的是欲望,于是,"爱欲"似乎是由"欲望"驱动出来的。再就是谐音的文字游戏:erōs[爱欲]与errōmevōs[强劲地]和rōstheisa[被驱动]以及rhōmēs[力量]的词干谐音,似乎 erōs[爱欲]来自 rhōme[力量]。
3 苏格拉底在完成对"爱欲"的界定时突然停住,除了幽默还有别的意思:他自己身上开始出现某种"爱欲"。

苏 别做声，听我说。这地儿好像的确 [238d] 有神，所以，在讲下去时，一旦水泽女仙兴许附体在我身上，[1] 你可别惊讶哦。毕竟，眼下我发出的声音差不多就是酒神吟曲啦。[2]

斐 你说得千真万确。

苏 [d5] 都怪你！算啦，听下去罢，也许，这罩在我头上的东西会离开的。反正这些事儿取决于神，我们得回头说那男孩。

那好，勇敢的孩子，在这个节骨眼上，必须得考虑的东西已经说过和区分过了，接下来要考察的是 [238e] 我们要说的余下的事情，即对于献殷勤的被爱欲者来讲，从有爱欲的或没爱欲的人那里产生出来的看起来究竟是益处还是害处。受欲望统治的人给快乐当奴仆，必然会让自己想尽办法使这个被爱欲者快乐。可是，对这个正在害病的人来说，[e5] 凡不与他抵牾的东西就是快乐，凡比他更强和与他一样的都遭恨。[239a] 因此，有爱欲的不愿意承受男孩比自己更强或与自己一样，总是做得让 [被爱欲者] 更弱、更有欠缺。没学识比有智慧更弱，怯懦比勇敢更弱，

---

[1] "水泽女仙附体"指疯癫地欲求或产生欲求的狂热精神状态，提到水泽女仙在柏拉图的作品中仅此一见。

[2] 在《克拉提洛斯》(409c) 中，苏格拉底有过一段冗长、荒谬的词源分析，称之为"酒神曲"。

木讷比善于言辞更弱，思想迟钝比思想敏捷更弱。[1]

如果被爱欲者身上有许许多多这样的毛病，[a5]甚至在思想上有更多的毛病——无论这些毛病是被爱欲者养成的还是天生就有的，爱欲者必然就会在被爱欲者身上找到快乐，否则就得准备失掉即刻的快乐。因此，他必然好妒忌，[239b]阻止被爱欲者与许多别人交往，尤其阻止被爱欲者与那些有益于他成为男子汉的人交往，从而必然是［被爱欲者的］大害处的原因，最大的害处莫过于阻止被爱欲者与那种会使得自己成为极有头脑的人交往。恰恰是神样的热爱智慧这种东西，爱欲者必然[b5]要让男孩离得远远儿的，深怕自己会［因此］被瞧不起。总之，他想出法子让被爱欲者对所有事情完全无知，什么事情都得瞧他这个有爱欲的［脸色］，这样，被爱欲者就会让他快乐得不行，自己却会被害得极惨。反正啊，就[239c]思想方面而言，有爱欲的男人绝不宜做监护者和同伴。

爱欲者兴许会成为这个身体的主人，由于这个主人被迫追求的是快乐而非追求好，接下来我们必须看看［被爱欲者的］身体状况和培育，[c5]以及［爱欲者］会怎样培育［被爱欲者的］身体。人们会看到，爱欲者追求的身体

---

1 传统的四德是：智慧、正义、节制、勇敢，这里仅提到智慧和勇敢，正义和节制被会搞修辞和脑筋转得快取代。［译按］在《普罗塔戈拉》中，苏格拉底让在座的所有人看到，普罗塔戈拉自称有智慧和勇敢，但他缺乏节制和正义，因为他用善于修辞和脑筋转得快取代了节制和正义。

宁可是软绵绵的而非硬朗的,宁可不是在大太阳下而是在大阴天中养育起来的,宁可它从未经历过男人的艰辛和流干汗,[1] 却习惯于娇嫩的、没男子[239d]气的生活方式,因缺乏本有的肤色而[在身上]缀以奇异颜色和饰品。随这些而来的所有其他诸如此类的做派很清楚,不值得进一步再往下说,[2] 不妨划分出一个要点,然后往下说别的。毕竟,一个如此这般的[d5]身体,在打仗和别的紧要关头倒是会给敌人壮胆,朋友们甚至爱欲者自己却会提心吊胆。

这一点既然如此清楚,就得让它过去,得说的是接下来的:[239e]对我们来说,就所拥有的来看,结交有爱欲的和由爱欲者来监护的话会带来什么益处和害处。至少,这一点每个人都很清楚——爱欲者[自己]尤其清楚,即他会祈求所爱的人拥有的最亲爱、最中意[e5]甚至最神样的东西统统丧失。毕竟,爱欲者会接受被爱欲者被剥夺父亲、母亲、亲戚和朋友,[240a]认为这些人会阻止和监管他与被爱欲者的快乐交往。[3] 不仅如此,爱欲者还会认为,拥有钱财或其他财物的被爱欲者同样

---

1 古希腊人说的"干汗"指体育锻炼时或打仗时流的汗,与病人的汗不同。
2 非常审慎地暗示性方面的谴责:有爱欲的人想让被爱欲者在身体方面特别娇嫩。
3 [译按]对观普罗塔戈拉说,智术师"在各大城邦转,说服那儿最优秀的青年们离开与别人在一起——无论熟悉的人还是陌生人,老年人还是年轻人——来跟他在一起"(《普罗塔戈拉》316c6-9)。

不容易搞到手,即便到手也不容易掌控。出于这些,完全必然的是,爱欲者会[a5]妒忌拥有钱财的男孩,男孩的钱财散了他就高兴。爱欲者甚至会祈求男孩尽可能长久地没老婆、没子女、没有家庭,欲求尽可能长久地享用[与]被爱欲者的甜蜜。

当然,还有一些别的坏处,可是,某些精灵在大多数[240b]这些坏处中掺和了即刻的快乐。比方说,谄媚者这种可怕的野兽是一大祸害,自然却掺入了某种并非没有诗艺的快乐。[1] 有人兴许会谴责妓女是害虫,以及许多别的诸如此类的尤物和做派,[b5]这些至少时不时有可能是快乐。[2] 但对于男孩来说,爱欲者除了是害虫,还是整天在一起过日子的所有东西中[240c]最让人不快乐的东西。毕竟,正如老话所说,"同龄人喜欢同龄人"。因为我认为啊,时光的相等会引导出一样的快乐,通过这种[年龄]相同会带来友爱——当然咯,这种在一起同样难免餍足的时候。

再说,任何事情只要有强迫的成分,[c5]任何人都

---

1 "并非没有诗艺"指曲意奉承多半带有缪斯的技艺,对观《蒂迈欧》23b;对谄媚者的描绘,对观《书简七》326c。
2 有谄媚者这种类型的人,是因为人的天性喜欢虚荣;反过来说,由于人的天性爱虚荣,才会出现谄媚者。同样,由于人的自然(性欲),才会有迎合这种欲望的妓女。这里说的是技艺与快乐的关系:为了达到目的,谄媚者和妓女都得有让人快乐的"技艺"。

会感到沉重，而爱欲者与男孩的关系，除了［年龄］不相同，强迫的情形尤甚。毕竟，年老的与年轻的在一起，年老的才不愿与年轻的日夜分离呐——他受［240d］必然驱使，芒刺般心如火燎，[1] 而这心如火燎总是给他快乐，驱使他非要眼睛看到、耳朵听到、手摸到甚至所有感觉触及被爱欲者，以至于紧紧粘住被爱欲者才算快乐。

可是，爱欲者的这种心如火燎会给被爱欲者什么样的激励［d5］或何种快乐呢？被爱欲者与爱欲的［老年］人在一起的整个时光走到头，难道不会是不快乐？被爱欲者看到的是老态龙钟，年老色衰，其他随之而来的也如此。[2] 这些即便说起来［240e］也让人听着不爽，更不用说行为上总是在强迫的逼迫下去应对［这些事情］：［被爱欲者］无时无刻不被看守满怀狐疑地盯得死死的，既得听种种夸张的不合时宜的赞美，又得听同样的指责——［e5］［爱欲者］清醒之时［说的］已经不可忍受，再要酩酊大醉，放纵毫无约束且漫无边际地放肆言辞，[3]［被爱欲者］除了不可承受，还得加上感到羞耻。

1　［译按］希腊文"芒刺"本身就有"心急火燎"、"发狂"等含义。

2　"其他随之而来的"暗示由于生理上的衰老而导致的变化。比如，在性行为上，一个老年人的身体就难以让年轻的被爱欲者喜欢。

3　"放肆言辞"（parreēsia）这个语词还有"公鸡乱叫"的含义，但在雅典民主政制时期指"言论自由"或"坦诚"（有啥说啥）（参见《王制》557b；欧里庇得斯，《希珀吕托斯》422）。

〔爱欲者〕爱欲着的时候既有害又让人不快乐，一旦不再爱欲，往后的日子他也靠不住。对于往后的日子，爱欲者曾百般〔e10〕发誓万般恳求地承诺，死死〔241a〕拽住眼下〔与被爱欲者〕一时在一起〔的时光〕——〔被爱欲者〕很难指望〔这些承诺往后〕会带来好处。到了必须得兑现承诺的时候，〔爱欲者〕却变换了自己身上的统治者和领导人，理智和节制取代了爱欲和疯癫。[1] 爱欲者成了另一个人，男孩却没觉察。〔a5〕被爱欲者为过去的付出向他索取回报，要他回想过去做过和说过的，仿佛还是在与同一个人交谈。出于羞耻，爱欲者既不敢说自己已经变了个人，也不知道该如何信守先前受没理智统治时发过的誓〔241b〕和许下的诺——现在他有了理智，有了节制，没法再做以前的那个他所做的同样的事情，没法再变成那个他。他成了那些事情的叛逃者，这个从前的爱欲之人被迫欺骗〔男孩〕——陶片一旦〔b5〕翻面，[2] 他转变角色拔腿飞逃。被爱欲者被迫追逐，既愤怒又抓狂。被爱欲者从一开始压根儿就没认识到，绝不该喜欢一个因一时的爱欲而被迫没理智的人，〔241c〕而是应该宁可喜欢一个没爱欲但有理智的人。否则，他必然

---

[1] 这里第一次出现"理智"，也第一次出现"疯癫"（尽管是贬义），表明了自我认识的推进。

[2] "陶片翻了面"源于孩子们玩官兵捉强盗的游戏：把一个黑白两面的小陶片抛起，看落下后哪一面朝上，由此决定哪些扮官人、哪些当强盗。

会落入一个靠不住、难缠、好妒忌又让人不快乐的人之手，既损了钱财又折了身体。损害最大者，莫过于［c5］灵魂的教化[1]——说真的，无论对世人还是神们来说，无论现在还是将来，珍贵者莫过于灵魂。

因此，我的乖，这些你得铭记在心哦。要认识到，有爱欲之人的友爱绝非发自善意，而是出自一种饥饿，求的是填饱——［241d］就像狼爱上绵羊，[2]爱欲者喜爱男孩，不过如此。[3]

这［诗句］不就是那个嘛，[4]斐德若。你绝不会听到我往下说啦，你就让这讲辞在这里到头吧。

斐　哇，我以为讲辞才到一半呢，［接下来］该说对等的［d5］关于没爱欲的人的事情啊，何以应该更喜欢他，说说他有什么样的好处。这会儿怎么啦，苏格拉底，干嘛停下来呢？

苏　［241e］幸运儿哦，我发出的声音已经是叙事歌

---

[1] "灵魂"一词在此第一次出现。

[2] "狼爱上绵羊"化用《伊利亚特》卷二十二 262-263："狼和绵羊永远不可能协和一致。"

[3] 这个结尾的句子是仿长短短格六音步诗体，包含三个与爱欲相关的语词。在这篇对话中，"爱欲"的用法大多具有性的含义。

[4] 苏格拉底的意思是，他早先担心自己会脱口而出诗句，现在果然如此。

体啦,不再是酒神歌体,[1]而且[刚才说的]这些是在谴责,你没发觉吗?倘若我该开始赞扬没爱欲的,你认为我该作何种[诗体的]歌呢?你难道不知道,是你蓄意把我抛到水泽女仙面前的,我明摆着将会被水泽女仙[e5]神灵附体啊?因此,我只说一句:我们指责的这个[有爱欲的]人[身上]的东西,反过来就是那个[没爱欲的]人身上所有的好东西。干嘛必须说得老长啊,关于[正反]两个方面说得都够啦。就这样吧,故事都得经受自己该有的命,[我的]这个故事也会[242a]经受的。我啊,要跨过这条水溪,在你逼我犯更大的错之前离开。

斐 别走,苏格拉底,至少等这火头过去嘛。你没瞧见吗,差不多已经到正午,所谓太阳[a5]当顶啊?我们待一会儿罢,同时交谈一下刚才说的话头,天色一转凉,我们马上走。

苏 一涉及言辞,你就神样儿啦,斐德若,简直让人惊奇。毕竟,我认为,在你生活的时代所产生出来[242b]的文章中,没人比你作得更多,无论是你自己口占产生的,还是你以某一种方式逼别人口占产生的。[2]忒

---

1 酒神歌体是抒情诗,由歌舞队伴唱。
2 在《会饮》(177d)中,斐德若关于爱欲的说法成为关于爱欲的讲辞竞赛的肇因。在本篇对话里,斐德若又强迫苏格拉底作讲辞(235d–237a),而且不止一次(242a–b)。

拜人西姆米阿斯我会不算在内;[1] 你比其他人强太多啦。这会儿你好像已经又在怂恿我诵篇什么[b5]讲辞。

斐 真是好消息啊![2] 不过,如何讲呢?讲什么?

苏 我正想要跨过这水溪时,我的好人儿哦,那个精灵般的东西和它那惯有的迹象就到我身上啦。[242c]它总是阻止我做我正要做的事——我觉得这一刻听见某个声音不让我在涤罪之前就离开[这儿],因为我犯了什么冒犯神灵的罪过。[3] 当然咯,我的确是个预言家,但还没到样样灵通的地步,倒是像[c5]不大会读写的人那样,仅仅够自己用。所以啊,这会儿已经清楚,我正在明白这罪过。如你所知,友伴,至少灵魂是某种会通天的东西。其实,在我刚才讲那篇讲辞之前,灵魂就搅得我隐隐约约不安,我感到羞愧难当,用伊比科斯的语句来说,生怕[自己]"靠伤害诸神[242d]换取来自世人的名声"。[4]

---

1 西姆米阿斯在《斐多》的讨论中扮演了关键角色。
2 这是一句谚语,直译为"你至少传报的不是战争"——意指宣布好消息。苏格拉底这么听话,让斐德若颇为惊奇,他原本打算争执一场。
3 [译按]"冒犯神灵的罪过"原文有"犯错、做错事、罪过"多种含义,这里涉及渎神,因此译作"罪过"。
4 伊比科斯生活于公元前6世纪的今意大利南部,以写情诗闻名。苏格拉底在这里引伊比科斯,对观《帕墨尼德》(136e-137a3)中帕墨尼德的经验之谈:"我看我似乎遇到了伊比科斯的那匹马的情况,它作为年老的赛马,即将参加竞赛,由于经验而在这件事面前颤抖,他把自己比作这匹马,他说自己如此年老而且并不情愿,也被迫走进爱欲之中……"(曹聪译文)

这会儿我已经明白罪过啦。[1]

斐 你说的究竟是什么意思啊？

苏 可怕呵，斐德若，你款待我的那篇讲辞和你[d5]强迫我讲的讲辞，可怕呵！

斐 怎么啦？

苏 [这讲辞]头脑简单，还有点儿渎神，会有什么比这更可怕呢？

斐 当然没有啊，如果你说得真实的话。

苏 什么？难道你不相信爱若斯出自阿芙洛狄忒，而且是个神？

斐 [d10]起码据说是的呀。[2]

---

1 前面（242c6）苏格拉底说的是"我正在明白这罪过"（动词时态是现在时），这里用的是同一个动词的完成时——换言之，苏格拉底明白自己的罪过经历了一个从不确定到确定的过程。

2 斐德若回忆起自己在《会饮》里有关爱若斯的说辞。[施疏]苏格拉底随后讲了一个爱欲神话，以袒露自己的爱欲。为什么苏格拉底要向斐德若袒露自己的灵魂最为内在的感性欲望？在《会饮》中我们看到，恰恰是斐德若提议谈论爱若斯，恰恰是他首先说，爱若斯是个神——这让苏格拉底觉得，虽然斐德若年轻、单纯，但就凭直觉说出爱若斯是个神而言，苏格拉底觉得可以向他袒露自己最为内在的爱欲。再说，既然苏格拉底参与了以颂扬爱若斯是个神为题的会饮，并同意谈论这个题目，表明他承认自己受爱若斯支配，这个支配他的生命的爱若斯对他而言就是一个神。换言之，就爱若斯是个神而言，苏格拉底与城邦人分享了共同的神或普遍的神，这个神明显与自然哲人们的理智神的普遍性不同。常人没法分享理智神，却实实在在能分享爱若斯神。在《会饮》中，苏格拉底谈到自己对爱若斯的理解时，他让我们看到的是他对绝对纯美的东西的欲爱，在这里，苏格拉底随后讲的爱欲神话同样如此。

苏 可从吕西阿斯的讲辞,还有你的那篇讲辞——也就是[242e]你凭我那张被你下了药的嘴说出来的讲辞——来看却不是!要是爱若斯存在——而他的确存在,无论作为神还是至少作为某种神样的东西存在,他就绝不会是坏东西。可是,两篇讲辞刚才在说到他时,好像他就是这样一个[坏]东西。正因为如此,它们都在爱若斯方面犯了罪。[e5]何况,两篇讲辞头脑简单,虽然非常文雅,既没说出一点儿健康的东西,[243a]也没说出任何真实的东西,却煞有介事,好像是那么回事儿;要是这些讲辞蒙骗那些生性可怜的人,就会在他们中间博得名声。所以,亲爱的,我必须洁净自己。对于讲故事犯罪过的人,古来就有一种涤罪法子,荷马没感觉到过,[a5]斯忒西科若斯却感觉到过。[1] 由于污蔑那位海伦,他被夺去双眼,不像荷马,没明白[自己为何眼瞎]。既然斯忒西科若斯受缪斯激发,他当然明白这[眼瞎的]原因,于是急忙作诗:

> 不,这个说法并不真实,
> 不,你不曾乘长甲板船航行,

---

[1] 斯忒西科若斯是大约生活在公元前7世纪末至公元前6世纪初的抒情诗人,在古代就声望很高,但流传下来的诗作极少。《斐德若》中提到的抒情诗人,数斯忒西科若斯最老辈。

[243b] 不，你没去特洛亚的城堡！

他一作成这整首所谓的悔罪诗，他立马就看得见啦。[1] 我呢，会在这一关键点上比他们更有智慧一点点儿，在我因诬蔑爱若斯[b5]而遭受什么之前，我就试着[先]给他返还悔罪诗，而且光着头，不像前次那样含耻蒙面。

斐 苏格拉底呃，没有什么比听到你说这些更让我快活啦。

苏 [243c]毕竟，好友伴斐德若，你也觉察出那些讲辞——刚刚那篇和[先前]按稿子念的那篇——说得无耻吧。[2] 要是有个出身高贵、品性温厚的人，他正爱着另一个这样的人，或先前曾被这样一个人爱过，当他碰巧听见我们说，[c5]有爱欲的人如何为小事情大动肝火，对男孩既妒忌又使坏，难道你不认为，他会觉得听见的

---

1 传说斯忒西科若斯曾作诗贬海伦和克吕泰墨涅斯特拉（[译按]后者是阿伽门农之妻，参《伊利亚特》卷一113），因此和荷马一样双目失明。荷马为保有神的异象情愿终身做个盲人，斯忒西科若斯却写了一首"悔罪诗"得以重见天日。他在"悔罪诗"中解释了海伦的清白：海伦并没上帕里斯的船。诸神用魂魄替代她，把她本人送去埃及（这说法后见于希罗多德《原史》卷二112-120）。

2 苏格拉底没有区分"我的讲辞"和"你读的讲辞"。苏格拉底既顾及斐德若的自尊，又纠正了他。[译按]两篇讲辞虽然并提，但苏格拉底区分了一个是成文的讲辞，一个仅是即时口占。

八成是些在水手中长大的人[在说话],¹[这些人]从没见过自由的爱欲,²他多半不会[243d]认同我们对爱若斯的那番指责吧?

斐 凭宙斯,很可能如此,苏格拉底。

苏 所以,我呢,出于没脸面对这样一个人,也由于畏惧爱若斯本身,我急欲要用一篇新鲜的讲辞来[d5]洗掉[从先前那篇讲辞]听来的苦咸味。我也劝吕西阿斯赶紧对等地写[一篇]:一个人应该喜欢上有爱欲的,而非没爱欲的。

斐 哎呀,你知道嘛,会这样的——要是你诵一篇赞颂爱欲者的颂辞,我必然也会[243e]逼吕西阿斯就同样的说法写一篇。³

苏 这我倒相信,只要你还是这你。

斐 那你就大起胆子讲呗。

苏 可我刚才还对他说话来着的那个男孩哪儿去啦?他也该[e5]听听这个,免得他没听到,会去喜欢上没爱欲的人。

斐 那男孩就在旁边紧挨着你呢,只要你愿意,他

---

1 "水手"指粗俗之人,只知道满足性欲需要——说某人是"水手"无异于骂人。
2 这里的"自由"指不受生理性需要约束,与"水手"的爱欲相对,与如今所谓的"自由恋爱"不相干。
3 苏格拉底让吕西阿斯仍然在场,承担与自己一样的道德和宗教负担。斐德若没有注意到这一点,他仅仅关心苏格拉底与吕西阿斯比讲辞技艺的高低。

就总在你身边。

苏 那么,漂亮的孩子啊,你可得这样子想,[244a]先前的说法是斐德若的,他是皮托克勒俄斯的儿子,[阿提卡]密里努西俄斯村人,[1]而我将要说的是斯忒西科若斯的,他是欧费莫斯的儿子,[西刻西亚]希麦腊厄城人。[2]话得这样子来讲:[先前]那个说法并不真实。[3]因为它声称,即便有爱欲的在跟前,一个人也必须喜欢没爱欲的,[a5]理由是,有爱欲的疯癫,没爱欲的神志清醒。倘若疯癫简直就是坏东西,这还算说得好。可是,最重要的好东西恰恰是通过疯癫来到我们身上的,因此,疯癫是神给予的馈赠。

其实,德尔斐的女先知和[244b]多多那的女祭司就是在疯癫时替希腊在个人[事务]和民事方面成就了

---

1 阿提卡有一百个村社,此为其一。
2 这里出现的人名和地名都实有其人、实有其地,但柏拉图显然利用了这些人名和地名的语词含义:phaidros[斐德若]意为"爽朗""清朗""轻松愉快";Puthokleous[皮托克勒俄斯]由德尔斐的旧名(Phuthō)或阿波罗的别名(Puthis)与"声誉"(kleos)复合而成。Murrinousiou[密里努西俄斯]由"爱神木花枝"(Murrinē)与"创建合唱歌队的人"(stēsas choron)复合而成;Euphēmou[欧费莫斯]与动词"善于言辞、会说话"(euphēmein)出于一个词干;Himeraiou[希麦腊厄]与"渴慕、欲求、爱慕"(himeros)有相同词干。
3 这是斯忒西科若斯悔罪诗的第一句,参前文243a。

许多美事,¹ 要是节制的话,她们就会成就甚少或者一事无成。如果我们还应该说到西布尔拉以及运用神灵附体的预言术的其他人——他们预先告诉众人好多事情,²[b5] 指出未来的正途——那么,我们就会扯个没完,而且说的是谁都晓得的事情。不过,这一点还是值得唤来作证:古人中那些取名称的人并不认为疯癫可耻,也不认为是骂人话——[244c] 不然的话,他们不会把"疯"这个名称与最为美好的技艺亦即预断未来的技艺编织在一起,称之为"疯癫术"。一旦疯癫出于神的命定,该是多美的事儿啊——认识到这一点,古人才这样命名。可是,今人并不知情,添加了字母 t,[c5] 称之为预言术。³ 而且,对于脑筋好使的人们凭鸟儿和其他征兆占卜探知未来的那门技艺,古人取名为"哦呓哦-喏-呓斯术"。⁴ 因为[古人认为],这其实是[那些人]出于自己的思想凭

---

1 德尔斐的阿波罗神殿是发布神谕最重要的处所,堪称当时泛希腊地区的宗教中心。这里是全篇第三次、也是最后一次提到"德尔斐"。多多那的宙斯神庙十分古老,荷马笔下的奥德修斯曾去那里求问神明宙斯的旨意(参见《奥德赛》卷十四 327-330;亦参《伊利亚特》卷十六 233-235)。
2 西布尔拉是传说中的著名女先知,相传由缪斯在圣山赫利孔抚养大,然后来到德尔斐。
3 manikēn [疯癫术] 与 mantikēn [预言术] 仅一个字母之差,少一个字母。
4 oionoistikēs 这个语词是苏格拉底组合"心意"(oiēsis)"心智"(nous)和"探究"(historia)三个语词的词干生造的。[译按] 这个语词没法按意思翻译,西文诸本多作音译。

属人的心意把［那些征兆］用于心智和探究，［244d］如今的年轻人煞有介事地［把o］念成［长音］ō，叫做鸟占术。[1] 其实，预言术要比鸟占术更完满、更受敬重，其名称和作为也比别的名称和作为更完满、更受敬重。所以，古人已经作过见证，疯癫出自神，比出自［d5］人的节制更美。

再有，疯癫会出现在某些因祖传下来的罪孽而染上极重的沉疴和折磨的家族，为这些有需要的人们解释神意，［替他们］［244e］找到解脱［办法］。通过求助于祈求和祀奉诸神，在种种洁净和秘仪中出现的疯癫使得疯癫者自身摆脱眼前和随后一段时间中的灾祸，让那些正确地疯癫和着魔之人［245a］从眼前的祸患中寻得解脱。[2]

第三是来自缪斯们的着魔和疯癫，它一旦逮着一个清嫩的、未经人迹的灵魂，[3]这颗灵魂就会摇荡起来，酒神信徒般地迷狂于抒情诗和其他诗作。［这种疯癫］装饰

---

[1] "鸟占术"这个语词是玩文字游戏，由oiōn［鸟］和oio（源自oiēsis［心意、意见、看法］）合拼之后加上tikē［技艺］而来。［译按］康德在《判断力批判》的"审美判断力批判"到"目的论判断力批判"的过渡环节（第61节）举了鸟的构造来说明必然性和偶然性。参见《判断力批判》，李秋零译，中国人民大学出版社，2008。

[2] 这种疯癫通常以俄狄浦斯为例——忒拜城邦遭遇灾难皆因俄狄浦斯及其家族犯下罪孽。由于特瑞西阿斯从事鸟占，不通洁净的秘仪，无法避免俄狄浦斯遭受惩罚。

[3] "未经人迹的"是一个诗化语词，用于描述诸神或牧羊人漫步的山脊。

了古人们的无数功业，[a5] 从而教化后代。若没有这种缪斯们的疯癫，无论谁去敲诗的大门，听信仅凭技艺就足以成为有能耐的诗人［的说法］，那么，他不会达到目的——疯癫之人的诗作会使节制之人的诗作黯然失色。

[245b] 我还可以对你说更多诸如此类的美好成就，它们都是由神们激发的疯癫产生出来的。所以，我们不应该畏惧这个东西，我们也别听某个说法瞎嚷嚷，它恐吓说，必须选取节制之人而非［灵魂］已经摇荡之人做朋友——[b5] 等这种说法能指出神们遣来爱欲并非是为了让有爱欲的和被爱欲的得益处，再让它摘取胜利桂冠吧。而我们呢，必须指出的东西恰恰相反：神们赐予的如此疯癫 [245c] 恰恰是我们最大的幸运。当然，这一证明不会让那些厉害的人信服，但有智慧的人会信服。[1] 所以，首先，必须通过观察灵魂的经历和作为，思考灵魂的自然［天性］的真实——无论神的还是人的灵魂；[c5] 这一证明就从下面的［说法］开始。[2]

所有灵魂都是不死的。毕竟，永在运动的东西是不死的——使某物动起来、又被某物动起来的东西停止运动，

---

1 在希罗多德、阿里斯托芬和柏拉图笔下，"厉害的人"通常指智术师。这里将"有智慧的人"与"厉害的人"区分开来，使得"有智慧的人"有了未确定的含义。

2 苏格拉底把他接下来的讲辞定义为"证明"，在结束时则说成"神话故事"（253c）。

也就停止了生命。唯有那自己在运动的东西，由于它不会舍弃自身，才绝不会终止运动。毋宁说，这才是其他所有如此运动的东西运动［起来］的本源和开端。［245d］开端是非生成而来的东西。因为，所有生成而来的东西必然由开端生成而来，而开端本身却不会来自生成的东西——倘若开端从某个东西生成而来，它就不再成为开端。既然开端是非生成而来的东西，它自身必然不腐坏。因为，既然万物［d5］必然由开端生成而来，倘若开端会消灭，它就既不会从某种东西生成而来，也不会让任何东西由它生成而来。[1]

所以，自己让自己动起来的东西就是运动的开端。这东西既不能被消灭，也不能生成，不然的话，所有天上的东西［245e］和［地上的］所有生成者就会一同瓦解，静止不动，再也不会出现有能力让某物由此运动起来的东西。既然这个靠自身运动起来的东西的不死已经得到揭示，人们就可毫不羞愧地说，这就是灵魂的性质和说法。[2] 毕竟，所有［e5］靠自身之外的东西运动起来的物体是无灵魂的。所有在自身内部由自身运动起来的物体内才有灵魂，所以，这就是灵魂的自然。如果那个自己

---

[1] 在短短的说法中（245b2-6）苏格拉底连续用了三次 anagke［必然］。

[2] 自然学家和智术师并不信灵魂不死，因为他们把灵魂的性质理解为自然元素，相信灵魂不死被视为可耻。［译按］《斐多》中争辩的正是这一问题：灵魂是否由自然元素构成。

让自身运动起来的东西不是[246a]别的而就是灵魂,结论必然是,灵魂既是非生成而来的,也是不死的。[1]

关于灵魂的不死[说这些]足矣,下面得说说灵魂的形相。不过,要详述灵魂的形相在方方面面是什么样的性质,恐怕得有一个神才行,[a5]而且得花很长时间——不过,[详述灵魂的形相]看似像什么[样],人也能行,[花的时间]也会更短——我们就以这种方式来说吧。不妨让灵魂看起来就像与一对带翅羽的马拉的马车及其御马者生长在一起的能力。[2]不过,神们的马儿和御马者个个自身优良,出身也优良——[246b]至于其他马儿和御马者就混杂不纯了。在我们[世人]这里,首先,统领者要驾驭一对马,其次,这对马中的一匹自身俊美而且优良,出身也如此这般,另一匹则相反,出身也相反。这样一来,对我们来说,驾驭必然是件困难且麻烦的事儿。

[b5]接下来得试着说说,动物何以既被叫做会死的,又被叫做不死的。每个灵魂各自都关切无灵魂的东西,

---

1 这段文字历来以抽象著称,某些地方甚为含糊,后人的解释也莫衷一是。
2 带翅羽的马拉的战车见于荷马笔下,这种马车往往载着胜利之神(参见《伊利亚特》卷五837,卷八41,卷十三23)或英雄(卷十六148)。帕墨尼德(DK,28B,1.1-10.24)和恩培多克勒(DK,31B,3.5)也提到过这种马车。[译按]"以这种方式来说"就是以灵魂"看似像……"的方式来说。苏格拉底在讲灵魂马车的故事开头两次用到"看似像"这个动词绝非偶然,智术师修辞术的关键术语之一的"看似如此"派生自这个动词。

而且游历诸天，变换着一个又一个形相。如果［246c］［灵魂］完善，长出了翅羽，就游上天宇，主理整个宇宙［秩序］。如果灵魂失去翅羽，灵魂就［从天上］掉下来，直到自己被某个坚实的东西撑住——在那里，这灵魂住下来，取一个尘世的身体，而这身体看上去靠灵魂的能力才让自己运动起来。［c5］这整个东西即灵魂和身体捆在一起，就被叫做动物——而且还有一个别名叫"会死的"。可是，［我们］没法用一个说法来说清楚"不死的东西"的道理［何在］，毋宁说，既然我们既不能看见、又不能充分地构想出［246d］一个神，我们就只能杜撰神是某种不死的动物,[1] 它既有灵魂又有身体，但两者永远生长在一起。

不过，这些事情就让它们这样吧——就让人们按神所喜爱的那样去说吧。我们应该把握的是，翅羽脱落的原因——由于这个原因，灵魂脱离了翅羽。

［d5］有某个说法是这样的。翅羽的天生能力是把沉重的东西带到高处，上升到天宇，那儿居住着诸神家族。作为身体的一部分，翅羽以某种方式与神性的东西（灵魂）有最多的共同之处——而神性的东西［246e］就是美、智慧、善，以及所有诸如此类的东西。灵魂的翅羽尤其

---

[1] "杜撰"（plattomen）这个动词的词干与柏拉图之名的词干相同，柏拉图似乎也在玩双关含义。

要靠这些东西来养育和生长；丑陋、坏等等相反的东西则会使灵魂的翅羽萎缩、毁掉。

所以，天体中的伟大领袖宙斯驾着［e5］带翅羽的马车行在首位，规整并照料着万事万物。跟随其后的是神们和精灵们的军队，［247a］排成十一列。赫斯提阿单独留守诸神之家，[1] 其他位列十二尊神的诸神，[2] 作为统领率领着各自所位列的序列。而且，在天界里，有许多福乐的景致和路径，［a5］幸福的诸神族就在这儿转来转去，［十二尊神］各尽属于自己的职守。[3] 无论哪个［神］，只要愿意且有能力，就跟随他们——毕竟，神们的歌队中没有妒忌立足。每逢要享用祭品和赴筵席，神们就沿陡峭之路上到［247b］天的穹隆，直到绝顶处。[4] 因马儿驯服于［御车者的］缰绳，神们的马车行走得既平稳又轻松，而别的［马车要如此上升］就吃力啦。由于［这些马车的］

---

1 赫斯提阿是宙斯的姐妹，永远纯洁，始终是处女（《伊利亚特》卷一423-424以及494）。作为灶神，赫斯提阿常被等同于大地。在《克拉提洛斯》（401b-d）中，苏格拉底将赫斯提阿与绝对存在相提并论——赫斯提阿是宇宙的静止之家，置身于一切运动之外。由于赫斯提阿是宇宙的恒定中心，宇宙周遭的运动才变得可感知。

2 从原文来看，赫斯提阿是否属于十二尊神并不清楚，也许她算第十三位尊神。在柏拉图时代，十二位奥林匹亚尊神的规定还没有固定。

3 对观《王制》卷四432b-434b给正义城邦所下的定义。

4 "天的穹隆"是从外面和底下支撑天体的东西的顶部，是天体内部的最高处——对观《蒂迈欧》33b-c。

御马者们没好好养育马儿，这马因［步履］沉重跌倒在地，疲惫不堪——毕竟，这马儿［b5］分有劣性嘛。[1] 在这里，摆在灵魂面前的是辛苦和最后的竞赛。那些被称为不死者的灵魂们呢，[2] 一旦到达绝顶，这些灵魂还要出到天外，在天宇外表停留——［247c］一旦站稳，天体的周行便带领这些灵魂绕行，观看天外之物。

不过，还没有哪位［地上］这儿的诗人歌颂过天宇那个地方——即便要歌颂也不会配得上。[3]［那地方］其实是这样的——［c5］毕竟，的确必须敢于说出真实，[4] 尤其当说的是真实的性质——那儿存在着实实在在的东西，无色、无形，也摸不着，唯有灵魂的舵手即心智才看得见，唯有它才属于拥有关于真实的知识那一族——那地方有的［247d］就是这种东西。正如神的思想要靠心智和纯净不杂的知识来养育，每个灵魂的［思想］同样如此，要靠适合自己接纳的东西［来养育］。随着时间推移，灵魂见到那实在的东西就会感受到爱慕，观看那真实就会得到滋养，享受逍遥，直到天体的周行［d5］满了一圈，[5]

---

[1] "沉重"这个语词在柏拉图作品中仅此一见。某些人的灵魂天生就不如其他灵魂，这似乎带来了"宿命"的问题。

[2] "不死者"一词指谁，十分含混，既可能指诸神，也可能指每个人的灵魂。

[3] 比较《会饮》（177a-c）中厄里刻西马库斯援引的斐德若关于爱欲的说法。

[4] "真实"（to alēthes）的含义在随后的"真实性质"（alētheias）获得解释。

[5] 按下文248e，一个周行为一万年。

把灵魂带回原点。在周行期间,灵魂向下看到正义本身,向下看到节制,向下看到知识——不是生成[之物]所属的那种知识,也非随境[247e]而迁的事物——我们如今叫做存在物——的那种知识,而是实实在在地在着的事物的知识。一旦灵魂以自身的方式观看到和饱餐别的实实在在的存在物,[1]它会再次进入天宇里面,回家去。到家后,[e5]御马者让马儿立在秣槽前,喂它们仙食,给它们饮琼浆玉液。[2]

[248a]这就是诸神的生活——不过,别的灵魂呢,优秀的会跟随神,摹写神,[3]让自己的御马者抬头进到那[天宇的]地方里去,随天体的周行一同环行,[但]由于马儿滋扰,这灵魂得费劲才向下看到[a5]那些东西。另一灵魂则一会儿跃起、一会儿扑下,由于受马儿强制,[这灵魂]看见这些,却看不见那些。至于其余[剩下]的灵魂,尽管竭尽全力要跟随上升,却没能力[跟随],在地上一同打转,相互踩踏和冲撞,个个[248b]争先恐后。于是,就出现了喧嚷、对抗和拼死拼活——由于

---

1 [译按]"饱餐"一词对观苏格拉底在起头说吕西阿斯拿自己的讲辞让斐德若等人"饱餐"(227b7)。
2 戏仿荷马《伊利亚特》卷五368,亦见赫西俄德《神谱》640。在荷马的史诗里,琼浆玉液不是给马儿吃的。"仙食"含不死之意,nektar[琼浆玉液]源自 nenek(意为"不成为尸体"),指防止尸体腐化的药水。
3 [译按]"摹写"这个动词由动词"好像、看似"派生而来。

御马者的劣性，许多灵魂被搞残了，许多灵魂折了翅羽。尽管付出许多艰辛，所有这些灵魂在离开时都没到得见那个东西的段数——[b5] 离开之后，这些灵魂只好用臆想来养育自己。

见到真实性质的原野要费这么多的热忱，缘由在于，适合养育灵魂的优秀部分的牧场，恰恰出自 [248c] 在那里的青草地。[1] 而且，灵魂得以升起所凭靠的翅羽，其天性也靠这青草地养育。那条阿德拉斯泰娅法规是这样的：[2] 凡与神同路往下看到某个真实的东西的灵魂，直到再一次周行都会不受伤害——而且，如果它总是 [c5] 能做到这一点，它就总会不受伤害。但是，如果灵魂由于没能力跟随 [神] 而看不到 [真实]，由于经受某种不幸以至于被遗忘和劣性填满而沉重起来，翅羽飞得沉重，坠落在地，那么，法规就会是 [下面] 这条：[248d] 这灵魂在第一次出生时不会转生成任何野兽天性，毋宁说，这个 [在天宇中] 看见过大量东西的灵魂会转生为这类男人胚子——要么成为热爱智慧之人，要么成为热爱美好之人，再不然就成为某个缪斯之徒和爱欲之徒。第二

1　"青草地"亦见《高尔吉亚》篇末的故事（524a）和《王制》篇末的故事（卷十 614e）。

2　"阿德拉斯泰娅法规"即不可避免的强制性法规或命运给予的法规。Adrasteia [不可避免、不可逃避] 是命运女神 Nemesis 的别名，这位神专门惩罚肆心行为（参见 238a）。

品则转生为这类男人胚子——要么成为守法的君王,要么成为武士[d5]和适合当统帅之人。第三品会转生为这类男人胚子——要么成为治邦者,要么成为治理者,再不然就成为生意人。第四品会转生为这类男人胚子——要么会是热爱辛苦之人或喜欢体育锻炼之人,要么会是治疗身体[疾病]之人。第五品将会有预言家的一生,[248e]或有秘仪祭司的一生。第六品则适合过诗人或其他搞摹仿制作的一生。第七品适合过工匠或农人的一生;第八品适合过智术师或民众蛊惑家的一生;第九品则会有僭主的一生。

在所有这些[转生的]灵魂中,依正义度日的命会更好,[e5]生活过得不义的则命会更坏。因为,每个灵魂在万年之后还要来到它出发的同一地点,[249a]在如此长久的时间之前,灵魂不会生出翅羽——除了这样的灵魂:要么它诚实无欺地过热爱智慧的生活,要么凭热爱智慧来爱恋男孩。

在第三个千年周行期时,只要这些灵魂连续三次选择这种生活,就会在第三千年时生出翅羽,并离[a5]去。至于其他灵魂,过完第一生就遇上审判;一些灵魂会被判去地上的劳改场偿付惩罚,一些则被正义举到天上的某个地儿,他们在那里过上的日子足以报偿自己曾以[249b]世人形相所过的一生。

不过,在一千年时,这两类灵魂要去摇签选择第二次生活，即选择每个灵魂自己意愿的生活。这一回，既会有世人的灵魂进入野兽的生活，也会有从前是世人但现在是野兽的灵魂［b5］重新进入世人的生活。不过，从没看见过真正的真实的灵魂就不会进入这种形态。[1] 毕竟，一个世人必须理解按形相说出来的东西，[2] 也就是凭理性思考把来自杂多感［249c］觉的东西把握为一个东西。其实，这就是对我们的灵魂从前曾看见的那些东西的回忆，当时，灵魂跟随神游历，从上面［往下］看到我们现在断言存在的东西，[3] 探头［看］那实实在在地在着的东西。所以，正当的是，唯有热爱智慧者的思想才会［c5］长出翅羽。毕竟，热爱智慧者总是竭尽所能地凭靠回忆让自己接近那些使神因之具有神性的东西。因此，一个男人唯有正确地运用这样一些回忆，不断圆成完满的开悟，[4] 才会成为实实在在的开悟者。不过，由于他摆脱了［249d］属人的繁忙事务，倾近于这种神性，众人会埋怨

1　"这种形态"指世人的形态。人与兽的根本区别在于道德意识，转生为兽的说法解释了某些人的卑劣意识的原因。
2　这个句子是公认的疑难句，关键在于何谓"按形相说出来的东西"。根据后文，苏格拉底的意思很可能指的是抽象地说出来的东西："按形相"亦即"抽象地"——"形相"指的是理智的形式。人有别于其他动物就在于能抽象思考。
3　［译按］注意这里在时间上的对比："从前"与"现在"。
4　柏拉图在这里玩词源游戏：teleos［完满］-teletē［开悟］（尤指对秘教学说的领悟）-teleisthai［圆成］或［开悟］。

他心不在焉，其实，众人没留意到他已经神灵附体。

所以啊，迄今为止所有关于第四种疯癫所说的其实就是：[d5] 一旦谁见到[地上]这儿的美回忆起那真实性质的美，就会生出羽翅。不过，当他满怀热忱要展翅高飞时，却没能力像只鸟儿那样飞起来往下瞧，可他对低的东西又没兴致，于是因处于疯癫状而招致谴责。[249e] 其实，[招致谴责]是因为，在所有的神灵附体者中，有这种疯癫的人和共同分享这种疯癫的人才会成为优秀之人，而且[才会]出自优秀[家族]。因为，分有这种疯癫的爱欲者才被叫做对美好的东西有爱欲之人。[1] 毕竟，如已经说过的那样，每个[e5]世人的灵魂在天性上已经观看过那些[美好的]东西，不然的话，这灵魂也不会[250a]进到这种生命。

可是，对每个灵魂来说，要由[地上的]这儿的东西回忆起那些[天上美好的]东西，并非易事。当初仅匆匆看看那边的灵魂做不到，[翅羽折了]跌落在这边的不幸灵魂也做不到——结果呢，由于受某些同伙影响，他们转而行不义，忘了当初曾看见过的神圣之物。[a5] 所以，仅剩下极少数[灵魂]还葆有足够的回忆。这些灵魂一旦见到那边的东西的某些个相似物，就惊愕得不

---

1 柏拉图似有意利用 erastēs［爱欲者］在读音上与 aristēs［高贵者、优秀者］的近似，让人想起《会饮》中第俄提玛的教诲。

能自已，由于不能足够清楚地感知，[250b] 他们又懂不了自己有的这种感受。这样一来，正义、节制以及灵魂所珍视的所有这类东西，在此世的相似物中无不黯然无光。[1] 不过，凭借自己模糊的 [感觉] 器官，极少数人吃力地走向这些 [神圣之物的] 摹像，[b5] 透过摹写的一类东西观看原本。[2] 可是，在那个时候，美 [本身] 明亮得焯焯可见啊。当时，福乐的视见和观看由幸福的歌队相伴——我们 [的灵魂] 跟随着宙斯，其他人 [的灵魂] 则跟随别的诸神——，[3] 按神的法规来讲，我们所圆成的是开悟中 [250c] 最为福乐的开悟。我们为这种开悟举行秘密仪式时，我们自身是整全的，[4] 尚未沾染 [世间的] 种种恶——[尽管] 这些恶正在随后的时间里等候着我们。我们口占着秘诀，在洁净的光明中敬视彰显出来的那些整全、单纯、沉静和幸福。[5] 当时我们自己也洁净，[c5]

---

1 "光"自身所有的性质是展示形相的能力，但这种性质却没法通过世上的相似物直接感知，也不能在上天之域通过观看直接感知。

2 [译按]"摹像"这个名词以及动词"摹写"都派生自动词 eikō [看似、好像]，从而与智术师修辞术的重要术语"看似如此"有关联。

3 "我们"指热爱智慧者，其他天性的灵魂则跟随其他诸神的行列。

4 这些语词化用厄流西斯（Eleusis）秘教的大小秘仪语式来描述智慧的开悟：小秘仪是入秘教者进入秘教的仪式，大秘仪是得到根本启示的仪式，从此成为 mustēs [沉默者]。

5 这些语词让人想起萨福的一首著名抒情诗（参见253c）。"彰显"（phasmata）一词在柏拉图作品中极为少见，可以说仅见于本篇此处。

尚未带有那种东西的记号——如今我们披着那东西，并名之为身体，[1] 像牡蛎那样被 [甲壳] 囚禁着。[2]

还是让这些事情去给回忆带来喜乐吧，由于想念对这些当时的事情的回忆，这会儿说得长了些。我们还是来说那些美吧——[250d] 在那些东西中，美的东西焯焯放光。我们来到（世间）这儿之后，通过我们的那些最明澈的感官，我们仍然能觉察到美最为明澈的光耀本身。毕竟，对于我们来说，在通过身体起作用的感官中，视觉最敏锐。不过，明智却不是靠视觉来看见的。如果明智 [像美那样][d5] 给自身提供这样一种明澈摹像使之走进 [人的] 视觉，它会促发何等厉害的爱欲啊——其他 [让人] 有爱欲的东西同样如此。[3] 可是，唯有美才有这种命 [份]：它最为显眼，[250e] 最让人爱欲。

因此，一个人倘若不是刚刚才开悟或已经腐败，[4] 就不

---

1 这句表达像在玩毕达戈拉斯式的比喻，形容词"尚未带有记号"（asēmantoi）与"标记、坟墓"（sēma）有相同词干，从而隐含 sōma [身体] 与 sēma [坟墓] 的对举。因此，"尚未带有记号"还喻义"尚未被埋进坟墓"。

2 牡蛎的比喻参《王制》卷十 611e–612a。[译按] 关于灵魂被身体"囚禁"以及如何摆脱这"囚禁"，是《斐多》讨论的主题。

3 指后文将要提到的"正义""节制"等德性。

4 "不是刚刚才开悟"意思是"开悟已经过去好久"，他见到天上的美是好几个生世之前的事情。

会敏感地从这边转向那边,[1] 朝向那美本身。当他看到［世间］这儿与美本身同名的东西时，他不会心怀敬拜去看，而是按四脚兽的规矩［把自己］交付给快乐，迫不及待地［e5］趴上去要下崽，肆意交媾，无［251a］忌惮，也无羞耻，违背自然地追猎快感。[2] 而那位新近开悟者呢，由于他［在开悟］当时所见多多，一旦见到一张神样的面相或者某个把美摹写得唯妙唯肖的身体形相，他首先是一阵颤栗，［开悟］那时［看见过］的某种骇人的东西来到他身上。然后，[a5] 他望着［这张面相或身体］简直有如在敬拜一个神，如果不是畏惧［自己］显得疯癫到极点，他会有如祭拜神像和神那样祭拜这些心爱的少年。当他看着［心爱的少年］时，一种随颤栗而来的转变攫住他，以至于［251b］不同寻常地燥热得［浑身］冒汗——因为，他通过眼睛接受到那些美的泌液，浑身燥热起来，而翅羽的天性正是靠这泌液得以滋润。[3] 随着这阵子燥热，［翅羽］根茎四周融活起来——很久以来，这些地方已经因顽梗而凝固，［翅羽］根茎闭合，[b5] 不

1　副词 ekeise［那边］在柏拉图作品中可指"形相的世界"，参《斐多》79d,《王制》卷七 529a, 卷十 619e,《泰阿泰德》176a。这种用法在新柏拉图主义者那里更常见。
2　"违背自然"亦用于指同性恋，见《法义》卷一 636c, 卷八 835d-842a。
3　"滋润"的本义是"供水、灌溉"，热和水是生命的必需。四种自然元素（火、空气、土和水）在这里出现了两种，尽管与自然哲人们提出的顺序有出入。

再发芽儿。可［这时］滋养涓涓流入，羽管［开始］发胀、涌动，从根处长出来,¹ 长满灵魂的形相——毕竟，每个灵魂从前满是翅羽。［251c］这个时候，灵魂整个儿在沸腾、在充血，就像长牙时的感受——牙刚生长出来时，由于牙在生，牙龈又痒又刺激，一个刚开始生出翅羽的灵魂感受到的是同一种情形：灵魂在沸腾、［c5］在充血，生长着的翅羽在发痒。² 所以，一旦瞧见那少年的美，灵魂就会接收到从那里渗出、流溢出的一些微粒——因此被称之为"情液"。³ 一旦接收到情液，灵魂就受到滋润，燥热起来，从苦楚中舒缓，［251d］欢喜起来。

可是，一旦［与这美］分离，灵魂就会干涩，那些［流出情液的］通道的小孔——翅羽凭此而涌生——就会干涸、闭塞，窒息翅羽的胚芽。可是，胚芽虽被窒息在内却粘着情液，像血脉搏动一样仍在搏跳，刺戳

---

1 "羽管"在古希腊俚语中也广泛用于男性生殖器，这里一同用到的"发胀"、"涌动"、"从根处长出来"等等，都像有双重含义。

2 爱欲的冲动自然地指向"美"的形相本身，正如男性的性冲动自然地指向女性。苏格拉底在这里明显用性欲的膨胀来摹写热爱智慧的欲望的膨胀——在《王制》490b5，爱欲者被说成与形相"交合"（migeis）。

3 "情液"（Himeros）的原义是"渴望、欲念"，柏拉图的用法是玩文字游戏。首先，这个语词与诗人斯忒西科若斯的故乡希麦腊厄城的名称相近（参见 244a）；第二，若拆开这个语词的每个字母，就包含前面三个语词（"渗出"、"流溢""微粒"）的开首字母。这些语词带有自然学（phusiologia）的术语特征，尤其恩培多克勒的光与视见学说。

[d5] 着每个胚芽自身的通道，以至于灵魂感到周身处处被刺痛得抓狂难耐——不过，一旦忆起那美，灵魂又喜乐起来。

由于这两者交合在一起，灵魂因这种怪异莫名的感受苦恼不已，走投无路得发疯。[1] 在疯癫［251e］状态下，灵魂夜不能眠，日不能安，焦渴地奔向以为能见到那个拥有美的人儿的地方。一看到［那拥有美的人儿］，情液就灌溉，[2] 浇灌先前已经干涸的地方——灵魂重新呼吸，从被揪住的刺痛［e5］和产痛中舒缓过来，转而享受眼下［252a］甜蜜无比的快乐。从此，灵魂绝不情愿［与这美人儿］分离，因为任谁都不如这美人儿更值——甚至母亲、兄弟和所有友伴也全忘掉。[3] 财富因疏忽而流失，他会满不在乎；他［迄今为止］为之而美化自己的那些习惯做法［a5］和虚有其表，统统被一脚踢开——［如今］灵魂打算做奴仆，只要允许，就尽可能挨近自己渴慕的人儿睡。毕竟，灵魂敬拜这拥有美的人儿，[252b]已经把他视为唯一救治自己的种种最大疾苦的医生。[4]

1　与爱欲相关的"生育的阵痛"，亦见《会饮》206e，《王制》卷六490b。
2　［译按］苏格拉底玩语词游戏：epocheteuō［灌溉］与 epocheuō（动物的）［交配］有相同词干。从而，"情液灌溉"带有性交含义。
3　［译按］比较基督教福音书中耶稣的要求：离开自己的父母跟随"我"的爱；亦比较儒教的教诲：跟从父母为大。
4　对观阿里斯托芬在《会饮》（189d）中发表的见解。

这番经历啊——美少年哟,我这番话正是为了你——世人叫做爱欲,至于神们如何称呼,要是你听到兴许会发笑,因为你还年少。某些荷马信徒曾凭据[b5]秘而不宣的诗句说过两句爱欲,¹ 我觉得啊,其中第二句太过肆心,而且很不合韵律——他们这样唱道:

> 实际上,凡人[把他]叫做飞翔的爱神,
> 不死的[神们]则叫[他]飞翔欲,因为[他]强制长出翅羽。²

[252c] 这些诗句既可信,也不可信³——但爱欲者[之所以爱欲]的原因以及[爱欲的]经历,恰恰就是[我描绘的]这个。⁴

---

1 "荷马信徒"字面意思为"荷马的后裔们",指荷马的景慕者、朗诵者甚或学究。
2 按维拉莫维茨的看法,这句诗八成是柏拉图自己编的:他由 erōs[爱欲]这个词语造出 Pteros[飞翔者]。
3 神和人对爱欲的称呼的差别在于,人用形容词 pteros[飞翔的]来修饰爱欲,神则把形容词与名词融在一起(pterōta → pteros+erōs)用于修饰"羽管"。既然"羽管"在俚语中也指"直立的男性生殖器","强制长出翅羽"也可以识读为"强制性兴奋"。苏格拉底在前面说"要是你听到兴许会发笑,因为你还年少",意指少年刚开始体会性兴奋。
4 [施疏]苏格拉底的神话[故事]要呈露的是人的灵魂中最为内在的样子:要么是向听故事的人呈露这个听者最为内在的渴求,也就是呈露出这个人最为内在的渴求,要么是苏格拉底自己的灵魂渴求——最明显的例子就

再说吧，被［爱欲］逮着的人若从前曾跟随过宙斯，他就能够负起沉重得多的翅羽的重负。那些［c5］祀奉阿热斯并曾跟随他［在天上］周行的呢，一旦被爱若斯神俘获，而且［自己］以为被有爱欲的错待，便起杀念，不惜既献祭自己也献祭男孩。［252d］由于每个人都曾是［神的］歌队中的一员，每个人都这样按各自的神来生活，敬拜［自己的］那个神，尽其所能摹仿这神——只要每个人还没腐败，而且过完［自己］在地上这儿的第一轮生世，并以这种方式结交和对待［d5］他所爱欲的人以及其他所有人。所以，每个人都按自己的方式从种种美当中选择爱欲。[1] 在［每个人］自己眼里，［所爱欲的］那个他仿佛就是神，会把他形塑、安置成神像，以备［252e］崇拜他，对他搞秘密祭礼。

（接上页）是苏格拉底在这里所讲的神话［故事］。在柏拉图笔下的苏格拉底所讲的所有神话［故事］中，这个神话［故事］非常独特：唯有在这个神话［故事］中，苏格拉底谈到超出天庭之上的景象。苏格拉底讲的其他神话［故事］谈到过大地、地下或天上的景象，但从来没有谈到过超出天上之上的景象。这意味着什么呢？这意味着苏格拉底向斐德若呈露了自己灵魂中最为内在的渴求——渴求绝对纯美的东西。超出天上之上，意味着超越了所有或丑或坏的东西。梦来自爱欲，这个神话［故事］表明，苏格拉底内在地是充满爱欲之人，而他所欲求的是绝对纯美的东西，这是他苦命的根源。

1　参前文 247a。《王制》篇末的厄尔神话表明，每个人的生活方式都是自己选择的。

正因为如此,那些[曾]跟随宙斯的人,会寻求灵魂像宙斯一样崇高的人作为自己要爱欲的人。他们会看清楚,[自己要爱欲的]这人在天性上是否是个热爱智慧之人,是否是个领袖人物。一旦找到这个他,就爱恋他,倾尽全力让他成为这样的人。[e5]要是他们此前在践行这一生活方式方面未曾涉足,他们会马上着手,尽自己所能四处讨教,亲自求索。按自己的方式追猎并找到[253a]属于自己的神的天性后,他们才走上坦途,因为,他们[这时]已经身不由己直勾勾地凝视自己的神。凭靠回忆拽住这神并被这神附体之后,他们得以把握[神的]习性和生活方式,以至于作为世人也能分享一个神。[a5]由于把这些事情归因于自己所爱欲的那个人,他们更加爱慕他。一旦他们从宙斯那里取水一瓢——有如那些酒神信徒,[1] 然后浇灌到所爱欲的人的灵魂中去,他们就是在打造他尽可能[253b]与他们自己的神一模一样。[2]再说那些跟随赫娜的[灵魂],[3] 他们寻的是属王者类的[灵魂天性],找到之后,就会千方百计替这类[天性]做同样的事情。

---

1 酒神信徒内心充满的是狄俄尼索斯神,而非宙斯。苏格拉底的比喻基于有爱欲的人与酒神信徒一样有神性的疯癫。

2 [译按]在柏拉图笔下的苏格拉底看来,热爱智慧的人像神,或者要成为神。

3 赫娜既是宙斯的妹妹也是他的妻子,可以说是诸神的王后。

那些跟随阿波罗的［灵魂］，以及跟随其他每一个诸神的［灵魂］，也如此按这个神［的天性］去追寻天性生来就属于他们自己的［神的］少年。［b5］一旦得到这个少年，他们就自己让自己模仿［自己的神］，说服、规训［各自所爱的］男孩，按其各自的能力［所及］，把他引向那个神的生活方式和型相。他们对自己的男孩既没妒忌，也没小家子气的敌意。毋宁说，由于他们极力［253c］企图引导男孩在方方面面都完全既像他们自己又像他们所敬拜的那个神，他们才这样做。因此，一旦真正地爱欲着的人凭我所说的方式实现了热切欲求的东西，他们的热切欲求及其［欲求的］开悟才会成为既美又幸福的东西；如此幸福［虽然］基于这个［c5］因爱欲而疯癫的朋友，一旦他［把那男孩］拈到手，[1]［如此幸福］也是为了这个被友爱的［男孩］。不过，被拈选到的那个［男孩］被征服，还得靠下面这种方式。

正如在这个故事开始时，我们把每个灵魂划分为三部分，其中两个是马形的某种形相，第三种是御马者［253d］形相——我们现在仍然让这些划分保留下来吧。那么，关于这些马呢，我们说过，一匹好，一匹则不好。不过，好马的德性或劣马的劣性究竟是什么，我们并没

---

[1] ［译按］"拈到手"这个动词的本义是"逮着、拿到"，也有"抽签选取、选择"的含义：是否遇到友爱的男孩也由机遇决定。

细说，现在必须得说说。

可不是嘛，就这两匹马本身来说，一匹站在更美的位置，形相端直，而且[d5][肢体]舒展；高脖子，鼻子略钩，看上去洁白，黑眼睛；对荣誉有爱欲，但带有节制和羞耻，与真实名声为伴，无需鞭策，仅仅凭言辞[发出的][253e]命令就能驾驭。另一匹呢，则歪歪扭扭，[肢体]臃肿得像是胡乱凑在一起的；[1] 脖子又粗又短，扁平鼻，黑皮肤，灰眼睛，呈血红色；与肆意和吹嘘为伴，耳朵四周有浓密的毛，又聋，只屈从于鞭子加马[e5]刺。

当御马者一看到那双激发爱欲的目光，整个灵魂就会因这感觉而发热，渐渐爬满渴求[254a]的痒痒和刺戳。两匹马中顺从御马者的那匹这时像往常一样受羞耻强制，克制自己不扑向所爱欲的。另外那匹却不顾御马者的马刺和鞭子，又蹦又跳强力往前拽——[a5]这就给同轭的伴儿和御马者带来种种麻烦，强迫他们靠近那些男孩，还提醒他们[男孩身上的]那些性爱的魅力。同轭的伴儿和御马者起初还气恼地[254b]挣脱，因为，这是在被强迫去做可怕的和有违礼法的事。可是，如果这种劣性不止，他们就会作出让步，最终被[劣马]引领前往，

---

[1] "[肢体]臃肿得像是胡乱凑在一起的"亦可译作"[肢体]简直是偶然的一个不幸成品"。

同意去做被命令去做的事情。

他们一来到这男孩跟前，便看见他[b5]闪烁的目光。御马者看到[这目光]时，便回忆起那些美的自然[天性]，随之就看到这自然[天性]已经与节制一起踏上神像基座。一看到[美和节制]，御马者就感到畏惧——敬畏令他退后仰翻，同时被迫[254c]从后面往回猛拽缰绳，以至于两匹马双双屁蹾坐地。那匹[好马]心甘情愿，因为他本来就不[愿]挣脱[御马者]，那匹[劣马]却肆心地老大不情愿。[御马者]驱赶[马儿]离开时，那匹[好马]由于羞耻和震惊，整个[c5]灵魂大汗淋漓，那匹[劣马]则不顾辔头和跌倒引起的疼痛，不等喘过气来就怒气冲冲破口大骂，喋喋不休地责骂御马者和轭伴，[说]他们由于怯懦和缺乏男子气而乱了套，[254d]同意后又不算数。他再次强迫御马者和轭伴往前冲，由于他们不愿意，他勉强同意他们的请求，下次再说。

约好的下次到了，御马者和轭伴装着回忆不起来，那匹[劣]马儿就提醒他们——强逼啊、嘶鸣啊、拽啊，[d5]用同样的言辞强迫他们再次冲向那些[心爱的]男孩们。[1]当他们靠近[男孩]时，那[劣]马俯下身子，翘起尾巴，[2]咬紧辔头，厚颜无耻地往前拽。[254e]御马

---

1 "同样的言辞"指前面（254a5-6）劣马提醒"[男孩身上的]那些性爱魅力"。
2 "尾巴"在古希腊俚语中也暗喻"男性生殖器"。

者更强烈地经受到［与上次］相同的感受，[1] 仿佛从跑道拐点后退似的更用力往后紧拉那匹肆意的马咬住的辔头，搞得他那恶言恶语的舌头和下颚鲜血淋漓，而且把他的大腿和［e5］屁股往地上摁，让他疼得不行。多次遭受同样的［对待］之后，［劣马］肆意的顽劣才止住，他终于俯首帖耳跟从御马者的先见之明——当看到那美人时，他也畏惧得一塌糊涂。所以，最后的结果是，这个爱欲者的灵魂怀着羞耻和敬畏跟从那些男孩。

［255a］由于被服侍的［男孩］被当做神受到百般服侍，这有爱欲的并非做做姿态，而是真的动了爱欲，被爱欲者自己自然会对一个如此服侍自己的人友爱，即便从前他受到同学或［a5］其他人误导——说什么接近有爱欲的人可耻。由于这个原因，他曾经拒绝过有爱欲的人，但随着时间的推移，青春期和命定的东西引导［255b］他答应与有爱欲的人交往。毕竟，坏人不会对坏人友爱，好人不会对好人不友爱，难道不是命中已经注定么。当被爱欲的答应有爱欲的，接受［他的］言辞和［与他］交往，[2] 有爱欲者款款而来的蜜意令被爱欲者惊诧莫名。［b5］因为，他清楚地感受到，他的其他朋友和亲戚加在

---

[1] "相同的感受"指前面（254b7–c3）回忆起美的本质和往回猛拽缰绳。

[2] "交往"这个语词一般而言指生活上的交往，但也可以指"性交"。在柏拉图的作品中，没有任何段落像这里的文脉（以及240a）那样明显带性爱色彩。

一起所带来的命份中的友爱,也丝毫比不上这位神灵附体的朋友。当爱欲者继续坚持[展示蜜意],通过在体育场和其他交往场合的身体接触[相互]亲近,[255c]最终,那股涌流之泉——宙斯爱欲伽尼墨德斯时叫它"情液"[1]——澎湃地涌向爱欲者,一些沉入他自身,一些[在他身上]满溢后流出来。就像一阵风或某个回音从一些平滑而[c5]坚硬的东西那里又蹦到原来促发的地方,美的涌流通过[有爱欲者的]眼睛再次走向美人,并自然而然走进他的灵魂,抵达[灵魂]时便振起[255d][灵魂的]翅羽。[美的涌流]浇灌翅羽的通道,促发生出翅羽,被爱欲者的灵魂转过来也充满了爱欲。

因此,被爱欲的也爱欲起来,但又对此不知所措。他不知道自己已经经历到的是什么,也没法说清这经历,倒像从别人那里[d5]染上眼炎自己却没法说出原因。[2]所以,被爱欲者没有觉察到,他从有爱欲的人这面镜子里看到的是他自己。如果那[有爱欲的]人在[他]身边,被爱欲者就像那[有爱欲的]人[曾经历过的]那样不再苦恼;如果那人不在身边,被爱欲者转过来也像那[有

---

[1] 按《伊利亚特》卷二十 232-235 中的说法,伽尼墨德斯是特洛亚王的儿子,凡人中最美的男子,被诸神掠走带给宙斯到奥林匹亚当斟酒司。伽尼墨德斯的名字在这里暗指斐德若,苏格拉底用宙斯与伽尼墨德斯的故事暗示他与斐德若的关系。

[2] 古人相信,眼病因视觉接触而传染。

爱欲的]人那样渴慕,[255e]以应答的爱欲去追慕那爱欲的摹像。当然,被爱欲者把这[应答的爱欲]叫做友爱,而且认为就是友爱,而非爱欲。但是,与那[有爱欲的]人非常相像——尽管不如那人强烈,被爱欲者欲望见到、摸到、亲吻、躺在一起¹——然后呢,就像看起来的那样,迫不及待地做接下来的那些事情。

当他们俩[e5]睡在一起时,爱欲者[身上]的那匹无节制的马还知道[自己]要对御马者说,这一丁点儿享受不足以[256a]补偿太多的辛苦。男孩[身上的那匹无节制]的马呢,却不知道要说什么,只感到已经胀满,²六神无主,搂着爱欲者一个劲儿亲吻,尽情接纳[爱欲者的]蜜意。他们躺在一起时,如果爱欲者恰好想要得很,[a5]这匹[无节制的]马不会拒绝自己让爱欲者享有的那一份儿。那匹同轭的马呢,却与御马者一起,凭羞耻和理性抵制。因此,如果思想中优秀的东西获胜,引导[爱欲者和被爱欲者]走向合序的生活方式和热爱智慧,那么,他们在这世上就会过上幸福[256b]而又和谐的生活:把握自己,有规有矩,让灵魂中滋生劣性的那部分为奴,给灵魂中滋生德性的那部分以自由。这

---

1 这里的四个动词没有用连接词连接,以描述情欲的发生节奏和爱欲的上升,每种渴求的实现都显得自然而且必然,最后阶段便是紧接着将提到的"睡在一起"。

2 "胀满"的原义是"乳房胀满奶水"。

样的话，当生命终了时，由于爱欲者和被爱欲者［的灵魂］已经长出翅羽，变得一身轻盈，他们已然赢得真正的［b5］奥林匹亚竞赛中三场摔跤的一场。[1] 属人的节制也好，神的疯癫也罢，能带给人的都比不上这善更大。

可是，如果爱欲者和被爱欲者采取的是俗不可耐的生活方式，［256c］并不热爱智慧，而是爱名声，那么，在［灵魂］醉晕晕或其他漫不经心的时候，这对无节制的轭下之马就会逮着爱欲者和被爱欲者没有防备的灵魂，引领去一起拈选多数人以为幸福的选择，[2] 并过完［c5］一生。过完这生后，对余下的生世他们还会采取同样的生活方式，极少［有人］会认为，［灵魂］并非是在以整副心思过日子。因此，这对［爱欲者和被爱欲者］虽然不如那对，也还算过得相［256d］互友爱——无论在爱欲劲头上还是过后，相信彼此已经给出和接受最重大的誓约，［而且相信］解除誓约甚至有一天反目为仇，就不合法规。到了生命尽头时，虽然没翅羽，［这两个灵魂］毕竟还有长出翅羽的冲动走［d5］出自己的身体，所以，他们还是给爱欲的疯癫带来不小的报偿。毕竟，对于那些已经开始天宇下的旅程的人，有这样一条法规：他们

---

[1] 摔跤手要在奥林匹亚竞赛中当冠军，得把对手摔倒三次。在这里，所谓三次真正的奥林匹亚竞赛指前文（249a4）说到的那三个周行期。

[2] "多数人以为幸福的选择"指沉溺肉欲的生活。

不会再步入冥暗,¹ 踏上地下的旅程,² 而是会幸福地度过光明的一生,[256e] 相扶相携前行——在这期间,托爱欲的恩惠,他们会生长出共同的翅羽。

孩子啊,这些如此丰赡和神圣的东西,就是出自一个爱欲者的友爱将会给予你的。出自没爱欲的人的亲密关系则[e5]掺和着属于人世的节制,对属于人世之物和吝惜得来的东西精打细算,[如此亲密关系]在其朋友的灵魂中只会孕生出[257a]被杂众吹捧为美德的小气,使得灵魂毫无心智地在地上和地下打滚九千年。

亲爱的爱若斯神,这就是按我们能力所及进呈给您的最美、最好的悔罪诗——姑且作为偿还吧。[a5] 由于斐德若,在辞藻和其他方面被迫说得有些诗意兮兮。³ 原谅[我]先前[说的]那些,让这些来讨[您]喜欢吧,[愿您]行行好,⁴ 慈悲为怀,别一怒之下收回或废掉您已经赐予我的爱欲术,愿您赐予我的爱欲术让我在美人们面前比现在更值。[257b] 要是斐德若和我在早前的讲辞中对您说了什么粗鲁无礼的话,就责备吕西阿斯吧——他才是那篇讲辞之父。[求您]让他再别玩这样一类言辞,让他转向热爱智慧吧——像他哥哥珀勒马科斯已经转向那

---

1 "他们"指爱欲者和被爱欲者。
2 [译按]"地下的旅程"指受到惩罚,对观《斐多》最后的神话。
3 苏格拉底引用的是斐德若在前面(234c7)说过的话。
4 以下苏格拉底都是在以向神祈求的方式说话。

样。那样的话，他这儿的这位［b5］爱欲者就不会再像现在这样脚踏两只船，[1] 而是为了爱欲一心一意用热爱智慧的言辞打造生活。

斐 要是这样对咱俩更好，苏格拉底，我与你一起［257c］祷告，让这些事情成。对你完成的这篇讲辞，我早就惊叹不已，比起前一篇的确美多啦。所以，我犹豫不决，如果吕西阿斯愿意针对［你的］这篇铺陈出另一篇来，他对我是否就显得矮一截。其实，你这神奇的家伙呃，［c5］前不久，治邦的人中有个谁还责骂他来着，指责他搞这种［写讲辞的］事情，整个责骂都称他讲辞写手。[2] 所以，出于爱名声，他兴许会赶紧收手不为我们写咯。

苏 年轻人，你说的这意见可笑哦，［257d］要是你以为他如此容易被一点儿小小动静吓住，你就大大搞错这位友伴啦。不过，兴许你认为那个责骂他的人所说的话的确是在指责。

斐 他显得如此，苏格拉底。你自己其实也［和我］一同［d5］知道，诸城邦中最有权力、最有威严的人物

---

[1] 指斐德若在吕西阿斯与苏格拉底之间犹豫。

[2] 公元前403年，曾有一个民主政治家为吕西阿斯争取雅典公民权，理由是他对雅典民主政制有贡献，这项提案遭到公民大会否决。［译按］"讲辞写手"（logographon）是 logos［言辞/文章］与 graphein［书写］合拼，与"文人"不是一个词，带戏谑的贬义。

都耻于写讲辞，耻于留下自己的文字，畏惧［自己］在将来会被叫做智术师。[1]

苏 斐德若呃，你忘了甜蜜的拐弯啦——（这叫法出自［257e］尼罗河的大弯）[2] 且不谈这拐弯吧，你也忘了，那些自视伟大的治邦者们都忒爱欲写讲辞，留下文字。而且，每逢他们写讲辞时，［e5］都会讨好夸赞［他们］的人，所以首先会附带提到在各个场合夸赞他们的人。

斐 你这话什么意思？我没懂。

苏 ［258a］你不懂一个治邦的男人（在文字）开头首先提到的是那些夸赞者。

斐 怎么［个提法］？

苏 他会宣称，"承蒙议事会"或者"承蒙乡亲"——［a5］或者两者都提到，然后才是"某某说"，写［讲辞］的人当然会以极其威严和赞颂的口吻提到他自己。[3] 在此之后，他才［开始］说，向那些夸赞他的人们展示他自己的智慧——有时会把文字搞得老长。或者，在你看来，这样一种东西与一篇成文讲辞完全不同？

斐 ［258b］我倒没觉得［不同］。

---

1 "智术师"在当时的一般人眼中是贬义。

2 "尼罗河的大弯"是挖苦说话拐弯的成语。

3 苏格拉底在这里模仿的是治邦决议形成文字的开头样式：在雅典民主时期，议事会和公民代表大会作出决议后再委托专人形成文字，提出议案的治邦者的名字以"某某说"的形式记录在讲辞前面。

苏 那么，要是这讲辞站得住脚，这位诗人就会高高兴兴离开舞台。[1] 但要是[讲辞]被从木板上擦掉，[2] 他就不再有写讲辞和配舞文弄墨的份儿，[b5]他自己和同志们都会悲伤得很。[3]

斐 [悲伤]之极哦。

苏 显然，他们并非看不起这份事业，毋宁说，他们为之而感到惊奇不已。

斐 一点没错！

苏 [b10]是嘛？倘若他足以成为修辞家或国王，以至于[258c]得到像吕库戈斯或梭伦或大流士那样的权力，[4]在城邦成为不朽的讲辞写手，那么，他自己——如果他还健在的话——不认为自己就像个神才怪呢。后来的人们要是观看到他的文迹，对于他不也会同样这么[c5]认为？

斐 非常会[这么认为]。

苏 那么，你认为，任何这样的一个人——不管是谁，也不论对吕西阿斯怀有怎样的敌意，会因他为文这

---

[1] 苏格拉底暗示，在民主政制中，治邦者提出立法议案有如戏剧诗人写出作品登台表演，让民众围观——其写作目的是围着民众转。
[2] 立法建议通常先写在木板上，若议案未获通过就被擦掉。
[3] [译按]"同志"的原文即"友伴"——因这里说的是提出议案的治邦者的"友伴"，也就是民主政制中的宗派"友伴"，故译作"同志"。
[4] [译按]这里提到的三位立法者分别是斯巴达政制、雅典政制和波斯政制的立法者（如今所谓"国父"），但仅梭伦一人也写诗。

种事情指责他吗?

斐 从你所说的来看,好像不会哦。毕竟,这看起来[c10]是在指责他自己的欲求。

苏 [258d]其实,每个人都清楚这个,即写讲辞这事本身并不可耻。

斐 怎么会呢?

苏 我认为,要说可耻,那个才可耻,即说得、[d5]写得不美,而是可耻和低劣地说和写。

斐 明摆着的嘛。

苏 那么,什么是美抑或不美地写的方式呢?斐德若,我们不是必须在这些方面检查一下吕西阿斯吗?无论谁,只要写过或想要写什么,无论是就城邦事务[d10]还是就个人事务撰文,也无论是像诗人那样用韵律,还是像常人那样不用韵律,不都必须检查一下?

斐 [258e]你问我们是否必须?一个人活着为了啥啊?要我说,不就是为了这类乐事嘛?当然,我想,对于那样一种人来说就并非如此——对他们来说,想有快乐必须先吃苦头,几乎所有涉及身体的快乐都如此。[1] 所以啊,[e5]他们才被正义地叫做奴隶。

苏 看来,我们还有空闲[做这事]。[2] 何况,在这闷

---

1 [译按]对观《普罗塔戈拉》中苏格拉底与普罗塔戈拉的最后一场对话。
2 前面苏格拉底急着要走,这会儿又不急着走了。

热天,¹ 那些蝉在我们头上歌唱,相互 [259a] 交谈——我觉得,这是在往下看我们哦。要是蝉们看见我们俩像多数人那样,在这正午时分不去讨论而是打瞌睡,由于思想懒惰让它们来催眠,蝉们就会正义地讥笑我们,认为我们不过是 [a5] 奴隶般的家伙,跑来这小小歇脚地儿,像小羊儿一样在泉边睡午觉。但要是蝉们看到我们在讨论,从它们旁边航行而过就像经过塞壬那样 [259b] 却未被催眠,² 那么,蝉兴许会叹服,马上把它们从神们那里得来的给世人的奖品给我们。

斐 它们有的这奖品是什么东西?我碰巧好像从没听说过。

苏 [b5] 一个热爱缪斯的男人竟然没听说过这样的事情,实在有点不相称。据说啊,从前,这些 [蝉] 本来都是世人,属于缪斯们 [出生] 之前的一代。缪斯们生出来时,歌唱显露出来,当时的一些世人快乐得惊诧莫名,[259c] 以至于只是歌唱,不顾吃喝,不知不觉就让自己终了啦。打那以后,从这批世人中就生长出蝉类,他们持有从缪斯们那里得来的这个奖品,³ 生下来就不需食物,不吃也不喝,只一个劲儿歌唱,[c5] 一直到 [生命]

---

1 [译按]"闷热天"与爱欲热情对应。
2 蝉以及塞壬,参《奥德赛》卷十二 39,158-200。
3 "奖品"指歌唱。阿里斯托芬在《会饮》(191b-c) 讲述的故事里提到蝉不通过两性繁衍。

终了。¹然后，他们去到缪斯们跟前，向她们报告，[地上] 这儿的[世人]中谁谁谁崇敬她们中的谁谁谁。通过向忒耳普西科瑞报告，²谁谁谁在合唱歌舞中崇敬她，[259d] 蝉们使得自己与她的关系更为亲密友爱。蝉们还向爱纳托报告在爱欲之事方面崇敬她的人们，³也向其他[缪斯] 如此报告她们按各自的形相所受到的崇敬。不过，对最年长的卡利俄佩和[年纪]仅次于她的乌拉妮娅，⁴蝉们报告的却是终身热爱智慧的人们，他们崇敬[d5]这两位[缪斯]的乐术。因为，在所有的缪斯们当中，她们尤其掌管着天以及诸神和世人的言说，发出的声音最美。⁵由于这众多的缘故，我们必须谈点儿什么，在这个正午不可睡觉哦。

斐 当然，必须谈。

---

1 [译按]有如真正热爱智慧的人的生活。"不吃也不喝"朱光潜意译作"空着肚皮干着嗓子"，非常漂亮，但没有突显出热爱智慧的人甚至连最低的生命需要都不顾："空着肚皮干着嗓子"也有可能是没得吃和喝，而非主动不吃不喝。

2 忒耳普西科瑞是掌管歌舞的缪斯，原文构词为 terpsi[喜爱] + chorai[合唱歌舞]。

3 爱纳托（Eratoi）在缪斯中掌管抒情诗歌，这位缪斯的名字从 Erōs[爱欲]派生而来。

4 卡利俄佩主管修辞和史诗，其名（Kalliopē）的字面含义为"言辞美妙"。乌拉妮娅是主管天象的缪斯。比较赫西俄德《神谱》36–79说到缪斯名字的起源和词源含义。

5 在赫西俄德的《神谱》（79–80）中，卡利俄佩在九位缪斯中最重要。

苏 ［259e］可不是嘛，我们必须检查我们这会儿对自己提出来要检查的东西：凭何种方式才能美好地言说和书写，凭何种方式则不能。

斐 明摆着的嘛。

苏 对于那些想要说话既妥帖又美好的人来说，［e5］讲者的思想难道不是必须在一开始就知道他想要说的东西的真实？

斐 关于这一点啊，亲爱的苏格拉底，我倒听过［这样的说法］：［260a］对于将来想当修辞家的人来说，其实并非必然得去学习实实在在的正义的东西，倒是必然得学习那些看起来杂众会判为正义的东西；也不是必然得去学习实实在在的好和美，倒是必然得学习看起来如此的东西。毕竟，说服靠的就是这些，而非靠的是真实之相。

苏 ［a5］斐德若啊，智慧人说的是我们必须"不可抛弃这些话"哦。¹ 我们必须检审他们是否说出了点儿什么，尤其刚才说的这番话不可听之任之。

斐 你说得正确。

苏 我们且这样来审视刚才这番话吧。

斐 ［a10］怎样［审视］？

---

1 《伊利亚特》卷二 361 涅斯托耳对阿伽门农说："我说的话你不要抛弃，视为无价值。"当时的语境涉及区分好的武士和劣的武士，苏格拉底引用这话的意思是：区分好坏不可抛弃。

苏 [260b] 假如我要说服你去搞匹马来退敌，可我们俩都不识马，但我恰巧知道你有这样一个［看法］：斐德若以为，马是耳朵最长的温顺动物之一……

斐 [b5] 这兴许可笑罢，苏格拉底。

苏 还没完呢。假如我要竭力说服你编织一篇夸赞驴子的讲辞，要把它叫做马，还说搞到这家伙后，无论家用还是用于军务样样都值，用于骑着打仗，也能驮运装备 [260c] 以及许多其他有用的东西。

斐 这兴许就太可笑咯。

苏 可笑但友好不是强过厉害却带敌意吗？[1]

斐 [c5] 显得是这样。

苏 那么，要是有个修辞术师对好和坏没认识，他逮着一个与他自己一样［不识好坏］的城邦要劝说，但他不是做篇颂文把一头驴子的影子夸赞得像马，[2] 而是通过关注杂众的意见把坏东西夸赞得像好东西。他说服了这城邦把坏事 [c10] 当好事来做，那么，你认为，这种修

---

1 这话可能是句成语，在抄件上有不同版本。苏格拉底的意思可能是：对公众说话时指驴为马固然可笑，但如果出于良好的意图——避免伤害听众，那就好过心怀敌意地揭露听众的无知。

2 "驴子的影子"系成语，意思指无谓的行为。传说有个雅典人租了头驴子运货到麦加拉，赶路时正逢七月天，一到中午炎热难忍。那雅典人停下来，从驴背上卸下货物，蹲在驴子的身影下乘凉。驴子的主人得知后却有意见了，他对雅典人说，他的驴子只用来运货，不用来乘凉。两个人为驴子的影子争执不休，最终对簿公堂。

辞术会在播下种子之后［260d］收取什么样的收获呢？

斐 当然不会是合适的东西。

苏 哎，好人儿哦，我们对这门说话技艺的指责是不是比所需要的过于土里土气啦？这位技艺兴许会说：[1]"什么［d5］呀，少见多怪的家伙，你们胡说些什么？我可从没强迫过谁还没认识真实就去学说话；相反，如果我对任何事情有什么建议的话，那就是［先］获得真实，这样才来逮着我。无论如何，恕我说话口气大：即便有谁知道了实实在在的东西，没我的话，他也绝不能凭技艺说服［任何人］。"

斐 ［260e］她说的这些难道说得不对？

苏 我会说［不对］——如果来到她身上的这些说法证明她是门技艺的话。毕竟，我觉得，我好像听到一些攻击性说法，严正指证她在说谎，她不是一门技艺，［e5］而是没技艺的操作而已。拉刻岱蒙人说过，没把握着真实，真正的说话技艺现在不会有，往后也不会产生出来。[2]

斐 ［261a］我们需要［听听拉刻岱蒙人的］这些说法，苏格拉底。不妨把这些说法摆出来，审查一下他们说的什么以及如何说。

---

1 苏格拉底把修辞术拟人化，编出一段虚拟对话。
2 这也许是斯巴达人的说法，也许是柏拉图编出来的（对观《书简七》345a）。柏拉图善于化用外来成语。

苏 高贵的生灵们哟,来吧,请说服斐德若这位美孩子[相信],除非他足够热爱智慧,否则他绝不会足以[a5]有能力言说任何事情。就让这斐德若来回答[你们]罢。[1]

斐 你们尽管问吧。

苏 那么,整体而言,修辞术应该是某种凭言说引导灵魂的技艺,不仅在法庭和其他民众集会上如此,在个人事务方面也如此。[2]这门技艺同样涉及大事[261b]和小事,没有比这门技艺正确地得到应用更应该受到重视的了,无论涉及严肃的事情还是琐屑的事情,不是吗?或者你听说过的这些事情是怎样的呢?

斐 不,向宙斯发誓,完完全全不是这样。本来,口说和书写的技艺大多用于司法判决,[b5]而口说也用于民众演说——用于其他方面,我没听说过呃。

苏 怎么,你仅听说过涅斯托耳和奥德修斯的关于言说的技艺——这是他俩在特洛伊有闲暇时写下的,[3]却没

---

1 苏格拉底要证明,修辞术如果是一门真正的技艺,必须与真实相关。斐德若则充当反方辩护人,他的观点是,修辞技艺的用途仅限于法庭或民众集会。

2 "引导灵魂"的说法来自修辞术理论家泰熙阿斯(详后)。

3 在荷马笔下,英雄要么在战场上要么在集会演说中展示自己的德性。涅斯托耳和奥德修斯以有智慧和能言善辩著称(《伊利亚特》卷三216),尤其在说服他人方面显出自己的才能。

听说过帕拉墨得斯的[关于言说的技艺]？¹

斐 [261c]没吧，向宙斯发誓，我甚至连涅斯托耳的[言说技艺]也没听说过，莫非你把高尔吉亚当成了哪个涅斯托耳，或者把奥德修斯当成了哪个忒拉绪马霍斯和忒俄多若斯。²

苏 也许罢。我们且不管他们吧——你说说看，[c5]在法庭上，[原告和被告]对抗双方干的是什么呢？不就是争辩么？³或者我们该说是什么呢？

斐 正是这个。

苏 那涉及正义和不义吧？⁴

斐 是啊。

---

1 帕拉墨得斯是荷马笔下的英雄，以虔诚、善良但也狡猾著称，精通修辞技艺。不过，荷马在诗作中对他着墨不多。高尔吉亚曾作过一篇《为帕拉墨得斯一辩》。
2 忒拉绪马霍斯是知名修辞家，来自希腊北部地区的卡尔克敦。据说他最先把诗的韵律应用于修辞术。忒俄多若斯是公元前5世纪末的修辞家，拜占庭人，曾写过修辞专著。在民主的雅典城邦，公共言说的技艺受到特别看重。[译按]这话表明，斐德若仅知道当代的智术师修辞家，不知道古老的修辞术传统。
3 "争辩"不仅指诉讼时或议事会上对立双方的互相争辩，也指就同一论题——比如正义与不正义、相同与不相同、静止与运动——正反两种观点之间的争辩（参见《斐多》91a）。阿里斯托芬在《云》中描述了苏格拉底在这里所说的方法，并称之为智术师的方法。
4 [译按]在《王制》卷一，苏格拉底与忒拉绪马霍斯就何谓"正义"展开过一场短兵相接的著名争辩。

苏 [c10]那么,凭靠技艺做这件事情的人如果愿意的话,他可以做到[261d]让相同的事情对相同的人显得一会儿正义,一会儿不正义吗?

斐 那还用说?

苏 在民众演说中,他可以做到让相同的事情对这城邦显得一会儿是好事,一会儿是相反的[坏事]?

斐 [d5]正是如此。

苏 可是,我们不是也知道,厄勒阿人帕拉墨得斯说话有技巧,以至于让相同的事情对听者显得既一样又不一样,是一又是多,还有,既处于静止又在挪动。[1]

斐 太是这样啦。

苏 [d10]所以,争辩术不仅关乎法庭[261e]和民众演说,毋宁说,看来啊,在所有言说的事情方面,都会有一门某种技艺——如果有这门技艺的话,兴许它就是这门子技艺:凭靠它,一个人就得以把每个能够显得相同的东西搞得与每个能够与之相同的东西相同[2]——而且,当别人搞这种相同并隐藏[其所为]时,[一个人凭

---

1 帕拉墨得斯是西刻西亚地区厄勒阿城(Elea)人,这里指代同样是厄勒阿城人的芝诺(Zeno),他从同乡帕墨尼德的思想中发展出一种悖论观(对立的两个观点都成立,参见《帕墨尼德》127e),因此闻名。
2 如果简化这个句子就是:一个人得以把样样东西搞得与样样东西相同。苏格拉底要表明,修辞术仅仅是在听者心中建立起信念,而非建立起任何关于真实的知识。

靠技艺也能够]让它暴露在光天化日之下。

斐 [e5]你说的这一点是什么意思？

苏 我觉得，用下面这种方式来探问，就会清楚起来：蒙骗会出现在事物差异更大还是更小的时候呢？

斐 [262a]差异更小的时候。

苏 可是，你走到对立的观点时，你不会觉察到，自己迈出的一小步其实更是一大步。[1]

斐 怎么会不是这样呢？

苏 [a5]所以，想要蒙骗别人的那个人不想自己也被蒙骗，就必须精确区分事物的相同和不相同。

斐 的确必然得[区分]。

苏 那么，不知道每个事物的真实，他能够[a10]认出他不认识的东西与别的东西的相同是大还是小吗？

斐 [262b]没可能哦。

苏 所以，持有与实际事物相违的意见的那些人受了蒙骗——很清楚，由于某种相同，他们才会在这种情况下滑倒。

斐 是哦，[受蒙骗]正是这样出现的。

苏 [b5]那么，通过种种相同，一个身怀技艺之

---

1 所谓对立的观点指的是听众认为与自己的观点相反的观点，而修辞家的说辞恰恰是要把听众带到那个观点。"一小步"指用来引导听众的言说步骤，最终使得听众接受先前自己以为对立的观点。

人迈着小步把别人从每个实际的东西引领到对立的东西——而且自己得避免受蒙骗,如果他没认识到那些实际的东西个个是什么的话,这可能吗?

斐 不可能,绝对不可能。

苏 [262c] 所以,友伴啊,那个并不知道真实而是[仅仅]追猎意见的人将会表明,他的言谈技艺是某种可笑的技艺,而且看起来啊,其实就是没技艺。

斐 也许是吧。

苏 [c5] 那么,你愿意看看,在你带着的吕西阿斯的讲辞中,以及在我们说的两篇讲辞中,有没有我们所说的没技艺和有技艺的东西?[1]

斐 太愿意不过啦,因为,我们眼下谈得来有些个干巴巴的,没有足够的范例。

苏 [c10] 其实,看来啊,多亏某个机遇,那两篇说过的 [262d] 讲辞就是某种范例,[足以表明] 有人尽管知道真实,却玩弄言辞诱导听者。[2] 不过我嘛,斐德若,要归咎于这地方的诸神——也许还有那些缪斯们的代言者,他们在我们头上歌唱,把这个奖品 [d5] 吹拂给了我们。[3] 毕竟,我可从未与什么说话的技艺沾边哦。

---

1 [译按] 这里的所谓"技艺"指蒙骗别人而自己不会被蒙骗。

2 "有人尽管知道真实,却玩弄言辞"指苏格拉底自己的两篇讲辞,并不包括吕西阿斯的讲辞,因为他并不知道真实,也不曾受蝉的激发。

3 "奖品"指"歌唱"(见258e)。

斐 就算是你说的那样罢;你尽管把你说的意思搞清楚!

苏 行啊,给我念念吕西阿斯的讲辞的开头吧。

斐 [262e]"关于我的事情嘛,你已经知道得很清楚,而且,这事的发展嘛,我认为对我们[俩]有好处,这你也听过了。可我指望的是,我所需要的不至于因为这一点而落空,即我恰巧并非对你有爱欲。那些[有爱欲的]人啊,莫不追悔……"

苏 [e5]停。我们必须说说,这人犯了什么错,他作什么[作得]没技艺,是吧?

斐 [263a]没错。

苏 那么,难道不是每个人都非常清楚下面这样一点,即我们对一些语词持相同看法,对一些语词则起纷争?

斐 [a5]我觉得我懂你说的意思,不过你还是说得更清楚些吧。

苏 当有人说到语词"铁"或"银"时,我们所有人心里想到的不都是同一样东西吗?

斐 当然哦。

苏 但当说到语词"正义"或"好"时呢,不就各奔[a10]东西了吗——我们不是互相争辩甚至与我们自己争辩吗?

斐 一点儿没错。

苏 ［263b］所以，我们在一些事情上同声同气，在一些事情上却不［这样］。

斐 的确如此。

苏 那么，我们在哪方面更容易被蒙骗？修辞术在哪方面更有权力呢？

斐 ［b5］明摆着是在我们莫衷一是的那些方面。

苏 所以，谁想要探求修辞术，必须首先从路数上区分这些语词，逮着两类［语词］形相各自的某些特征，对于其中一类，杂众必然会莫衷一是，对于另一类则不会。

斐 ［263c］谁要是逮着这啊，苏格拉底，他兴许也就对美的形相了然于心咯。[1]

苏 其次呢，我认为，当他接近每一语词时都不可以不留意，倒是必须敏锐觉察他要说的东西［c5］恰巧涉及这两类［语词］中的哪一类。

斐 怎么会不是呢？

苏 是什么呢？我们该说爱欲属于有争议的［语词］还是没争议的［语词］？

斐 明显属于有争议的嘛。要不然，你认为你还可

---

1 所谓"美的形相"在斐德若指的是修辞家需要利用的民众对言辞的两种可能反应（或赞同或争议）。换言之，斐德若不是从"好"而是从实际有效来看言辞。斐德若沿用了苏格拉底用的"形相"一词，难以断定是否是用了该词的寻常用法。

能让［c10］自己像你刚才说的那样谈论爱欲——说什么爱欲对被爱欲者和有爱欲者都有害，转过来又说爱欲恰巧是最了不起的东西？

苏　［263d］你说得好极啦！不过，说说这吧：我在那讲辞开头是否替爱欲下过定义[1]——由于当时有神灵在身，我完全不记得啦。

斐　向宙斯发誓［下过定义］，而且极为明确。

苏　［d5］哎哟，你是说，阿刻罗俄斯的水泽女仙们，还有赫耳墨斯的儿子潘，他们在言说方面比克法洛斯的儿子吕西阿斯有技艺多啦[2]——或者我搞错了，其实，吕西阿斯也在开始说爱欲时强制我们把爱欲当做某种实际的东西，［263e］亦即他自己意愿的东西，然后，按这个东西来安排全文，让它贯穿后来的讲辞？你愿意我们再来念一遍那讲辞的开头吗？

斐　如果你觉得［需要］的话——不过，你［自己］去查看吧，它不就在这儿嘛。

苏　［e5］还是你念吧，以便我听听那个人自己［怎

1　"那讲辞"是单数，指的是苏格拉底的第一篇讲辞。
2　阿刻罗俄斯是所有河神中最年长者，因而可以说是水泽女仙们的父亲（参230b，241e）。潘神（畜牧神）是阿刻罗俄斯之子，总追随在水泽仙女们身后——潘神绝少见于柏拉图的其他作品（参见《克拉提洛斯》408d）。苏格拉底的意思是，水泽女仙们让他说了那些讲辞，他自己对此并不真正负责。

么说]。

斐 "关于我的事情嘛,你已经知道得很清楚,而且,这事的发展嘛,我认为对我们[俩]有好处,这你也听过了。可[264a]我指望的是,我所需要的不至于因为这一点而落空,即我恰巧并非对你有爱欲。那些[有爱欲的]人啊,欲望一旦停歇下来,莫不追悔自己所献的殷勤。"

苏 看来啊,那人确实离我们寻求要做的事情太远。他[a5]不是从开头处而是从收尾处仰躺着往回游[1]——他从有爱欲的人会对男孩说的那些话开始,而这时他[的爱欲]已经停歇下来。或者我说错啦,斐德若,亲爱的脑袋瓜子?[2]

斐 [264b]他制作的这番话果真是收尾[的话]哦,苏格拉底。

苏 其余的说法是些什么呢?这讲辞的各部分难道不是显得杂乱无章地堆在一起的?第二段所说的东西难道出于某种必然显得[b5]非摆在第二段不可?其他所说的东西也[出于某种必然非摆在那儿不可]?毕竟,由于[我自己对他所说的]一无所知,在我看来啊,这位写手并非低劣地想到什么就说什么。不过,你恐怕拥

---

1 雅典人用不懂游泳比喻不懂读写(参见《法义》卷三 689d)。
2 仿荷马《伊利亚特》卷八 281,卷十八 114。苏格拉底这样称斐德若是在仿没爱欲的人对少年的称呼。

有某种书写讲辞的必然［规则］，这人正是按此来依次摆放所说的那些吧？

斐 你认为我足以如此准确地看穿［264c］这人［写下］的这些东西，你真是有益的人呃。[1]

苏 至少我认为你会说，每篇讲辞都必须组织得有如一个生物，它有自己的身体——既不会没脑袋，也不会没脚，既有主干也有［c5］细节，写得［各部分］相互贴合又浑然成整体。

斐 怎么会不是呢？

苏 那么，仔细瞧瞧你这位友伴的这篇讲辞吧：它是这样呢，抑或压根儿就不是这样。你将会发现，其实它与那个铭文没差别——据有些人说，那铭文是为斐瑞克斯王密达斯［的坟墓］刻写的。

斐 ［264d］什么样的［铭文］，关它什么事儿？

苏 那铭文是这样的：

我乃铜铸的少女，卧守密达斯坟茔侧畔。
只要水在流，大树在开花，
［d5］我就会留在这冢旁恸哭，

---

1 ［译按］《会饮》中的厄里刻希马库斯在讲辞最后说，被爱欲者应该审查追求他的爱欲者是否是"有益的人"。

> 向路人传报，密达斯王在此安息。[1]

[264e] 它的第一行和最后一行说的东西没差别嘛，我啊在想，你大概留意到了罢。

斐 你在讥笑我们的那篇讲辞，[2] 苏格拉底。

苏 算啦，我们不谈这个为好，免得你不快——[e5] 其实，我倒觉得，它提供了许多范例，谁要是瞧瞧兴许会获益，只是千万别试着模仿它们——我们还是去[看] 另外两篇讲辞吧，据我看，其中有某种东西确实适合有意愿探究言辞的人看看。

斐 [265a] 你说的是何种东西？

苏 [这两篇讲辞]处于某种对立之中：一篇说必须喜欢有爱欲的，另一篇说必须喜欢没爱欲的。

斐 而且忒有男人劲头呢。

---

1 密达斯（Midas）是斐瑞克斯（Phrux）的王，许多古代英雄传说里的主人公——后人经常引用这首铭文诗。青铜与处女这一矛盾组合意味着死与生的抗争，水和泪属于同类，为花树提供生命力。最后一行重提密达斯之名，呼应第一行诗。[译按] 据公元前5世纪至前3世纪的一篇无名氏的题为《荷马与赫西俄德的争辩》的文章记叙，密达斯的两个儿子请荷马到其父坟前作诗。荷马吟咏了苏格拉底在这里引用的诗句（比此处多一行），并献给德尔斐神殿的阿波罗，因此得了一罐银子（中译见《经典与解释3：康德与启蒙》，华夏出版社，2004，页303—304）。

2 指吕西阿斯的讲辞，在古希腊文里，"我们"也可单指说话的那个人。但这里也可能包括苏格拉底的第一篇讲辞，因为苏格拉底说这是斐德若的。

苏 [a5]我想,你要说到真实[处]的话,就[得说]是"忒疯癫"——其实,我本来探究的就是这个[疯癫]本身。我们曾说过,爱欲是一种疯癫。不是吗?

斐 是[说过]。

苏 但疯癫有两种形相:一种源于属人的[a10]疾病,另一种源于由神引起的对习传规矩的彻底更改。[1]

斐 [265b]完全没错。

苏 我们将这种神性的[疯癫]划分成四份,归属于四位神:把预言术的[疯癫]设定为属于阿波罗的疯癫,把秘仪术的[疯癫]设定为属于狄俄尼索斯的疯癫,又把诗术的疯癫设定为属于缪斯们的疯癫,把第四种灵启设定为属于阿芙洛狄忒[b5]和爱若斯的疯癫。我们还说过,爱欲术的疯癫最好。然后,以某种我还不知道的方式,我们仿制了爱欲术的经历,兴许还把握到某种真实,但很可能也一时被引错了道。我们调制出一篇并非完全没有说服力的讲辞,[2] [265c] [最后]演颂了一段秘仪颂歌[3]——既有韵律体也有祭拜体,向我和你的主人——

---

1 苏格拉底在悔罪诗中说过,神性的疯癫引导爱欲者和被爱欲者抛弃习传规矩,去践行热爱智慧的人推崇的生活方式(参见243e7–257b6)。

2 指用真实、故事以及抒情诗乃至宗教祭仪的形式调制。

3 "演颂"这个动词有两种含义:表演和唱颂。在悔罪诗结尾的颂歌(247c3-4)中,这两种含义都用到,而表演性的讲辞特征见于262d2,作为对话则体现在278b7,带韵律的讲辞作为献给潘神的颂歌见于结尾(278c)。

爱欲祈求，斐德若哟，他是美少年的监护者啊。

斐 至少，我听起来并非不顺耳啊。

苏 [c5] 那么，我们就由此抓住下面这一点吧：这讲辞如何从指责跨越到颂扬。[1]

斐 你说的这一点是什么意思？

苏 在我看来啊，其余的都简直是在用实实在在的玩笑搞笑——不过，出于机遇而说到的那些东西中仍然见出两种形相，[2] [265d] 如果谁有能力凭技艺把握其力量，恐怕不会不美妙吧。

斐 哪两种[形相]？

苏 [一种形相是] 统观分散在各处的东西，然后把它们领进一个型相，以便通过界定每一具体的东西搞清楚自己 [d5] 想要教诲的无论什么[内容]。比如眼下说到关于爱欲的那些事情，当爱欲得到界定，才会有说得得体还是说得低劣[之分]。[我们的]这篇讲辞才能够通过说这些[关于爱欲的]事情获得明晰的东西以及与自身融贯一致的东西。[3]

斐 那么，你说的另一种形相又是什么呢，苏格拉底？

---

1 苏格拉底指自己的两篇讲辞是一个整体。
2 "两种形相"指综合与划分。在两篇讲辞的开头，苏格拉底都用到综合与划分（2374–238c4，244a4–245c4），在悔罪诗中，苏格拉底在简要陈述抽象推理时暗示了综合（249b6–c1）。"形相"这个语词在这里也有"方面"的含义。
3 "[我们的]这篇讲辞"指苏格拉底的两篇讲辞是一个整体。

苏 ［265e］反过来，有能力按其自然生长的关节处依据形相切开这个［与自身融贯一致的东西］[1]——但别试着用蹩脚的屠夫所用的方式把每部分搞得支离破碎。毋宁说，就像［我］刚才的那两篇讲辞那样，把思想上的神志不清把握为一个共同的形相，就像［266a］一个身体会天生长出成对的肢体，而且有相同的名称：一个叫左，一个叫右。同样，在两篇讲辞中，思想上的神志不清被看做一种在我们身上自然地生发出来的形相，一篇切开左边部分，切到不能再切，直到在［a5］其中发现某种所谓左的爱欲，并依据正义狠狠谴责一番——另一篇则把我们引向右边的那部分疯癫，发现它虽然与左边部分同名，却是某种神样的爱欲，［266b］于是把它提取出来，称颂它对我们来说是最好的东西的原因。

斐 你说得极为真实。

苏 我自己嘛，斐德若，当然对这些有爱欲，即对区分和结合有爱欲，[2] 由此我才会有能力说话和［b5］思考。[3] 而

---

1 ［译按］"切开"对观《会饮》中阿里斯托芬讲到的宙斯切开圆球人。比较《庄子·养生主》。

2 ［译按］"区分和结合"用哲学术语来译，可译作"分析"和"综合"。

3 苏格拉底的修辞在这里特别有表演性质：他在呼叫斐德若的名字后紧接着就说自己是一个爱欲者，这无异于提示，他爱欲着斐德若，并且希望引诱斐德若——所谓热爱智慧的男童恋。然而，他随即说的是，他爱欲着的是言辞的技艺，而非在他眼前的这个"男孩"。

且，一旦我认定某个人有能力看到一和［从一］生长为多的［东西］，我就要追随"他的足迹，仿佛他是个神"。[1] 当然咯，对有能力看到这个的那些人，直到这会儿我都叫［他们］辩证术家——［266c］至于称呼得正确与否，神才知道。[2] 不过，你说说看，我们这会儿从你和吕西阿斯学到的东西，我们应该怎么称呼呢？或者言说的技艺就是那个东西，正是凭靠应用这门技艺，忒拉绪马霍斯和别的谁使自己成为在说话方面有智慧的人，[3] 而且把别人造就成这种人，只要［c5］这些人愿意像给国王们进贡那样给他们呈上贡品。

斐 这些男人倒是有王者气象，但他们确实不精通你追问的这些。当然，你把这种形相称为辩证术的［形相］，我觉得你称呼得正确——不过，我觉得，修辞术的［形相］还是从我们这儿溜走啦。

苏 ［266d］你怎么［这样］说？会有某种即便抛开这些［辩证术］靠［修辞术］这门技艺仍然把握得到的

---

[1] 化用史诗句法，对观《伊利亚特》卷十三 71，卷二十二 157；《奥德赛》卷二 406，卷三 30，卷五 193，卷七 38。

[2] "辩证术家"这个语词带有"术"（技艺），即前面说到的区分和结合的辩证推理——苏格拉底在后面给出了范例（268a1-269d1）。"辩证"这个语词第一个音节的 dia- 与宙斯之名相近，从而，dia-lectic 意味着选择跟随宙斯（比较 252e）或像宙斯一样说话。［译按］中文旧有译法为"辩证法家"，参见敦尼克等，《古代辩证法史》，齐云山等译，人民出版社，1986。

[3] 通过将忒拉绪马霍斯与"别的在说话方面有智慧的人"相提并论，苏格拉底暗示，热爱智慧的人与智慧的修辞家可能有共同基础。

美玩意儿吗？千万别小看它啦，你我都别——必须得来说说，修辞术给漏掉的东西究竟是什么。

斐　[d5]苏格拉底呃，在那些成文的关于言说技艺的书卷中，这样的东西太多啦。

苏　你提醒得好啊。我想，[漏掉的]首先是前言，因为讲辞开头必须得说[这个]。你说的就是这些东西，难道不是吗？它们是这门技艺的精妙所在？[1]

斐　[266e]没错。

苏　其次[漏掉的]是陈述或诸如此类的[说法]，以及为此提供的证明；第三是证据；第四是看似如此的[说法]。[2]我想，[漏掉的]还有那个拜占庭男人说的确证和进一步确证，他可是[e5]最棒的言辞制造巧匠哦——

斐　你说的是那位有益的忒俄多若斯？

苏　[267a]还会是谁啊？而且[我想]，在控告和申辩时，还必须用上辩驳和反复辩驳。我们不是也得把那位极其漂亮的帕利俄斯人欧厄诺斯领进[这类人]中

---

1 苏格拉底随后戏谑地罗列了一系列修辞术理论术语，从这里的"前言"到267d4的"扼要重述"共18般修辞技法——同时，苏格拉底提到10位修辞术理论家，其中没有一位是雅典人，他们大多到访过雅典或在雅典传授过修辞术。

2 [译按]亦可译作"或然的说法"。

间来?[1] 他第一个发明含沙射影和曲意奉承。据说,他为了便于记忆还把腹诽心[a5]谤[编成]顺口溜——毕竟,这男人有智慧嘛!难道我们应该让泰熙阿斯和高尔吉亚[在一边]歇着?[2] 他们看到,看似如此的东西比真实的东西更值得看重。[3] 凭靠语词的力量,他们[能]搞得让渺小的东西显得伟大,让伟大的东西显得渺小,[267b]把新东西搞得陈旧,把陈旧的东西搞得很新——他们还发明了就任何话题都既能说得极短又能拖得老长[的能力]。不过,有次普洛狄科听我说起这些时,[4] 他笑了笑说,唯有

---

1 在《斐多》(60d, 61c)中,苏格拉底说欧厄诺斯是个诗人,在《申辩》(20b)中则说他是个智术师。
2 泰熙阿斯是叙拉古人,相传他是高尔吉亚和吕西阿斯的老师,约于公元前5世纪末创建了西刻西亚的修辞学校。柏拉图写下本篇对话时(约在公元前385—前370年间),泰熙阿斯和高尔吉亚已不在人世。不过,对话进行时(约在公元前418—前416年间),高尔吉亚尚在世,泰熙阿斯则很有可能已过世。
3 [译按]高尔吉亚提出了修辞术推论的三个来源(参亚里士多德《修辞术》卷一 2.14-18):eikos[看似如此的东西](或然如此或可能如此),sēmeion[或然的东西]和 tekmērion[确证的东西]。"太阳[每天]从东方升起"就是一个看似如此的命题,至于是否太阳"必然"每天从东方升起,人们根本无法知道,但人们都相信"太阳[每天]从东方升起"。因此,"看似如此的东西"就是世人的"意见",世人只能通过意见这种或然知识来理解事实。按泰熙阿斯的说法,"由于和真实的东西相似,看似如此恰好适合大多数人"。
4 普洛狄科很可能是伊索克拉底、欧里庇得斯和忒拉绪马霍斯的老师,也是苏格拉底的老师——他在《普罗塔戈拉》中的重要角色参见 315d, 337a, 341c。

他才发现了言说的技艺所必需的东西——因为，[这门技艺]需要的既非长亦非短，[b5]而是适度。

斐 普洛狄科太有智慧啦。

苏 我们不是还该提到希琵阿斯？毕竟，我认为啊，这位厄莱俄斯的异乡人会与普洛狄科同一鼻孔出气。

斐 怎么会不是呢？

苏 [b10]我们多少还该考虑到珀洛斯的缪斯式言辞吧，[1] 诸如[267c]重叠说法啦，格言说法啦，比喻说法啦[等等]，还有利昆尼俄斯送给珀洛斯作礼物的那些语词，[2] 以便他制作雅言。

斐 在普罗塔戈拉那儿，苏格拉底啊，不是已经有[c5]这样一些东西吗？

苏 没错，孩子，某种雅言措辞法，以及别的许多美玩意儿。不过，在我看来，谈论老年和贫穷扯起来催人泪下，那位卡尔克多尼俄斯人[忒拉绪马霍斯]的力量凭技艺威力才大呢。[3] 这男人厉害得能让多数人激愤起

---

1 珀洛斯是高尔吉亚的学生（参见《高尔吉亚》448c），教授修辞术。由于他骄横自负，苏格拉底以少见的尖锐来对待他。

2 利昆尼俄斯是高尔吉亚的学生，也是珀洛斯的老师之一。在亚里士多德笔下，他既是诗人，创作酒神颂诗，又是修辞家（《修辞术》卷三1413b13-14，1414b17），曾写过一本修辞指南。

3 在这篇对话中，苏格拉底多次提到忒拉绪马霍斯（266c，269d，271a），但最先提到他的是斐德若（261c）。[译按]关于"谈论老年和贫穷"，对观开头苏格拉底针对吕西阿斯的讲辞的说法（227c9-10）。

来，[267d][然后]靠歌唱般的言说再哄激愤的人们[昏昏欲睡]——这是他自己说的哟。而且，无论是诽谤[他人]还是摆脱随便哪里来的诽谤，他都极为得心应手。至于讲辞的收尾嘛，看来，所有[这些]人共同认为得有个[收尾]为好，虽然有些人将其确定为扼要重述，其他人则用别的名称。

斐 [d5][关于扼要重述]每一要点，你说的是收尾时让听者回想[前面]说过的东西？

苏 我说的正是这回事，关于言说的技艺你是否还有别的什么要说……

斐 一些细小之处而已，不值一提。

苏 [268a]那我们就别管这些细小之处吧。我们还是来凑着阳光更多地看看这些东西——看看他们拥有的这种技艺的能量其实是一种什么样的能量吧。

斐 太强有力啦，苏格拉底，尤其是在杂众聚集场合。[1]

苏 [a5]那倒是的。不过，精灵鬼，你还是看看吧，他们[精心编成]的这织体是否让你觉得有破绽，就像

---

[1] 斐德若显然没明白苏格拉底用"能量"一词的涵义，苏格拉底在前面已经指出，这是指驴为马的能量（260b1–d2）和操纵民众的能量（261a7–e4）。斐德若显然知道修辞术在雅典民主政制中的力量，而且似乎羡慕而非质疑这种力量。柏拉图用"杂众"（plethos）这个语词时通常指雅典民主政体的政治状况。

我［觉得的］这样。

斐 你尽管指出［给我看］吧。

苏 那么你给我说说吧，要是有个人去你的友伴厄里刻希马库斯或他老爸阿库美诺那儿说，"我［a10］精通［一门技艺］：只要对身体用上某些东西，我想要它发热［268b］它就发热，我觉得［它该］发冷它就发冷——反之，我要觉得好，让它呕吐就呕吐，让它下泻就下泻，以及其他许多诸如此类的事情。由于我精通这些［技艺］，我敢说自己是个值得称道的医生，而且能把别人造就成［这样的医生］，只要我把这些［技艺的］知识传给他就行。"——你认为，［b5］他们听了这番话会说什么？

斐 问他除了精通此道外是否还精通谁需要他去做这些，何时需要以及做到什么程度，还会说什么呢？

苏 如果他说，"这些［我］倒一点儿不晓得。不过啊，我敢肯定，跟我学［268c］这些［技艺］的那人会有能力去做你问的这些"。

斐 我想他们兴许会说："这人疯了吧，从哪本书上听到点儿什么或偶然捡到些药方，[1] 就以为［自己］会成为医生，其实对这门技艺一窍不通。"

苏 ［c5］再假如有个人去索福克勒斯和欧里庇得斯

---

[1] 在柏拉图时代，读书是高声诵读或听人朗读，而非自己阅读。

那儿,¹ 说自己精通如何就小事一桩搞出很长的说法,就大事情搞出极短的说法——而且,只要他愿意的话,还可搞出悲惨的说法,或者反过来,搞出让人畏惧和令人恐怖以及[268d]其他诸如此类的说法。他以为,他教这些[技艺]等于在传授[如何]制作肃剧。

斐 苏格拉底,我认为,如果有人以为,肃剧不过就是编排这些[肃剧]要素,编得既相互切合[d5]又浑然一体,这些[诗人听了]会发笑的。

苏 不过,我认为他们恐怕不会土里土气地责骂他,倒会像乐艺师那样,碰见一个男人自以为通乐律——因为他碰巧精通在琴弦上搞出最高[268e]和最低的音,乐艺师不会粗鲁地说,"衰人,你脑子有毛病啊。"² 由于是乐艺师,他会和蔼得多地说:"你真优秀呃,要想精通乐律,精通这些是必然的啊。不过,人到了你这份儿上啊,只怕[e5]连乐律的皮毛都还不通呢。毕竟,你精通的不过是通向乐律时必须学习的东西,而非乐律要素本身。"

斐 太正确不过啦。

苏 [269a]可不嘛,索福克勒斯也会说,卖弄那些的人精通的不过是通向肃剧时必须学习的东西,而非肃

---

1 斐德若和苏格拉底对话的时期,这两位肃剧诗人尚在世。
2 [译按]"脑子有毛病"的原文字面含义是"有黑色胆汁"——如今所谓"抑郁"的词源。

剧要素本身——阿库美诺则会说，那些不过是通向医术时必须学习的东西，而非医术要素本身。

斐 完完全全如此。

苏 [a5] 那么，甜言蜜语的阿德纳斯图斯[1]或者甚至伯利克勒斯如果听到我们刚才举到的那些妙极了的技艺方子——什么简洁说法啦、形象说法啦，以及所有其他我们正在穿行的种种说法，我们说过，对这些必须在阳光下看个究竟——我们认为，他们会说什么呢？[269b] 对把这些[说法]作为修辞技艺来写和教的那些人，他们会像我和你那样，出于乡土气说些难听的缺乏教养的话呢，抑或由于他们比我们更有智慧，他们反倒会责骂我们俩说："斐德若呵，还有[b5]苏格拉底，没必要发脾气嘛，如果有些人还不精通辩证，[2]要体谅嘛，他们还没能力[靠辩证来]界定什么是修辞术。他们拥有的是通向这门技艺必须学习的东西而已，由于这样的经历，他们却以为自己发明了[269c]修辞术，甚至还教别人这些东西，以为自己能完满地教修辞术——以为有说服力地讲这各样[技法]并让这些[技法]自成一个整体，根本就不费什么事儿，他们的学生必须靠自己从他们的

---

[1] 阿德纳斯图斯指谁迄今不详。在忒拜传说中，阿德纳斯图斯似乎是阿耳戈斯（Argos）的国王，被称为"善辩者"。

[2] "有些人"指前文提到的智术师们（266d5-267d9）。[译按]"辩证"一词在这里是动词不定式用法，字面意思是"交谈"。

说法中［c5］有所得。"[1]

斐 当然咯，苏格拉底，这些男人将其作为修辞术来教和写的这门技艺，恐怕的确就是这样的东西，我倒觉得你说的是真实。不过嘛，一个人究竟怎样以及从何处才能够获得［269d］实实在在的修辞和说服的技艺呢？

苏 这种能够嘛，斐德若，就像［能够］成为完善的竞技手，看似——大概甚至乎必然——与其他情形一样。[2] 如果你天生就有修辞术方面的才能，你就将会是著名演说家［d5］——只要你接受知识和训练，这些缺了任何一个，你在这方面就不会完善。[3] 至于说到［成为完善的演说家］这方面的技艺嘛，我认为，看来不会是吕西阿斯以及忒拉绪马霍斯所走过的那条进路。

斐 可进路在哪儿啊？

苏 ［269e］优秀的［友伴］哦，恐怕啊，就成为修辞家来讲，看似伯利克勒斯是所有人中最完善的啦。

斐 什么意思？

苏 所有这类大技艺都必须得［270a］闲谈和［海阔

---

[1] 苏格拉底故意把最后这个句子组织得繁复拖沓，以此暗讽修辞术理论。

[2] ［译按］苏格拉底在这个句子里刻意用自己主张的"必然如此"勾销修辞论理论家主张的"看似如此"。

[3] 无论在哪个方面，成才最为基本的三个条件是：天赋、知识和实践。这是习传的看法，对观《普罗塔戈拉》323c-324c。

天空地］高谈自然。¹ 毕竟，高远的心智及其弥远弗届的效力似乎就是从那个地方那儿出来的。除了好天赋，伯利克勒斯获得的就是这东西。毕竟，我觉得啊，由于当时他撞上了与阿那克萨戈拉这样的人在一起，² 饱［a5］餐过高谈［自然］，曾经走向［探知］心智和思想的天性——阿纳克萨戈拉就这些作过很长的论述。伯利克勒斯在他那儿吸取，为他的言辞技艺派用场。³

斐 你说的这个是什么意思？

苏 ［270b］医术的方法与修辞术的方法是同一种方法。

斐 怎讲？

苏 在两者那里都得划分自然，医术［b5］划分身体的自然，修辞术则划分灵魂的自然，如果你想要凭技艺——而非仅仅凭成规和经验——应用药物和食物［给身体］带来健康和强健，应用言辞和符合礼法的生活习惯

---

1 在常人眼中，谈论哲学问题是［扯］"闲谈"（参见阿里斯托芬，《云》1480）。在柏拉图作品中，这个语词也是以戏谑口吻指辩证式对谈。"高谈"与"闲谈"连用或者单独使用，往往是以戏谑口吻指谈论占星术。

2 阿那克萨戈拉受伯利克勒斯邀请来到雅典，一住三十年。伯利克勒斯失势后，阿那克萨戈拉因其自然探究被判渎神罪，被迫逃亡。［译按］苏格拉底在《斐多》中讲述过自己曾从阿那克萨戈拉，后来抛弃了这位老师（《斐多》97b–99d）。

3 苏格拉底在这里对伯利克勒斯的称赞显然是反讽——阿那克萨戈拉的思辩一旦与伯利克勒斯的政治相结合，就变得荒诞了。

［给灵魂］传递你兴许希望的那种说服和德性。[1]

斐 ［b10］如此便是看似如此呃，苏格拉底。

苏 ［270c］没有透彻理解自然的整全，要想以配得上理性的方式透彻理解灵魂的天性，[2] 你认为可能吗？

斐 是哦，所以在这些方面必须得信服阿斯克勒皮奥斯的希波克拉底所说的，[3] 没经这进路就不可能透彻理解［c5］身体。

苏 他说得的确美，友伴——不过，即便希波克拉底就在旁边，也必须检审一下这个说法，看看这说法是否同意希波克拉底。

斐 我赞同。

苏 那么，你看看吧，就这个关于自然［天性］的事情，希波克拉底和［c10］真实的说法都说了些什么。关于无论什么东西的自然［天性］，［270d］不是都必须以下面这种方式用思想思考一番吗？首先，［必须看看］那［自然天性］——我们［不仅］希望自己对它身怀技

---

1 这里再次对修辞术下定义，与261a的定义比较，明显有扩展和修改："符合礼法的生活习惯"这样的语汇未见于修辞术家的说法。"说服"与"德性"的连接表明，这里所说的"德性"是靠修辞术"说服"人养成的——神圣的疯癫与此相反，会颠覆合乎礼法的生活习惯（参见265a）。

2 ［译按］"配得上理性"这个短语的识读有分歧，亦可识读为"值得一说"。

3 医神阿斯克勒皮奥斯为阿波罗之子，行医之人被称为阿斯克勒皮奥斯的后代——当时最为著名的便是希波克拉底。柏拉图作品仅两次提到希波克拉底，此处和《普罗塔戈拉》（311b）。

艺，也希望能够把别人造就得对它身怀技艺——是单一的还是形相杂多的。其次，倘若［那自然天性］是单一的，就必须看看它的作用力——［看］它天生对其要有所作为的什么东西具有什么样的作用力，或者，［d5］［这天生具有的］作用力受到什么东西的何种作用。倘若［那自然天性］具有杂多形相，就必须数一数它们，然后逐一看每一个［形相］——［看］它天生凭靠什么对什么起作用，或者天生因什么而受到什么作用。[1]

斐 很可能吧，苏格拉底。

苏 至少，不经这些［审视］，进路就像是［270e］瞎子摸路。可是，谁要是想凭技艺做任何事情，就绝不可让自己像瞎子或聋子。毋宁说，很清楚的是，无论谁要教谁凭技艺说话，他就要清楚地揭示那个东西的自然［天性］——毕竟，他要用［这技艺］来对那个东西说话嘛。显然，那个东西［e5］就是灵魂。

斐 是吗？[2]

苏 ［271a］所以啊，这人拼尽全力为的就是灵魂，

---

[1] 对观开场时苏格拉底有关"吐火女妖""百头怪"的说法（230a4）和单纯、温顺的灵魂的说法（230a5-6）以及结尾时（277c2-3）关于"五颜六色"的灵魂和单一灵魂的说法。

[2] 斐德若在前面曾说，言说技艺主要用于法庭或民众集会——因此，苏格拉底说言说技艺用于揭示灵魂的自然［天性］让他感到吃惊。

毕竟，他力图做的就是说服灵魂，[1] 不是吗？

斐 是的。

苏 那么很清楚，忒拉绪马霍斯和其他哪个 [a5] 热心传授修辞术的人首先应该尽可能准确地勾画灵魂，让我们看到，灵魂天生就是一个而且一模一样，抑或像身体形态那样形相杂多。毕竟，我们说揭示一个东西的自然 [天性]，就是这个意思。

斐 完完全全如此。

苏 [a10] 第二，[得勾画] 它天生凭靠什么对什么起作用，或者天生因什么而受到什么作用。

斐 是吗？

苏 [271b] 然后第三，对言辞的种类和灵魂的种类分门别类，搞清楚每类灵魂受 [每类言辞] 影响的原因，让各类言辞切合各类灵魂，讲解何种灵魂必然会被何种言辞说服、何种灵魂却不会被说服 [b5] 的原因。

斐 他要是到了如此份儿上，看来啊，简直美妙极啦。

苏 就是嘛，亲爱的，[对于言说技艺] 再没别的凭技艺要说或要写的啦——无论是必须演示的还是必须得说的，[2] 除了 [刚才] 这个说法，[271c] 也不会有别的

---

1 苏格拉底化用了智术师修辞术的"引导灵魂"的说法。
2 这里的所谓"演示"，指修辞家和智术师为了展示修辞才能所做的"示范"性"演说""讲课"等等。比如在《普罗塔戈拉》中，普罗塔戈拉当着众人的面在苏格拉底和希珀克拉底面前"演示"自己的修辞才能（317c）。

说法啦。可是，你听到过的那些如今写言说技艺［手册］的人都是些无赖，他们简直太知道灵魂［的天性］啦，却隐瞒起来。[1] 所以啊，我们可别听信他们凭技艺写的［关于言说技艺的书］，直到他们以这样一种方式来说或写。

斐 ［c5］以怎样的一种方式？

苏 要用语词本身［把关于言说的技艺］说出来可不容易哦。不过，我倒愿意说说，如果一个人想要让自己尽可能［在这方面］身怀技艺，他必须如何写［关于言说的技艺］。

斐 那么你说吧。

苏 ［c10］既然言辞的作用力恰恰在于引导灵魂，［271d］想要做修辞家必然就得知道灵魂有多少形相。灵魂的形相林林总总，有这样的和那样的品质——所以，一些人有这样和那样品质的灵魂，另一些人有这样和那样品质的灵魂。灵魂的形相如此划分开来后，转过来，言辞的形相也林林总总，各有各的［d5］品质。所以，这样和那样品质的人们容易被这样和那样品质的说法说服，［然后］出于这样和那样的原因去做这样和那样品质的事情——另一些这样和那样品质的人就很难被这样和那样品质的理由说服。［想要做修辞家］必须把这些东西充分想透，然后，去观察这些事情的实际作为和具体

---

1 这是反讽说法。

表现，[271e] 必须能够凭感觉敏锐地追踪这些事情。否则，即便他从学时曾听到过[关于言说技艺的]种种说法，也绝不会有长进。当他有足够的能力说[清楚]，什么样的人会被什么样的言辞说服，而且在遇到[那种人]时有能力辨别，并暗自演示：[272a] 哦，他就是这种人，他的天性正是当初[学习时]说到过的这种天性，今儿居然就在跟前——[然后懂得]必须以这样一种方式用这些言辞说服这人朝向这样一些事情。如果[想做修辞家的人]已经掌握了所有这些，[他就必须]把握住时机何时该说、何时该缄口不言，[1] [a5] 何时该说得简扼，何时该说得动情甚至乎夸张——以及他原先学过的诸如此类的每一种言说形相。一旦透彻认识到[应用]这些[言说形相]的好时机和不是时机，[2] [学习] 这门技艺[对他来说]才算既美又完善地完成，而非是在此之前[就已经完成]。

其实，那些[272b]在言说、在教或在写[言说技艺]的人，无论他们中的哪个，只要还缺乏[这些技艺]，即便他[自己]说他会凭技艺言说，那个并不听信他的人就[比他]更强。当然，那个书写[修辞术教科书]的

---

1 苏格拉底在第一篇讲辞中半路结束，提供了策略性的缄口不言的例子。
2 "时机"这个语词具有道德考虑的含义，但它来自医师希珀克拉底的著名说法：诊断和治疗疾病非常看重时机。[译按]战争事务和个人生活同样如此。

人也许会说:"什么?斐德若,还有苏格拉底,难道你觉得必须接受如此这般来说言说的技艺,别的都不行?"

斐 [b5]不可能再有别的啦,苏格拉底——当然,这活儿显得可不是小事一桩哦。

苏 你说的是真实。正因为如此,我们必须上上下下地翻[阅]所有[关于言说技艺的]说法,[1]尖起眼睛看是否在哪儿有一条[272c]更容易、更便捷的路显得通向这门技艺,免得走又长又崎岖的冤枉路,而其实本来就有条更短、更平坦的路嘛。[2]要是你已经有从吕西阿斯或别的谁那儿听来的什么高招儿,就试着回想一下说说吧。

斐 [c5]我要是能试着[回想得起来]就好咯,可我这会儿偏偏[回想]不起来。

苏 那么,我说说我从某些关注这些事的人那里听到的某种说法,你愿意吗?

斐 那还用说?

苏 [c10]毕竟,据说啊,斐德若,说说站在狼一边的故事也算正义。[3]

---

1 "上上下下地翻[阅]"指辛苦,与下文说到的想要不费事儿(反讽修辞)对照。
2 仿赫西俄德《劳作与时日》288-292,"有条更短、更平坦的路"是反讽。
3 这故事源出《伊索寓言》:"一只狼看到一群牧羊犬在羊圈里吃羊。狼走近说:'如果是我在做这事儿,你们的尖叫该会多么伟大啊'。"意思是"就算是狼,也有权得到辩护"。"替狼辩护"的另一说法是"替魔鬼辩护"。

斐 [272d] 那你就这样做吧。

苏 那好,他们说,根本无需把这些事情搞得如此庄严伟大,也无需领人去绕着圈子[攀爬]上行的长路。毕竟,说来说去,就像我们在[说]这番说法的开头时已经说过的那样,想要够份儿[d5]做修辞家的人,根本无需与正义的或好的事情的真实沾边,也无需与那些或因天性或因养育而是正义的人或好人沾边。毕竟,总而言之,在法庭上根本就没谁关心这类事情的真实,而是关心[听起来觉得]可[272e]信。这叫做看似如此,想要凭技艺说话的人必须专注于这个。甚至于有的时候啊,如果事情发生得并非看似如此,也必须别说事情的发生本身,而是说看似如此的东西——指控和辩护都如此。在任何情况下说话,都必须求取这个看似如此,[e5]然后对真实多多道几声:再见吧。因为,这个看似如此通过[273a]通篇讲辞已经达成,这门[言说的]技艺整个儿也就到手啦。[1]

斐 正是这些哦,苏格拉底,那些谎称自己掌握言辞技艺的人所说的,你缕述得一字不差。因为,我记起来啦,我们先头曾简短触及过这样的说法。[a5]那些谎称自己掌握言辞技艺的人觉得,这个[看似如此]才头等重要。

苏 而且,你至少细致涉足过那个泰熙阿斯本人,

---

[1] [译按]这段说法是反讽地戏仿修辞家的说法。

因此，让这泰熙阿斯也来对我们说说吧——他会说，[273b] 看似如此不过就是杂众所以为的东西。[1]

斐 可不就是么？

苏 看来啊，由于他发明了这个既聪明又富有技艺的东西，他才写道：假若某个体弱但勇敢的人将一个强壮但 [b5] 胆小的人打翻，抢去他的外套或别的什么东西，[两人] 被带到法庭后，双方都必须不说真实。胆儿小的那个当说，他不是单单被这勇汉打翻，那个 [勇敢的] 则反驳这个 [说法]，[说] 当时就他俩，而且得充分用上那个 [273c] 众所周知的 [说法]："像我这样 [体弱] 的人怎能对这样 [强壮] 的人动手啊？"强壮的那个当然不会提到自己的怯懦，而是试着扯个什么谎，尽快递给对手某种反驳 [机会]。[2] 关于其他事情，有技艺地言说的东西也就是 [c5] 诸如此类而已。难道不是这样吗，斐德若？

斐 怎么会不是呢？

苏 哇哦，看来，泰熙阿斯或者无论别的碰巧谁——无论人们管他叫做什么名——发明了一种多么厉害地隐藏起来的技艺啊。可是，友伴，对这种人我们

---

[1] 亚里士多德在《致亚历山大的修辞术》中对"看似如此"下的定义与此非常相似（1428a25-34），亦参《修辞术》卷一 1357a34-b1。
[2] 苏格拉底在此提供了一个有关司法"辩驳"的绝好例子。司法"辩驳"和辩证"辩驳"的根本不同在于：辩证术的辩驳包含提问，提问的人迫使对方不得不承认与自己先前观点相反的观点。

[273d] 究竟该说还是不该说……

斐 说什么样的事情？

苏 说：“泰熙阿斯哟，在你路过［这儿］以前，我们碰巧老早就在说，这个看似如此其实恰巧在多数人那里才出现，因为它与真实相同。[1] 不过，[d5] 我们刚刚才详细阐述过，无论在哪儿，唯有已经知道［什么是］真实的人才最美地精通如何发现种种相同的东西。所以啊，如果关于言说技艺你还有别的什么东西要说，我们会听，如果没有，我们就会信服我们这会儿详细阐述过的东西，亦即：除非把听［自己说话］的人的 [273e] 天性数清楚，并能够按［其］形相来划分实际存在的［天性］，凭靠一个型相去把握每个单一个别［天性］，[2] 一个人绝不会有技艺地言说［这些东西］到世人所能达到的地步。而且，没有经过大量勤奋［学习］，一个人也绝不会 [e5] 掌握这些东西。明智之人刻苦磨练自己，必须不是为了对世人能说会道和呼风唤雨，[3] 而是为了有能力言说讨诸神喜欢

---

[1] ［译按］"与真实相同"但并非真实本身。

[2] 苏格拉底以精炼甚至抽象的表述扼要重述了他的新修辞术的两个关键要素：灵魂学和辩证术（区分与综合）。［译按］这里的要义仍然是把握灵魂的天性，用通俗的话来讲，即便灵魂的类型一样，相同类型的个别灵魂也有其独一无二的形相。换言之，懂得相同，就是懂得相同的东西其实不相同。

[3] 指民主政治家的所作所为（对观 257e1–258d10，亦参《普罗塔戈拉》319a）。

的东西,尽自己所能做让神们高兴的任何事情。可以肯定,泰熙阿斯啊,比我们更智慧的人说过,有脑筋的人才不会一门心思[274a]对奴仆般的人献殷勤呢——除非有别的次要考虑,[1] 而是对好主人和出身好的主人献殷勤。所以啊,如果这条循环之路漫长的话,你别吃惊。毕竟,为了这些[讨神们喜欢的]伟大事情,[获得修辞技艺]必须循环而行,而非你以为的那样[有捷径可走]。何况,如[我们的]这番说法所说,只要一个人有意愿[循环而行],[讨世人喜欢]这样的事情也会[a5]因那些[讨神们喜欢的]事情产生出最美好的东西。[2]

斐 倘若的确有谁能够[做到],苏格拉底,我觉得你说得太美啦。

苏 可是,对企望得到美好东西的那些人来说,无论经受[274b]什么落到自己头上的遭际,都是美好的事情。

斐 那倒是。

苏 那么,关于说话有技艺还是没技艺的事情,[说这些]该足够了罢。

---

1 "奴仆般的人"指"民众"——讨好民众的确允许,前提是为了讨好诸神(参见257a2-4)。

2 [译按]这个句子因两个代词而很难识读,比如亦可读作:"只要一个人有意愿[讨神们喜欢],[为获得修辞技艺循环而行]这样的事情也会[a5]因[讨神们喜欢的]事情产生出最美好的东西。"

斐 [b5] 岂不是么?

苏 那么,还余下书写得体与不得体的事情,亦即如何写才会美、如何写则会不得体,不是吗?¹

斐 没错。

苏 那么,你知道在言辞方面如何才会非常讨神喜欢吗——[b10]无论是在行为还是言说方面?

斐 一点儿不知道,你呢?

苏 [274c]我倒是可以讲讲我从前人那儿听来的事情,他们自己就知道[关于书写如何才得体的]真实。如果我们自己会发现这真实,属人的歧见纷扰还会让我们操心吗?²

斐 你提了一个可笑的问题哦——不过,说说那个你说你听来的事情吧。

苏 [c5]好吧,我听说,在埃及的瑙克拉提斯一带,³曾有某个古老的神,属他的那只圣鸟叫做白鹭,这精灵本身名叫忒伍特。⁴正是他第一个发明了数目、计算、

---

1 这个问题首次出现在 257d。

2 若能像古人那样获得真知,我们便能摆脱现实的纷扰歧见。然而,我们的无知却迫使我们必须首先认识人群的纷扰歧见。[译按]对观开场时"伊利索斯溪畔"一段关于传说与真实以及聪明人的关系。

3 瑙克拉提斯是希腊殖民城市,位于尼罗河三角洲地区。

4 "忒伍特"(不是希腊名)是埃及赫尔墨城(Hermopolis)的托特神(Thot),掌管书写、数字和几何——希腊人将他等同于赫耳墨斯,这与称量灵魂和引导灵魂有关,因为赫耳墨斯神的角色之一就是给灵魂指路。

[274d]几何和天文,还发明了跳棋和掷骰子,¹尤其还有文字。再说,当时整个埃及的王是塔穆斯,他住在这个上[埃及]地的一座大城——希腊人管它叫埃及的忒拜,把塔穆斯叫阿姆蒙。²[d5]忒伍特去见塔穆斯,展示他[发明]的诸般技艺,说得让这些东西传给其他埃及人。于是塔穆斯便问,每项发明会带来何种益处。可是,忒伍特一一列举时,塔穆斯觉得说得美就夸,觉得说得[274e]不美就贬。³

塔穆斯就忒伍特的每项发明说了许多,有褒有贬,细说恐怕就会话太长。且说当说到文字时,忒伍特说:"大王,这个是[e5]学识哦,⁴会促使埃及人更智慧,记忆力更好。因此,这项发明是[增强]记忆和智慧的药。"⁵

---

1 "掷骰子"在柏拉图作品里只出现一次,"跳棋"倒常常出现。这些游戏都对参与者的智力有相当要求,且与算术思维紧密相关。[译按]"掷骰子"的希腊文也可比喻"欺骗"。

2 阿姆蒙是太阳王和众神之父,抄件均作"神",校勘家们大都改作"阿姆蒙"[神]。按希罗多德的说法,阿姆蒙是太阳王(Ra),并把他等同于希腊人的宙斯神(《原史》卷二42,卷四181)。这个神王与哲人王不同:神王断言真实,哲人探索真实。

3 根据前面的讨论,"说得美"等于对所涉及的事物的天性有准确了解。

4 [译按]古代汉语中,"学"含"学习""学校""学问"三意,与"教"不可分离:"学,效也"(《广雅释诂三》);"教,上所施,下所效也"(《说文解字》)。

5 希腊人对"药"特别敏感,因为"药"有两面性——可能是良药,也可能是毒药。因此,希腊人说"药"是从埃及传来的。在公元前5世纪末,肃剧作品中不难见到把书写当"药"的看法。

塔穆斯则说:"极有技艺的忒伍特啊,有能力孕生种种技艺是一回事,有能力判定给将要利用技艺的人带来害处和益处的命份,是另一回事。眼下啊,[275a]你作为文字之父出于好意把文字能够[做]的事情说反啦。毕竟,由于忽略了记忆,文字会给学过文字的人的灵魂带来遗忘。何况,由于信赖书写,他们从外仿制不属己的东西,而非自己从内回[a5]忆属于自己的东西。所以,你发明这药不是为了记忆,而是为了回忆。[1]你让学习者得到的是关于智慧的意见,而非智慧的真实。毕竟,由于你[发明文字],学习的人脱离教诲,听了许多东西,以为自己认识[275b]许多东西,其实对许多东西毫无认识,[2]结果很难相处,因为他们成了显得有智慧的人,而非[真的是]智慧的人。"

斐 你制作言辞真轻松呃,苏格拉底,什么埃及的或者随便哪个地方的——只要你愿意[制作]。[3]

苏 [b5]哎哟,亲爱的,多多那伊俄斯的宙斯庙中

---

1 苏格拉底在悔罪诗中并没有贬低"回忆"(参见249)。

2 [译按]"许多东西"原文是"众多、杂众",按 Yunis 的训读,这里指"许多东西"。但这个词是前面多次出现过的"杂众"。倘若读作"对杂众毫无认识",后面一句也许更容易理解。

3 斐德若暗示,苏格拉底是在编故事,而这个故事会让希腊人想起他们熟悉的关于普罗米修斯盗火以及种种属神的技艺与宙斯之间的故事。许多希腊人都崇拜埃及人的智慧和技艺,而且喜欢把希腊人的历史回溯到埃及(参见希罗多德《原史》卷二77)。

人讲过，最初的预言出自橡树的话。毕竟，当时的人啊，不像你们这些如今的年轻人那样聪明，他们单纯得听棵橡树或岩石［说话］就满足了——只要［275c］它们说的是真实。在你呢，大概就要分辨说的人是谁啊，来自何处啊。毕竟，为什么你不仅仅只看这件事情即［他说的］是那么回事抑或不是那么回事呢？

斐 你责骂得正确，而且我觉得，关于文字的事情，确实是像那位忒拜人所说的情形。

苏 ［c5］所以，那个以为自己会在书写中留下技艺的人，以及反过来，那个接受［书写］的人［以为］在写下的文字中会有什么清楚牢靠的东西，恐怕都太过于［头脑］简单啦——成文的东西涉及的不过就是已经知道的东西，如果他以为，成文的言辞会让人［275d］更多地记住这些东西，他就实在没有明白阿姆蒙的预言。

斐 ［说得］太正确啦。

苏 毕竟，斐德若，书写的这副模样有点儿可怕哦，［d5］真的与绘画相同。[1] 绘画的子女们立在那里仿佛活人儿，但倘若你问什么，他们却威严地缄口不言。［书写的］言辞做的是同样的事情。你兴许以为，他们会言说他们思考所得的什么东西，可如果你想要学习时问他

---

[1] 希腊文 zō-graphia ［绘画］的构词为：生命体 + 书写。也可以译作"动物的书写"——动词 graphein 既指书写亦指绘画。

们说的某种东西,他们仅仅[只能]指示[这]一个某种东西,而且始终是[这]同一个东西。再说,[某种东西]一旦写[275e]下来,整个[这写下的]言辞就以相同方式到处传播,传到已经懂[那个东西]的人那里,也传到根本不适合以这样的方式懂[那个东西]的人那里——[写下的言辞]并不懂得该对哪些人说、不该对哪些人说。要是遭到莫须有的责难或不义的辱骂,[写下的言辞]总得需要[自己的]父亲来救助。[e5]毕竟,[写下的言辞]自己既保护不了自己,也救助不了自己。

斐 你说的这些太正确啦。

苏 [276a]是吗?那么我们不妨来看看另一种言辞,它是这种言辞的胞兄——既看看它是以何种方式产生出来的,也看看它天生比这种[言辞]好多少、能力强多少,好吗?

斐 你说的是哪种言辞?它是怎样产生出来的?

苏 [a5]用知识写在学习者灵魂中的那种[言辞],它有能力保护自己,而且懂得对哪些人该说、对哪些人该缄口不言。

斐 你说的是那种明白人的言辞,这种言辞是活生生的,富有灵魂气息,[1] 由此成文的东西兴许应该正确地说

---

[1] "富有灵魂气息"(empsykhon)也经常被译作"富有生气",但这种译法忽略了有生气的言说与灵魂的关系。高尔吉亚的学生阿尔吉达马斯(Alkidamas)

成是一种映像。

苏 ［276b］完完全全如此。你对我说说看：那个有心智的农人——他珍惜自己的种子，希望它结出果实——会趁夏日严肃地在阿多尼斯园子下种，[1]［然后］怀着喜悦的心情看着园子在八天里美美地生长呢，[b5] 抑或甚至当他播种时，他做这些不过是好玩和为了过阿多尼斯节欣喜？若是严肃地播种，[2] 他是不是会运用农作术把种子播在合宜的土壤里，满怀热爱等待播下的种子八个月后成熟？

（接上页）在一篇演说辞中说过：言说是活生生的东西，富有灵魂气息，书写的言说却是摹本，一动不动，有如画像。但阿尔吉达马斯并没有假定，一个言说者一定知道他所说的东西的真实。

1 《斐德若》的时间背景，恰恰是举行阿多尼斯节的时候。［译按］"阿多尼斯"源于闪语，意为"统治者"、"君王"，是腓尼基的主宰自然界的神，死而复生的植物的化身。公元前5世纪，阿多尼斯崇拜传入希腊（后传入罗马），成为这样的希腊传说：美女密耳娜被神们变成没药树（所产芳香树脂即名密耳娜）后生下儿子阿多尼斯，漂亮之极，性爱女神阿芙洛狄忒爱他爱得不行，未料这漂亮少年还未成年就在狩猎时被野猪咬死，滴滴鲜血成为株株玫瑰。阿多尼斯死后到了冥府，珀耳塞涅也爱他得不行，阿芙洛狄忒要阿多尼斯复生，珀耳塞涅却舍不得他离开冥府，于是发生争执。宙斯出面调停，让阿多尼斯每年半年时间在地上与阿芙洛狄忒在一起，半年时间在地下与珀耳塞涅在一起。阿多尼斯节在仲夏时节举行，有秘密祭奠（哀悼阿多尼斯）或喜庆仪式（庆贺他复活和返回大地），为此要种植一些特别的容易凋谢的花。这种习俗后来激发了有关死、再生、丰收的思想。参见鲍特文尼斯等编，《神话词典》，黄鸿森、温乃铮译，北京：商务印书馆，1985，页5。
2 [译按] 这里两次出现的"严肃"一词也有"热忱"的含义，由于这里出现"好玩"，对译为"严肃"。

斐 [276c]肯定会这样啊,苏格拉底,他会严肃地做这些事情,如你所说,换一个人则会换一种方式去做。

苏 我们会说,拥有关于正义、美和善的知识的人对待自己的种子反倒不如那农人[c5]有心智?

斐 起码[我们]不会[这么说]。

苏 那么他就不会怀着严肃的目的把这些[知识]写在墨色的水里,[1]靠苇竿笔用[写下的]言辞播种,因为,[写下的]言辞既没能力在论说中救助自己,又没能力充分传授真实。

斐 [c10]不会,看似如此[不会]呃。

苏 [276d]肯定不会。毋宁说,在文字园子里,看来啊,他为了好玩才播种和书写——如果要写的话,不过为了自己储存记忆,以备走向忘心大的老年,也为每个人能跟踪同样的足迹。[d5]看着自己的[文字园子]抽芽,他会感到快乐。别的人需要别的好玩,[比如]让自己泡在会饮中以及别的与这类是兄弟的事情中[2]——而这个人呢,看来啊,他不会玩儿这些事情,而是靠玩儿我说的那些事情度过生命。

斐 [276e]与平常的好玩儿相比,苏格拉底,你说的好玩儿太美啦——这是有能力在言辞中玩儿,讲述编

---

1 "墨色的水"就是墨水——这成语的意思是:做徒劳的事情。
2 "会饮"突出的是"食",与此成兄弟的事情是"性"——[译按]"食色性也"。

出来的关于正义以及你说的其他东西的故事。[1]

苏 的确如此,亲爱的斐德若。不过我以为,[e5]就这些严肃的事情而言,还会有比这更美好得多的:有人凭靠应用辩证术的技艺拽住一颗合宜的灵魂来种植,[2]用知识播种言辞——这些言辞足以救助自己和[277a]种植它的人,而且不会不结果实。换言之,由于[这种播种]会在别的性情中生长出别的言辞,这些言辞足以给[自己]拥有的种子带来永远不死,给拥有[这种子]的人造就幸福,这[种播种]是世人可能享有的极大幸福。

斐 [a5]你这会儿说的这个的确更美好得多。

苏 那么,既然我们就这些已经取得一致,斐德若,我们现在有能力来判定那些事情了。

斐 哪些事情?

苏 正是为了看清楚那些事情,我们才走到这样一点这儿,[a10]即我们应该如何检查针对吕西阿斯的涉及书写[277b]言辞的指责,以及检查这些既可以写得有技艺也可以写得没技艺的言辞本身。在我看来,究竟有技艺还是没技艺,已经恰切地搞清楚了。

斐 显得是这样呃——不过,你还是再提醒我一下

---

[1] 斐德若也许以玩笑口吻暗指苏格拉底在《王制》中说到的就正义"编故事"(参见《王制》卷二378c,382d,卷十501e)。

[2] 这个语词既有"种植"的意思,也有"生子女"的意思。

[搞清楚的]是怎样的吧。

苏 [b5][在说和写]之前，一个人应该知道说或写所涉及的各个事物的真实，逐渐有能力按其本身来界定每个事物；应该通过界定进一步懂得[如何]按形相来切分[每样事物]，直到不可再切分；应该按相同的方式透视灵魂的天性，[277c]找出切合每种天性的[言辞]形相；应该这样来立言和遣词：给五颜六色的灵魂提供五颜六色、和音齐全的言辞，给单纯的灵魂提供单纯的言辞——在这之前，一个人没可能有技艺地掌控言辞这个族类，以符合[c5][言辞]已然长成的如此天性：要么为了教诲某种东西，要么为了劝说某种东西——先前的整个说法就是如此给我们揭示的。[1]

斐 这一点显得是怎样的，完完全全正是如此。

苏 [277d]关于言说以及书写言辞究竟是美好的事情抑或是可耻的事情，以及何以会成为理应受到谴责的事情，何以才不会，刚刚前不久说过的东西不是已经搞清楚了吗？

斐 [d5][搞清楚的是]哪类事情啊？

苏 吕西阿斯也好别的谁也罢，已经写过也好将要

---

[1] 这里归纳的是259e–274a5的内容。修辞术依赖于言辞和作为神性疯癫的爱欲，虽然言辞是技艺，爱欲是天性，两者却有共通之处：都要么是五颜六色的，要么是单纯的。最为重要的是，两者都有能力看透灵魂的天性，并选择合适的灵魂。

写也罢，替常人写也好替民事写也罢，立法也好写治邦文书也罢，如果这个写手以为［自己的］文中有什么极为牢靠、明晰的东西，那么，他就当受到如此谴责——无论是否有谁［d10］说出谴责。毕竟，无论醒着还是在睡梦中，只要对正确［277e］与不正确、坏与好稀里糊涂，就绝对逃脱不了［有谁］凭靠真实提出的谴责，哪怕乌合之众全在捧他。[1]

斐 当然逃脱不了。

苏 ［e5］其实啊，有人会认为：在写下的言辞中——无论写的是任何什么题目，必然得有许多好玩儿的东西。一篇写下的言辞——押韵也好不押韵也罢，要是像行吟诗人表演那样言说的东西，[2] 既无探究也无教喻，只图个说服，就根本算不上很严肃的言辞。毋宁说，［278a］这类写下的言辞最好的实实在在也不过是让人记得已经知道的东西而已。［他认为］唯有为了让人学而时习之而教诲和讲解正确、美、善的东西，并把这些实实在在写入灵魂，［写下的言辞］才算得上是清晰、［a5］完善的严肃东西。［这人还认为］这样的言辞应该被说成是

---

[1] 在政治共同体中，人们关于何谓正义和好难免会争议不休（参见263a-b）。然而，我们不能因此而放弃对正确与不正确、正义与不正义、好与坏的区分——涉及政治事务的书写者（演说家、治邦者）尤其不能。

[2] 行吟诗人的表演有两个特征：1. 死记硬背文本（荷马诗），2. 追求迷惑人的情感效果。从而，行吟诗人追求的说服，其实是让人迷糊。

[作者]自己的亲生儿子,因为,第一,一旦言辞出自他内心并被[自己]发现,言辞就是他自身[灵魂]中的东西;第二,这言辞的某些子女[278b]及其兄弟会在其他人的别样灵魂中按其所能地植根生长。[1] 所以,这人会让自己告别所有别的言辞。这样一个男人呵,斐德若,恐怕正是我和你会祈求的吧——祈求你和我应该成为这种品质的人。[2]

斐 [b5]当然啊,我会千方百计希望和祈求你所说的[这件事]。[3]

苏 关于言辞的事情已经让我们玩儿出分寸啦。[4] 你呢,去指教吕西阿斯吧,[说]我们俩下到女仙们的涌泉和缪斯祭坛,听了这番言辞,我们高兴得[278c]要对

---

1 灵魂的亲生子女有两类:一个人自己凭靠辩证术发现真实而写下的言辞,其他人通过这些言辞而抵达发现的真实——这里区分的两种情形可能指的是学园导师与其学生之间的关系。

2 [施疏]在柏拉图笔下,苏格拉底这个家伙既严肃又机趣,或者说既会搞肃剧又会搞谐剧。因此,我们必须小心苏格拉底身上的严肃和机趣的两面性,尤其得注意两者的混合——按尼采的看法,柏拉图作品的谐剧色彩要更重一些(尼采说,柏拉图枕头下放的肯定是阿里斯托芬的书),这意味着:严肃的情景是通过可笑的夸张来呈现的。[译按]柏拉图的《普罗塔戈拉》《会饮》和《斐德若》这三篇作品明显具有谐剧特征,然而,其中所讨论的无不是人世中的严肃而重大的问题,堪称既"好玩"又"严肃"的典范之作——柏拉图就是这里所说的"这样一个男人"。

3 斐德若现在完全被说服了。

4 仿阿里斯托芬《地母节妇女》的结尾句:"我们玩这个玩出了分寸。"

吕西阿斯和无论别的哪个编织言辞的人说——甚至对荷马以及无论别的哪个编织念诵的诗或歌咏的诗的人说,[1] 第三还要对梭伦以及凡用治邦言辞撰写文书——他们叫做法律——的人说：如果一个人在编织［c5］这些言辞时自己知道真实的东西何在，如果所写的东西被交付辩驳时能够救助自己，如果自己能够通过言说来显示［自己］所写的东西其实微不足道，那么，这样［言说和书写］的一个人就实不该被说成靠这种［写下的］东西［278d］得到［自己的］称呼，毋宁说，［他得到称呼］靠的是他严肃对待的那些［口说的］言辞。

斐 那你派给他什么样的称呼啊？

苏 叫做有智慧的吧，斐德若，我觉得太大啦，只有神当得起——要不称为热爱智慧的或［d5］诸如此类的什么，兴许更切合他自身，［与其天性］更合拍。

斐 这才绝不会不符合［他的］天性。

苏 反过来，要是一个人除了自己编织或写的再没有任何更值得看重的东西，［对自己的言辞］没完没了地颠来倒去，凑在［278e］一起，然后又取走，［对这种人］你会公正地把他叫做诗人或写文章的文人或法律文书吧？

---

[1] 在古希腊，诗歌分伴有音乐甚至舞蹈（如抒情诗）的和仅仅念诵的（如叙事诗）。

斐 怎么不会呢?

苏 那么你就去指教你那位友伴吧。

斐 [e5]可你呢?你会怎么做?毕竟,我们不应该忽略你那位友伴哦。

苏 哪个[友伴]?

斐 漂亮的伊索克拉底啊![1]你会对他传达什么呢,苏格拉底?我们该说他是个什么样的人呢?

苏 [e10]伊索克拉底还年轻,斐德若。不过,对[279a]他嘛——我倒有预言,愿意说说。

斐 [预言]什么样的事情?

苏 我觉得,就天赋方面而言,他的言辞水平比吕西阿斯更高,而且秉有更为高贵的品格。[a5]所以,就他如今尝试的那些言辞来看,待他年齿渐长,如果他会超过那些接触言辞已多有时日的人有如成人超过小孩,不会有什么好奇怪的。不过,如果他不以这些为满足,某种更为神样的冲动会把他引向更伟大的事情。毕竟,凭靠天性,亲爱的[斐德若],某种热爱智慧的东西已经内在于[279b]这个男人的思想之中。因此,这些就是我要从这儿的神们传递给我的乖乖伊索克拉底的[话],

---

[1] 伊索克拉底当时约20岁,后来成为著名修辞家。公元前388年,他在雅典开了一所修辞学校——尽管柏拉图直到收尾处才提及伊索克拉底,读者还是不难猜测,《斐德若》通篇针对吕西阿斯,实际也针对伊索克拉底。

而你呢，就把那些话传递给你的吕西阿斯吧。

斐 就这么着。不过，我们走吧，这会热劲儿［b5］已经变得较温和啦。

苏 我们走时向这儿的［神们］做个祷告才恰当吧？

斐 那还用说？

苏 敬爱的潘神，以及其他［寓居］这儿的神们，祈请赐予我从内心里面变得美好——无论我有何身外之物，［祈请］让它们与我的内在之物［279c］结友。但愿我把智慧之人视为富人，但愿我拥有的金子不多不少是一个明智之人能够携带和带走的那么多。

我们还需要别的什么吗，斐德若？对我来说，毕竟，祈求［c5］得顶有分寸。

斐 替我也祈求这些吧——朋友的东西是共通的。[1]

苏 我们走吧。

---

1 "朋友的东西是共通的"系成语。

斐 多

厄刻克拉特斯 ［57a］你本人，[1] 斐多啊，[2] 在苏格拉底身边吗，当他在狱中饮药那天，抑或你从别人那儿听说？[3]

斐多 亲自在啊，厄刻克拉特斯。[4]

厄 ［a5］那么，这人临死前说了些什么？他如何终

---

1 ［译按］"本人/亲自"（autos）这个普通的反身代词在本篇对话中具有非常重要的特殊含义（自身、本身、真相等等），而且贯穿全篇——比如，一个人的"自身"究竟是他的身体还是他的灵魂？

2 斐多是厄里斯（Elis）人，出身贵族。厄里斯城沦陷（公元前402年）后，斐多遭掳，被带到雅典为奴。因长得漂亮，斐多引起了苏格拉底的注意。苏格拉底找自己的一个富人朋友将斐多买赎出来，从此，斐多跟随苏格拉底学习。但斐多跟随苏格拉底的时间并不长，因为公元前399年苏格拉底就被判死刑。苏格拉底死后，斐多回到厄里斯创办了一个学园。据说，柏拉图曾造访过这个学园。

3 对观《会饮》开头，同样问到是否在场。

4 厄刻克拉特斯来自伯罗奔东北部的斐莱阿斯城，是毕达哥拉斯教派最后的几位重要人物之一，曾在雅典与苏格拉底有过接触，但与柏拉图《书简九》里提到的同名者不是同一人。

了？要是我能听听该多快乐啊。因为，斐莱阿斯人[1]（城邦民）没谁去雅典，好长一段时间也没客人 [57b] 从那里来，没人清楚告诉我们，关于这事究竟是怎么回事，仅听说他饮药死了；除此而外，别的什么都不清楚。

斐 [58a] 关于审判以及发生的方式你也不清楚？

厄 那倒不是，已经有人给我们说过这些，我们觉得奇怪，判决老早就下了，为什么他似乎拖了很久才[a5]死。[2] 究竟怎么回事啊，斐多？

斐 他碰上某种偶然，厄刻克拉特斯。碰巧在判决前一天，雅典派往德罗斯的那艘船的船首挂了花环。

厄 这是怎么回事？

斐 [a10] 这艘船嘛，据雅典人说，忒修斯曾用来载"双七[童]"去克里特，[58b] 并救了他们，而他本人也得了救。[3] 据说，雅典人当时曾对阿波罗发过誓，要

1　斐莱阿斯是位于雅典和厄里斯之间(伯罗奔半岛东北部)的一个很小的城邦。
2　按色诺芬的记载，一共拖延了三十天(《回忆苏格拉底》卷四 8.2)。
3　忒修斯是传说中的雅典国王。克里特国王米诺斯（Minos）将自己的儿子 Androgeos 的死怪罪到雅典人身上，与雅典交战，使得雅典出现饥荒和瘟疫。为了摆脱困境，雅典人听从德尔斐神示，每隔九年送七童男七童女给米诺斯的一个叫做米诺牛（minotaulos）的牛首人身怪物当活人饲料。忒修斯王借前往克里特献贡的机会，进入囚禁童男童女的迷宫，靠阿丽阿忒涅留下的线团救出他们。他曾许愿，如得成功，每年要到阿波罗的出生地——德罗斯岛献祭。

是他们得救，会每年派觐神团去德罗斯。[1] 打那以来直到如今，他们年年都派觐神团去这位［阿波罗］神那里。[2] 一旦觐神团［b5］出发，按他们［雅典人］的规矩，这段时间城邦得保持洁净，[3] 民事方面不得执行死刑，直到那艘船抵达德罗斯，然后返回。要是他们偶然遇到逆风，这事有时要花［58c］很长时间。觐神团出发时，阿波罗的祭司要为船首挂花环。如我刚说的，这事偶然就在判决前一天。[4] 由于这些，苏格拉底才在［c5］狱中从判决到死之间度过了大把时间。

厄 那么，死本身情形怎样呢，斐多？［他］说过、做过一些什么事情？当时哪些行内人在这人身边？抑或执事们不允许这些人在场，他终了时身边没朋友？

斐 ［58d］才不是呐，有一些，而且还不少。

厄 那么，要是你碰巧没别的什么急事，就请你热心尽量清楚地给我们讲讲所有这些情况。[5]

斐 哪里话，我有空闲，而且我会尽力给你们细

---

[1] 德罗斯是爱琴海西靠近小亚细亚的一座小岛，岛上有阿波罗的觐神庙。
[2] 阿波罗有如雅典的城邦神，后面说到苏格拉底为阿波罗神写颂诗，表明苏格拉底认同雅典城邦的宗教信仰。
[3] "洁净"一词源于俄耳甫斯教和毕达哥拉斯派。《名哲言行录》卷八记载，毕达哥拉斯曾言，洁净主要通过"沐浴、圣水，因而与死者保持无关"。
[4] ［译按］这段记叙连续4次用到"偶然"这个语词，暗喻人的一生充满偶然。
[5] 前面厄刻克拉特斯用的是"我"，现在改用"我们"，表明当时在场的关心苏格拉底的人有好些。

[d5] 说。回忆苏格拉底——无论是自己讲,还是听其他人讲,至少对我来说,总是所有事情中最快乐的。

厄 可不是嘛,斐多,你这会儿就有这样的其他听者。请尽你所能最为准确地说说一切吧。

斐 [58e] 要说我嘛,我那天在旁边感受到奇特的东西。因为,我没有悲戚不已,即便面临的是我必需的人的死。毕竟,我感到这男子汉显得幸福,厄刻克拉特斯,他终了时,他的举止和他的言辞多么无畏、多么高贵啊。我心中感到,他去往哈得斯不会没有[e5]神的担保,[1] 而且到了那边也会过得好,[59a] 就像是世人从未有过的[好]。由于这些,我完全没感到就像人们认为一个人面临大难时那样的悲戚。不过,我们也不像通常在热爱智慧时那样快乐,尽管当时谈的就是诸如此类的东西。实在说吧,我当时感受[a5]到的某种情感简直出格得很——这是某种从未有过的混合[情感],快乐和悲哀同时混在一起。毕竟,[我]心里难免想到,这个人马上就要终了啊。所有在场的人几乎都是这样的心情,哭一阵又笑一阵,尤其是我们中的一个人——阿波罗多洛斯,[59b] 你知道这人和他那副样子。[2]

厄 怎么会不知道!

---

1 [译按]"哈得斯"即冥府。
2 阿波罗多洛斯在《会饮》中是转述会饮事件的人。

斐 那好，这个人当时简直不能自已；我自己心里也乱得不行，还有其他人。

厄 [b5] 那么，斐多，碰巧在场的有谁？

斐 当地人中嘛，这个阿波罗多洛斯在场，还有克里托布罗斯和他父亲克力同；然后还有赫尔谟革涅斯、厄庇革涅斯、埃斯基涅斯、安提斯忒涅斯。湃阿尼欧斯的克忒西浦珀斯也在，以及墨涅克塞诺斯和其他几个 [b10] 当地人。[1] 柏拉图嘛，我想他病了。

厄 [59c] 也有外邦人在场？

斐 有哇。忒拜人西姆米阿斯、刻贝斯、斐东德斯，还有来自麦加拉的欧克勒得斯和忒耳普西翁。[2]

---

1 雅典富人克力同天性温厚，是苏格拉底最亲密的朋友，而且与苏格拉底是同乡，年龄也相若——在柏拉图的《克力同》中，他曾到狱中劝说苏格拉底出逃，苏格拉底婉言拒绝。这父子俩都在场，表明苏格拉底与他们的关系很近。赫尔谟革涅斯是雅典富人卡利阿斯的兄弟，在《克拉提洛斯》中是主要对话者。厄庇革涅斯是雅典寡头派领袖安提丰的儿子，埃斯基涅斯是香肠小贩的儿子，因酷爱哲学成为苏格拉底圈子中最重要的成员之一。安提斯忒涅斯跟从苏格拉底前曾是高尔吉亚的学生，后来成为犬儒派的创始人。克忒西浦珀斯是崇拜苏格拉底的雅典青年；墨涅克塞诺斯是克忒西浦珀斯的朋友，柏拉图有以他为题的作品，也见于《吕西斯》。

2 西姆米阿斯是忒拜人，刻贝斯是落籍雅典的忒拜人——两人都是毕达哥拉斯派信徒斐罗劳斯的学生，两人曾愿意出钱救苏格拉底。忒拜人斐东德斯身份不详，仅见色诺芬在《回忆苏格拉底》（卷一2，48）中一笔带过。麦加拉人欧克勒得斯是苏格拉底圈子中最著名的成员之一，忒耳普西翁是麦加拉人，可能是欧克勒得斯的朋友。

厄 是吗？阿里斯提珀斯和克勒奥姆布洛托斯也在场？[1]

斐 [c5] 不在，听说去了埃吉纳。[2]

厄 别的还有谁在场？

斐 我想，差不多就这些在场。

厄 然后呢？你说说，当时有些什么说法？

斐 我会试着从头给你整个儿细[59d]讲。在先前的那些天里，我们——我以及其他人——都习惯了去看望苏格拉底，一大早就在那个法院聚齐，审判就是在那里进行的；监狱就在附近。每天我们就等在四周，直到[d5]监狱开门，[此前]相互闲聊，因为监狱开门不会早。一开门，我们就进去到苏格拉底那里，然后和他待上差不多一整天。

不过，那天我们集合得特别早，因为前一天，[59e]当我们傍晚离开监狱时，我们听说那艘船已经从德罗斯驶回。于是，我们相互约好，[第二天]尽可能早点儿到老地方。我们一到，那个通常应门的狱吏就来到我们这里，说要等[e5]等，先别进去，等他吩咐。

---

1 阿里斯提珀斯是普罗塔戈拉的学生，绝顶聪明，而且多才多艺，后来创立享乐派。克勒奥姆布洛托斯是阿里斯提珀斯的同伴，生平不详——据说他后来得了个"哲学自恋狂"的别名，因为他读了"柏拉图关于灵魂的对话"后从城墙跳下，以为这样可进入更幸福的人生。

2 埃吉纳是个离雅典很近的岛屿。

"十一人官正在给苏格拉底解缚,"[1] 狱吏说,"交代他在这天该怎样终了。"我们并没有等很久,狱吏就出来,吩咐我们进去。

一进去,[60a] 我们就看到刚被解缚的苏格拉底,克珊提娴——你认识她——抱着苏格拉底的小儿子坐在他身边。[2] 克珊提娴一看见我们就大声嚷嚷,像妇人们惯常说那类事情那样[a5]说:"苏格拉底啊,行内人与你说话,你与他们说话,现在可是最后一回啦。"苏格拉底看了克力同一眼,"克力同啊,"他说,"让谁带她回家去吧。"于是,与克力同一起的几个人把又哭又捶胸的克珊提娴[60b]带走了。

苏格拉底坐到床上,盘着腿,用手揉搓,一边揉搓一边说,"诸位,世人叫做快乐的这个东西看起来好出格哦!快乐神奇地生得来[b5]是那个似乎相反的东西——痛苦,这个东西本来不愿意同时出现在同一个世人身上,可是,谁一旦要获取其中一个,并得到了,几乎也就被迫总是得到另一个,仿佛是拴在一个脑袋上的[60c]两

---

1 十一人官是专责看管刑犯和执行各种判决的司法职官,由雅典城邦的十个宗族各推选一位,加上一个记录执事官。
2 克珊提娴是苏格拉底的妻子,在色诺芬笔下,苏格拉底的大儿子朗普罗克莱说自己的母亲脾气太坏,让人无法忍受(《回忆苏格拉底》卷二 2.7)。犬儒派把克珊提娴当作婚姻考验热爱智慧的人的象征。

个东西。¹ 我觉得,"他说,"要是伊索意识到这些,² 他恐怕会编故事,[讲]这位神愿意让它们的争战和解。³ 当神不能做到时,就把它们的头捆到一起。所以,当这一个出现在身体上,[c5] 另一个随之而来。就像我自己[现在觉得的]这样:腿上来自捆绑的痛感还在,快乐显得紧接着就来啦。"⁴

这时,刻贝斯接过话头,"宙斯啊,苏格拉底,"他说,"幸亏你提醒我你作诗。关于那些 [60d] 诗作,也就是你采伊索的言辞和献给阿波罗的颂歌制作出来的诗,已经有别的一些人问起我,前天欧厄诺斯还问起,⁵ 为何你偏偏来到这儿就起心要制作这些诗,此前却从未制作诗。[d5] 所以,一旦欧厄诺斯再问起我——毕竟,我知道他肯定会问——,要是你看重我能够回答他的话,告诉我,我该说什么。"

"那你就对他说实情吧,刻贝斯,"苏格拉底说,"我制

---

1 生活世界或感觉世界的特征是矛盾和含混,理性难以辨析。
2 伊索是传说中的人物,虽然公元前5世纪的许多作品提到他,其生平却没有可靠材料。据希罗多德(《原史》卷二134),伊索生活在公元前6世纪,暴死于德尔斐。
3 [译按]"这位神"虽然用了冠词,仍然不清楚指哪个神。
4 [译按]"捆绑"原文的本义是"绳索",引申为"枷锁、桎梏",并非一定是"脚镣"。注疏家大多认为,"捆绑"在这里寓意身体、政治现实乃至人生的束缚。
5 欧厄诺斯(约公元前460年左右)是诉歌诗人、修辞家(参见《斐德若》267a)。

作那些诗可不是想要与他［这人］或［60e］他的诗比技艺高低哦——我兴许还知道，这恐怕不容易。我制作那些诗不过想探探我的某些梦说的是什么［意思］，并洁净我［自己］的罪。¹ 正因为如此，这些梦才会多次命我制作这种乐。²

"事情是这样的：在我走过的一生中，同一个［e5］梦不断造访我，情境显得有时这样，有时那样，但说的是相同的事情——'苏格拉底啊，'梦说，'作乐吧，劳作吧。'我呢，从前一直以为，这是梦在不断鼓励我做已经在做的那件事，［61a］鞭策我，就像人们激励在跑的人，这梦不断鞭策我做已经在做的事情，这就是作乐。因为，热爱智慧就是最了不起的乐，而我一直在做这个啊。可现在呢，判决［a5］下来时，这神的节庆却推迟我的死，难免让人觉得，那梦倘若一再吩咐我制作那种属民的乐，就不可不服从梦，必须制作［属民的乐］。毕竟，除非在离世前洁净自己，制作那些诗作，［61b］服从那个梦，［否则］我心里不会踏实。³

---

1 ［译按］作诗与"净罪"的关系，参见《斐德若》242d10—243b6。
2 "乐"在这里指缪斯掌管的技艺——如今所谓的文艺，涉及灵魂修养。
3 ［施疏］柏拉图笔下的某些苏格拉底神话［故事］是一些个梦，在这些梦中，某个灵魂呈露出自己。换言之，柏拉图笔下的苏格拉底神话是各色人的灵魂镜像。梦出自爱欲——人才有爱欲，动物只有欲望。但梦是虚的，因此，人的爱欲在梦中带出的是灵魂的渴望，最为内在、最为深切的渴望，而非实际的渴望。

"于是，我不仅首先制作诗献给眼下正在祭祀的这位［阿波罗］神，而且正是由于这位神，我才想到，一位诗人如果算得上诗人，就得制作故事而非制作论说。[b5] 可是，我自己并不是说故事的，因此，我拿起手边的故事——我懂得伊索的故事，用我先前读过的故事制作出这些诗。[1] 所以，刻贝斯，把这些告诉欧厄诺斯吧，祝他活得好，告诉他，要是他够智慧，就尽快跟随我。[61c] 我要去了，似乎就在今天，因为，雅典的人们已经吩咐。"

这时，那个西姆米阿斯说，"你怎么这样子告诫欧厄诺斯啊，苏格拉底？最近我常常碰到这人，按我的感觉，无论［你用］什么方式，他八成不会愿意听从你[c5] 劝告。"

"怎么？"苏格拉底问，"欧厄诺斯不是个热爱智慧之人吗？"[2]

"我觉得他是，"西姆米阿斯说。

"那么，欧厄诺斯会愿意的，每个认真置身于这种事业的人都会愿意。当然，他也许不会强制自己。[3] [c10]

---

1 ［译按］苏格拉底作诗与各类诗人乃至伊索不同，他仅仅改写伊索的故事——这些故事庶几相当于如今所谓"民俗作品"。

2 ［译按］中译通常译为"哲学家"，这种译法不能表达"热爱智慧"不等于有"智慧"的含义。

3 ［译按］"强制自己"在这里是"了断自己"的婉转说法。

毕竟，据他们说，这不符合神法。"说这些话的同时，苏格拉底让［61d］双脚踩在地上，谈接下来的东西时，他都这样子坐着。

于是，刻贝斯问他，"你这样说是什么意思，苏格拉底？强制自己不合神法，这位热爱智慧之人却应该愿意［d5］追随正在死去的［你］？"

"怎么，刻贝斯，你们——你以及西姆米阿斯——难道没听说过这种事情？你们都曾是斐罗劳斯的门徒哦。"[1]

"至少不清楚啊，苏格拉底。"[2]

"其实，关于这些事情，我能够说的也是听来的。不过，［d10］虽是我碰巧听来的，我也会毫无妒忌地讲述。毕竟，兴许［61e］最适合一个将要去那边的人的是，考察并用故事讲述这趟去那边的远行，以及我们以为的这趟远行本身究竟是怎么回事。毕竟，到太阳落山之前这段时间，[3]一个人还能做别的什么呢？"

［e5］"那么，依据什么他们说自杀不合神法呢，苏格拉底？其实我嘛，要说你刚才问的，我也曾听斐罗劳

---

[1] 斐罗劳斯约生于公元前474年，毕达哥拉斯派信徒。毕达哥拉斯去世（约公元前454年）后，二十岁的斐罗劳斯离开了意大利，游走于西刻西亚和忒拜传毕达哥拉斯教义，在当时广有影响。

[2] 这句话很含混，而且不清楚是西姆米阿斯还是刻贝斯的回答。毕达哥拉斯派信徒言辞隐晦，只有派中人士才能理解其义。

[3] 太阳落山之后才执行死刑，是雅典的宗法习俗规定。

斯说过,当时他正待在我们这里,而且还听其他人说过,不可以做这种事情。不过,关于这些事情本身,我从未听任何人说清楚过。"[1]

[62a]"必须得有热望,"苏格拉底说,"兴许你才会听得清楚。当然,对你来说也许会显得奇怪,所有事情中单单这事简单明了,而且世人绝不会碰上,就像碰上别的事情那样——这就是,某些时候而且对某些人来说,[a5]死比生更美好。这些觉得死更美好的人兴许让你觉得奇怪,在他们看来,自己做这好事是不虔敬,必须等别的行善者。"[2]

刻贝斯淡然一笑说,"宙斯才知道吧!"他用自己的乡音说。

[62b]"毕竟,这说法恐怕看起来就是如此荒谬,"苏格拉底说,"当然咯,它兴许的确又有某种道理。不管怎么说,这就是秘密教理中就这些事情所说的说法:[3]我们世人置身于某种囚室中,既不可自己从囚室[b5]解脱,也不可出逃。在我看来,这个说法多少有些太大,不容

---

1 这段话是西姆米阿斯说的还是刻贝斯说的,不清楚,可能是刻贝斯说的。
2 [译按]这话的字面意思是:虽然死比生更好,却不能自杀,得等机遇被人了断。
3 所谓"秘密教理"(原文字面意思是"不许说的、秘密的、神圣的")可能指毕达哥拉斯派教理,也可能指俄耳甫斯派教理,两者均教示信徒人生如在囚牢,并通过秘仪揭示死后应如何在冥府行事。

易看透彻。当然咯,话说回来,我觉得,刻贝斯,兴许这样说为好:诸神守护着我们,我们世人是诸神的所有物之一。你不觉得如此么?"[1]

[b10]"我觉得[如此],"刻贝斯说。

[62c]"那么,"苏格拉底说,"如果你的某个所有物想要自杀,而你并没有表示你愿意它死,你恐怕会对它生气吧?如果你有某种惩罚方式,你恐怕会惩罚它吧?"

[c5]"当然喽,"刻贝斯说。

"那么同样,这也许并非没有道理:人不应该自杀,直到神送来某种必然,就像我们眼下面临的这种必然。"

"这倒显得合情理,"刻贝斯说,"不[c10]过,你刚才说,热爱智慧的人们兴许容易愿意[62d]去死,这就显得荒谬啦,苏格拉底,如果我们这会儿说的有道理的话,即这位神看护着我们,我们是这位神的所有物。毕竟,最为明智的人们离开自己侍奉神的地方时不感到懊恼,[d5]就荒谬啦,在这里,诸神作为最优秀的万物主管照管着他们[这些最为明智的人们]。最明智者恐怕不至于会认为,自己一旦变得自由将会更好地受到看护罢。没脑筋的世人反倒或许会这样认为,即必须逃离[62e]主子,甚至兴许不会理性地思考一下,不应该逃离

---

[1] [译按]苏格拉底以极为含糊的修辞表示自己未必认同秘密教理的说法,并用自己的说法——也是他随后要论证的说法——取代了秘密教理的说法。

好人,而是应该尽量待在[好人]身边。因此,不理性地思考才会要逃离。有心智的人会渴望一直待在比自己更好的人身边。正因为如此,苏格拉底啊,[e5]看起来像是与刚才说的相反——也就是反过来[说]:明智的人死时会懊恼,不明智的人死时则高兴。"

苏格拉底听了这番话,我觉得,他对[63a]刻贝斯的投入感到欣喜,他扫了我们一眼说:"刻贝斯总是要细究某些说法,几乎不会即刻愿意被任谁的说法说服。"

于是,西姆米阿斯说:"可是,苏格拉底,我起码[a5]觉得,刻贝斯的话有那么点儿东西。毕竟,为何智慧的人们实际上愿意逃离比他们自己更好的主子,而且轻易地就摆脱他们?我甚至觉得,刻贝斯的说法就是针对你的,因为你正如此轻易地要离开[63b]我们,甚至如你自己同意的,要离开好的统治者,也就是诸神。"

"你们说得对,"苏格拉底说,"毕竟,我认为你们说的[意思]是,我应该就这些为自己辩护,就像在法庭。"

"完全没错,"西姆米阿斯说。

[b5]"那好,"苏格拉底说,"我会试试在你们面前辩护得比在法官们面前更具说服力。毕竟,我呢,西姆米阿斯和刻贝斯啊,如果我不认为,首先,我是去别的既智慧又好的诸神那里,第二,我是去那些已经终了的世人们那里——他们比这儿那些世人更好,那么我[63c]

对死不懊恼就会是行不义。[1]

"不过，眼下你们得清楚知道，即便我兴许并不完全坚持这点，我［仍然］希望去到好人们中间——去到诸神那里，他们都是实实在在的好主子。你们得清楚知道，即便有死这样的事情，［c5］我仍然会坚持这一点。所以，由于这些，我不仅不会［像你们那样］懊恼，反倒会满怀期盼，会有某种东西给这些已经终了的人，而且，如老早就有的说法，给好人的东西会远比给坏人的要好得多。"[2]

"怎么，"西姆米阿斯说，"苏格拉底，你自己怀有这样的［63d］思想，打算带着它离世，抑或让我们也分享？我觉得，这个好东西应该共同属于我们。再说，你将要为自己辩护，如果那样的话，你恐怕得用你的说法来说服我们。"

"那好吧，我会试试看，"苏格拉底说，"不过，克力同在这儿，我们首先得看看［d5］［他］有什么事，我觉得，他想要说什么已经有些时候了。"

"没别的什么，苏格拉底，"克力同说，"不过就是，那个将要给你送药的早就对我说，必须告诫你尽量少交

---

[1] ［译按］苏格拉底把假设条件句搞得很长是刻意所为，与他在后面的谈话中说要以"假设"作为救命的木筏渡过生命的海洋相关。

[2] ［译按］这段说法与苏格拉底最后讲的地府故事相关。

谈。毕竟，他说，交谈的人会非常发热，这样的话，药肯定会不起［63e］作用。要是不起作用，做这种事情的那些人有时就得被迫饮两次甚至三次［药］。"

苏格拉底说："别管他。由他去操办他自个儿的事，给两道吧，如果必须的话，［e5］甚至三道。"[1]

"我就知道你会说什么，"克力同说，"可他老找我麻烦。"

"别管他，"苏格拉底说，"你们是［我的］法官，现在我想要对你们解释这个道理，为什么我觉得一个［e10］真正在热爱智慧中度过一生的人有理由向往有信心［64a］去死，并且满怀期盼，一旦终了之后，在那边会获取最大的好东西。何以会如此，西姆米阿斯和刻贝斯，我会试着对你们说清楚的。

"别的人恐怕都没有注意到，那些碰巧正确地把握［a5］热爱智慧之人，他们所践行的不过就是去死和在死。[2] 如果这是真实的，我想，如果整个一生热望的不过就是这个［去死］，而它一旦到来，又对自己早就热望和践行的感到懊恼，那兴许才荒谬呢。"

---

[1] 据普鲁塔克《佛基益传》（*Phocion*, 36）记载，行刑的施药者得自己掏钱买药，一剂大约 12 德拉克马。［译按］为了临终交谈的快乐，苏格拉底宁可多喝刑药。

[2] ［译按］按随后（64c）的界定，"去死和在死"的含义是，让灵魂脱离身体的束缚，因此需要靠修炼来实现。

[64b] 西姆米阿斯笑了,他说:"凭宙斯,苏格拉底啊,眼下我根本笑不起来,你却搞得我笑起来。因为,我认为,多数人要是听到这个说法本身,他们恐怕会觉得,关于这帮热爱着智慧的人,简直说得太好啦。恐怕[b5]我们这儿的世人们会完全同意,热爱智慧真的就是在去死,而且,世人们确实没清楚意识到,热爱智慧者承受这个[去死]值得。"

"世人恐怕说的是真实呃,西姆米阿斯,不过,除开他们完全注意到[哲人认为求死值得]这一点。[1] 毕竟,他们没注意到这种人要怎样的死,值得[b10]怎样的死,以及这是什么样的死,亦即何以才是真正热爱智慧之人。[64c] 因此,我们不妨对我们自己说说[这个死],"苏格拉底说,"不谈那些世人[的看法]。[2] 我们认为,有死这回事吧?"

"当然,"西姆米阿斯接过话头说。

"而且,[死]该不会不过就是灵魂从身体[c5]脱离吧?在死就是这个[脱离],即身体与灵魂分开,变得自体自根,灵魂也与身体脱离而自体自根?死不过就是这么回事吗?"

---

1 这句的意思是:常人知道热爱智慧的人的生活就是求死,却不知道,对热爱智慧的人来说,这种求死的生活值得过。这句呼应的是前面(64a3-4)"别的人恐怕都没有注意到……"。
2 [译按]挑明了热爱智慧的人与大多数人的天性差异。

"不会不是啊,就是这么回事,"西姆米阿斯说。

[c10] "看清楚哦,好小子,你是否同意我的看法。[64d] 毕竟,这样我们才会更好地获知我们要考察的东西。在你看来,一个热爱智慧之人会热衷诸如吃啊喝啊之类的所谓快乐之事吗?"

[d5] "当然不会,苏格拉底,"西姆米阿斯说。

"那么,情欲之事呢?"

"绝不会。"

"其他沉迷于身体之类的事情呢?你觉得,[热爱智慧之人] 会看重这样的事情,比如说得到别致的衣裳、[d10] 鞋以及其他身体饰品?你认为,他会看重,还是会不看重,[64e] 仅仅分有其中非常必需的东西?"

"不看重,"西姆米阿斯说,"我认为,那才是真的热爱智慧之人。"

"那么,你认为,这样一个人的投 [e5] 入不会涉及身体,而是尽其所能地远离身体,转向灵魂?"

"我认为如此。"

"那么,首先,在这样一些事情上,很清楚,[65a] 热爱智慧之人会尽可能让灵魂脱离与身体的结合,从而与别的世人不同?"

"看起来是这样。"

"而且,西姆米阿斯啊,多数世人会认为,[a5] 这 [热爱智慧的] 人在 [涉及身体] 这样的事情方面毫无快乐可言，对这人来说，活着不值得，反倒近乎于死，因为这人绝不认为，来自身体的是快乐的。"

"你说的的确是实情。"

"那么，[热爱智慧之人的]这种明智本身是如何获得的呢？［a10］一旦在探究中伴随着这种［灵魂与身体的］结合，［65b］身体是障碍抑或不是呢？我要说的是这么一回事：视觉和听觉让世人获得某种真实，抑或不过是这样一类情形，就像诗人们一再对我们嚷嚷的那样，我们既没有准确地听见也没有准确地看见任何东西？何况，如果这些涉及［b5］身体的感觉都既不准确也不清楚，别的感觉恐怕就更如此咯，毕竟，所有别的感觉都比这些听觉和视觉更差。你不认为是这样么？"

"当然是这样，"他说。

"那么，"苏格拉底说，"灵魂何时触及真实呢？毕竟，［b10］一旦灵魂试图与身体一起搞清楚某种东西，明显就会受身体欺骗。"

［65c］"你说的是真实。"

"那么，灵魂岂不是在思考中［才触及真实］，即便事物中的某物在某处对灵魂显得格外明显也罢？"

"是的。"

"灵魂要最为完美地思考，就得［c5］不受任何感觉打搅，无论听还是看，无论痛感还是某种快感。毋宁说，灵魂应该尽可能变得自体自根，让自己告别身体，这样才能既不与身体结合、也不依靠身体地去探求事物。"

"正是如此。"

[c10]"因此,在这些方面,热爱智慧之人的灵魂才极不看重[65d]身体,要逃离身体,致力于变得自体自根?"

"明显是这样。"

"那么,[下面]这类事情又怎样呢,西姆米阿斯?我们主张有正义[d5]本身,抑或根本没有?"

"我们当然主张有啊,凭宙斯!"

"而且也主张有美[本身]以及善[本身]?"

"怎么会没有呢?"

"那么,你已经亲眼看见过这样的东西?"

[d10]"从来没有,"西姆米阿斯说。

"可是,你凭靠身体的某些别的感觉看到过这些东西吗?我指的是所有这样的东西,比如高大、健康、强劲,以及总之所有其余的实质[所是],无论[65e]碰巧每个东西是什么。凭靠身体可以观看到这些东西的最真实之处吗?抑或得这样:我们中无论谁要让自己足以尽可能最为准确地思想他所探究的每个事物本身,他就得最切近地去认识每个事物?"

[e5]"当然得这样啊。"

"那么,谁想要最为洁净地做这件事情,就得尽可能凭靠思想本身去探究每一事物,既不让任何视觉窜入思想，也不把［某些］别的［66a］感觉拽入思考，而是自体自根，用纯粹的思想致力于纯粹地自体自根去猎捕事物，尽可能摆脱眼睛和耳朵，简而言之，摆脱［a5］［自己的］整个儿身体，因为，如果灵魂［与身体］结合的话，身体会干扰灵魂，使得灵魂无法获得真实和见识？西姆米阿斯啊，无论谁，如果他想碰巧逮着事物的话，不就得这样吗？"

"你说得太真实不过啦，苏格拉底，"［a10］西姆米阿斯说。

［66b］"所以，必然的是，"苏格拉底说，"由于所有这些，在那些地道的热爱智慧之人中就出现了这样一种意见，而且他们还相互谈论下面这样一些说法：'瞧，（当我们在探究中带有理性时）恐怕好像有某种捷径在引导我们。［b5］因为，只要我们拥有身体，从而我们的灵魂与这样的恶搅和在一起，我们就绝对无法充分获得我们热望的东西。我们要说，这就是真实。毕竟，身体会给我们带来成千上万的忙碌，因为身体必需［66c］食物。而且，一旦患上某些个疾病，疾病就会妨碍我们去猎捕事物。身体让我们充满爱欲、欲望、畏惧，以及五花八门的幻想和大量闲扯，所以，那个说法说得实在真实：在［c5］身体的作用下，我们在任何时候都没可能开启明智之思。毕竟，没有什么比身体及其欲望更引致战争、争纷和争斗。因为，所有战争无不出于为了获取

财物，而由于身体的缘故，我们被迫[66d]获取这些财物，做侍奉身体的奴隶。正是由于这个身体，我们因所有这些而忙碌得无暇去热爱智慧。最糟的是，即便我们稍有一点闲暇脱身出来，当我们转而[d5]考察某种东西时，身体就在这些探究中到处乱串，制造滋扰和混乱，使得我们分心，以至于根本不能查看真实。[1] 实际上，我们已经很清楚，如果我们想要洁净地认清随便什么，就必须摆脱身体，[66e]就必须用灵魂本身去观看事情本身。然而，看来啊，我们要得到所热望的明智之思，我们要说自己是[热爱智慧的]爱欲者，只有当我们终了之后才行——如刚才这番道理所表明的，而非我们活着的时候。毕竟，如果根本没可能[e5]带着身体去洁净地认识任何东西，那么，下面两种情形必居其一，要么绝不可能获得认知，要么终了。毕竟，终了之后[67a]灵魂才会自体自根，与身体脱离，在此之前不行。只要我们还活着，看来啊，我们要切近认知，我们就得既不与身体往来，也不与身体结合——除非绝对必需，[a5]更不应让身体的自然充满我们。毋宁说，我们必须让身体保持洁净，直到神亲自解脱我们。一旦我们以这种方式保持洁净，摆脱身体的不明智，我们恐怕才能与洁净的东西结合，并且通过我们自身去认识[67b]到所有纯粹的东西。这恐怕才是真实。毕竟，

1　66c 以下的一大段话像是阿里斯托芬的《云》中描写的"思想所"。

洁净的东西沾染上不洁净的东西，不符合神法。'[1]

"我认为，西姆米阿斯啊，所有真正热爱学问的人相互之间谈论和相信的，必定是诸如此类的说法。你不[b5]认为是这样吗？"[2]

"当然完全如此，苏格拉底。"

"因此，"苏格拉底说，"如果这些是真实的，友伴啊，我对我正在前往要抵达的那个地方就满怀期盼，在那里——如果确有那某个地方的话——我将会充分获得这个东西，正是为了它，充沛的[b10]投入[探究]就成了我们要走过的一生。所以，[67c]眼下吩咐我的

---

[1] ［译按］苏格拉底托之于他人之口的这一大段说法，有如取代前面提到的"秘密教理"的另一套"教理"。

[2] ［施疏］"学问"或"知识"在苏格拉底的用法中与智慧是同义词，显然不是指比如工匠的知识或医生的知识，甚至不是数学家的知识——不是所有日常的或精密的知识。所有这类知识都带有各种各样的缺陷，智慧则没有缺陷。苏格拉底刚刚就热爱智慧说了一大段最好的话：一个热爱智慧的人应该如何生活。可是，如果人的最高所能是热爱智慧，那么，这种"热爱"可教吗？我们应该想起《普罗塔戈拉》中的主题：智慧不可教。为什么智慧不可教？苏格拉底给出的最为一般的回答是：没谁是智慧的，唯有神是智慧的——这样的断言引出的结论是：没谁是纯粹有德性的。但智慧不可教还有一个原因，即"热爱智慧"的爱欲本身不可教：一个人靠言说能激发起另一个人的某种欲望，但能教会另一个人热爱智慧的"爱欲"吗？苏格拉底所谓的"爱欲"与他所谓的命相神灵［精灵］基本上是一个东西，他是独一无二或几乎独一无二之人，因为他天生有热爱智慧的爱欲。如果这种爱欲与教无关或没法教会，热爱智慧的生活就不会完全是靠主观愿望达成的。

这趟远行，就伴随着美好的期盼。任何别的男子汉也如此，只要这人相信，自己的思想已经准备好要如此得到洁净。"

"完全如此，"西姆米阿斯说。

[c5]"那么，洁净岂不恰恰就是：正如那个说法早就说过的，灵魂尽可能与身体分离，养成自体自根习惯，从身体各处聚集起来、凝结起来，尽其所能单独自体自根地既寓居于当下，[1] 也寓居于 [67d] 未来，有如从捆绑中解脱那样从身体中解脱？"

"完全如此，"西姆米阿斯说。

"这不就是所谓的死，即灵魂从身体 [d5] 解脱和分离？"

"总起来说就是如此，"西姆米阿斯说。

"解脱灵魂，如我们所说，恰恰是且仅仅是真的热爱着智慧的人最为一再热望的，热爱智慧者们的事业恰恰就是灵魂 [d10] 从身体解脱和分离，难道不是吗？"

"显然如此。"

"那么，正如起头时我说，倘若谁活着毕生 [67e] 都在致力于尽可能切近死，死一旦到来，他却懊恼起来，

---

1 [译按]"单独"含有"独身"意味，后来的"隐修士"即源于这个语词。古代晚期的新柏拉图主义者就过这种"独身"生活，并非基督教隐修士才过"独身"生活。

岂不可笑？"

"可笑啊，怎么不是呢。"

"其实啊，西姆米阿斯，"苏格拉底说，"真正热爱着智慧的人［e5］关切［练习］的就是去死，而别的世人至少畏惧去死。你不妨根据下面这点来考察一下吧。也就是说，如果他们方方面面都与身体不和，渴望灵魂自体自根，而这［死］一旦出现，倘若他们既畏惧又懊恼，岂不太荒谬？［68a］既然他们毕生盼望的就是抵达那个［自己］一直爱欲着——而且是凭靠明智一直爱欲着——的地方，因此他们才与身体不和，要让自己摆脱与这个身体的共在，如果他们不高高兴兴去那边［岂不太荒谬］？

"再说，多数人在自己心疼的男孩、[1]妻子和儿子死了之后都自愿［a5］想要跟去哈得斯，受的是这样一种期盼引导：热望在那里看见他们，与他们在一起。凭靠明智实实在在地爱欲着的人牢牢持有的正是这同一种期盼，即唯有在哈得斯才会以一种值得一说的方式［68b］与明智相遇，这人难道会在死时懊恼，会不高高兴兴去那个地方？友伴啊，如果这人实实在在是热爱智慧之人的话，必须这样认为才行。毕竟，他会坚定地认为：唯有在那个地方才会洁净地遇到明智。［b5］如果情形就是如此，如我刚才所说，这样一个人会畏惧死，岂不太

---

1 "心疼的男孩"指男同性恋中的被动方。

荒谬?"

"的确太荒谬,凭宙斯,"西姆米阿斯说。

"这岂不足以向你证明,"苏格拉底说,"如果你看见一个男子汉面对死时会懊恼,那么这人就不[68c]曾是热爱智慧之人,而是热爱身体之人?就这人啊,没准还是个爱财之人和爱名望之人,要么是其一,要么是兼而有之。"

"的确是如你所说的这样,"西姆米阿斯说。

[c5]"那么,"苏格拉底说,"西姆米阿斯啊,所谓的勇敢不也尤其与具有如此品质的人相关?"

"当然啊,多半是这样。"

"然后,还有节制,甚至多数人所说的节制——对欲望之事不会感情用事,而是[c10]极少有之、合序有之——不也仅仅与这样一些人相关,他们尤其轻视身体,活在热爱智慧[68d]之中?"

"必然是这样,"西姆米阿斯说。

"毕竟,如果你愿意想想其他人的勇敢和节制的话,"苏格拉底说,"你会认为它们很荒谬。"

[d5]"怎么会呢,苏格拉底?"

"所有其他人都认为,"苏格拉底说,"死是种种大恶之一啊,你不知道吗?"

"的确如此,"西姆米阿斯说。

"他们中间的勇者不也怀着对种种大恶的畏惧[d10]

忍受着死,一旦他们得忍受的话?"

"是这样。"

"所以啊,除了热爱智慧之人,所有人都是由于恐惧和出于恐惧才勇敢。可是,一个人因恐惧和怯懦而勇敢,实在荒谬。"

[68e]"确实。"

"他们中间的规矩人又怎样呢?有些人不也这样感情用事,出于放纵而节制?当然喽,我们说,[出于放纵而节制]不可能,可是,在这些人身上,同样以这种方式有着相同的这种情感——头脑简单的节制。由于他们畏惧某些快乐被剥夺,而且由于他们欲求这些快乐,他们才让自己摆脱受另一些快乐主宰。当然咯,他们把放[69a]纵叫做受这些快乐统治,可是,他们主宰这些快乐,恰恰是因为他们受另一些快乐主宰。这岂不与刚才说的一样嘛,也就是,以某种方式因放纵而变得节制自己。"[1]

[a5]"看来是这样。"

"亲爱的西姆米阿斯呃,毕竟,这不是换取德性的正确方式,即用快乐换快乐,用痛苦换痛苦,用畏惧换畏惧,甚至用更大的换更小的,好像这些东西是钱币。毋

---

[1] [译按]这段关于多数人对快乐的看法,对观《普罗塔戈拉》中的苏格拉底模仿"多数人"的快乐观(352e5-356c2)。

宁说，唯有这个才是正确的[69b]钱币，必须用所有这些东西来换得它——那就是明智。明智值得用所有东西来买，凭靠它则可以买卖所有的东西。勇敢、节制、正义，总而言之，凡真正的德性，都得凭靠明智，[b5]不管快乐、畏惧以及其他所有诸如此类的[情感]是生还是灭。[1] 一旦这些德性与明智分离，仅仅一个与另一个交换，这样的德性兴许就不过只是某种虚影画，[2] 实实在在地是奴仆，既不会有健康，也不会有真实。

"其实，真实实实在在地是[b10]一种对所有这些东西的洁净，节制、[69c]正义、勇敢以及明智本身不是别的，就是某种保持洁净。看来啊，那些为我们创设种种秘仪的人绝非等闲之辈哦，他们老早就实实在在用隐语说：谁未入教，谁未受秘仪，进入[c5]哈得斯后就将躺在烂泥中，而已洁净者和已受秘仪者一旦到达那里，就会与诸神住在一起。因此，实际上，如那些练习种种秘仪的人所说，'手持大茴香杆者[69d]多，酒神信

---

1 [译按]这一句的希腊语原文有残缺，断句见仁见智。
2 "虚影画"（[译按]又译"影子画"或"舞台画"），用于戏剧舞台布景，具有鲜明的立体感，给人以看见实物的错觉。苏格拉底的意思似乎是：画越逼真，就越让人把虚影当真实。[译按]这里的"明智"与"智慧"同义。关于"这些德性与明智分离"的说法，对观《普罗塔戈拉》中的苏格拉底对普罗塔戈拉的德性观的诘难：五种德性之间的关系像脸的各部分还是像金子的各部分（349b1-d1）。

徒少。'¹这样一些人，按我的意见，才恰恰是已经正确地热爱过智慧的人。

"为了成为其中一员，我曾在一生中尽我所能不遗余力，以种种方式欲求。我是否曾正确地[d5]欲求，我们是否曾成就某种东西，当我们到了那边，我们将会清楚地知道——我觉得，如果神愿意的话，就快啦。"

"以上这些，"苏格拉底说，"西姆米阿斯以及刻贝斯啊，就是我为此所做的辩护：离开你们和离开这儿的主子们时，我有理由不[69e]感到艰难，也不会懊恼，因为我相信，在那边并不比在这边更少遇到好的主子和好的友伴。（对多数人来说，这并不可信。）² 如果我的这番申辩对你们比对雅典的法官们更具说服力，那就[e5]好了。"

苏格拉底说过这番后，刻贝斯接过话头说："苏格拉底啊，别的我觉得你讲得美，[70a]但关于灵魂的那些道理，对世人们来说，就非常不可信。灵魂一旦离开身体，恐怕就哪儿都不在啦。这常人死去的那天，灵魂也就灭啦，消亡啦；灵魂直接脱离身体，就会像气息[a5]那样

1　这是俄耳甫斯教的一句箴言，来源不详。"茴香杆"是一种伞状植物，酒神信徒们做崇拜时所用。在《王制》（卷二 364b-365e）中，柏拉图笔下的阿德曼托斯说起俄耳甫斯信徒所持的德性观时十分鄙夷，与苏格拉底在这里的说法完全不同。

2　[译按]圆括号为 Burnet 编本所有的方括号，指可能是古代编辑家所加的眉批。

出走，或像青烟般消散，飞逝而去，绝不会在任何地方。[1]

"当然，如果灵魂在某个地方自体自根地聚合起来，摆脱你刚刚说过的那些个恶，兴许就大有期盼，而且是美好的期盼，[70b] 苏格拉底啊，[期盼] 你所说的是真实。可是，这个 [期盼] 的确还需要不少勉励和信赖，即为何世人死后灵魂还在，而且具有某种能力和明智。"

[b5] "你说得真实，刻贝斯，"苏格拉底说，"可是，我们该做什么呢？或者你愿意我们来讲讲故事，[2] [说说] 这些事情看似就是如此，抑或不是？"

"我正是此意，"刻贝斯说，"我很乐意听听你对这些事情到底持有怎样的意见。"

[b10] "我兴许不会认为，"苏格拉底说，"有哪个眼下 [70c] 正在听的人——哪怕他是个谐剧诗人，会说我在东拉西扯，[3] 就不着边际的事情夸夸其谈。要是你觉得对，我们就应该彻底考察一下。

"我们不妨用下面这种方式来思考，那就是，[c5]

---

[1] 参见《伊利亚特》卷二十三 100-101；《奥德赛》卷十一 222。
[2] 在《会饮》中，唯有苏格拉底和阿里斯托芬用讲故事的方式论证。苏格拉底在饮药之前讲的"故事"既是与荷马竞赛，也是对阿里斯托芬的回答。
[3] 谐剧诗人欧珀利斯（Eupolis，残篇 352）和阿里斯托芬（《云》，1480）都讥讽过苏格拉底"夸夸其谈""东拉西扯"。《王制》卷一中的忒拉叙马霍斯说苏格拉底"东拉西扯"，《高尔吉亚》（485d）中的卡利克勒斯也这样讥刺过苏格拉底。

世人们在终了之后，灵魂究竟在哈得斯，还是不在。我们记得有某个古老的说法，［说的是］灵魂从这边到那边后会再回到这儿，[1] 从死者中再生。如果事情就是这样，亦即如果活着的是从已死的那里再生，那么，情形就不会是别样，只会是［70d］我们的灵魂曾经在那儿吧？毕竟，如果灵魂不在某个地方，恐怕就不会再生。如果活着的只会生于已死的这一点实实在在会变得很清楚，兴许就足以证明，事情是这样。不过，如果不是这么回事，恐怕就需要［d5］另一种说法了。"

"确实如此，"刻贝斯说。

"如果你想学习起来容易，"苏格拉底说，"你可别仅仅就世人来看这一点，也要就所有动物和植物来看。总之，我们不妨看看所有具有生成［性质］的东西吧，［70e］看看它们是否全都如此相反地不是生于别处，而是生于其反面，这些东西碰巧就有某种这样的反面。比如，美的东西与丑的东西相反，正义的东西与不正义的东西相反，别的如此这般的情形成千上万。我们不妨考察一下，是否［e5］凡这样有其反面的东西都必然不会产生于别处，只会产生于自己的反面。比如，无论什么生得更大的某种东西，是否必然是由以前曾更小的东西后来生成为更

---

[1] 俄耳甫斯教徒相信轮回转世，希罗多德（《原史》卷二 123）说过轮回转世说的来源。

大的东西的呢？"

"没错。"

[e10]"也就是说，如果某种东西生得较小，岂不是由先前较大的某种东西[71a]而后生得较小？"

"是这样，"刻贝斯说。

"而且，较弱的生于较强的，较快的生于较慢的？"

[a5]"当然啰。"

"这样呢？如果某种东西生得差，不也是从更好的东西生来的，更正义的不也是从更不正义的生来的？"

"怎么会不是这样呢？"

"那么，"苏格拉底说，"所有事情都如此生成，即相反地从反面生成，[a10]我们对这一点有充分把握吗？"

"当然。"

"那么然后呢？在这些[相反的]东西中，岂不就有这样的东西，即所有成对地相反的东西之间的那种东西，它们成对地在，两两生成，[71b]从其中一个到其中另一个，然后再从其中[另]一个到其中[这]一个。在较大的东西与较小的东西之间，岂不就有增[生长/益]和减[消亡/损]，于是我们把一个叫做增加[生长]，把另一个叫做减少[消亡]？"

[b5]"没错，"刻贝斯说。

"不是还有分开与组合、变冷与变热？万物都如此，即使我们有时叫不上名称。就实际作用而言，无论哪儿

都必然是这样：这个生于另一个，[b10]即每一个成为另一个？"¹

"当然啦，"刻贝斯说。

[71c]"然后呢？"苏格拉底说，"有某种与活着相反的吗，就像睡着与醒着？"²

"当然有，"刻贝斯说。

"是什么呢？"

[c5]"已死的东西啊，"刻贝斯说。

"那么，这个不也是从另一个生成而来，如果它实际上[与另一个]相反的话？而且，在它们之间有两种生成，因为它们成对地在？"

"怎么会不是呢？"

"我这会儿说的是绑在一起的一对，"³[c10]苏格拉底说，"我会对你说出成对中的一个，其本身以及其生成，⁴你则要对我说出成对中的[另]一个。⁵我说，这个是睡着，而这个是醒着，醒着生于睡着，而[71d]睡着生于

---

1 正如下文（103a）无名人提出异议，此处的论点容易产生混淆。
2 死与睡眠相似，参见荷马《伊利亚特》卷十六 450–457；赫西俄德《神谱》756–765；赫拉克利特《残篇》22B 21.26。
3 "绑在一起的一对"原意指被绑在一起的两个小牲口。
4 [译按]"其本身以及其生成"："其本身"是单数，指结成一对的两者之一的"本身"，"生成"是复数，指两者各自的生成。
5 [译按]苏格拉底教刻贝斯怎样进行辩证对话式探讨，对观在《普罗塔戈拉》中苏格拉底教普罗塔戈拉进行辩证对话式探讨。

醒着。它们的生成是既入睡,又醒来。"苏格拉底说,"你觉得[这样说]够充分还是不够充分?"

"够充分。"

[d5]"那么,你对我这样子说说活着与死吧,"苏格拉底说,"你不是说,活着与已死相反吗?"

"我的确说过。"

"它们互相生成吗?"

"是的。"

[d10]"那么,从活着的生成而来的东西是什么?"

"已死的东西,"刻贝斯说。

"那么,从已死的生成而来的东西又是什么?"

"必然得同意,"刻贝斯说,"是活着的东西。"

"那么,刻贝斯啊,恰恰从已死的东西中生成了活着的东西以及[d15]活着的人?"

[71e]"显然是,"刻贝斯说。

"于是,"苏格拉底说,"我们的灵魂就在哈得斯。"

"看来是这样。"

"那么,就这些事情方面成对的生成而言,成对中的一种[生成]岂非碰巧已经是[e5]清楚的东西吗,毕竟,死去很清楚,不是吗?"

"当然,"刻贝斯说。

"那么,"苏格拉底说,"我们该怎么办?我们难道不应该让相反的生成相对应吗,否则自然在这方面岂不将是跛脚的？抑或必然得［e10］把某种相反的生成还给死去？"

"的的确确啊，我想的话，"刻贝斯说。

"某种什么［相反的生成］呢？"

"回生。"

"这岂不就是，"苏格拉底说，"如果有回生［这回事］，那么，这个回生岂不兴许就是［72a］从已死的人成为活着的人的生成本身吗？"

"当然啰。"

"由此，我们就得同意，活着的人从［a5］已死的人生成而来，一如已死的人从活着的人生成而来。如果这就是这么回事，我觉得，就足以证明，已死的人的灵魂必然在某个地方，并从那里再次生成。"

"我觉得，苏格拉底啊，"刻贝斯说，"从已经同意的来看，［a10］必然就是如此。"

"那么，这样看来，刻贝斯，"苏格拉底说，"我们所同意的就并非不对［不正义］，如我所认为的那样。毕竟，如果那些［72b］成对中的一个的生成并不总是与成对中的［另］一个相对应，有如在绕圈子，而是某种直接的生成，成对中的一个仅仅到其最顶点，不再拐回到成对中的［另］一个，不转弯，[1] 你知道，［那样的话］万物最

---

[1] 这个比喻取自体育场中的两种赛跑：折返跑和直线跑——折返跑要求到达折返线后再跑回到起点线。

终岂不就会保持同一种外形，[b5] 经受同一种情感，停止生成？"

"你说的是什么意思呢？"刻贝斯说。

"要想通我说的[意思]不难啊，"苏格拉底说，"比如，倘若有人睡，却没有从睡着中生成出醒来与之相对应，你就会知道，万物最终会证明，恩底弥翁[的传说]¹ [72c] 是胡扯，他会化为虚无，因为，万物与他一样经受了这同样的东西——[全都]睡着啦。况且，倘若万物有合而无分，阿那克萨戈拉的'万物齐[c5]一'恐怕马上就成咯。²

"同样如此的是，亲爱的刻贝斯啊，假如凡享有生命的东西都会死，而死了之后呢，这些死了的东西又保持其外形，不再回生，那么，非常必然的岂不就是：最终，万物 [72d] 会死，没有任何东西活着？毕竟，如果活的东西不会从别的东西中生成，而活的东西会死，那么，

---

1 恩底弥翁是传说中的牧人，也是美少年。据说宙斯让他永生不死，在米勒特（Milet）附近永恒地沉睡，以便爱上他的月[女]神（Selene）每晚可以用月光吻他。另一个传说版本是，恩底弥翁因诱惑赫娜而受宙斯惩罚，但他自己先许愿，在永恒的睡眠里长葆青春。恩底弥翁的睡眠象征"无梦"的睡眠，最接近死亡。

2 阿那克萨戈拉（公元前 500—前 428 年）是第一位长期寓居雅典并教学的非雅典人，做过伯利克勒斯的老师，后因被雅典人指控渎神，被迫离开雅典，其雅典门徒阿克劳斯（Archelaos）据说是苏格拉底的"先生"，但苏格拉底年轻时似乎从未见过阿那克萨戈拉。

难道会有什么法子不让万物被死吞噬吗？"

"在我看来，一点儿法子都没，苏格拉底，"刻贝斯说，"我［d5］觉得你说得完完全全真实。"

"毕竟，刻贝斯，"苏格拉底说，"我认为，这的确如此。而且，我们在这样一些事情上达成一致，我们的确没受蒙骗：实实在在有回生［这回事］，有活的东西从已死的东西生成，有终了者的灵魂［72e］存在［这回事］。（当然，好人有好报，坏人有恶报。）"[1]

"的确，"刻贝斯接过话头说，"即便按那个说法也如此，苏格拉底，如果那个说法真实的话。你惯于［e5］常常讲的那个说法是，对我们来说，知识不是别的什么，恰好就是回忆。按这个说法，我们必然是在某个先前的时间中学得了我们现在回忆起来的东西。可是，如果［73a］对我们来说灵魂在这样一个属人的形相中出生之前并不曾在某个地方的话，这恐怕没可能哦。所以，灵魂由此也显得是某种不死的东西。"

"且慢，刻贝斯，"西姆米阿斯接过话头说，"有些什么［a5］证据？你得提醒我一下！这会儿我怎么也回忆不起来了。"

"凭一个说法，而且是最美的说法来说吧，"刻贝斯说，"如果对世人提问，只要某人问得好，世人们自己就

---

[1] ［译按］直译为："对好人有更好的东西，对坏人有更坏的东西。"

会说出所有东西的实情。可是，倘若他们身上不曾有知识和［a10］正确的理，[1]恐怕就没能力做到这一点。进一步说，［73b］如果有人拿几何图形或诸如此类别的什么［来证明知识］，那么就会最为清楚地表明，情形就是如此。"[2]

"如果凭这你仍然不信服，西姆米阿斯，"苏格拉底说，"那你就看看吧，如果你以下面这种方式来考察，你是否会同意［我们］。你的确不相信［b5］所谓的知识是回忆吗？"

"我嘛，倒不是不相信你，"这西姆米阿斯说，"毋宁说，"他说，"我［这会儿］需要的，恰恰是感受这个正谈到的东西本身，也就是回忆起来。从刻贝斯试图说的东西之中，我已经回想起来，而且信服了。我这会儿不外乎想听听你［b10］试图怎么说。"

［73c］"我嘛，就用这种方式来说，"苏格拉底说，"我们毕竟同意这样一点：如果某人要回忆起什么，必得先前曾经懂得它。"

"当然，"西姆米阿斯说。

"那么，我们也同意这一点吗，那就是：一旦知识以这样的一种方式出现在［c5］眼前，这就是回忆？我以

---

1 ［译按］这里的logos，西文译本差异很大：Brann英译本作account，Vicaire法译本作jugement，Zehnpfennig德译本作Denken。

2 ［译按］刻贝斯的"说法"涉及多数人和少数人的区分。

什么方式这样说呢？这种方式：如果某人要么看到要么听到或以某些别的感觉把握到某种东西时，他不仅会认出这一个，还会想到另外一个，关于这另外一个的知识不是同一个知识，而是别的知识，那么，我们岂不是可以公正地说，他回想起了他曾把握到的［73d］观念？"

"你说的是什么意思？"

"就像这样：对世人的认识与对七弦琴的认识是不同的认识吧？"

"当然不同。"

［d5］"你难道会不知道，爱欲者一旦看见一把七弦琴或一件外套或他们的男孩惯常用的别的什么东西时，他们就会经历这种情形：一旦他们认出那把七弦琴，他们就会在思想上把握住那个拥有这把七弦琴的男孩的形相？这就是回忆嘛。就好像，谁一看见西姆米阿斯，往往就会回忆起刻贝斯，[1]［d10］而且，诸如此类的情形恐怕会成千上万吧。"[2]

"当然成千上万，凭宙斯，"西姆米阿斯说。

［73e］"那么，"苏格拉底说，"这样一种情形也是某种回忆吗，即尤其是当有人感受到那个由于时过境迁和

---

1 ［译按］这听起来似乎是说，西姆米阿斯与刻贝斯是一对同性恋伙伴。
2 ［译按］"回忆"基于有两个连结在一起的东西，比较前面说到的"成对"中的一个与另一个的关系。

不再关注而已然遗忘的东西?"

"当然是啊,"西姆米阿斯说。

[e5]"是什么呢?"苏格拉底说,"看到一匹画出来的马或一把画出来的七弦琴,就会想起某个世人,看到画出来的西姆米阿斯就会回想起刻贝斯?"

"当然啦。"

"而且,看到画出来的西姆米阿斯也会回想起[e10]西姆米阿斯本人?"[1]

[74a]"当然是,"西姆米阿斯说。

"那么,按所有这些岂不就会得出结论,回忆既源于相同的东西,也源于不相同的东西?"

"结论就是如此。"

[a5]"毋宁说,一旦谁由相同的东西回忆起什么,他岂不必然会经历这番情形:他会思忖一下,这个东西按[两者]相同来看,[2]少了让他回忆起来的那个东西,抑或没有少?"

"必然会思忖,"西姆米阿斯说。

"那么来考察一下,"苏格拉底说,"这些事情是否如此。我们说有某种[a10]相等的东西,我说的不是木头与木头或者石头与石头或者别的诸如此类的东西

---

1 [译按]比较开篇第一句:"你本人。"
2 [译按]"相同"指引起回忆的东西与被回忆起来的东西的相同。

相等，而是除开所有这些东西的相等的某个另一种相等，即相同本身。我们会说，有这某种东西抑或压根儿没有？"

［74b］"我们当然会说有啊，凭宙斯，"西姆米阿斯说，"神奇着呢！"

"我们也懂得它本身是什么吗？"

"肯定啊，"西姆米阿斯说。

"从何把握到这［相等］本身的知识呢？岂不是来自那些［b5］我们刚刚说的东西吗？当我们看见木头或石头或别的这类相等的东西时，我们岂不曾思忖源于这些相等的东西的这个相等本身，尽管这个相等本身与这些相等的东西是另一个东西？或者，这个相等本身对你并不显得是另一个东西？不妨以这种方式来考察一下吧：相等的石头和木头即便相等，有时在这个看来显得相等，在另一个看来则不相等？"

［b10］"的确是这样。"

［74c］"是嘛？相等的东西本身是这样吗，即对你显得不相等，或者相等的是不相等的？"[1]

"绝不会的，苏格拉底。"

"于是，"苏格拉底说，"这些相等的东西与相等本身

---

[1] 苏格拉底想要区分两种相等：具有相同特征的具体事物的相等（比如正方形物体总有四个相等的边）与抽象的"相等本身"。

可就不是 [c5] 同一个东西咯。"

"在我看来绝对不是，苏格拉底。"

"毋宁说，"苏格拉底说，"从这些相同的东西中，虽然它们与那个相等本身不是同一个东西，你恰恰思忖并把握到了这个本身的知识？"

[c10] "你说得太真实不过啦，"西姆米阿斯说。

"那么，[这相等本身] 岂不与这些个 [相等的] 东西要么相同，要么不相同？"

"当然呃。"

"这倒没任何差别，"苏格拉底说，"只要你看到某个东西，由 [74d] 这一瞥本身，你思忖到另外的某种东西，无论它们相同还是不相同，反正，"他说，"这个必然就已然成了回忆。"

"当然。"

"然后呢？"苏格拉底说，"我们不是已经感受到这样的某种东西，亦即那些 [d5] 木头上的相等以及我们刚刚谈到的那些相等？那么，木头在我们看来显得相等，恰如相等本身亦即这相等的所是呢，抑或还欠缺相等这种东西所有的那样一种性质，或者一点儿不缺少？"

"欠缺很多哦，"西姆米阿斯说。

"我们岂不就得同意，一旦某人看到某种东西，他恐怕就会思忖：'我现在看到的这个 [东西] 想 [d10] 要是这些东西中的另一种性质的某种东西,¹[74e]但[自身]有所欠缺,不能够是那个[相等]性质那样的东西,而是更差。'² 思忖到这一点的人,必然就已经先看到过那个[相等本身],³ 因为他说,这个东西虽与那个相等本身相同,仍然有所欠缺,⁴ 是吧?"

[e5]"必然是这样。"

"是嘛?我们不是已经感受到这样一种东西吗,亦即那些相等的东西以及这相等本身?"

"完全如此。"

"那么,我们必然早在这之前[75a]的时候就已经先看到过这相等本身,亦即早在我们最初看到那些相等的东西并这样思忖之前:所有这些相等的东西都力求有相等本身的性质,却有所欠缺?"

---

1 [译按]这句的意思是:我现在看到的这个相等的东西(如木头、石头等具体的相等物)"意愿/想要"具有"相等本身"的性质(即"这些东西中的另一种性质的某种东西")。这里谈论的始终是两类相等:具体的相等物(复数)与抽象的相等本身(单数)。苏格拉底在谈话中往往用代词来指示这两种不同的"相等"。

2 [译按]注意比较"意愿/想要"与"能够":有意愿/想要不等于有能力。

3 [译按]"已经先看到过"是完成时,苏格拉底在说到先前的知识时,用到完成时态。

4 [译按]"这个东西虽与那个相同"意思是:这个具体的相等物虽与那个[相等本身]相同。这里的"必然先前就已经看到[知道]那个相等本身",表明"相等本身"是看出具体的相等物是相等的前提。

"就是这样。"

[a5]"不仅如此,我们也同意,我们并没有从任何别的地方思忖到这个相等本身,而且,也不能思忖它,除非通过看或者触摸或别的什么感觉?所有这些感觉要我说都是一回事。"

"的确是一回事,苏格拉底,至少就这个说法所想要[a10]表明的那个东西而言。"

"不仅如此,正是由于这些感觉才必须思忖,[75b]所有这些在感觉之中的东西都力求是那个相等本身之所是,却又欠缺那个相等本身——我们说的不就是这么回事?"

"是这样。"

"而且,在我们开始看或听或用其他[b5]感觉之前,如果我们曾经想要把那些源于感觉的相等的东西带到那边,而所有诸如此类的东西虽欲求那个[相等本身]性质的东西,却比这个[本身]更差,我们必定碰巧从某处已经把握到了相等本身之所是的知识。"

[b10]"从前面所说的来看,必然是这样,苏格拉底。"

"我们在出生时岂不马上就在看、在听,并有了别的种种感觉?"

"当然啦。"

[75c]"但是,我们说,我们必定在此之前就已经把握到相等的知识?"

"没错。"

"在我们出生之前，看来，我们必然已经把握到这种［c5］知识。"

"看来是这样。"

"既然我们在出生之前就把握到这种知识，而且带着这种知识出生，那么，在出生之前和在刚出生之时，我们［岂不］就不仅仅已经懂得相等、更大、更小，而且也已经懂得［c10］所有诸如此类的东西？毕竟，眼下这说法对我们来说并非仅仅涉及相等，毋宁说更涉及美本身、善［75d］本身、正义本身、虔敬本身，要我说，涉及我们刚才在问问题和给出回答时盖上这个'本身所是'封印的所有东西。所以，我们已经把握到所有这些［本身］的知识必然是在［d5］出生之前。"

"就是这样。"

"而且，在把握这种［关于本身的］知识之后，如果我们没有一下子就已经忘掉的话，那么，我们出生时总是已有所知，而且终身总是已有所知。[1] 毕竟，这个"已有所知"其实不过就是，把握到对这种东西的知识的人持有这知识，并没有［d10］磨灭掉。我们不就说，西姆米阿斯啊，遗忘这个就是失掉知识嘛？"

---

[1] ［译按］"总是已有所知（完成时分词），而且终身总是已有所知（完成时不定式）。"这里的所知，指的是已经（完成时）看见过"本身所是"。

[75e]"完全清楚,苏格拉底,"西姆米阿斯说。

"而且我认为,如果我们在出生时磨灭掉出生前获得的这种知识,日后,凭使用种种感觉去感觉那些东西本身,我们再度把握到那些我们先前一度持有的[e5]知识,那么,我们所谓的'学习'岂不就该是再度把握到熟悉的知识?如果我们说,这就是'回忆起来',我们说得正确吧?"

"当然正确。"

[76a]"不过,这种情形也显得很有可能:感知某种东西,无论看还是听,或者把握别的什么感觉,从这种感知到的东西会思忖到另一个某种已经忘记的东西,这个感知到的东西会靠近这另一个某种已经忘记的东西,无论与之不相同还是相同。所以,我要说,两者必居其一,要么,[a5]我们出生时带着对这些东西的知识,而且我们在一生中都懂得所有这些,要么,后来才懂得这些,我们说'在学习'的人,不外乎就是这些在回忆的人,也就是说,学习兴许就是一种回忆。"[1]

"情形完全就是如此,苏格拉底。"

"那么你拈选哪一种呢,西姆米阿斯?拈选我们带着已有的知识已经出[76b]生,还是后来回忆起我们先前

---

1 [译按]这里区分的不仅是两种认知方式,更重要的是区分了两类人:我们与他们——"我们"是谁,他们"这些人"是谁?两类人获得知识的方式都是回忆,但回忆的路径不同。

已经把握的知识?"[1]

"我嘛,苏格拉底,眼下还无法拈选。"

"是嘛?你肯定能拈选,关于[下面]这一点,你多少会有点儿看法吧:[b5]一个懂得某种东西的男子恐怕能够就他所懂得的东西给出个说法吧,抑或不能呢?"

"必然啊,当然能给出个说法,苏格拉底,"西姆米阿斯说。

"那么,在你看来,人人都能就我们现在说的那些东西给出个说法吗?"

[b10]"我倒是愿意都能啊,"西姆米阿斯说,"不过,我更为担心的是,到明天这个时候,恐怕世人中再没谁够得上做这种性质的事情了。"[2]

[76c]"那么,"苏格拉底说,"对你来说,西姆米阿斯啊,所有人并不懂得这些东西?"

"根本不[懂得]。"

"他们不是也回忆他们曾学过的东西吗?"

---

1 [译按]选择是在两个动词不定式之间拈选:"已经出生"(完成时)抑或"回忆起来"(现在时)。所谓"拈选"意味着凭运气抽签,对观《王制》卷十(617e1-2)苏格拉底在讲俄尔神话时所说:"精灵们将不会抽签拈选你们,相反,你们将会拈选精灵们。"
2 西姆米阿斯的意思不仅是,显然并非人人都是热爱智慧的人,而且还有这样的意思:苏格拉底过世之后不再有热爱智慧的人——"天生的热爱智慧的人"异乎寻常地少见。

[c5]"必然啊。"

"我们的灵魂是何时把握到这些东西的知识的呢？肯定不是自我们已经生为世人以后吧？"

"明显不是。"

"那么，是在此之前了。"

[c10]"没错。"

"那么，西姆米阿斯，灵魂曾经存在，而且是先前就曾经存在，在灵魂具有世人的形相之前就存在，与身体分离，且具有明智。"

"除非我们出生的当儿，苏格拉底，就把握到[c15]这样的一些知识，毕竟，这时间啊，逝者如斯。"

[76d]"好吧，友伴，可是，我们是在别的什么时间中磨灭掉这些知识的呢？毕竟，正如我们刚刚已经同意的，我们出生时并不持有这些知识。难道我们是在把握到这些知识的当儿磨灭掉这些知识的？或者你还可提到别的什么时间？"

[d5]"没有、没有，苏格拉底，我也没留意到我自己会说胡话。"

"那么，"苏格拉底说，"情形对我们来说会是这样吗，西姆米阿斯？如果有那种我们总挂在嘴边的东西存在，有美的东西和善的东西以及每一个诸如此类的所是；[1]如

---

1 [译按]只有热爱智慧的极少数人才会喜欢喋喋不休谈论事物的本质[所是]。

果我们把所有源于感觉的东西与这个所是联系[76e]起来,发现先前一开始就现存的东西其实就是我们自己的所在[所是];如果我们用[所有源于感觉的]这些东西来临摹那个所是,那么必然地,[1]一如这些[所有源于感觉的]东西存在一样,[2]我们的灵魂也如此存在,[3]而且在我们出生之前就存在。如果这些[所有源于感觉的]东西不存在,我说的[e5]这样一番说法恐怕就离谱了吧?情形岂不就是这样吗,岂不是有这样一种相等的必然性吗,亦即,这些[所有源于感觉的]东西存在,我们的灵魂们才存在,而且在我们出生之前就存在,这些[所有源于感觉的]东西不存在,灵魂们也就不存在?"

"在我看来,这必然性本身太神奇啦,苏格拉底,"西姆米阿斯说,"这番说法竟然到美的东西中寻求庇护:[77a]我们的灵魂在我们出生之前就存在,一如你现在说的那个所是存在。毕竟,对我来说,恐怕没有比这一点更为清楚的了:每一个这样的东西都存在,因为这样性质的东西的确存在——美的东西、善的东西以及其他所有[a5]你现在所说的东西。在我看来,这番证明够充分啦。"

---

1 [译按]在得出这个"必然"结论之前,苏格拉底用了三个假设从句。
2 [译按]复数代词"这些"指代前面说到的"所有源于感觉的东西",与此相对的是单数的"每一个诸如此类的所是"。
3 [译按]"我们的灵魂"是单数,与"每一个诸如此类的所是"的单数形式一致。

"但刻贝斯呢?"苏格拉底说,"毕竟还得说服刻贝斯啊。"

"我相信,说服他也够充分啦,"西姆米阿斯说,"当然咯,他是世人中最固执的那种人,不信任种种说法。不过[77b]我相信,这个说法并非不足以说服他,亦即在我们出生之前,我们的灵魂就曾存在。不过,一旦我们死后,灵魂是不是仍将存在,"西姆米阿斯说,"苏格拉底啊,在我本人看来,还没有得到证明。相反,刻贝斯刚才说的仍然设下了障碍,他说[b5]多数人仍然担心,人一死,灵魂就消散,这就是灵魂本身存在的终点。毕竟,障碍在于,就算灵魂在别的某个什么地方出生并凝结起来,而且在进入世人身体之前就存在,可是,一旦灵魂进入身体然后又离开身体,灵魂[岂不]就[b10]终了并消散了吗?"

[77c]"你说得好,西姆米阿斯,"刻贝斯说,"毕竟,需要证明的东西显得才证明了一半,即在我们出生之前,我们的灵魂曾在,然而,还必须进一步证明,一旦我们死了,我们的灵魂将会一点儿不少地存在,一如我们出生之前——如果这证明[c5]要想圆满的话。"[1]

"可是,这个已经证明了啊,西姆米阿斯还有刻贝

---

[1] [译按]"终了"原文也有"圆成、圆满"义项,本篇对话在说到死时大量用的是"终了"而非"死"这个语词,意味着对某种人来说,生命之"终了"等于生命之"圆成、圆满"。

斯，"苏格拉底说，"而且就在现在啊，[1] 如果你们愿意把这个说法与这样一个说法——也就是我们在这个说法之前同意的说法——并在一起的话，即每个活的东西都生［成］于已死的东西。毕竟，如果灵魂［77d］存在，而且先前就存在，如果对灵魂来说必然的是，灵魂进入生命，出生出来，不可能从别处而只会从死亡、从已死中出生，那么，既然灵魂必须还得再生，灵魂怎么会不是必然地存在，而且死后还存在？

"所以，［d5］你们说的这个东西已经得到了证明，而且就在现在。不过，你们让我觉得，你和西姆米阿斯啊，兴许乐于彻底搞清这番说法，搞个水落石出，孩子般地惧怕灵魂一旦走出身体，当真就会被风吹［77e］走吹散，尤其是当某人临死时碰巧并非风平浪静，而是风势很大。"

刻贝斯笑起来，"就算我们惧怕，苏格拉底，"他说，"你也得试着说服我们啊。何况，惧怕的倒并非是我们，［e5］兴许我们当中的某人就是这样的一个孩子，他惧怕这样一些事情。你该试试，劝他改变心态，别惧怕死像惧怕妖怪。"

"那么，"苏格拉底说，"就得给他天天念唱经歌，直

---

1 ［译按］这个"现在"也是苏格拉底即将死去的"现在"。

到你们兴许会哄住他。"[1]

[78a]"可你就要离开我们,"刻贝斯说,"苏格拉底,"他说,"我们将到哪儿去逮念唱这样一些经歌的好念经师啊?"

"希腊大着呢,刻贝斯,"苏格拉底说,"在希腊有的是好男子,外邦族中也多啊,[a5]你们得寻访所有人,找这样一个念经师,别惜钱,也别惜辛苦,况且,你们恐怕也不会有花钱的更好时机啦。不过,你们必须得自己相互寻找;毕竟,你们大概不容易找到比你们更有能力做这事的人。"

[a10]"这件事嘛,"刻贝斯说,"倒的确该着手。不过,我们还是[78b]回到我们刚才离开的地方吧,如果这会让你快乐的话。"[2]

"当然让我快乐啊,怎么不会呢?"

"你说得美,"刻贝斯说。

"那么,"苏格拉底说,"我们不是得问[b5]自己某

---

1 在《卡尔米德》(157a4-b1)中,苏格拉底提到一个名叫扎尔莫克西斯(Zalmoxis)的忒腊克医生说过:"要用一些经歌——有福的人儿哦——来照料灵魂,这些经歌是些美的言辞;从这样的言辞中,灵魂产生了明智,一旦明智产生并一直存在着,头和身体其他部分要健康就容易了。"(彭磊译文)希罗多德在《原史》(卷四94-96)中提到,扎尔莫克西斯是个毕达哥拉斯信徒。
2 [译按]苏格拉底的学生知道,即便临死前,最让苏格拉底快乐的事情仍然是讨论哲学问题。

种这样的问题么：什么样的东西才会逐渐经受消散这样一种情感，在经受这种情感时，我们究竟惧怕的是什么，不惧怕的又是什么？然后，再来看灵魂属于这两种情形中的哪一种，由此，为了我们的灵魂，我们该勇敢还是该惧怕？"

［b10］"你说得真实，"刻贝斯说。

［78c］"难道不是聚合起来的东西，凭自然聚合而成的东西，才会逐渐经受消散，亦即怎样聚合也就怎样分解？如果某种东西碰巧是非聚合的东西，仅仅只有这个东西——不管它是什么——才不会逐渐经受消散？"

［c5］"我觉得，"刻贝斯说，"情形是这样。"

"那么，情形岂不非常像是：那些总保持自己这个样子的东西是非聚合而成的东西，而那些一时这个样、一时又另一个样从而绝不会一个样的东西，才是聚合而成的东西？"

"我觉得就是如此。"

［c10］"我们不妨回到早先的说法［78d］所在，"苏格拉底说，"我们在［先前的］问和答中给出说法的所是本身，[1] 其'存在'总保持自己这个样子，抑或一时这个样、一时又另一个样？相等本身、美本身，每个东西本身之

---

1 "［先前的］问和答"见75d。

存在，简言之，这个东西会有无论什么[d5]变化呢,[1] 抑或，既然每个东西本身之存在是形相单一的东西，自体自根，总保持自己这个样子，就绝不会有丝毫这样那样的变化？"

"必然的啊，"刻贝斯说，"总保持自己这个样子，苏格拉底。"

[d10] "关于许多美的东西呢，比如世人啊，马啊，[78e]外套啊，或者任何别的什么诸如此类的东西，或者许多相等的东西，或者美的东西，或者所有与那些[总保持自己这个样子的]东西具有相同名称的东西？它们也保持自己这个样子，还是完全与那些[总保持自己这个样子的]东西相反，实际上一点儿都不保持自己这个样子，既非与自身保持一样，亦非彼此保持一样？"

[e5] "也是如此情形，"刻贝斯说，"从不保持自己这个样子。"

[79a] "你能够摸到、看到或用其他感觉感觉到这些东西，但对于总保持自己这个样子的东西，你却没可能用这种方式去把握，只能用思想的思考去把握，既然这样的东西都是些幽暗的，岂不就是看不见的？"

[a5] "你说得太真实啦，"刻贝斯说。

---

1 [译按]"这个东西"也可译作"存在者"。区分"存在"（Sein / Being）与"存在者"（Seindes / beings），是海德格尔形而上学的基础。

"那么,"苏格拉底说,"如果你愿意的话,我们就不妨设立两类形相的东西,看得见的和不可见的[幽暗的]。"

"我们应该设立这个,"刻贝斯说。

"不可见的总保持自己这个样子,看得见的[a10]从不保持自己这个样子吧?"

"这一条,"刻贝斯说,"我们也设立。"

[79b]"再进一步,"苏格拉底说,"我们自己不也既有身体,又有灵魂?"

"可不是嘛,"刻贝斯说。

"我们会说身体更像、[b5]更亲近哪类形相?"

"更像、更亲近每一个看得见的,"刻贝斯说,"这很明显呀。"

"灵魂呢?看得见还是不可见?"

"看不见,至少从世人来看,苏格拉底,"刻贝斯说。

"那么,我们说看得见的东西和看不见的东西是就世人的[b10]天性而言,或者你认为是就别的什么而言呢?"

"就世人的天性而言。"

"对于灵魂,我们怎么说?看得见还是看不见?"

"看不见。"

"那么就是不可见的?"

[b15]"没错。"

"那么,灵魂更像不可见的东西,身体更像看得见的东西。"

[79c]"肯定必然如此,苏格拉底。"

"我们不是先前就说过,一旦灵魂借助身体去考察某种东西,也就是通过或看或听或别的什么感觉去考察——毕竟,[c5]这个'借助身体'去考察恰恰就是凭靠感觉去考察,这时,灵魂就被身体拽向那些从不保持自己这个样子的东西。灵魂自身不知所措,迷惘张皇,茫然彷徨,像个醉汉,岂不就是因为被这样一些从不保持自己这个样子的东西拴住?"

"当然啊。"

[79d]"但是,灵魂自身一旦自体自根地考察,去到纯粹的东西那边,总是存在着的东西,不死的东西,保持[自己]这个样子的东西那边——既然灵魂是其亲戚,灵魂就总会是与其一起出生,只要灵魂变得自体自根,这对灵魂本身来说就有可能,那么,灵魂就会不再[d5]不知所措,驻足在总是保持自己这个样子的东西周围,因为灵魂被这样的东西拴住啦。灵魂的这种际遇就被叫做明智。难道不是这样?"

"你说得太美、太真实啦,苏格拉底,"刻贝斯说。

"那么再说,在你看来,按先前以及[79e]现在所说的,灵魂更像、更亲近哪种形相?"

"我觉得,苏格拉底,"刻贝斯说,"每个人——即便迟钝得不行,也得从这样一种探究路径中承认,灵魂完全且绝然地更像保持自己这个样子的东西,而［e5］非不像［这个东西］。"

"那么,身体是怎样的呢?"

"更像另一种形相。"

"再从这一方面来看一下:一旦灵魂与身体［80a］同处,自然命令身体做奴仆、被统治,灵魂统治、做主子。按照这个再看看,你觉得两者中哪个像神,哪个像必死的东西?或者,难道你不认为,神样的东西天［a5］生就是要统治和领导,而必死的东西天生就是被统治和做奴仆的?"

"我也认为如此。"

"灵魂像哪一个呢?"

"很明显嘛,苏格拉底,灵魂像神样的东西,身体像必死的东西。"[1]

［a10］"那么你看看,刻贝斯,"苏格拉底说,"对我们来说,是否可以从所有已经说［80b］过的东西得出结论:灵魂最像神,最像不死的东西,最像有智性的东西,形相单一的东西,不会分解的东西,总保持自己这个样子的东西;身体则最像世人,最像会死的东西,最像形相多样的东西,无智性的东西,会分解的东西,［b5］从

---

[1] 灵魂非神而似神,不仅因为灵魂具有掌管的天性,还因为作为掌管的前提,灵魂追寻并回忆着神赋予神性的心智真实(对观《斐德若》249c)。

不保持自己这个样子的东西。[1]对于这些,亲爱的刻贝斯,我们还能说出点儿别的什么[来表明]情形不是如此吗?"

"我们不能。"

"是嘛?那么,既然情形就是如此,身体岂不就逐渐很快分解,灵魂则是整个儿不分[b10]解的存在,或近乎于此的某种东西?"

[80c]"怎么会不是呢?"

"那么你想想,"苏格拉底说,"世人一死,他的看得见的[部分]即他的身体,停放在看得见的地方,我们把这叫尸体,它会逐渐分解、溃散、腐[c5]化。[尸体]并不马上就经受这些,而是会保持相当长的一段时间,尤其是,如果有人终了时身体还鲜活,处于同样[鲜活]的年龄,就更是如此。毕竟,这身体如果已经收缩,被涂上了香料,就像埃及人[给尸体]涂香料那样,还会保持几乎整整一段不可思议的时间。而且,身体即使腐烂,身体的[80d]某些部分,骨头啊、筋腱啊,以及所有诸如此类的东西,仍然保持,也就是说,是不死的。不是这样吗?"

"没错。"

[d5]"而灵魂呢,不可见的呢,则去到另一个与其自身一样的地方——高贵、纯洁、不可见的地方,去到

---

1 对观《会饮》207d-e。

真正意义上的哈得斯,[1] 去到善且明智的神那里——按这神的意愿,我的灵魂也得马上去那里啦。我们的灵魂既然是这样一种东西,而且天生就如此,那么,一旦灵魂从身体解脱,难道会[d10]立即飘散、消亡,像多数[80e]世人说的那样?才不是那么回事呐,亲爱的刻贝斯,还有西姆米阿斯,毋宁说,情形恰恰相反:灵魂纯洁地得到解脱,不再被身体拽在一起。毕竟,灵魂在此生中老大不情愿与身体共同在一起,而是想逃离身体,[e5]聚精会神。毕竟,灵魂总是专注于这个——没别的叫法,只能叫做——以正确的方式热爱着智慧,实实在在地[81a]专注于轻松地去死。这不就是一种对死的专注吗?"

"绝对如此。"

"在这种情形下,灵魂岂不就到了与自己相同的所在,[a5]到了不可见的东西——神样的东西、不死的东西、明智的东西之所在?一旦到了那里,灵魂岂不就开始幸福起来,摆脱了迷乱、没心智、种种畏惧、种种野性的爱欲,以及其他世人的恶,如已入秘仪者们所说,与诸神一起真实地度过余下的时光。[a10]我们应该这样

---

[1] 对于古希腊人而言,哈得斯象征着"不可见"。传说哈得斯头戴隐身帽(参见《伊利亚特》卷五844-845)。[译按]直译为:"这个词真正意义上的进入哈得斯。"苏格拉底在这里一语双关:希腊文"看不见的、幽暗的"与冥府"哈得斯"同字形,仅有发音送气与不送气(haidēs / aidēs)的差别(亦参81c)。

说,刻贝斯,抑或另有说法?"

"凭宙斯,应该这样说,"刻贝斯说。

[81b]"可是,我认为,灵魂脱离身体时带有污秽,不洁,因为,灵魂曾总与身体同在,侍奉着身体,爱欲着身体,受身体及其种种欲望和快乐蛊惑,以至于除了身体形相的东西[b5]没有什么显得是真实的,人们能用它摸、看、喝、吃,以及用于阿芙洛狄忒[性欲]。对眼睛来说幽暗的东西、不可见的东西、智性的东西,靠热爱智慧才能理解的东西,灵魂已经习惯于恨、哆嗦、逃避——[81c]这样一种情形,依你看,灵魂在脱离身体时会自体自根,会纯粹吗?"

"无论如何都不会,"刻贝斯说。

"毋宁说,依我看,灵魂脱离身体时已经被身体渗透,[c5]因总是与身体在一起而与身体结交和同在,因[对身体的]诸多专注而使得自己与身体长在一起啦。"

"当然啊。"

"而且,亲爱的,还得设想,[身体形相]有重力,沉重,附着于大地,看得见。这样一种带着身体形相的[c10]灵魂被压得精疲力尽,[1] 重新被拽到可见的地方,[从而]畏惧不可见的东西,畏惧哈得斯。于是,据说,[这样一种]灵魂只好绕着[81d]墓碑和坟冢打滚——在墓

---

1 对观《斐德若》248c。

碑坟冢之间肯定看得见这些灵魂的幽暗显影。由于这些灵魂并未洁净地解脱,仍然分有看得见的东西,于是产生出映相,所以看得见。"[1]

[d5]"好像是这样呀,苏格拉底。"

"当然看起来是这样啊,刻贝斯,不仅如此,有好人的灵魂,但也有劣人的灵魂,这些灵魂被迫在这样的地方游荡,承受对其先前低劣的生活方式的惩罚。这些灵魂一直游荡到[81e]被对身体形相紧追不舍的欲望重新绑到身体上,看起来就像被绑到种种习性上——这些灵魂在生活中碰巧专注过的正是这样一些习性。"

"你说的这些是些什么样的灵魂啊,苏格拉底?"

[e5]"比如说吧,曾经专注于贪吃、肆心、好酒,而且毫无警觉,这些灵魂看起来会被绑到驴子一类[82a]和其他诸如此类的动物身上,[2]你不这样认为吗?"

---

1 据希罗多德《原史》卷五92:科林多僭主佩利安多洛斯的妻子梅里莎死后,佩利安多洛斯没把衣服烧掉就连同尸体一同埋葬,以致她在阴间没衣服穿。于是,梅里莎的灵魂不肯告诉佩利安多洛斯,异乡人把财宝藏在什么地方。佩利安多洛斯让全体科林多妇女穿上最好的节日服装,聚集在赫拉神殿,不分贵妇女仆为梅里莎剥下所有衣服焚烧。这个故事说的是,幽灵出现于人世为的是讨回应得之物。

2 恩培多克勒的诗(DK31,B117)曾这样表达灵魂轮回:"因从前我是少年和少女,是灌木、是鸟儿、是海里静默的鱼。"[译按]灵魂的不同类型一目了然。利用动物形象隐喻世人是伊索寓言的基本特征,由此可以理解,为什么苏格拉底在前面会说到自己模仿伊索寓言(60c–d)。

"你说得简直太像啦。"

"而那些不义的、僭主品性的、贪婪豪夺的灵魂已经被处罚为狼啊、鹰啊、鹞子啊[a5]一类啦;不然,我们该说这些灵魂去别的哪儿了呢?"

"毫无疑问,"刻贝斯说,"已经被处罚为这样一类动物啦。"

"还不清楚吗,"苏格拉底说,"其他灵魂会去哪里呢?每个灵魂不就按自己的专注去到相同的类那里么?"

"很清楚,"刻贝斯说,"怎么不是呢?"

[a10]"其中最幸福的人去了最好的地方,"苏格拉底说,"这些人曾致力于村社的和城邦的[82b]德性,也就是所谓的节制和正义,这些产生于习惯和训练[专注],并不带有热爱智慧和心智。"

"这些人何以最为幸福呢?"

[b5]"因为,看来啊,这样的人重新抵达了一种城邦的和驯良的族类,即或许蜜蜂或马蜂或蚂蚁的族类,[1]甚或重新去到世人族,从这类人中会生出中庸之士。"

---

1 [译按]"驯良的"与"城邦的"是并列形容词,列举蜜蜂或马蜂或蚂蚁,显然意在突显其群体生活方式与"城邦"生活的类比。但是,蜜蜂或马蜂或蚂蚁被说成"驯良的族类"颇为费解,至少马蜂谈不上驯良。也许,这一列举要表明的是,即便群体也有不同的类型——蜜蜂和蚂蚁形成高贵与低贱群体的对比,居中的马蜂则是另类群体。阿里斯托芬有一部谐剧名为《马蜂》。

"好像是的。"

[b10]"那些不曾热爱过智慧，离开身体时并未完全[82c]洁净的灵魂，要去到诸神族那里就不合神法，除非是热爱学问的人。正是由于这些原因，西姆米阿斯以及刻贝斯[两位]友伴啊，热爱智慧之人才正确地远离所有基于身体的欲望。他们坚韧不拔，不让自己屈服于这些欲望，[c5]不是因为畏惧倾家荡产、畏惧贫穷，像多数人和贪钱财的人那样；他们远离基于身体的欲望，也不是因为畏惧由于窘迫而名声不好、没有脸面，像那些恋权力和好名誉的人那样。"

"毕竟，这与他们不相配啊，苏格拉底，"刻贝斯说。

[82d]"当然不相配啦，凭宙斯，"苏格拉底说。"所以嘛，刻贝斯，具有这种品质的这些人只专注自己的灵魂，不会为了型塑身体而生活。于是，他们[对那些人]说再见，因为他们走的旅程与那些并不知道自己的灵魂要去哪儿的人不同。[d5]他们自己深信，不可做任何与热爱智慧相反的事情，不可做与因热爱智慧而解脱和洁净自身相反的事情，于是，他们转向热爱智慧，跟随热爱智慧的引导。"

"如何做到的呢，苏格拉底？"

"我就来说说吧，"苏格拉底说。"热爱学问的人认识到，[82e]当对智慧的热爱获取自己的灵魂时，灵魂还完全被绑在身体中，与身体紧紧粘在一起，必然像通过牢房那样通过身体来考察存在的东西,[1] 而非自体自根,在种种无学识中打[e5]滚,而且看到,由于欲望才会有牢房,以至于囚徒自己往往是[83a]囚禁的帮手——这就是我现在所说的,热爱学问的人认识到,当热爱智慧获取灵魂时,灵魂的情形就是这样。于是,热爱智慧便温和地勉励灵魂,试图解脱灵魂,并向灵魂表明,凭眼睛所看到的都是十足的欺骗,[a5]凭耳朵听见的以及凭其他感觉来感觉到的都是十足的欺骗,劝说灵魂从这些感觉中退出来,除非万不得已才使用这些感觉。[热爱智慧]建议灵魂收拾起自己、聚集起自己,除了信任[83b]自身,信任灵魂自体自根地思想到的存在物的自体自根,[别的]什么都不要信任。对于靠其他方式考察到的东西,一会儿一个样的东西,统统不可信以为真实。这样一些东西不过是可感觉到的东西、看得见的东西,而灵魂本身看见的是靠心智才能把握的东西,是不可见的东西。

[b5]"从此,真正热爱智慧者的灵魂相信,自己绝不可抵触解脱身体。于是,灵魂便尽其所能远离快乐、欲望、痛苦和畏惧,并理性地思考到,一旦某人强烈地经受或快乐或畏惧或痛苦或欲望,他所经受的就不仅是

---

[1] 身体—囚牢的说法也许与俄耳甫斯教版本的狄俄尼索斯神话有关。在《斐德若》(250c6)中,苏格拉底用"像牡蛎那样被甲壳囚禁着"来形容灵魂受困于身体。

这样一种性质的恶——[83c]他以为的要么因病倒、要么因耗费欲望而来的那种恶,而且是所有恶中最大、最极端的那种恶——他经受着这个恶,却无法理性地思考这个恶本身。"

"这是什么恶啊,苏格拉底?"刻贝斯说。

[c5]"每个世人的灵魂一旦在某种事情上强烈地经受或快乐或痛苦的情感,必然马上就会把经常经受的这个东西视为最明显不过、最真实不过的东西,尽管情形并非如此。其实,这些往往不过是看得见的东西而已,不是吗?"

"当然是。"

[83d]"在这种情况下,灵魂往往岂不就被身体绑住啦?"

"怎么会这样呢?"

"因为,每一种快乐和痛苦都有如用一根钉子把灵魂钉到[d5]身体上,而且钉牢,把灵魂搞成身体形相,无论身体说什么东西真实,灵魂就以为这些东西真实。毕竟,由于灵魂与身体有了相同的意见,为相同的东西欣喜,在我看来,灵魂必然变得与身体有相同的生活方式和相同的吃喝。这样一来,灵魂就不可能洁净地去到哈得斯,总是[d10]沾满身体而去。所以,灵魂很快会再落入[83e]另一个身体,像一颗种子一样扎根。由于这些,灵魂就没份与神样的、洁净的、单一形相的东西一同生存。"

"苏格拉底啊,你说得再真实不过啦,"刻贝斯说。

[e5]"正是由于这些,正义地热爱学问的人守规矩、勇敢,但[他们这样]并非是由于多数人所说的那些理由——或者你会认为不是这样?"

[84a]"我当然不会[认为不是这样]。"

"肯定不会[是那些理由]!毋宁说,一个热爱智慧的男子的灵魂恐怕就会这样理性思考,并且恐怕不会认为,热爱智慧尽管应该让灵魂[从身体]解脱出来,但灵魂一旦解脱[身体]之后,应该再把自己交还给快乐和痛苦,[a5]把自己重新绑在上面,相反地做佩涅洛娴手中的那架织布机[所做的]无休无止的劳作。[1] 毋宁说,这些解脱为这个灵魂铺设出宁静,使之能够跟随理性思

---

1 佩涅洛娴(Penelope)是奥德修斯的妻子,在《奥德赛》中,她的修饰语是"智慧"和"审慎"。奥德修斯离乡去攻打特洛亚城时,贵族子弟觊觎他的王位,都想娶他的妻子佩涅洛娴。为了拖延时间,佩涅洛娴佯称须为年老的公公织布做寿衣,待织成后再选其中一人做其丈夫。但佩涅洛娴在白天织成的布在夜间又拆散,三年都没有完成(卷二十四 126-141)。佩涅洛娴在看不见的夜里拆开在看得见的白天织成的东西,真正的热爱智慧亦如是:致力于解开无知的灵魂与看得见的东西织就的种种束缚。[译按]佩涅洛娴把布织了又拆,苏格拉底在这里借来说明热爱智慧的人的灵魂不会解脱身体(拆了)后再与身体绑在一起(又织),与佩涅洛娴的织了又拆的程序相反(拆了又织),因此说"相反地做佩涅洛娴手中的那架织布机无休无止地劳作"。

考，并总是在理性思考中生存，观看真实的东西、神样的东西、非意见性的东西，[84b]用这些东西来养育自己。[这个灵魂]会认为，自己只要活着就必须如此生活，终了之后，就去到[与自己]同族的东西——[与自己]性质相同的东西那里，脱离种种世人的恶。既然灵魂由这样的东西来养育，既然灵魂致力于这些东西，[b5]西姆米阿斯以及刻贝斯啊，就绝不会有让灵魂畏惧的可怕事情，即自己离开身体时[灵魂]会被撕碎，被风吹散，飘飞而去，化为乌有。"

[84c]苏格拉底说完这番话后，出现了一阵寂静，而且持续了好长时间，苏格拉底显得让人看到他本人沉浸到所说的这番说法中去了——我们中的大多数也如此。不过，刻贝斯和西姆米阿斯相互交谈了几句。[c5]苏格拉底看见他们这样便问："怎么？你们是不是觉得[我]说的这些说得有[什么]不足啊？"他说，"毕竟，如果有人想要彻底地把这说的东西过一遍，难免会有许多疑惑和异议。如果你们想要探讨点儿别的什么，我没的说；但如果你们对这些有什么疑惑不解，如果你们觉得在某个方面[84d]还有更好的可说，就别犹豫吧，自己说出来并过一遍，而且啊，如果你们认为还是与我一起所获更丰，就得把我再一起带上。"

于是，西姆米阿斯就说："我嘛，苏格拉底啊，我的确要对你说[d5]实话。其实，我们俩老早就各有困惑，一个推一个要对方去问[你],因为都有热望要听你回答,但又怕给你带来烦忧,让你不愉快,毕竟,你眼下正当不幸。"

听了这话,苏格拉底和蔼地笑了笑,并说道:"哎哟呃,[84e]西姆米阿斯哎!我一直在费力地劝说别的世人信服,我可没把自己眼下的偶然看作不幸,可我居然连你们俩都没能劝服,你们反倒畏惧我的心境现在会比在以前的生活中更烦躁不安。看来啊,[e5]我让你们觉得,我的先知术比那些天鹅还差唉。当天鹅感到自己必须死的时候,它们就歌唱,尽管在[85a]早前的时间也歌唱,但这时它们拼命地歌唱、最美地歌唱——[它们]欣喜啊,因为它们想要前往那位大神那儿,[1]它们是他的祀奉者啊。

"可世人呢,由于自己畏惧死,就编出关于天鹅的谎话,说它们哀哭[a5]死亡,出于痛苦而念唱经歌。世人没有理性思考一下,鸟儿因饥饿或寒冷或其他什么苦痛而感到痛苦时从不歌唱,即便夜莺、燕子、戴胜也不,虽然据说它们因痛苦而歌唱哀婉的东西。[2]在我看来,这

---

1 "那位大神"指阿波罗,按古希腊传说,天鹅是阿波罗的圣鸟。
2 这里借用的是一则阿提卡传说:雅典王潘狄翁(Pandion)有两个女儿分别名叫斐罗墨涅(Philomele)和普罗克涅(Prokne)。普罗克涅与忒腊克王特热乌斯(Tereus)结婚,生有一子名为伊图斯(Itys)。特热乌斯后来强暴了普罗克涅的姐姐斐罗墨涅,为了不让普罗克涅得知,还割下了斐罗墨涅的舌头。普罗克涅知道真相以后,与姐姐一起杀死伊图斯,把尸体摆到特热乌斯的餐桌前,以示报复,然后逃走。特热乌斯气得不行,疯狂地

些鸟儿不会[85b]歌唱痛苦的东西,天鹅也不会。毋宁说,我认为,天鹅既然属于阿波罗,它们就是先知;而且,由于预先看到哈得斯中的好东西,它们才歌唱,为那个与先前时间中的时日截然不同的时日喜悦不已。而我呢,我认为自己[b5]是与天鹅一样的仆人,献祭同一位神,我也从这位主子那里得到先知术,而且不比天鹅差,我解脱生命的时候,一点儿不比它们更感到哀伤。

"因此,要是你们愿意的话,你们尽管说、尽管问吧,只要雅典的十一人官允许就行。"

[b10]"你说得好美啊,"西姆米阿斯说,"那么,我就来对你说说[85c]我的困惑,然后再轮到这儿那位[刻贝斯]说,[他]在哪些方面不接受刚才所说的。毕竟,我觉得,苏格拉底啊,关于这样一些事情,对你恐怕同样如此,那就是:在有生之年要认识到真相,要么不可能,要么极为困难。

"再说,关于这些事情所说过的那些,必须[c5]得用种种方式去盘诘,谁若没有从方方面面去探究直到精疲力尽就先离开,就简直是没骨气的男子。毕竟,关于

(接上页)追俩姐妹要报复她们。这时,宙斯出面把三者都变作鸟儿,以终止报复:斐罗墨涅被变作夜莺,普罗克涅被变作燕子,特热乌斯被变作戴胜。这三种鸟的歌唱仿佛在哀叹自己可悲的命运,以及被害的孩子。

这些事情本身，至少必须做成其中一件：搞懂或找出事情的究竟，如果这个没有可能，就至少得［85d］采纳世人的说法中最好、最难以辩驳的那个说法，坐在上面犹如坐在一条舢板上去航行，冒险穿越生命，除非能够更稳当、更为保险地坐在一条更为牢靠的筏子——亦即某个神样的［d5］说法——上面去穿越生命航行。[1]

"所以，眼下就我来说，我只好厚着脸提出问题，既然你也说我应该问。若我现在不说我觉得要说的东西，只怕很久以后我会责备我自己。毕竟，我觉得，苏格拉底啊，当我考察［你］说过的这些时，无论对我自己还是对这儿的这位［刻贝斯］，［你］所说的就显得远不［d10］够充分。"

［85e］于是苏格拉底说，"友伴啊，兴许你［对我的说法］的看法是真实的。那么你说说看，哪方面说得不够充分。"[2]

---

[1] 这段说法化用了《奥德赛》中的奥德修斯的经历：奥德修斯在返乡途中因舢板被风暴所毁，不得不用自己临时造的简陋筏子艰难地继续渡海航行，直到抵达斯克里埃岛。那里居住的费埃克斯人给了他一条用神奇的力量造就的舢板，使他一夜之间安全回到家乡（参见《奥德赛》卷六）。苏格拉底在这篇对话中呼应了奥德修斯的这一经历（参见 100d8-e3）。

[2] 前面说的之所以"远不够充分"是因为，迄今为止仅仅谈及灵魂的可能性质，并没有先行考察灵魂的如此性质以何种灵魂的本质观念为基础。因此，这里是对话的一个重要转折点。在此之前的问题是：灵魂是不死的吗？现在提出的问题是：灵魂本身究竟是什么？只有当灵魂的本质问题得到澄清，才可能确定灵魂具有何种性质。

"我觉得是在这方面,"西姆米阿斯说,"亦即兴许有人会用这同样的说法来说和音、七弦琴和琴弦:[e5]在一张调好音的七弦琴上,[1]和音是某种看不见的东西——没有身体、整个儿很美,而且[86a]富有神样。但是,七弦琴自身以及琴弦却是身体,具有身体形相,聚在一起,系于大地,属于必死的一族。那么,一旦有人打碎七弦琴或者割断和扯断琴弦,[a5]他还能坚持像你所说的这个同样的说法,这个和音必然仍然存在,不会消亡吗?毕竟,既然琴弦具有必死的形相,如果琴弦一旦被扯断,七弦琴恐怕不会有任何法子仍然存在吧;而且,[86b]即便和音与神样的东西和不死的东西一同生长并同属一类,[也会随之]消亡,甚至比必死的东西更早消亡。

"当然,那人兴许会说,和音必然还在某个地方继续存在,而那些个木材和琴弦将先行腐烂,甚至在和音经受什么之前就先腐烂。[b5]可是,苏格拉底,我会认为,你自己恐怕也已经在心里想到:我们会把灵魂设想为就是这样的东西[2]——那就是,当我们的身体绷紧起来,

---

1 [译按]动词"调音"(harmozō)的原意是"连接、绷紧",转义为让绷紧的琴弦相互之间形成和谐的发音关系,有如小提琴四根琴弦的调音。这里的要害是:和音来自在琴的共鸣体上绷紧的不同琴弦之间的关系。

2 "我们"具体是谁?亚里士多德曾提到过不同形式的"灵魂—音乐"理论,称这些理论出自"许多智者",没具体说是谁。参见《政治学》1340b18,《论灵魂》407b27。

由热冷干湿以及某些这样的东西聚合起来,[1] 我们的灵魂仿佛就是 [86c] 这样一些东西本身的混合。而且,一旦这些东西美好地、合度地相互混合起来,就是一种和音。换言之,如果灵魂恰巧是某种和音,那么很清楚,一旦身体由于疾病和其他种种恶而不合度地要么松弛要么绷紧,[c5] 灵魂必然马上随之消亡,即便灵魂富有神样也罢——就像即便和音在音响中、在艺匠们的所有作品中富有神样也罢,而所有身体的遗骸则会留下很长一段时间,[86d] 直到被火化或腐烂。[2]

"看看吧,如果有人主张,既然灵魂是身体上的这些东西的融合,灵魂在所谓的死亡之中会首先消亡,针对这样一番说法,我们该说什么?"

[d5] 苏格拉底像惯常那样扫视了一下,然后笑了笑,"西姆米阿斯啊,你当然说得对,"他说,"你们中不是有人比我更有办法嘛,为什么不回答?他毕竟显得不赖啊,确实逮着个说法。不过,我认为,[86e] 我们在答复他之前,必须先听听刻贝斯对我的这番说法会提出什么指控,

---

1 比较阿那克西曼德(Anaximandros)的说法:"正是湿干、冷热、苦甜这类力量的平衡造就并保持了良好的健康"(残篇,24B4)。按《名哲言行录》卷八83,阿那克西曼德是个医生,毕达哥拉斯派中人,甚至可能是毕达哥拉斯的同时代人(约公元前5世纪末)。
2 这里出现了对灵魂的首次定义,但西姆米阿斯与其说是定义灵魂,不如说是定义生命。

以便我们能够在这段时间商量一下该说什么。听了之后，如果他们看起来唱得合调，我们就同意他们，如果唱得不合调，我们再来［e5］为这番说法辩护。

"好吧，刻贝斯，"苏格拉底说，"说说看，让你感到不安的究竟是什么？"

"那我就来说说吧，"刻贝斯说，"毕竟，在我看来，说法仍然显得在同一点上，即我们在先前曾说过的东西中［87a］已经提出过的同一异议上。毕竟，我们的灵魂曾经存在，而且在进入这个身体形相之前就存在，我并没有悔棋，这番说法已经非常之漂亮——除非说它有些累赘——非常之充分地得到了证明。至于说我们死后灵魂仍然在某个地方存在，［a5］我就不觉得是这样。但要说灵魂不比身体更持久、更经久，我则不同意西姆米阿斯的反驳，毕竟，在我看来，灵魂和身体在所有这些方面都有太多差异。[1] 你的这个说法兴许会说，既然你已经看见，世人死后那个［87b］更为脆弱的东西仍然还在，为什么你还不信任呢？难道你不觉得，必然会有更经久的东西即便在这样一段时间内也安然保持着存在？那好，你就来考虑一下这个说法吧，看看我是否会说点儿什么。

"看来，我呢，像西姆米阿斯一样，也需要某种比

---

[1] ［译按］刻贝斯既不同意苏格拉底的某个观点，也不同意西姆米阿斯的某个观点。

喻。[b5]毕竟，我觉得，其实这与有人就人世中一个已死的年老织工所说的一番说法说的是相同的东西：这世人没死，仍安然地在某个地方，对此可以拿出那件外套作为证据——他本人织就而且亲自穿过的外套还安然地在，没有消灭。要是有谁[87c]不相信这人，他就会问：究竟哪类东西更经久，是一个世人这类还是一件在使用和披着的外套这类？那人肯定会回答：世人这类[c5]经久得多哦。而且他会以为，这已经表明：既然更少经久性质的东西也不会消亡，世人当然更为安然地在。可是，我认为，西姆米阿斯，情形并不是这么回事呀。毕竟，你考虑一下我说的吧。谁都会承认，这样说的人其实说的是蠢话。因为，这个织工织就过并且也穿破过许多这样的外套，尽管他比这许[87d]多的外套更晚消灭，但我认为，他毕竟比最后一件外套更早消灭。因此，这世人绝不比一件外套更差、更脆弱。我认为，灵魂与身体的关系用得上这同一个比喻。¹ 谁要就此说，[d5]灵魂更为经久，身体更脆弱、更少经久性质，在我看来，兴许才显得说得贴切。

"不过，他兴许会进一步说，每一个灵魂都穿破过许多身体，尤其是如果这个灵魂活的年岁够多的话。毕竟，

---

1 [译按]"织工"的比喻可对观苏格拉底在前面说到的佩涅洛娴手中的那架织布机。

倘若身体流逝和消灭，而世人还活着，[87e] 灵魂又总是在重新织就穿破的东西，¹ 那么可以肯定，灵魂消灭之时，必然碰巧穿着最后织就的东西，且仅仅比这件东西更早消亡而已。² 灵魂消亡的那一刻，身体马上显露出其脆弱 [e5] 天性，迅速腐烂、消灭。所以，这样一种说法并不值得有信心去信赖，即 [88a] 我们死后，我们的灵魂仍在某个地方。毕竟，即便有人愿意同意这个人所说的远不止于你所说的那些，向他认可：我们的灵魂不仅在我们出生之前的时间就已经存在，而且没有什么会阻止我们 [a5] 的某些个灵魂在我们死后仍然存在和将会存在，并还将多次出生和再死——因为灵魂本身在天性上如此持久，足以支撑这个灵魂的多次出生——即便有人会认可这一点，³ 也绝不等于同意，灵魂在这些许多次出生中不会不耗尽自身，不会在这些多次死的 [a10] 某一次死时终了，完全彻底地消灭。

"何况，这人 [88b] 兴许还会说，这个死、这个给灵魂带来灭亡的与身体分离，谁都没看见过——因为我

---

1 对观《会饮》207d-208b，身体不断新陈代谢，以趋向永恒。
2 身体即外套的说法的意思是，身体不过是灵魂存在以外的一件装饰。这说法已见于恩培多克勒（《残篇》，31B126），不同的是，恩培多克勒说灵魂被裹在陌生的身体之中，此处却是灵魂自己在编织衣服。
3 [译按] 刻贝斯用了一个很长的让步从句来得出自己的结论。人的生命或一生就像是这样一个句型：即便活过、经历过再多，最终也是一死了之。

们中没谁有可能感知到这个死。倘若这个就是如此情形,[1] 任何一个有信心走向死亡的人都无非是没脑筋地有信心,[b5] 除非他能够证明,灵魂完全彻底地不死和不灭。[2] 如果不能[证明这一点],那么,任何一个想到自己将会死去的人必然总会畏惧,自己的灵魂在与身体离散的那一时刻会完全彻底地消灭。"

[88c] 我们当时听到他们说这些,所有人心里都乱糟糟的不好受,后来我们相互说到这事时仍然如此,因为,先前的说法已经有力地说服了我们,现在,他们又显得让我们不安起来——不仅是[他们]先前出现过的那些话,[c5] 甚至还有那些后来要说的话,把我们抛入没信靠[的怀疑境地]。[3] 没准我们谁都没能力作出判断,或者这些事情本身就不可信。[4]

厄 诸神啊,斐多,我实在能体谅你们。毕竟,我

---

1 从88a2以来,刻贝斯一直借用匿名的"有人"的说法,有如一个长长的条件从句。到这里,刻贝斯最终抛弃了这"有人"说法的外衣,直接针对苏格拉底最初的说法(63e9-64a2)提出自己的看法。

2 灵魂是否"不灭"是随后讨论的关键点(参见105e-106e),这里是第一次出现这个语词,而且与"不死"这一谓词连用,似乎意味着从"死亡—分离"到"死亡—毁灭"的过渡。

3 指西姆米阿斯和刻贝斯刚才说的以及后来说的话。

4 这个句子表达了导致怀疑的两种基本情形:怀疑要么是由于认知者自身的认知能力不足,要么是由于认知对象本身有不可认知的性质——但这两种情形相互矛盾。

本人现在听你说这些，也不禁［88d］对我自己［在心里］这样子说："我们往后还能相信什么说法啊？苏格拉底说的说法非常有说服力，现在也陷入不可信了！"

我们的灵魂就是某种和音，这个说法曾神奇地攫住我，［d5］就像你所说的东西提醒我，我自己直到现在都一直对这些［灵魂不死的］事情感到笃定。可是，我确实需要重新从头寻找另外某个说法来说服自己［相信］，人死时灵魂并不一起死。你说说，凭宙斯，苏格拉底当时是怎样寻求这个说法的？［88e］你说你们当时明显变得有点儿心烦意乱，苏格拉底也这样还是没有，而是平心静气地声援这个说法？他当时声援得充分还是不足？所有这些都尽可能清楚地对我们说说。

斐 其实啊，厄刻克拉特斯，我过去常常对［e5］苏格拉底感到惊奇，可我再没有比这次在他身边时更叹服他。［89a］他定会有什么要说，这恐怕倒一点儿不稀罕。我呢，实在对他感到惊奇，首先因为，他接纳年轻人的说法时，快乐、宽厚、带着赞赏；然后，他敏锐地感觉到这些话让我们感受到什么；［a5］然后，他很好地救治我们，重整唤起已经溃逃和被打趴的我们，激励我们跟随，一同思考这番说法。

厄 怎样［一起思考的］呢？

斐 我会讲的。当时我碰巧就坐在他右边［89b］靠近卧榻的某个矮东西上，他比我高出许多。他抚摸着我的头，攥住我颈后的头发——他习惯这样，一有机会就玩我的头发——"明儿早上，"他说，[b5]"斐多啊，恐怕你就要剃掉这些美发咯。"[1]

"好像是这样，苏格拉底，"我说。

"不会的，如果你被我说服的话。"

"那又会是怎样呢？"我说。

"就今天，"苏格拉底说，"如果我们的说法完了，如果[b10]我们不能让这说法回生，我就剃掉我的头发，你也剃掉你的这些头发。[2] [89c] 如果我是你，如果这说法从我这里逃离，我呢，恐怕就会像阿尔该俄斯人那样发个誓，[3]我要回战西姆米阿斯和刻贝斯的说法，得胜之前绝不剃掉头发。"

[c5]"可是，"我说，"要对付两个，据说连赫拉克勒斯也不行哦！"

"哪里啊，叫上我做伊俄勒奥斯呗，"[4]苏格拉底说，

1　希腊人对死者表示哀悼时剃光头。

2　本来斐多明天（苏格拉底死后）将剃掉头发表示哀悼，但苏格拉底说，如果今天不能挽回灵魂不死的说法的生命，不如今天就剃掉头发。苏格拉底的话表明，灵魂不死的说法的生命比他自己的生命更值得珍视。

3　阿尔该俄斯人试图夺回一座被斯巴达人占领的城池，失败后发过这样的誓言，事见希罗多德《原史》卷一 82.7。

4　伊俄勒奥斯是赫拉克勒斯的同母异父兄弟（又说侄子），九头水蛇（Hydra）的每一个头被斩下都立即重新生出，多亏伊俄勒奥斯帮忙用火烧死水蛇的头，然后压在巨石之下，赫拉克勒斯才战胜九头水蛇——苏格拉底把这场关于灵魂不死的讨论中的思辨问题比作难以对付的九头水蛇，颇为形象。

"只要天还亮着。"[1]

"我这会儿就叫上你,"我说,"不过,我可不是赫拉克勒斯哦,而是伊俄勒奥斯。"[2]

[c10]"这倒无所谓,"苏格拉底说,"不过,我们首先得提防我们遭受某种经历。"

"什么样的经历?"我说。

[89d]"我们别成了厌倦说法的人,"苏格拉底说,"就像成了厌世人的人。"[3] 他说,"因为,一个人若厌倦说法,就没可能有比这算得上经历更大的恶了。[4] 厌倦说法和厌世人如出一辙。毕竟,一个人的厌[d5]世人是这样给自己套上的:[5] 缺乏技艺地极为信赖某人,[6] 完完全全

---

1 到太阳落山(天黑时),苏格拉底就得服刑,参见61e3-4。
2 伊俄勒奥斯仅仅是战胜九头水蛇的帮手,赫拉克勒斯才是主将。
3 "厌倦说法的人"是柏拉图的造字,与 philologos [热爱言辞的人] 对应。
4 [译按] 一个人若要过上美好的一生,得信靠某种关于人生的美好"说法"(或"道理"),若什么"说法"(或"道理")都不信,生命就没有依靠。苏格拉底在最后被迫中止讨论之后所讲的故事仍然是一种"说法",所谓"作诗"不过是为人美好地度过一生提供一种说法。
5 [译按] 动词"套上"的原意是"穿上""进入",前面刻贝斯说到灵魂与外套的关系,苏格拉底很可能在这里影射有人的灵魂穿上了不应该穿的外套。
6 [译按] "缺乏技艺"这个介词短语中的"技艺",大多西文译本都意译为"缺乏知识""缺乏认识""缺乏专业知识"。Brann译本死守原文,译作 artlessly。其实,这里的确当译作"技艺",指随后将谈到的问答技艺——或者《斐德若》中谈到的辨识灵魂天性的辩证技艺。

相信这人真实、健全、可信靠,但没过多久就发现,这人既拙劣又不可信靠,而且一次又一次这样。倘若有人常常经历这种情形,尤其是在那些他以为［89e］最亲密、最要好的人身上经历到这种情形,就会最终因经常受打击而厌倦所有人,以为天底下没一个健全的人。你一点儿都没感觉到出现的这种情况吗?"

"当然感觉到,"我说。

［e5］"这难道不是出丑嘛?"苏格拉底说,"而且,这样的一个人竟然试图不凭关于人世的技艺就与世人深交,不是很明显吗?毕竟,倘若他多少曾凭靠技艺与世人深交,他兴许就会［90a］认为,情形其实是这样:有益的人和拙劣的人各自都是极少数,居间的人则是大多数。"[1]

"你说的是什么意思啊?"我说。

"是这样,"苏格拉底说,"就像关于极小和极大的东西。［a5］难道你不认为,没有比找到极大或极小的

---

[1] 在《普罗塔戈拉》中,苏格拉底最后迫使普罗塔戈拉露出了自己"关于人世的技艺"即"衡量术"。苏格拉底在这里的说法表明,他并非反对应该有"关于人世的技艺",问题在于是什么样的"技艺"——苏格拉底的"技艺"的要害在于分辨世人的灵魂形相的优劣(对观《斐德若》248d1-e3)。下面说的"种种说法因人而异"(对观《斐德若》263a1-b1),就是由于世人的灵魂因人而异。这意味着,人世中的种种说法之争,最终是由于世人灵魂的优劣差异所致。今人尤其有这样的经验:有些传媒说法或文章让人一看就知道出自低劣的灵魂。由于民主政治的意识形态取消了人性的优劣差异,人们才给种种因人而异的说法平等的权利。

东西更为难得的么，无论世人也好、狗也好或其他不管什么也好？或者找到极快或极慢、奇丑或奇美、特白或特黑的？难道你没感觉到，所有这些东西中的那些极端之极的东西都难得，是少数，而居间的东西则丰足，是多数？"

［a10］"当然感觉得到，"我说。

［90b］"难道你不认为，"苏格拉底说，"倘若让拙劣之人比赛，那么，在那里显出第一的也非常之少？"

"好像是，"我说。

"的确好像是，"苏格拉底说。"但在这个方面，种种说法［b5］因人而异——我不过在跟随你眼下的引导而已，可我指的是那个方面：即有人并没有关于这些说法的技艺，却相信某个说法是真实的，没过多久，这说法在他看来又是虚假的，仿佛一会儿真实，一会儿又不真实。如此情形一再出现在一个又一个说法上——那些［90c］把日子用来好辩的人尤其如此，[1]你知道，他们到头来都认为自己成了最智慧的人，唯有他们才透彻领悟到，无论实际的事情还是说法，都绝对既没有健全的东西也没有牢靠的东西，万事万物简直就像［c5］欧里珀斯水流那样，

---

[1] "好辩者"（antilogikos）指喜欢智术师派的争辩技艺，要么喜欢用一种说法来反驳另一种说法，要么喜欢找某一说法的逻辑漏洞。这种争辩往往与问题的实质不相干，仅仅揪住纯粹的言辞形式进行争辩。《名哲言行录》（卷三57）提到，普罗塔戈拉写过一本书，书名就叫《争辩》（*Antilogie*）。

一上一下翻转,[1]无一刻不变动不居。"

"当然啊,"我说,"你说的是真实。"

"这种遭遇岂不会很悲惨吗,斐多,"苏格拉底说,"如果的确存在某个既真实又牢靠的说法,而且[人们]能够[90d]透彻领悟它,有人却由于接触过看起来一时真实、一时又不真实的这样一些个说法,既不归咎于自身,也不归咎于自己不学无术,最终因痛苦不堪而喜欢把原因从[d5]自己身上推给那些说法,从此厌倦说法,对说法骂骂咧咧地度过余生,被剥夺了关于事物的真实及其知识?"

"是啊,凭宙斯,"我说,"明显很悲惨。"

"因此,"苏格拉底说,"首先,我们得提防,不可[90e]让这种想法靠近灵魂,以为任何说法恐怕都不健全,而是宁肯认为我们自己还不够健全,必须得拿出勇气热衷于让自己健全起来——你以及其他人是为了整个以后的生活,我则是[91a]为了自己的死。因为我觉得,在涉及死这件事情上,我眼下恐怕不是在热爱智慧,而是在热爱胜利,就像那些完全没受过教育的人似的。这些人一旦就什么事情论争起来,他们关切的不是究竟怎样才论争出个说法来,[a5]而

---

[1] 欧里珀斯是希腊半岛与欧波伊阿(Euboia)岛之间的一条狭窄海峡,水流方向不定,传说白天七换,夜里七换。这一表达已成熟语,形容变换不定和无休止的起伏动荡。

是热衷于如何让在场的人以为，他们自己树立起了什么。

"不过，我嘛，在我看来，眼下我和这些人仅仅在这样一点上有所不同：我并不热衷于让在场的人以为我说的东西是真实——除非这是附带的结果，而是热衷于尤其让我自己以为情形如此。[91b] 毕竟，亲爱的友伴，我理性地计算——你看看我多贪心——的是：如果我说的碰巧是真实的东西，我自己就会美美地被它说服。即便对于一个终了的人来说什么都不会再有了，我也不会哭哭啼啼让在场的人在我死之前的整个 [b5] 这段时间心情不快。我的这种愚钝兴许不会持续到底，毕竟，它是一种坏东西 [恶]，要不了多久它就会消灭啦。我已经准备好，"苏格拉底说，"西姆米阿斯还有刻贝斯，我就这样走向这个 [灵魂不死的] 说法。

"当然，要是你们听我 [91c] 劝，你们就少考虑苏格拉底，更多考虑真实。[1] 如果我让你们觉得我说的是真实，你们就应该同意，如果觉得不是，你们就应该用种种说法扳回来。不过你们得提防，我可不会热衷于既欺骗自己又欺骗你们，[c5] 像蜜蜂那样留下一根刺便一走了之。[2]

1　亚里士多德在《尼各马可伦理学》（卷一 1096a12-17）中批评自己的老师柏拉图的理式时，用苏格拉底在这里的说法为自己辩护。
2　整个这段关于"敌视说法"的段落区分了大多数人中的三种灵魂类型：单纯好辩，并不追求确定的认知；不信任任何说法，厌恶论辩；没受过教育的人。这段看起来是离题话，其实不然。苏格拉底的意思是，"洁净""解

"我们得上路了，"苏格拉底说，"首先，你们得提醒我一下你们所说的，以免我显得回忆不起来。按我的看法，西姆米阿斯不信任而且畏惧是由于，虽然灵魂比身体更神样、[91d]更美，仍然会先于身体消亡，因为灵魂具有和音的形相。而刻贝斯呢，在我看来，虽然[你]同意我的这个说法，即灵魂比身体持久得多，但[你认为]对每个人来说，并不清楚的是，灵魂虽然往往穿[d5]破许多身体，但一旦离开最后一个身体，灵魂本身是否不会消灭；而且，这个本身才是死，即灵魂消灭，至于身体嘛，则从未停止一直在消灭。那么，除了这些之外，西姆米阿斯和刻贝斯，还有别的什么我们必须考虑吗？"

[91e]他们两人一致同意，就这些了。

"那么，"苏格拉底说，"你们不接受先前的所有说法，还是接受一些，不接受一些？"

"接受一些，"他们俩说，"不接受一些。"

[e5]"那么，"苏格拉底说，"关于我们说的那个说法，[1]你们有什么要说的吗，即求知就是回忆，而且，既然情形如此，我们的灵魂必然已经在这或那的哪个地方存

（接上页）脱"的方式就是热爱说法，这基于信赖有实实在在的东西存在。这段说法出现在整篇对话的中间，而且多次出现"健全/健康"这个语词，意味着健全的生活离不了热爱谈论真实的东西（即热爱智慧的生活）。

1 [译按]苏格拉底用的是"我们"，这意味着苏格拉底代表在场的其他所有人与西姆米阿斯和刻贝斯争辩。

在，[92a]就在穿上身体之前？"

"我嘛，"刻贝斯说，"当时我就被这个说法本身说服啦，连自己也觉得惊奇，而且现在仍然坚持没的说。"

"当然，"西姆米阿斯说，"我本人也如此。[a5]关于这个说法，要是我觉得还会有别的什么说法的话，我才会奇怪呢。"

于是苏格拉底说，"那么，忒拜客人啊,[1]倘若[你的]这样一种意见仍然原封不动，即和音是复合的事物，而灵魂是某种和音，由绷紧在身体上的琴弦组合而成，你就必然得改变看法咯。[2]毕竟，你恐怕不至于会接受[92b]你自己的这个说法吧，即在那些肯定由此才组合出和音的东西存在之前，和音就已经存在。你会接受吗？"

"的确不会接受，苏格拉底，"西姆米阿斯说。

"那么，当你说，"苏格拉底说，"灵魂在进入世人的形相和身体之前就已存在，[b5]而灵魂存在时却是由尚不存在的东西组合而成的，你注意到你所说的这些对你会得出什么吗？毕竟，和音在你那里并非是你仿制的这样一种东西。毋宁说，一架七弦琴及其琴弦和[92c]音响在尚未是和音时就出生了，在所有这些东西中，和音

---

1 西姆米阿斯和刻贝斯都是忒拜人，在当时，忒拜也是毕达哥拉斯派信徒的庇护所，苏格拉底在这里一语双关。

2 苏格拉底的说法与西姆米阿斯的说法（86b）略有不同。

最后配置而成，也最先消亡。因此，这样一个说法在你怎么会与你的那个［关于灵魂的］说法唱一个调呢？"

"的确没法唱一个调，"西姆米阿斯说。

［c5］"而且，"苏格拉底说，"如果有别的什么合调的说法，也会适合关于和音的说法。"

"当然会适合，"西姆米阿斯说。

"因此你会发现，这一个说法并不合调；"苏格拉底说，"那么，这样两个说法你会拈选哪个：拈选求知即回忆，还是拈选灵魂即［c10］和音？"

"当然拈选前面那个，苏格拉底，"西姆米阿斯说，"毕竟，这后一个说法［92d］在我看来生得缺乏证明，看起来是那么回事，表面好听，正因为如此，才会让多数世人觉得是那么回事。可我同样知道，那些把证明搞得看起来像那么回事的说法，都是些个骗子，倘若不谨防它们，八成［d5］会上当受骗，在几何学中和别的所有事情上都如此。

"当然，回忆和求知的说法，是由一个值得接受的假设确立起来的。也就是说，我们的灵魂已经在某个地方如此存在，而且在进入身体之前就存在，恰如所是本身存在，它有一个别名叫做'此在'。［92e］而我呢，对于这个所是，就像我说服我自己那样，已经充分而且正确地接受下来。由于这些，对我来说，看来啊，必然既不能接受我自己也不能接受别人说灵魂即和音。"

"不过，西姆米阿斯啊，从［下面］这一方面来看又会怎样呢？"苏格拉底说，"在你看来，和音或别的［93a］某个组合物究竟属于组合物由此组合而成的那个情形,[1] 还是别的什么情形？"

"当然不会是别的情形。"

"而且，如我认为的那样，除了凭靠［由此组合而成的］那些东西兴许会做或会经受什么外，［a5］和音不会做什么或者经受什么吧？"[2]

西姆米阿斯同意。

"所以，和音并不引领那些它由此兴许才组合而成的东西，而是跟随那些东西吧？"

西姆米阿斯也同意。

"所以，情形就必定远非是和音在相反地运动或者相反地发出音响，或者做任何别的与自己的各部分相反的事情。"

［a10］"当然远非如此，"西姆米阿斯说。

"然后是什么呢？每个和音生来不就是如此被调成那样的和音吗？"

"我没懂，"西姆米阿斯说。

"和音难道不是调得越多、越满，"苏格拉底说，［93b］

---

1 这句的意思是：是否任何和音的存在都必须基于物理的要素。
2 "凭靠那些东西"指和音赖以产生的七弦琴及其琴弦等物理要素。

"只要允许出现这种情况,和音就会越多、越满,如果被调得越少、越差,和音就越少、越差?"

"当然是。"

"那么,灵魂是这种情形吗?一个灵魂也这样哪怕最小[b5]程度地比另一个灵魂更多、更满,或者更少、更差,灵魂这个东西本身会是这样吗?"

"无论如何不会,"西姆米阿斯说。

"可是,"苏格拉底说,"凭宙斯,据说这个灵魂既有心智、有德性,又好,而那个灵魂既愚钝、缺德,[93c]又坏,这些说得真实吗?"

"当然说得真实啊。"

"那么,那些假定灵魂即和音的人中的某人会说,灵魂中存在的这些东西——德性和[c5]劣性——是什么呢?未必是别的某种和音和不协和音?这一个灵魂已经被调音,是好的灵魂,在本身就是和音的自身中有别的和音,而另一个灵魂本身则是不协和音,自身中并没有别的和音?"

"我嘛,我倒不会这么说,"西姆米阿斯说,"不过,显然[c10]那个假设灵魂即和音的人恐怕会这么说。"

[93d]"可是,先前已经同意过,"苏格拉底说,"一个灵魂比另一个灵魂既不更多也不更少地是灵魂啊?这等于约定,一个和音比另一个和音既不更多更满、也不更少更差地是和音,难道不是吗?"

[d5]"当然喽。"

"一个和音既不更多也不更少，就是已经被调得既不更多也不更少，是这样吗？"

"是这样。"

"被调得既不更多也不更少的和音，就会更满［d10］或更差地分有和音，抑或相等地分有和音？"

"相等地。"

"那么，一个灵魂不也是这样？既然一个灵魂与另一个灵魂既不更多也不更少地［93e］就是这个［灵魂］本身，灵魂就既没有被调得更多也没有被调得更少？"

"正是如此。"

"既然灵魂是这样经历过来的，灵魂恐怕就不会更多地分有不协和音，也不会［e5］更多地分有和音？"

"当然不会。"

"再说，既然灵魂是这样经历过来的，一个灵魂恐怕就并不比另一个灵魂更多分有劣性或德性，如果劣性就是不协和音，德性就是和音的话？"

［e10］"不会更多分有。"

［94a］"不仅如此，西姆米阿斯啊，按照正确的说法，如果灵魂是和音，就没有一个灵魂会分有劣性。毕竟，如果一个和音明显完满地是和音这个东西本身，恐怕就绝不会分有不协和音。"

［a5］"当然不会。"

"而且，既然灵魂完满地是灵魂，也就不会分有劣性？"

"从前面已经说过的来看,怎么会呢?"

"所以,依这样一个说法,对我们来说,如果灵魂生来就一样地是灵魂这个东西本身,所有活的东西的[a10]灵魂都将会是一样地好。"

"至少我觉得如此,苏格拉底,"西姆米阿斯说。

"那么,"苏格拉底说,"要是这个说法会经历这番结论,[94b]如果灵魂即和音这个假定正确,你觉得这样说美吗?"¹

"一点儿都不觉得[美],"西姆米阿斯说。

"然后呢?"苏格拉底说,"除了灵魂——尤其明智的灵魂,你会说[b5]有别的什么会统领世人身上的所有东西吗?"

"我才不会呢。"

"灵魂服从还是抵制身体上的感受?我说的是这类事情,比如身体又热又渴时,灵魂会拽身体去相反的地方不让喝,[b10]身体饿时,灵魂会拽住不让吃吗?我们不是看到,[94c]在别的事情上,灵魂抵制身体感受的情形成千上万,不是吗?"

"当然啊。"

"我们先前不是同意过,如果存在和音,和音就绝不

---

1 意为:这样的结论你能接受吗?随后的答语:"一点儿都不觉得"意为"一点儿不能接受"。

会唱与这些出自恰好是和音的东西相反的音调——无论和音绷紧、[c5]松开、弹拨还是经历其他无论什么感受,而是跟随这些东西,从不领导?"[1]

"我们同意过,"西姆米阿斯说,"怎么会没有呢?"

"然后呢?现在,灵魂对我们显得不就完全反其道而行之吗?[c10]灵魂领导所有那些某人会说灵魂的存在所出自的东西,[94d]而且几乎整个一生都在抵制那些东西,以种种方式主宰它们,对有些更严厉地施予惩罚——甚至带有痛苦,比如以健身术和医术来惩罚,对有些则较为平和地惩罚,与欲望、[d5]冲动、畏惧交谈有时用威胁有时用告诫,仿佛一个陌生人对待一件陌生的事情,不是吗?[2]就像荷马在《奥德赛》中所做的那样——他在那里说奥德修斯'捶着胸口,用言辞斥责[自己的]心:[94e]你得顶住,心啊!狗娘养的东西那次你也曾顶住过啊。'[3]难道你会认为,荷马作这些诗句时所想的是,灵魂是和音,是受身体的遭际引导的那类东西,

---

[1] 这是灵魂与和音的第二个不同:和音受琴身以及弦支配,而灵魂则支配身体。

[2] 灵魂尽管并不是生理意义上的由各部分组成,实际上仍然有相互关联的各种不同能力。

[3] 见荷马《奥德赛》卷二十 17-18:奥德修斯回到故乡,见那班贵族子弟正在挥霍他的家财,还妄图娶他妻子以霸占他的王位,但他必须暂时忍耐,不动声色。在《王制》中,苏格拉底两次(卷三 390 d 和 441b)引用这个段落作为控制自我的范例。

而非[想的]是灵魂引导和主宰身体遭际的那类东西,因为[e5]灵魂是某种比和音要神样得多的事情?"

"凭宙斯,苏格拉底,起码我觉得[荷马]不会[这样想]。"

"所以啊,最优秀的西姆米阿斯,对我们来说,要说灵魂是某种[95a]和音,就绝对说得不对。毕竟,那样的话,看来啊,我们就会既没有同意神样的诗人荷马,也没有同意我们自己。"

"的确如此,"西姆米阿斯说。

"好吧,"苏格拉底说,"对我们来说,看来啊,忒拜的哈摩尼亚[女神]的说法[1][a5]已经或多或少变得和善啦。[2]可是,卡德摩斯的说法又怎样呢,刻贝斯,"苏格拉底说,"我们该如何让他变得和善起来,该用什么说法?"

"我觉得你会有办法的,"刻贝斯说,"不管怎么说,

---

1 "和音"(Hamonia)在古希腊神话中被拟人化为战神阿瑞斯与阿佛洛狄忒所生的女儿——阿瑞斯象征不和,阿佛洛狄忒象征和谐,哈摩尼亚是争战与和谐的产儿。忒拜城邦的建立者卡德摩斯王侍奉阿瑞斯八年,建成忒拜城,并娶了哈摩尼亚,忒拜人则奉哈摩尼亚为保护神。毕达哥拉斯派把卡德摩斯解释为 cosmos[秩序],但在与哈摩尼亚结合以前,卡德摩斯却是象征战争和无序的混乱(chaos)。苏格拉底在这里幽默地提到哈摩尼亚与卡德摩斯的夫妻关系,既暗示西姆米阿斯的"和音"说来自带有毕达哥拉斯派色彩的忒拜,也暗示刻贝斯的"外套"说与西姆米阿斯的"和音"说有如夫妻关系。

2 意思是:灵魂即和音的说法已经不再是一个严峻的论点。

在我看来，你针对和音的这样一番说法说得出人意料地神奇。毕竟，西姆米阿斯说出他的困惑时，我非常吃[95b]惊，[担心]是否有谁能够对付得了他的说法。因此，当哈摩尼亚一下子没顶住你的说法的第一轮攻击时，[1]我觉得太稀罕啦。所以，如果这个卡德摩斯的说法也会有这番遭遇，我不会感到惊讶。"

[b5]"好小子，"苏格拉底说，"别说大话，免得有人用妒意的魔力搞垮我们将要想到的说法。[2]不过，神会操心这些事情的，至于我们嘛，不妨荷马式地逼近[卡德摩斯]，[3]让我们试试看，你是否的确说了点儿什么。你探究的首要之点是：你指望我们的灵魂被证明[95c]既不灭也不死——[这样的话]一个热爱智慧的男子如果考虑到死的时候，就会有信心，相信一旦死后在那边将会过得好，这截然不同于他以另一种生活方式来完成生命，[因为]他不会对没脑筋的、愚蠢的信心有信心。即便[我们已经]表[c5]明灵魂是某种持久的东西，有神

---

1 [译按]"和音"在这里已经拟神化，"灵魂即和音"论经不住苏格拉底攻击，也可以读作哈摩尼亚[女神]经不住苏格拉底攻击。

2 "恶意"被拟神化为一位女神，专事惩罚灵魂的肆心（无度）。[译按]这话一语双关：明明是在与神作对，却说别肆心（别与神作对）。这里也许暗示，接下来的哲学思辨难免具有渎神性质。

3 "以荷马的方式逼近"具有叙事诗的六音步形式，这里的意思是：拿出荷马式武士的战斗姿态——对观阿喀琉斯逼近赫克托耳（《伊利亚特》卷二十二 92）。

样的形相,而且在我们成为世人以前就先已存在,你说,所有这些说法仍然无济于事,并未揭示灵魂不死,仅仅揭示了灵魂是经久得多的东西,在一个无法设想的很长时间之前就已经在某处存在,知道而且经历过许多事情。可是,灵魂毕竟 [95d] 压根儿就不是不死的,毋宁说,灵魂走进世人的身体,这本身就是灵魂毁灭的开始,灵魂在身体中就像在害病。[1] 灵魂经受着苦楚,度过这样的一生,最终在所谓的死中消亡。无论灵魂一次还是 [d5] 多次进入身体,你说,其实并没有什么差别,反正我们对每一次都感到畏惧。毕竟,除非是没脑筋的,任何人都难免会感到畏惧,只要他对灵魂何以不死既不知道也不能 [95e] 给出一个说法。

"我认为,刻贝斯,你所说的大概就是这样一些吧。我故意反复把握,免得有什么从我们这里溜走,要是你愿意的话,[这会儿] 添加或者去掉点儿什么都行。"

于是刻贝斯说:"我嘛,眼下 [95e] 既没有我需要去掉的,也没有我需要添加的,我说的就这些。"

苏格拉底凝神良久,自个儿在思索着什么,然后才说道:"你探究的可不是低俗的事情啊,刻贝斯。毕竟,关于生存与消亡的原因,必须整个儿仔细 [96a] 讨论。要是你愿意听,我不妨对你说说我自己的经历。如果我

---

[1] 按毕达哥拉斯派的观念,活着就是害病,因为身体是灵魂的坟墓。

所说的其中有什么显得对你有用，你就不妨用来说服你所说的那些说法。"

[a5]"那还用说，我当然愿意[听]，"刻贝斯说。

"那就听我道来。[1] 我啊，刻贝斯，年轻的时候就好奇地欲求那种智慧——他们叫做'探究自然'。[2] 毕竟，当时在我看来，这种智慧牛得很：知道每一事物的原因，即每一事物[a10]何以产生，何以消亡，何以存在。我常常[96b]辗转反侧，首先思考的是这样一些事情：要是让热和冷发酵，会像有些人说的那样，活的东西就滋生出组织了吗？我们明智地思考靠的是血液呢，还是靠空气或者火？[3] 或者[b5]根本不是这些东西，而是脑子才产生出那些听啊、看啊、嗅啊的感觉，从这些感觉中则产生出记忆和意见，当记忆和意见平静下来，才由记忆和意见产生出知识？

---

1 这里开始了苏格拉底著名的自传——苏格拉底描述了自己探究"原因"的三个阶段：1. 思索伊俄尼亚自然哲人对原因问题给出的回答(96a-97b)；2. 指望阿那克萨戈拉的心智论是有效的回答(97b-99c)；3. 由于对这种回答感到失望，转而开始自己的探究。

2 "考察/探究"（historia）是自然哲人的术语，指通过收集种种材料的方式考察和探究万事万物的根本原因。并非所有自然哲人都赞同这种探究自然的方式，赫拉克利特就曾说"这种做法实在可厌"（残篇 22 B129，参见 B40）。[译按]希罗多德用这个语词为自己书写的希波战争命名，意在表明他要考察和探究这场战争的起因，中文译作"历史"是误译。

3 恩培多克勒认为思考靠血液，阿纳克西曼德认为靠空气，赫拉克利特认为靠火。阿里斯托芬在《云》里则说，苏格拉底相信"灵魂是空气"（行 230）。

[96c]"我转而思索这些东西的消亡,以及那些涉及天上和地上的东西的经历,最终我认为自己对这样一种考察并无天赋,简直就是一无是处。证据嘛,我会对你说,很充分。毕竟,我呢,以前曾清清楚楚地[c5]懂得某些东西——至少在我自己和别人看来如此,可由于这样探究来探究去,我简直让自己成了瞎子,因为,我以前曾相信已经知道的东西——[比如]世人[从小]长大所凭靠的那些东西——也还给先生啦。我以前以为,每个人都清楚:靠吃和喝[人才长大]。[96d]毕竟,只有通过进食,躯体才会凭躯体生长起来,骨骼才会凭骨骼生长起来。按照这同一个说法,躯体和骨骼的每一其他所属部分才会凭靠每一部分生长起来。于是,少的东西后来堆得成了多的东西,[d5]矮的世人变成高的世人。我当时就这样认为,你不觉得这恰切吗?"

"起码我觉得恰切,"刻贝斯说。

"然后你再思考一下这个:我当时以为,这足以让我觉得,一个高的世人站在一个矮的世人旁边,他就显得高[96e]出恰恰一个头本身,[1] 而且马比马也如此。比这些更显而易见的是,在我看来,十比八多,是因

---

1 雅典的官方计量单位是"脚长"和"肘长",一"梭伦肘"等于一个半尺(原意作"脚")。但民间通行"头"计量方法,比如阿伽门农比奥德修斯高一个头(《伊利亚特》卷三 193)。

为二加上了八，而二肘尺比一肘尺更长，是因为比它长一半。"

［e5］"那么现在呢，"刻贝斯说，"你觉得它们又是什么呢？"

"凭宙斯，"苏格拉底说，"远不是我以为的那样啦——我原来以为，我已经知道这些事情的原因，可我现在甚至不能让自己承认，谁要是把一加上一，那么这个一和那个被加的一就成了二，或者这个被加的一和那个被［97a］去加的一由于这一个与另一个的相加就成了二。[1] 毕竟，我惊讶的是，当它们两个中的其中每一个相互分开时，每个都是一，这一双并不就是二，但当它们相互结交，这被确立起来的相互靠近的两个一的［a5］相交本身，居然就成了二得以生成的原因。而且，要是有人反过来把一分开，我也不能说服自己，这个分开就成了二得以生成的原因。[2] 毕竟，［97b］这个原因会变得来与当时那个二得以生成的原因相反。因为，当时是某人把相互靠近的领到一起，让其中一个加其中一个，现在呢，则是某人把相互靠近的领开，让［其中］一个从［其

---

[1] ［译按］这里用来界定两个不同的"一"的动词都是被动态，前一个被动态指被"这个一"所加，后一个被动态指被某人拿去加"那个一"。

[2] 搞不懂一加一等于二是怎么回事，暗指搞不懂灵魂与身体加起来是怎么回事情。

中另]一个分开。[1] 我甚至不再能试着说服我自己,我知道为何一个一会生成。[b5] 一言以蔽之,我不再能说服自己,凭靠这样一种探究方法,我懂得了为何不管什么东西会生成或消灭或存在。[2] 于是,我干脆让自己与别的方法混搅,绝不再容忍这种方法。

"可是,有一次我听某个人读一本书,他说是阿那克[97c]萨戈拉的书——书中说,其实,心智才是万物得以形成秩序的原因。[3] 这个原因让我感到高兴,[4] 而且我觉得,就某种方式来说,这样蛮好,心智应该对万物负责。我认为,如果情形就是如此,那么,这个心智[c5]肯定就会安排万物形成秩序,其方式是兴许让每一事物安置得最好。因此,如果有谁愿意找出每一事物以何种方式产生、消亡和存在的原因,他就得找出这个事物以何种方式存在才会最好,或[97d]经历或做无论什么才会最好。依据这样一个道理,就会有益于世人在涉及他自身乃至所有其他事情时除了思考什么最优、什么最好,别的什

---

1 对观柏拉图《会饮》190d-e,阿里斯托芬讲述宙斯把人劈成两半。

2 [译按]苏格拉底的说法显得很夸张:"探究自然"使得他已经没法相信一加一等于二这样的事情。然而,这种夸张的说法表达的却是一个严肃的问题:搞自然哲学探究容易让人忘记最为简单的生活常识。

3 阿那克萨戈拉认为,万物的形成和有序都是心智(nous)作用的结果(参见《残篇》,59B12)。

4 [译按]希腊文的"原因"也有"责任"的含义,苏格拉底在这里一语双关,既说的是"原因"也说的是"责任"。

么都不思考。当然，知道什么更坏，也必然是同一回事，[d5] 毕竟，关于好和坏的知识是同一种知识。

"当我理性思考着这些时，我很欣喜，因为我当时认为，关于存在者的原因，我已经找到了合我自己的心智的老师，[1] 即阿那克萨戈拉。他首先将向我指明，大地是平的还是 [97e] 圆的，然后呢，他指明，他将进一步说明其原因和必然性，即他为何说这是更好，尤其对大地这样性质的存在来说更好。比如，如果他说，大地居中，他将进一步说明，大地为何居中更好。假如他让我 [e5] 清楚了这些，我当时已经准备绝不再渴求知道任何其他形相的原因。

"然后呢，我已经准 [98a] 备就如此这般地去找出关于太阳的原因，以及关于月亮和其他星辰的原因，关于它们相互间的速度、旋转点，以及它们经历的其他事情，何以它们做这些、经历其所经历的对每一个星体 [来说] 更好。毕竟，我当时 [a5] 以为，当他指明这些星体由心智安排得有序时，他不会赋予这些星体别的什么原因，只会赋予这些星体如其自身 [98b] 所是的如此情形何以最好的原因。因此，当他给予每个星体一个原因，并给予所有星体共同一个原因时，我以为他将进一步说

---

[1] 苏格拉底玩了一个语词游戏，"按照合我自己的心智"化用的是阿那克萨戈拉的说法：凡事得"按照心智"。苏格拉底加上"合我自己"的限定词，暗示对阿那克萨戈拉的"心智"的理解都得凭靠理解者自己的"心智"。

明，对每一个星体来说什么是最好，对所有星体来说什么是共同的好。我可不会放弃这样一些期望，我非常热切地抓起他的书卷，[b5] 迫不及待地读，以便尽快得知什么是最好和更坏。

"从这种充满好奇的期望中，友伴啊，我一下子就失落啦——当我一路读下去时，我看到，一个大男人根本就没应用心智，[1] 也没把让事情安排 [98c] 得有序归于某些原因，而是归于大气啊、清气啊、水啊，以及其他许多甚至稀奇的东西。[2] 我当时觉得，他的做法简直就跟这种情形一模一样，即好比有人会说，苏格拉底做所有事情都是用心智在做。当这人试图说明 [c5] 我做每一件事情的原因时，他首先会说，我现在坐在这儿是由于：我的身体由骨骼和筋腱组成，[3] 骨骼坚硬，由许多关节相互

---

1 这话的意思是：阿那克萨戈拉的理论无益甚至有害。据色诺芬记载，苏格拉底曾说，"那些胆敢探究这些事的人和阿那克萨戈拉一样，都有丧失心智的危险；阿那克萨戈拉以能解释神明的造化而夸耀，因而丧失了心智。当阿那克萨戈拉说火和太阳是同一个东西时，他没想到人们很容易看火，却不能凝视太阳。"（《回忆苏格拉底》卷四 7.6-7，吴永泉译文）

2 阿那克萨戈拉把心智本身理解为物质性的，是"最为精致、纯粹的物质"（参见《残篇》12）。阿那克萨戈拉同时认为，宇宙间有无数的元素或分子——希腊文的含义是所谓"同质分子"（homoiomereia），它们不断分裂为新的质素，如土、水、风、火等，由此形成万物。

3 [译按]"筋腱"也有"琴弦"的引申义项。在这段对身体何以能活动的描述中，肌腱的作用是关键或枢纽，类比琴弦在灵魂即和音说中的枢纽作用。

分开，而筋腱则能绷［98d］紧也能松弛，裹着骨骼，连同粘着的躯体和皮。骨骼在其连接处能抬起，筋腱一松一紧，就使我这会儿能够弯曲［d5］肢体——由于这个原因，我弯着腿坐在这儿。再说我与你们每一个交谈吧，他会说，其原因嘛，就得归于声音啊、空气啊和听以及别的上千种［98e］诸如此类的原因。他并不关切说到真实的原因，即由于在雅典人看来投票判我有罪更好，我才会觉得我坐在这儿更好，而且哪儿也不去，承受雅典人［e5］命令的判决才更正义。凭狗头神发誓，我认为，若非我［99a］基于骨肉相连才最好的意见相信，出逃和摆脱承受城邦颁布的无论什么判决都不如承受判决更正义、更美，[1] 我的这把骨头和筋腱恐怕老早就在麦加拉或者波俄提阿咯。[2]

"当然咯，要把［a5］这样一些事情叫做原因，也太出格。可是，如果有人要说，我没有诸如骨骼啊筋腱啊之类的东西以及别的这类性质的东西，我也就不能做在我看来最好的事情，他说的也许是真实。然而，要说正是由于这些骨骼和筋腱之类的东西，我才做我做的事情，

---

[1] 这话讽刺阿那克萨戈拉的自然学说：若只图为骨头和筋腱着想，就应该出逃摆脱城邦的惩罚。

[2] 克力同曾安排苏格拉底出逃，苏格拉底则宁愿遵守法律也不愿听朋友的劝逃亡到"忒拜或麦加拉"（参见《克力同》45c，53b）。［译按］逃离判决固然对苏格拉底个人来说"最好"，但对城邦共同体来说则是"更坏"。

而践行这些事情靠的是心智,而非[99b]靠选择什么是最好,这种说法兴许就太过漫不经心啦。毕竟,这叫做没能力区分:一个东西的存在有某种原因是一回事,而没有那个东西则原因兴许就不会成其为原因,是另一回事。我觉得,多数人显得[b5]就像在黑蒙蒙中到处摸索,把不恰当的名称用于某种东西,称它为原因本身。[1]所以,有人用漩涡环绕大地,使大地得以待在苍穹下面,有人则用大气作底座托着大地,就像托着一个宽敞的盆子。[2][99c]可是,对于能够把这些东西最好地安置成现在如此这般的那种能力,这些人没有去探究,也不认为这靠的是某个强大的精灵,而是相信自己有朝一日会发现更强大、更神的阿特拉斯,[3]他比精灵更能把万物[c5]聚在一起。[4]因为他们

---

1 这里的说法出自一种瞎子游戏:蒙上眼睛的游戏者四处摸索,摸到一个人就猜他是谁。苏格拉底此前曾把自然探究者的观点与多数世人的观点连接在一起,亦即自然哲人的观点与常识的观点一致(参见96c7-8)。但在这里,苏格拉底的说法刚好反过来:由于自然探究者荒谬地诽谤原因,他们与普通世人的盲目没有差别。换言之,世人既是常识的持有者,又是盲目的人。

2 按亚里士多德,阿纳克希曼德、阿那克萨戈拉和德谟克利特都持这种观点,参见亚里士多德《论天》294b13-15。

3 [译按]"更神的"字面意思是"更为不死的"。

4 阿特拉斯(Atlas)是泰坦巨人的儿子,因参加巨人叛乱,宙斯罚他永远用头托举着大地(荷马《奥德赛》卷一53;赫西俄德《神谱》517-520)。这话的意思是:"精灵"其实就是真实的阿特拉斯,但人们却不相信,非要去找一个"更强大、更为不死的"阿特拉斯——这当然是徒劳的。

并不认为,实际上,好与约束才把万物绑在一起、维系在一起。[1] 为了找出这样一种原因如何起作用,我啊,乐于成为任何人的学生。既然我被剥夺了这种可能,既不能自己去发现,[99d]也不能从别人那儿学到,我只能再次起航,[2]去探寻这样一种原因。刻贝斯啊,"苏格拉底说,"你愿意我给你描绘一下我所从事过的探寻吗?"

"太喜出望外啦,"刻贝斯说,"我当然愿意。"

[d5]"于是我觉得,"苏格拉底说,"在经历过这些之后,既然我探究存在的东西已经失败,我就得小心,别再经历那些静观日食搞探究的人所经历的——毕竟,有些人毁了眼睛,[3] 因为他们不是探究水中或[99e]某个诸如此类的东西中的太阳映像。我意识到有什么不对劲儿,因为,如果我用眼睛去瞧这些事情,试图用每一种感觉去把握它们,我畏惧会整个儿搞瞎自己的灵魂。

"所以,我觉得,[e5]我应该逃入种种说法,在其中探究存在的东西的真实。当然,也许就某种方式而言,

---

[1] 这话的意思是:"好"才是一切事物的原因(比较《王制》卷七517c1-3)。

[2] "再次起航"是水手的熟语,包含两种可能的含义:1. 风平浪静后换船桨;2. 从上次的航行中汲取经验教训,改变航行方向。《奥德赛》卷十561-563:"你们或许以为我们这就回故乡,但基尔克是叫我们再次起航。"〔译按〕这里的"再次起航",王焕生译本译作"基尔克为我们指出了另一条路途"。

[3] 最早利用镜面观察日食的人据说是泰勒斯。

这［种方法］并不太像［100a］我要比喻的东西。毕竟，我根本不会同意，这个在种种说法中探究存在的东西的人，在比喻中探究存在的东西会比在行为中探究更有成效。毋宁说，我不过以这样一种方式起步而已。我每一次都会提出一个说法，并断定它最为有力，而［a5］在我看来与其相符的东西，我会设立为真实的东西——不管是涉及原因还是涉及所有别的东西，如果不相符，就不设立为真实的东西。[1]不过，我愿意把我的意思给你讲得更清楚些，毕竟，我认为你这会儿还没懂。"

"凭宙斯，没懂，"刻贝斯说，"至少不是太懂。"

［100b］"好吧，"苏格拉底说，"我说的这个，其实一点儿都不新鲜，无非是我以往一直不停在说——尤其在刚刚经过的说法中不停在说的东西。毕竟，我试图要向你展示的不过是我已经做成的那种原因的形相，回到那些［b5］老生常谈，由这些说法起步，假设有某种自体自根的美、好和大以及别的所有东西。要是你给我这些东西，并同意存在这些东西，我希望依据这些向你展示那个原因，并发现何以灵魂不死。"

［100c］"还用说嘛，"刻贝斯说，"给你就是，你一路走到底吧。"

---

1 这是一种所谓"假设"的方法（［译按］此句原文有多种识读，此从Theodor Ebert 的疏证）。

"那么你看看,"苏格拉底说,"你是否会像我一样同意随那些[自体自根的东西]而来的。毕竟,在我看来,除了美本身之外如果还存在着某个别的[c5]美的东西,它之所以美,不外乎由于它分有那个美本身。我要说,所有东西都如此。你同意这样一个原因吗?"

"我同意,"刻贝斯说。

"所以,"苏格拉底说,"我从此再也无法理解也没有能力[c10]去认识其他那些聪明的原因。如果有人对我说,[100d]任何别的美的东西是由于它有绚丽的颜色或形状或任何别的诸如此类的东西,我会让它们一边去,毕竟,所有别的这些只会让我脑子一片混乱。我简单地、没技艺地甚至兴许傻乎乎地坚持我自己[的假设]:唯有美本身[d5]才把某个东西造就为美[的东西]——美本身临在[于那个美的东西]也好,与之结合也好,或者以无论何种方式和方法被带给那个[美的]东西也好——毕竟,这个我还不确定。[1]但我确定,正是由于这美本身,所有美的东西才成为美的东西。因为,我觉得这个回答对我自己以及对别人都最稳靠。坚持这一点,[100e]我相信我绝不会失败,而且我相信,由于这美本身,所有美的东西才成为美的东西,这一回答无论对我还是对任

---

1 所谓"不确定"究竟指"临在"还是"共同在一起"难以确定,但"临在"和"共同在一起"都取代了美的形相本身的超验特征。

何别人都稳靠。或者你并不这样认为？"

"会这样认为。"

[e5]"那么，由于大，大的东西才大，更大的东西才更大，由于小，更小的东西才更小？"

"是的。"

"所以，如果有人说，一个人比另一个人由于高一头而更高大，这更矮小是由于这个更小本身更矮小，你恐怕会不接受。[101a]毋宁说，你恐怕会郑重宣称，你要说的不外乎是，每个比另一个更大的东西之更大，不外乎是由于大，每一个比另一个更小的东西之更小，不外乎是由于小，因为，这个[a5]更小是因为小。既然你说，由于这个头，某人更高大和更矮小，我想，你恐怕会畏惧遇到某个相反的说法：首先，由于这同一个东西，[1]更高大才更高大，更矮小才更矮小；第二，由于这个头亦即矮小，[101b]更高大才更高大——可这就怪啦，由于某种矮小，才有某个高大的人。或者你不会畏惧这些说法？"

刻贝斯笑起来，他说，"我当然畏惧哦。"[2]

"那么，"苏格拉底说，"难道十由于二而比八更多，[b5]由于这个原因，十超过八，你会不畏惧有人说，这

---

1 [译按]指"头"。
2 [译按]这里的"畏惧"是对纯粹的逻辑矛盾的畏惧，暗中让刻贝斯对比前面说到的对死亡的畏惧。

是由于多和因为多？二肘尺比一肘尺由于［长］一半而更长，不就是由于长？毕竟，这恐怕也是同一种畏惧吧。"

"肯定是，"刻贝斯说。

"然后呢？如果一被加上一或被分开，［101c］难道你不会担心有人说，产生出二的原因是增加或分开？你兴许会大声喊道，除了分有每个东西兴许会分有的属己的所是，你并不知道每个东西还会以别的什么方式产生。因此，二得以产生，［c5］除了分有二之相，你不会有别的原因。[1] 凡想要是二就肯定得分有这个二之相，凡想要是一，就肯定得分有一之相，而这些东西的分开或增加或诸如此类的别的精巧玩意儿，你会让它们一边去，留给那些比你自己更智慧的人去回答。而你呢，恐怕已经畏惧常言［101d］所谓你自己的影子，[2] 畏惧自己对持有那个稳靠的假设没经验，于是兴许就只好如此去回答。可是，如果有谁自己持有假设本身，你兴许也会让它一边去，不予回答，直到你考察过从这个假设一跃而出的那

---

[1] 这里的"二之相"以及随后的"一之相"的字面含义虽然都是"二"和"一"，实际含义是抽象的"二"或"一"，有别于具体数字的"二"和"一"。［译按］因此可译为"一［的］性［质］"和"二［的］性［质］"，但为了与随后要讨论的"形相"问题相一致，姑且译作"相"，以突出其形式性质。

[2] "自己的影子"指灵魂的影子——灵魂与影子的关系可对勘《王制》510b谈到意见世界与知识世界的划分以及可知世界的划分。

些东西［d5］在你看来相互一致还是不一致。[1] 当你必须对这个假设本身给出一个说法时，你兴许会以同样的方式给出，即再假设另一个假设——从高处对你显得最好的假设，［101e］直到你抵达某种充分的东西。[2] 同时，如果你想要找到某种什么存在物的话，你兴许不会像那些好辩者们那样，在谈论开端和由此涌现出来的东西时把什么都搅成一团吧？毕竟，在那些人那里，关于这件事情大概既不会有一个说法，也不会有什么［e5］关怀。因为，他们有足够的能耐出于智慧把所有的东西搅浑，［102a］然后他们自己就对自己心满意足啦。但你呢，如果你属于热爱智慧之人，我认为，你兴许会如我说的那样去做。"

"你说得太真实啦，"西姆米阿斯和刻贝斯异口同声地说。

厄 凭宙斯，斐多啊，有道理！我惊奇地［a5］觉得，即便对于只有一点点儿心智的人，他说的这些也够清楚啊。

斐 肯定啊，厄刻克拉特斯，所有在场的人都这样觉得。

1　［译按］这里的"一跃而出"和下文（101e3）的"涌现出来"，好些西文译本译作逻辑术语"推导出来"，Brann 本则死守原文字面含义，分别译作 spring forth 和 emerges out。

2　假设一些有助于研究事实的更佳原则，就是《王制》中说的"上升"的道路。

厄 甚至就连我们这些不在场[而是]这会儿在听的人也觉得这样。不过,[a10]此后讲的是些什么呢?

斐 我嘛,是这样认为的。此后,他说的这些得到认同,即同意[102b]存在着各个形相那样的东西,[1]其他所有东西一旦从这些形相分得一份,就从这些形相那里取得名称,然后他接下来问的是:[2]"如果你说这些就是如此,"他说,"那么,当你说西姆米阿斯比苏格拉底更高大,比斐多[b5]更矮小,岂不是说,在西姆米阿斯身上同时存在两者,即高大和矮小吗?"

"我嘛[,是这么说]。"

"可是,"苏格拉底说,"你毕竟同意过,西姆米阿斯超过苏格拉底,并非真的如这些语词所说有那么[102c]回事。毕竟,西姆米阿斯生得来超过谁,并非由于他是西姆米阿斯,而是由于他碰巧有高大;而他超过苏格拉底,也并非由于苏格拉底是苏格拉底,而是由于苏格拉底有相对于西姆米阿斯的高大的矮小,是吧?"

[c5]"说得真实。"

---

1 柏拉图在这里引入了他笔下最重要也最含混的术词 eidos,而且没有给予任何说明。这个词在《斐多》中很少等于"理式",施莱尔马赫译作"概念"(Begriff)并不恰当。
2 此处开始所谓《斐多》的"最后论证"。这也是此篇对话历来最受争议的一个论证:有说它"最晦涩、隐秘、让人灰心丧气"(Dorter 语),有说它是"一连串诡辩"(Gallop 语),也有人认为这是整篇对话的高潮部分。

"再说,西姆米阿斯被斐多超过,也不是由于斐多是斐多,而是由于斐多有相对于西姆米阿斯的矮小的高大。"

"是这样的。"

[c10]"这样的话,西姆米阿斯就有个别名:既矮小又高大,他在两者之间。[1] 一方面,某人凭高大 [102d] 超过他,他矮小一截;另方面,凭他超过某人的矮小,他高大一截。"这时,他微微一笑说,"我让人觉得是在字斟句酌地说哦。不过,情形的确就是如我所说的那样。"

他同意。[2]

[d5]"我说这些,为的是我愿意让在我看来 [如此] 的事情在你看来也如此。毕竟,对我来说,这显得不仅仅是,高大本身绝不愿意同时既是大又是小,而且,我们身上的高大绝不愿意接受矮小,也绝不愿意被矮小超过。毋宁说,二者必居其一:要么,一旦相反的东西即矮小逼近,[102e] 高大就逃走或退却,要么,矮小抵达时,高大已消灭,绝不会愿意忍受并接纳矮小,不再是曾经所是。[3] 所以,我啊,既然接纳并忍受了矮小,就始

---

1 [译按] 既可理解为在矮小和高大之间,也可理解为在斐多和苏格拉底之间:西姆米阿斯既比苏格拉底高又比斐多矮。

2 [译按] 这里的动词所包含的主词究竟是刻贝斯还是西姆米阿斯,并不清楚。从前面"当你说西姆米阿斯比苏格拉底更高大,比斐多更矮小"句来看,这里的"他"应该是刻贝斯。

3 苏格拉底喜欢借用战争词汇(亦参《蒂迈欧》57a–c)。

终是如我所是：[e5]这个矮小的人就是我本人。¹可是，那个高大呢，既然是高大，就不会胆敢是矮小。同样，我们身上的渺小也不会愿意成为和[103a]是高大，毋宁说，相反的东西中的任何一个都不会愿意既仍然是其曾是，同时又成为和是其相反的东西，毋宁说，在这样一种遭际中，只有要么离开，要么消灭。"

"在我看来完完全全如此，"刻贝斯说。

这时，在场的某个人——他是哪个，[a5]我记不清了——听到这话便说："凭诸神，现在说的与我们在先前说的东西中已经同意的不正好相反吗？更大的东西产生于更小的东西，更小的东西产生于更大的东西，对相反的东西来说，这生成本身不就简直出自相反的东西吗？可我现在觉得，要说啊，这个只怕从来不[a10]会发生喽。"

苏格拉底转过头去听，[103b]然后说："你真够男子汉，竟然记得起来。不过，你没留意到现在所说的与当时所说的差异。毕竟，当时说的是，相反的事情产生于相反的事情，可现在说的是，相反的本身不会产生出[b5]与它自身相反的，无论是我们身上的东西，还是自然[天性]中的东西都不会。毕竟，朋友，我们当时说的是那些东西，即它们具有相反的东西，而且我们用这

---

1 [译按]苏格拉底个子矮小。

些相反的东西的名称来给它们命名——可我们现在说的却是那些相反本身,通过在其自身内具有名称的东西它们获得了[103c]名称。这些东西本身,我们说,恐怕不会愿意接纳相互产生。"同时,苏格拉底瞧了刻贝斯一眼说,"刻贝斯啊,"他说,"这位所说的该不会有什么让你感到混乱吧?"

[c5]"我嘛,这会儿倒没有,"刻贝斯说,"不过,我不会说,许多东西没让我感到混乱。"

"那么,我们就已经完全一致同意这一点,"苏格拉底说,"即相反的东西绝不会是与它自身相反的东西。"

"完全同意,"刻贝斯说。

[c10]"不过,你看看吧,"苏格拉底说,"现在你是否也会同意我这个:你称某种东西为热,称某种东西为冷吧?"

"我会。"

"你也称这些为雪和火?"

[103d]"凭宙斯,我可不会。"

"毋宁说,热与火相比是另一个东西,冷与雪相比是另一个东西?"

"是的。"

[d5]"可是,我认为,这个在你看来就是:雪只要是雪就从未曾接纳过热,正如我们在先前已经说过的那样,因此它才会是如其曾是,即雪和热;但热一旦逼近,

雪要么退却要么消灭。"

"肯定啊。"

[d10]"又说火吧,一旦冷逼近,火要么退却、要么消灭,但绝不曾胆敢接纳冷相而仍然是其曾是,即火和冷。"

[103e]"你说得真实,"刻贝斯说。

"那么,"苏格拉底说,"有些这类[相反的]东西的情形就是,不仅形相本身在所有时间被冠以自己的名称,而且还有别的什么,尽管它并非形相本身,[e5]却始终具有形相的形状,[1] 只要它存在。下面这个[例子]兴许会使得我要说的更清楚。比如,奇数总必须是叫这个我们现在说出来的名称吧,或者不是?"

"当然啊。"

"那么,在存在的东西中——这个就是我要问的——仅仅奇数叫奇数,抑或还有别的[104a]什么,它尽管不是奇数,也同样除了自己的名称之外总必须叫它奇数,因为它生来就从不离开奇数?我说的是这个本

---

1 "形相"(eidos)与"形状"(morphēn)有一个共同特征,即可见的"形"。因此,存在着这样的一些事物,它们并不生于自身的对立物,不可能从一种状态过渡到对立状态,不可能在所处的关系内拥有彼此对立的性质。同一种事物可变得高大,这意味着它曾较矮小;它也可以相对于某物较高大,相对于另一物较矮小。然而,有些事物既不按相反相生的原则,也不依据双重关系的准则,这些事物不流变,绝对而非相对地确定。雪与火可算作这些事物,它们得保持自身,不能将对立的规定性加给自身:雪总是冷的,否则就不是雪。

身，比如已经遇到过的三，以及别的许多东西。[a5]想想看这个三之相吧。[1]难道你不觉得总必须既叫它自己的名称又叫它奇数，而奇数[这个名称]并不就是三之相？毋宁说，三、五以及整个自然数的一半同样都天生如此，它们个个都总是奇数，[104b]却并非就是这个奇数。[2]再说那些二啊、四啊，以及自然数的整个另一系列，它们个个都总是偶数，也并非就是这个偶数。[3]你同意还是不同意？"

[b5]"怎么会不[同意]呢，"刻贝斯说。

"那么，"苏格拉底说，"仔细看看我想要显明的吧。这就是：不仅相反的东西显得互不接纳，而且，所有并非相互相反的东西也总是包含着相反的东西。[4]看来啊，即便这些东西也并不接纳那个[b10]兴许与在其自身上的东西相反的型相。[5]毋宁说，这个型相一旦逼近，它们就[104c]要么消灭要么退却。或者，我们难道不会说，

---

1 [译按]"三"是具体的"三"，"三之相"是"三"的性质。
2 这句的意思是："三"或"五"之类是具体的奇数，却并非是"奇数"这个名称本身。
3 三和五被明确地视为形相，二和四则被写成复数形式。
4 比如，三与二并非对立的东西，却因各自是奇数和偶数而相互对立。
5 这里的"型相"（idean）与"形相"（eidos）不是一个词，也不同义，倒是与103e5出现过的"外形"（morphēn）是同义词（亦见104d9-10）。不过，在柏拉图的其他对话中，"型相"（idean）与"形相"（eidos）有时是同义词。

那些个三宁肯消灭或经受别的任何什么,也不肯屈从仍然是三而成为偶数?"

"肯定会,"刻贝斯说。

[c5]"因此,二就不会与三相反咯,"苏格拉底说。

"哪里会啊。"

"所以,不仅相反的东西的那些个形相在相互接近时不会坚持,有些其他相反的东西在相互接近时也不会坚持。"

[c10]"你说得太真实啦,"刻贝斯说。

"那么,"苏格拉底说,"倘若我们能够的话,你愿意我们来拈选一下这些都是些什么样的东西吗?"

"肯定愿意。"

[104d]"那么,刻贝斯,"苏格拉底说,"会不会就是这些呢,即它们所具备的东西不仅迫使自己持有自己的型相,而且迫使自己总是持有某个与自身相反的东西的型相?"

"你说的是什么意思?"

[d5]"就像我们刚刚说的嘛。毕竟,你清楚知道,具备三的型相的那个东西,必然不仅仅是三,而且也是奇数。"

"肯定啊。"

"所以,对这样一个东西,我们说,与其[d10]形状相反的那个型相,尽管兴许会作用于这个东西,却从不会靠近它。"

"毕竟不会。"

"可是,奇数之相曾作用于三啊?"

"是的。"

"与奇数之相相反的是偶数之相?"

[d15]"是的。"

[104e]"所以,偶数的型相就从不会接近那些个三。"

"明显不会。"

"那些个三在偶数中没份儿。"

"没份儿。"

[e5]"那么,三是非偶数。"

"是的。"

"这就是我曾说过我要拈选出来的东西,这样的东西虽然并不是对某个东西来说相反的东西,仍然不会接纳这个东西即这个相反之物。比如眼下的这个三,虽然并不与偶数相反,也断乎不会接纳偶数,[e10]毕竟,这个三总会带来与偶数相反的东西,正如二之于奇数,[105a]火之于冷,以及其他太多太多的东西。不过,你看看吧,你是否会如此来拈选:不仅相反的东西不接纳相反的东西,而且这种东西[也不接纳相反的东西]——它会把某种相反之物带给它兴许会接近的某种东西,而这个带来某种相反之物的东西本身,绝不会接纳与被它带来的［相反的］东西的相反［a5］之相。¹现在你再回忆一下吧——毕竟，多听几遍没坏处。那些个五不会接纳偶数的型相，那些个十即［五的］倍数也不会接纳奇数的型相。这个十本身尽管与五相反，同样［105b］不会接纳奇数的型相。一又二分之一以及其他诸如此类的半数，也不会接纳整数的型相，还有三分之一以及所有诸如此类的数也不会。如果你跟随我，你会同我一起觉得是这样吗？"

"我也的确同你一起觉得是这样，"刻贝斯说，"我跟随你。"

［b5］"那么，"苏格拉底说，"你再从头对我说起吧。你别像我问你那样回答我，要模仿我。²我说这个，是因

---

1 这里提出来的是与"相反的东西排除相反的东西"不同的另一种情况：某种"中介物"也能排除相反的东西——例如，抽象的"三"能够排除"偶数的型相"。不仅"奇数的型相（eidos）"作为某种相反的东西与"偶数的型相"这种相反的东西彼此相反，而且，还有一种东西——"三的相"，它虽然不像"奇数的型相"那样是一种"相反之物"，但同样也不接纳相反的东西。"三的相"这种东西会把"奇数的型相"这种相反之物带给它（"三的相"）会接近的任何一个数目为三的具体东西。但是，这个带来某种相反之物（"奇数的型相"）的"三的相"，绝不会接纳与被"三的相"带来的相反之物（"奇数的型相"）的相反之相（"偶数的型相"）。［译按］这句堪称典型的智性迷宫式陈述，若与数字例子结合，有如数字迷宫。
2 ［译按］苏格拉底教刻贝斯正确的问与答，呼应前面说到的"缺乏技艺"（89d5）。

为除了我先头曾说过的那个回答即稳靠的回答之外,[1] 我要基于现在所说的来看看另一种稳靠。比如,你兴许会问我,身体上产生出什么,身体会发热,我会不是［105c］给你那个稳靠但没学识的回答:那是热,而是基于现在所说的给你更为精巧的回答:那是火。[2] 要是你问,身体上产生出什么,［105c］身体会生病,我不会说:这是病——而是说:这是发烧。数中［c5］出现什么,数会是奇数,我不会说:那是奇数之相——而是说:那是一之相,其他同样如此。你看看,你是否已经充分知道我想要说的?"[3]

"完全充分,"刻贝斯说。

"那么你回答,"苏格拉底说,"身体上出现什么,身体会［c10］活啊?

"灵魂,"刻贝斯说。

［105d］"难道情形总是如此?"

"怎么会不是呢?"刻贝斯说。

---

[1] 参见 100b。

[2] 先前的回答是简单的回答,"更为精巧的回答"复杂得多,涉及灵魂的内在特征——通过新的回答,苏格拉底告知了分离的形相论。

[3] 按司托拜俄斯《古训录》(*Eclogae*,卷一 22.19)的解释:设若我们将一个数分为两个相等部分,如果遇到的是奇数,那么"中间"必存在着一个一,平分因此无法再进行下去。但如果碰到的是偶数,平分就会一直进行下去。如果偶数的定义是"可平分作两半的数目",奇数的定义就是:"可平分作两半的数目再加一"。

"那么，灵魂总是走向那个带来生命的东西，因为灵魂自身就具备那个东西？"[1]

[d5] "当然走向那个东西，"刻贝斯说。

"可是，有什么与活相反吗，抑或根本没有？"

"有啊，"刻贝斯说。

"什么？"

"死啊。"

[d10] "那么，灵魂岂不就绝不会接纳与自身总是带来的东西相反的东西，如基于先前所说已经同意的那样？"

"当然绝不会啊，"刻贝斯说。

"是吗？那个不接纳偶数型相的东西，我们曾叫做什么来着？"

[d15] "非偶数，"刻贝斯说。

"不接纳正义的呢，不接纳乐艺的呢？"[2]

---

[1] 灵魂在身体中的存在既不给身体带来自己的形相，也不带来自己的名称，既不给身体带来火，也不带来发烧。但灵魂使身体整个地具有生命。这里涉及的是整体的规定性，从而足以证明相反者相斥的原则。对于"什么原因使身体活"这一问题，只能采取精致的回答。

[2] mousikos [缪斯技艺] 指用伴有音乐的诗歌施行教化，即调教灵魂的乐艺。[译按] 这里的乐艺指凭教化养成的灵魂品质，相当于中文所谓的"涵养"。苏格拉底把"正义"与"乐艺"相提并论，意味着灵魂的"正义"德性需要"乐艺"来涵养——"作乐"与"制礼"相关。由此可以理解，苏格拉底在开头说自己一生都在致力于"作乐"。

[105e]"非乐艺,非正义,"刻贝斯说。[1]

"那好,死不接纳的呢,我们叫什么?"

"不死,"刻贝斯说。

"灵魂岂不就不接纳死?"

[e5]"不接纳。"

"所以,灵魂不死。"

"不死。"

"那好,"苏格拉底说,"我们会说这个已经得到证明?或者你会怎么看啊?"

"[不仅得到证明]而且证明得太充分啦,苏格拉底。"

[e10]"然后呢,刻贝斯?"苏格拉底说,"如果非偶数必然曾是[106a]不灭的,那些个三难道不会曾是不灭的?"

"怎么不会呢?"

"那么,如果不热必然曾是不灭的,一旦有人把热带给雪,雪会不离开而仍旧[a5]完整地是雪,且不融化吗?毕竟,雪倘若不会消灭,也就不会忍受接纳热相。"

"你说的是真实,"刻贝斯说。

---

1 在希腊文中,前缀 a- 通常表达否定或剥夺("非"或"不")。但苏格拉底在此要表达的不是否定或剥夺,而是排斥对立的规定性:"非/不 –"在这里指没有接纳的可能。"非 – 正义"、"非 – 乐艺",令人吃惊的是还有"非 – 偶数",这些词表达的是不可能分有某一(直接的)对立形相。奇数不单表示分有奇数,而且表示不可能分有偶数。

"同样，我认为，如果不冷的东西曾是不灭的，一旦把某个冷的东西带给火，火也不曾熄灭［a10］或者消亡，而会安然无恙地离之而去。"

"必然会，"刻贝斯说。

［106b］"那么，岂不必然也得这样来说不死？"苏格拉底说，"如果不死也是不灭的，那么，灵魂也就不可能一旦死亡走近自身就消灭。毕竟，基于先头所说，灵魂不接纳死，也不会死，［b5］正如那些个三——我们曾说过——不会是偶数，反之，偶数也不会是奇数；火不会是冷，火中的热也不会。'但是'，有人兴许会说，'奇数固然不会在偶数逼近时成为偶数，正如已经同意过的那样，可为什么就不会是：［106c］奇数消亡之时，偶数取代奇数？'对说这些话的那人，我们兴许不能把奇数不会消灭［的说法］贯彻到底。毕竟，非偶数并不是不灭的。但如果［下面］这一点对我们来说已经同意过，我们兴许就容易贯彻到底：［c5］当偶数逼近，奇数以及那些个三就离之而去。关于火啊、热啊以及别的东西，我们也能如此贯彻到底，抑或不能呢？"[1]

---

[1] 灭是消亡，不是死亡，雪不融化并非等于不死。很容易想到，三这个数远比火或雪更有不灭性。火和三可以保存下来，却不等于不死：不被接纳的并非是死亡，而是冷却和偶数。所有的消亡都不是死，不灭性不等于不死性。消亡针对的是事物的存在本身，死亡针对的则是生命及其属性。所以，就灵魂来说，不灭与不死不是同义词。

"肯定能。"

"那么现在来说不死:如果我们同意不死[c10]也就是不灭,那么,灵魂除了是不死的之外,也会是[106d]不灭的。但如果并非如此,恐怕就得需要另一番说法啦。"[1]

"可是,至少为此根本无需另一番说法啊,"刻贝斯说,"毕竟,如果甚至不死的、永在的东西也会接纳毁灭,恐怕几乎没有什么别的东西会不接纳毁灭。"[2]

[d5]"就是嘛,"苏格拉底说,"我认为,至少这个神,[3]以及这生命的形相本身,还有无论别的什么如果不死的东西,都肯定会不灭,这兴许会得到所有人同意。"

"当然会得到所有世人同意,凭宙斯,"刻贝斯说,"而且,我想的话,甚至也会得到诸神同意。"

[106e]"既然不死也是不灭,而如果灵魂恰恰就是不死的,岂不就会是不灭的?"

"必然非常如此。"

[e5]"所以,一旦死亡逼近世人,看来啊,会死的部分就会死,不死的部分则会安然无恙地、不灭地离之

---

1 苏格拉底用了两个相反的假设条件句来结束讨论,意味着实际上仍然还会有问题,如果有人非要争辩的话。
2 [译按]"永在的"与"不可见的"以及"哈得斯"发音很接近。
3 [译按]"这个神"当指"灵魂"。

而去，回避死亡。"[1]

"显然啊。"

"所以，完全可以肯定，刻贝斯啊，"苏格拉底说，"灵魂不死也［107a］不灭。我们的灵魂会实实在在地在哈得斯。"

"起码就我来说，苏格拉底，对这些我再没有任何别的要说了，"刻贝斯说，"也不会以任何方式不信赖这些说法。不过，要是这儿这位西姆米阿斯或别的谁还有什么要说就赶紧，别默不作［a5］声。如果谁想要就这些事情说点儿或者听点儿什么，除了现在这个场合，我不知道还能推延到哪个别的时机。"

"确实，"西姆米阿斯说，"我本人嘛，至少就所说过的这些，也不会在哪方面不信赖。当然咯，由于这些说法［107b］所涉重大，而且，我瞧不起人性的软弱，我被迫自个儿对所说的仍然保留一点不信赖。"

"你说的这些说得好，西姆米阿斯，不仅如此，"苏格拉底说，"［b5］而且，即便你们信赖那些第一假设，也同样必须探究得更清楚。一旦你们透彻地分析过这些假设，我想，你们自己就会跟从这番说法，而且是尽一

---

[1] 灵魂"避开死亡"指退却、逃走、换地方，但这只对那些承认彼世的人有意义。对彼世的理解有两种：宗教式的"避开死亡"，以信奉诸神的存在为前提；哲学式"避开死亡"，以信奉心智的真实存在为前提。

个世人的最大所能去跟从。只有当你们清楚明白这个说法本身，你们才不会进一步去探究。"[1]

[b10]"你说的是真实，"西姆米阿斯说。

[107c]"可是，"苏格拉底说，"诸位，铭记这一点才算得上正义，那就是：既然灵魂不死，就需要不仅为了我们所谓的今生而且要为了万世而关心自己的灵魂。

[c5]"现在看来啊，如果谁不关心自己的灵魂，就会有可怕的危险。毕竟，倘若死就是一了百了，对坏人来说简直就是一笔意外之财：他们一死，在摆脱身体的同时，也连带让灵魂摆脱了他们的邪恶。可现在呢，既然看来灵魂是不死的，[107d]坏人的灵魂就绝逃脱不了邪恶，也绝不会有救，除非灵魂尽可能变得好和明智。毕竟，灵魂去往哈得斯时所携带的，除了教养和养育，没别的啊。而且，据说，[d5]一个终了之人在去往那边的旅程一旦开始，这些东西往往随即就会让他要么大受其益，要么大受其害。

"不过，还有这样的说法：每个人终了之后，各自在其活着的时候凭运气获得的[本命]精灵就会试着领他

---

1 这个最终的原因就是探究的最终目的，再进一步的探究不仅没有必要，也没有可能。[译按]这话表明，苏格拉底在再次起航时提出的假设，意在阻止好思辨的人做无谓的穷根究底的思辨。

去某个地方¹——在那里被召集起来交付审判，[107e] 然后就得渡去哈得斯，由那个向导陪着——这向导受指派把每个人从这边摆渡到那边。可是，当每个人遇上自己必得遇上的那边之后，²就要待上所需要的时间，再由另一位向导在［经历］多次长长的时间循环之后带回这边。

"不过，[108a] 这个旅程可不像埃斯库罗斯的忒勒佛斯所说，³因为他说的是一条直路［把每个人］带去哈得斯。在我看来，这路既不直，也非一条——否则，根本无需向导。毕竟，如果仅一条路，谁也不会走岔。[a5] 其实，这路看来有许多分岔和三岔口——我说这，依据的是这儿所做的那些献祭和宗法规矩记号。⁴凡守规矩且明智的灵魂会跟随标记，对眼下的处境不会缺乏认识。

---

1 所谓"精灵"据说是毕达哥拉斯派教义的说法，指人与神之间的一种神性中介，其实就是每个人自己的命份（moira）。但是，苏格拉底在用这个语词时，强调的是个体灵魂对生活方式的自我选择——这无异于说，自己的命份取决于自己灵魂的选择。对观《会饮》中第俄提玛关于"大精灵"的教诲（《会饮》202d10–203a7），亦参《王制》卷十 617e。

2 ［译按］苏格拉底说的不是"抵达必得抵达的那边"，而是说"［偶然］遇到"——这个语词在一开始时就用于苏格拉底的服刑时间推迟（参见58a6–58c4）。

3 参见《埃斯库罗斯残篇》239。

4 既可以指民间习俗——在通往给死者献祭的岔路上摆放香火作为路标，也可以指秘教指示。对观《王制》卷十 614c, 619e 和《高尔吉亚》524a。

"可是，那些曾欲求拥有身体的灵魂呢，如我在先头所说，由于曾围绕着身体和可见的地方太长〔108b〕时间地惊慌失措，反复挣扎，经受太多，才被指派的精灵强行生拉硬拽带走。到了那个地方以后，其他灵魂都躲着这个不洁净的、做过什么不洁净之事的灵魂——〔b5〕要么曾沾染不义行凶，要么曾干过别的什么类似行为，这些行为恰巧既与行为本身有亲缘关系、又与灵魂的作为有亲缘关系——，所有别的灵魂既不愿与之为伍，也不愿成为其向导。这种灵魂〔108c〕会整个儿茫然失措地游荡一段时间——之后，时间一到就由必然带去与其相配的居所。那个曾洁净地、规规矩矩地度过一生的灵魂则会碰上诸神作伴，由诸神引导，〔c5〕住到适合每个这样的灵魂居住的地方。[1]

"当然咯，这大地上有许多奇妙的地方，无论其质地还是幅员都与那些经常谈论大地的人所以为的不同，[2] 就像有人让我信服的那样。"

〔108d〕这时，西姆米阿斯说，"你怎么这样说啊，苏格拉底？关于大地〔的说法〕我本人可听过很多，这些说法竟然没让你信服，我倒乐意听听你说。"

---

1 整个这段说法用了不少诗化语词，看起来就像是在模仿通俗的民间诗歌，对观61a6-7："那梦倘若一再吩咐我作那种通俗的属民的乐。"
2 〔译按〕自然哲人经常谈论大地的质地和幅度。

"好吧，西姆米阿斯，要详细描述那是什么，我觉得［d5］无需格劳科斯的技艺。[1]当然咯，要展示大地的真实，在我看来，对格劳科斯的技艺来说也太难啦，我大概也未必能行——而且，即便我有知识，在我看来，西姆米阿斯啊，我的生命也够不着这个关于大地的说法的长度。不过，这不会阻止我说说［108e］我所信服的大地型相是什么样，以及所在的地方。"

"可这些就够啦，"西姆米阿斯说。

"我所信服的是，"苏格拉底说，"首先，如果大地是圆的而且居于［e5］天的中央，它本身就既无需［109a］空气，也无需任何别的诸如此类的强制来以免坠落，[2]毋宁说，大地要保持自身，天本身与整个自身的相像以及大地本身的均衡已经足矣。毕竟，一个均衡地［a5］被置于某个与其相像的东西中央的事情，根本不会在任何方向或多或少倾斜，而是以一种自我相像的状态持衡不倾。[3]这个，"苏格拉底说，"就是我所信服的第一点。"

"至少说得正确嘛，"西姆米阿斯说。

"再说，"苏格拉底说，"大地是某种非常非常大的东西，我们居住［109b］在从法希斯河至赫拉克勒斯双柱

---

[1] 格劳科斯的技艺比喻某件事很难做成。据 Burnet 的笺注，格劳科斯与毕达哥拉斯派有关系。

[2] ［译按］哲学化的译法会译作"别的诸如此类的必然性"。

[3] 苏格拉底指的是阿那克萨哥拉的说法，参见亚里士多德《论天》295b11-16。

的某个很小的部分,[1] 四周是大海,就像围着池塘居住的蚂蚁或青蛙——还有许多别的人居住在别的许多这种性质的地方。因为,[b5] 大地遍布许多空洞,型相和体积各式各样,水啊、雾气啊、空气啊,汇流入洞。不过,洁净的大地本身置身于洁净的天之中,天中有星体——许多经常谈论 [109c] 诸如此类的东西的人则把天称为清气——这些水、雾气、空气其实是清气的沉积,[2] 总是汇流进大地的那些空洞。

"我们并没有意识到我们居住在大地的空洞里,还以为自己居住在大地的上方,就像有人住在 [c5] 沧海底部中央,却以为住在大海的上面,通过水看太阳和其他星体,[3] 以为大海就是天。由于 [109d] 迟钝甚至软弱,这人从未抵达过大海的最上面,也从未从海里跃出,把头伸向那儿的那个地方,看一看恰好比他们身边的东西更洁净且更美的东西,甚至从没 [d5] 听看过那儿的别人

---

1 法希斯(Phasis)是比奥细亚的克哈尔喀斯(Khalkis)附近的一条河(如今叫 Rion 河),发源于高加索,注入黑海。所谓的赫拉克勒斯双柱即今天直布罗陀海峡南北两侧相对峙的两座陡山,古代舆地学认为这是大地最西端,过此则为周流于大地周围的环河。

2 [译按] 关于星体以及水、空气、清气,对观苏格拉底在前面的自述中的说法(98a-c)。

3 [译按] "通过水看太阳",对观苏格拉底在前面的自述中说,"有些人毁了眼睛,因为他们不是探究水中或某个诸如此类的东西中的太阳"(99d9-e1)。

说起过更美的东西。[1]

"这也就是我们所经历的情形,因为,我们虽然居住在大地的某个空洞里,却自以为住在大地的最上方,把空气称为天,由于星体在天中穿行就以为空气是天。其实,这与刚才说的是一回[109e]事,即出于软弱和迟钝,我们不能穿过最外面的空气。[2]因为,如果有人走到空气的最上面,或者生出翅膀飞起来,探出头来朝下看——就像这儿的鱼儿从大海探出[e5]头来看这边是些什么——兴许也会如此往下看那边是些什么。[3]如果这人的天性足以伸展出来静观一番,他就会认识到那个真实的天、真切的光[110a]以及何其真实的大地。毕竟,这个大地和岩石以及这儿的每一处地方,都已经遭到破坏和浸蚀,就像海里的东西被海盐浸蚀——海里既生长不出任何值得一提的东西,也没有任何说得[a5]上完满的东西,只有洞穴啊、沙砾啊,以及大片淤泥和稀泥,[4]尽管那儿有大地,[5]却绝没有任何东西值得与我们身边美的东西

---

1 [译按]对观《会饮》211d1–212a3 观看美的沧海的说法。
2 [译按]动词"穿过"也有"详细描述"的含义。
3 对观《王制》卷九 584d-e,《斐德若》229e–230a。[译按]对观《庄子·逍遥游》开篇。
4 [译按]叠用近义词是一种诗化的修辞。
5 指海里的大地,对观《王制》卷十 611d 讲的海神格劳科斯神话。

相比。¹ [110b] 不过，海里的那些美的东西恐怕又显得远胜过我们身边的。如果我还有时间讲一个美故事，那么，西姆米阿斯啊，就值得听听这些在天之下和大地之上的东西实际的所是。"

"那当然好啊，苏格拉底，"西姆米阿斯说，"至少我们 [b5] 乐意听这样一个故事。"

"好吧，据说啊，友伴，"苏格拉底说，"首先，如果有人从上面凝视的话，大地本身看上去的这个样子就像十二块皮子缝成的皮球，² 色彩斑斓，颜色各异，这边的那些个颜色，就像画师们所用 [110c] 的颜色样本。

"不过，在那边，整个大地都出自这样的颜色，出自比这些画师们的颜色要明亮和洁净得多的颜色。³ 毕竟，这一片是紫色，美得神奇，那一片是金黄色，再一片又是白色，白得比白垩或白雪还白——[c5] 其他颜色也

---

1 [译按] 这里的"我们"与109e1的"我们"明显不是同一个"我们"，现在的"我们"是"如果有人走到空气的最上面，或者生出翅膀飞起来"之后的结果。

2 按《蒂迈欧》55c，大地最接近十二面体，这是"最完美最自我相像"的形状。这种说法可能来自毕达哥拉斯派，《法义》（卷五，745 b-c）提到的以十二进制为准的十二月宗法历即出自毕达哥拉斯派的等级与谐和说，与当时以十进制为准的城邦宗法历暗中对比。

3 [译按] 这里多次用到的副词"这边"和"那边"，与前面谈到阳界（"这边"）和冥府（"那边"）时是同一个语词。苏格拉底的讲述，有如109d5所说一个看过那边的人在讲述那边更美的东西。

如此这般调成，比我们在这儿所见过的颜色多得多，也美得多。因为，大地的这些个空洞本身也这样充满水和空气，［110d］所呈现的某种颜色形相，闪烁着其他颜色的斑斓，以至于大地显得是一个鳞次栉比、色彩斑斓的形相。在这样一个天造地设的大地上，同样天造地设般生长着植物：树木啊、花卉啊，还有那些个［d5］生果。连山峦和石头也同样天造地设般具有自洽的光滑和透明，色彩更为美丽。甚至乎这边的碎石子儿也珍贵得如同玉髓、碧玉、翡翠，［110e］以及所有诸如此类的宝石残片。不过，在那里没有任何东西不是这类珍贵之物，甚至比这些玉髓之类更美丽。[1] 其原因在于，那些岩石洁净，不像这边的岩石已［e5］腐烂和被盐渍——被岩石、大地以及各种动物和植物所具有的丑相和病相在这儿汇流而成的海水腐蚀和毁坏。当然，这大地本身仍然装饰着所有这些东西，[2] 甚至有金和银，还有［111a］其他诸如此类的东西。[3] 毕竟，这些东西本身天生就显得在大地上如此

---

1 ［译按］苏格拉底并没有否认"这边"有"美"和"珍贵的东西"，而是比较"这边"和"那边"的"美"和"珍贵的东西"——在"那边"似乎没有玉髓、碧玉、翡翠一类宝石，却有比这些更美得多的"珍贵之物"。

2 ［译按］"装饰着"也可读作"合序地布满"。

3 ［译按］"这边"的大地与"那边"的大地的根本区别是：那边仅有纯粹的、绝美的东西，这边则是纯粹与不纯粹、美与不美的东西的错杂——但却是合序的错杂。

众多，如此巨大，如此无处不有，因此，大地对于幸福的静观者们的确是值得一看的景象。[1]

"不过，在这大地上，有许多别的生物，还有世人，有些住在 [a5] 内陆，有些住在空气周边[2]——就像我们住在大海周边，还有一些住在岛上，被流动的空气环绕，都离大陆不远。一句话，水和海这样的东西对我们来说是我们的所需，空气则是 [111b] 那边的所需——不过，对我们来说是空气的东西，对那些人来说则是清气。

"当然，季节在他们那里混杂交错，以至于那些人没疾病，活的时间比这边的人长很多——在视、听、明智以及所有诸如此类的方面，就洁净之相而言，由于同样 [b5] 的差距，都与我们相去甚远，就像空气与水相去甚远，清气与空气相去甚远。尤其是，在他们那里有诸神的小丛林和庙宇，诸神实实在在就住在里面，诸神的言语和预言、诸神的可感以及诸如此类的共在 [111c] 使他们就在诸神面前。[3] 而且，由他们所看到的太阳、月亮、

---

1 [译按]苏格拉底没有因纯美的彼岸而否弃美丑混杂的此岸。如果热爱智慧的人是"静观者"，那么，苏格拉底在这里把"静观者"的目光拉向了这边的大地——尽管他能看到那边的大地。

2 [译按]阿里斯托芬在《云》中嘲笑过苏格拉底住在空气中。这里说的住在不同地方的"世人"，不当理解为如今所谓住在五大洲各地的民族，宁可理解为世上从古至今都会有的各种类型的灵魂。

3 [译按]对观《斐德若》的场景（229a1-c3, 230b2-c5）。

星星，恰恰就是其实际所是，他们的其他幸福与这些也相差无几。

"因此，整个大地天生如此，大地上面的［c5］那些也如此。不过，在大地里面，一些地方有下到大地下面的深洞，许多整个儿是圆的，一些比我们在其中居住的深洞更深且更开阔，另一些虽更深，开口却比我们所在的地方更小。［111d］当然，有些则在深度上比这边的要浅，因而也更宽。所有这些深洞在大地下面相互连通，靠各自有窄有宽的出口四通八达——通过这些出口，大量的水［d5］相互对流，就像流入些个兑酒缸。

"大地下面还有恒流不息的大河，大得不可思议，河水有热也有冷，还有大量的火甚至巨大的火河。许多大河是稀稀的泥流，有的较为洁净，有的较为［111e］污浊，就像西刻西亚的那些在熔浆前头奔流的泥状河流，[1]甚至就像熔浆流本身。这些河流布满每一处地方，有如成了恰巧川流不息的环流。所有这些河流一上一下运动，就像个跷跷板［e5］置身在大地之中。当然咯，这跷跷板本身由于其天性而是这样的：大地的这些开口中的某一个开口碰巧在其他方面［112a］最大，而且直贯地洞穿整个大地。荷马就曾说到这个——他说：'地底下的那个极

---

[1] ［译按］"西刻西亚"旧译"西西里"（按英文发音），今按周作人先生的恰切音译。

深的深坑何其远啊。'¹ 荷马在别处管它叫冥界[a5]深渊,²别的许多诗人也这样叫。毕竟,所有河水都汇流进这个开口,再从这开口流出来。每条河流由此就形成了它们在大地流淌的那种性质。

[112b]"不过,所有河流都在那里流出再流进的原因在于,这稀乎乎的东西既没底部也没基座。所以,它上下摆荡起伏,周边的空气和气息也做同样的摆荡起伏。毕竟,空气和气息跟随这稀乎乎的东西,[b5]一旦它涌向大地的那一边,空气和气息也涌向那一边。气息的流动就像人的呼吸,总是呼出呼进——于是,气息也在那里与这稀乎乎的东西一同摆荡,带起可怕而又不可思议的风[112c]一进一出。

"所以,一旦水退落到我们叫做'下面'的地方,就穿过大地流到那些涌流所在的地方,像灌溉者一样灌满

---

1 荷马,《伊利亚特》卷八 14——苏格拉底通过引荷马诗句开始引入描绘大地下的河流的道德含义。荷马诗的语境是,当时宙斯对众神发表演说,要众神服从自己的命令,否则会被"扔进幽暗的塔尔塔罗斯,那地方远得很,是地下的深坑,大门是铁的,门槛是铜的,它与冥土的距离之远,有如天在大地之上"(王焕生译文)。但苏格拉底在这里没有提到宙斯,也没有提到原诗中的惩罚含义,似乎要用另一番说法来解释河流的道德含义。

2 [译按]"冥界深渊"旧译"塔尔塔罗斯"(按音译),原文 Tartaros 的含义是"冥土下的深坑"。由于这深坑与冥土的距离有如地与天的距离,那里极为寒冷(比较动词 tartarizō [冷得发抖])。这类神话语词的中译过去通常音译,有碍理解,改为意译。

它们；然后，一旦水离开那边流到这儿，[c5]又给这边灌满。被灌满的涌流经条条河道流经大地，各自到达为各自开辟出来的地方之后，就打造出大海、湖泊、河流和流泉。在那里，它们又沉入[112d]大地下面，一些环行更为广大和更多的地方，一些则环行较少和较狭小的地方，再注入冥界深渊，一些到比它灌溉的地方更靠下面得多，一些只稍靠下面一点儿，不过全都流到它们的出口处下方。[d5]有些正对着流经的地方流回，有些则按原路流回；[1]有的要绕整整一大圈，像长蛇围绕大地缠上一圈或者甚至好几圈，然后才再直落注入尽可能低的地方。[112e]不过，只可能从两边直落到中央，不能越过中央，毕竟，两条涌流各自形成了两边陡峭的部分。

"还有许多其他涌流，而且巨大，什么样的[e5]都有。不过，在这样一些众多的涌流中，有四条恰巧是这样的——其中最大、最靠外绕着圈儿流淌的那条被叫做环河，[2]正对着它向相反方向流淌的是哀伤河，[3]这条河流经

---

1 意思是：有些从大地中心的另一边流回冥界深渊，有些则从自己出发的这一边流回冥界深渊。
2 参见荷马《奥德赛》卷十 511-514；卷十一 157；《伊利亚特》卷八 607-608；赫西俄德《神谱》134。
3 传说中的冥界河流，亡灵渡过此河前往冥土。[译按]旧译"阿喀戎河"（Axerōn，按音译），Axerōn 与 axeō[哀伤、悲伤、使伤心]（动词）和 axos[悲伤、忧伤]（名词）有关。

别的荒漠地带,然后[113a]流入大地下面,抵达哀伤湖。多数终了后的灵魂会抵达这里,停留一段命定得停留的时间后——有的长些、有的短些——再被送去[a5]成为生者。

"第三条河在这两条大河中间向下流注,在紧靠出口处泻入一大片燃烧着熊熊大火的区域,造成一个沸腾着水和泥的湖,比我们这儿的大海还要大。从这里,[113b]河水带着污浊和泥泞绕着大地奔流形成一个圆圈,经过若干别的地方后抵达哀伤湖边缘,但并不与湖水混合。这样多次环绕奔流之后,它才注入冥界深渊更往下的地方。这条河[b5]他们名之为火焰河,[1]熔岩流喷得大地上面随处都是熔岩碎片。

"再说与这条河正对着的第四条河,它首先泻入可怕且荒凉的区域——据说,那里的颜色整个儿一片[113c]铁青色,所以人们称之为恨河,这条河流注入时形成的湖就是恨湖。河水泻入这里,在水中吸取可怕的能量,沉入大地下面后与火焰河反着方向环绕大地流淌前行,然后[c5]在哀伤湖对面与火焰河照面。[2]这条河的河水也不与任何河流混合,而是绕着圈而行,在火焰河对面

---

[1] "火焰河"后来成了基督教教义中的"炼狱"观念,在教父时代,这个语词仍然是希腊宗教的观念。拉丁教父德尔图良在《为基督教一辩》(47,12)中抱怨:基督徒对"炼狱"的承认程度,还不如异教的"诗人和哲人们"。

[2] 指两河隔着哀伤湖相望。

注入冥界深渊。因此,据诗人们说,这条河的名称是哀嚎河。[1]

[113d]"既然这些东西天生就是如此,那些终了者一旦抵达本命精灵把每一个人带到的地方时,首先被交付审判,他们有的曾美好而又虔敬地度过了一生,有的则没有。凡看起来平凡地度过一生的,会前往哀伤湖,登上为他们备有的筏子,乘着筏子 [d5] 抵达那个湖。[2]他们在那边住下来洁净自己,如果谁行过什么不义,就靠施予的惩罚来解脱不义之为,有的则因自己的所作所为 [113e] 获得荣誉,个个有其应得。凡被认为因罪大恶极而不可救药者——要么曾盗取过许多大圣物,要么曾行凶杀人和做过许多违背礼法的行为或碰巧做过别的此类性质的行为——[e5] 恰如其分的命定会把他们扔进

---

1 参见埃斯库罗斯,《阿伽门农》1160;欧里庇得斯,《阿尔刻提斯》458。"恨河"的字面意思是"冰",与火焰河形成对比。这两条河水流方向相反,从不交汇。它们分别源自哀伤湖两边,又分别流入冥界深渊。这四条河两两相对,最外侧、最接近地面的环河与最内最深的哀伤河相对——火[激情]之河与冰[仇恨]之河相对。古代晚期的新柏拉图主义大师普罗克洛斯在注疏中把这四条河与四大元素联系起来,达玛西乌斯则认为,四条河分别代表两两相对的四种功能:限定—净化,热—冷。
2 苏格拉底区分了三种人生:平凡人生(这种人占大多数,对观90a),作恶者的人生(可救或不可救),好人的人生(又分热爱智慧和不热爱智慧的两类)。"筏子"这个语词在85d4出现过,指热爱智慧的人赖以度过生命海洋的"说法",因此,"筏子"对热爱智慧和不热爱智慧的有不同作用。

冥界深渊再也上不来。

"那些可救药的呢,虽被认为曾犯过重罪——比如出于一时冲动对父亲或母[114a]亲施暴,却带着悔恨度过余生,或以别的某种诸如此类的方式成了杀人犯——,尽管必然会被扔进冥界深渊,但被扔进去之后,他们会在那边待上一年,[a5][之后]大浪会把杀人犯冲进哀嚎河,把弑父和弑母的冲进火焰河。一旦被带到哀伤湖,他们就在这里叫啊、喊啊——杀人犯喊他们虐杀的人,弑父弑母者叫他们肆意对待的人——,喊叫着哀恳[114b]和央求允许他们爬进哀伤湖并接纳他们。一旦他们说服被害者,爬上哀伤湖,他们也就终止了自己的恶;如果没有说服,他们就会又被带进冥界深渊,从那里再进入这些河流。他们会不断遭受[b5]这些,直到说服他们曾伤害的人。毕竟,这个正是审判官们施予他们的惩罚。[1]

"凡被认为在朝向虔敬生活方面表现突出者,才会是这样的人——他们从大地中的这些地方获得自由,得到释[114c]放,就像从捆绑中得到释放,上到洁净的居所,在大地的上面寓居。[2] 至于那些凭热爱智慧彻底洁净自身

1　支配惩罚的是"恰如其分的命定"而非宙斯,冥府是真正的审判官。这里再次提到"审判"和"捆绑",比较《王制》615-617对不可救药者的描述。可救药不是靠神性的力量,而是他们能够说服被害人——正义的实现很大程度上在同胞手里,而非在天神手里。

2　对观82a。

的人，完完全全不曾依身体而生活，在未来就会抵达比这些［c5］还要美好的居所——要揭示这些居所不容易，而且眼下没有足够的时间啦。[1] 不过，为了我们已经讲述过的这些，西姆米阿斯啊，我们就应该尽一切努力在生命中分有德性和明智。毕竟，这奖品多美，盼望多伟大。

［114d］"当然咯，要完全信靠我所讲述的这种情形，未必适合一个有心智的男子。[2] 可是，这种情形或某种类似性质的情形涉及我们的灵魂以及居所。既然灵魂明显是不死的，［d5］那么在我看来，这就既适合相信情形就是如此的人完全信靠，也值得［不相信的人］冒险去信靠——毕竟，这是美好的冒险！应该让这些像念唱经歌一样治疗自己，[3] 所以我在讲这个故事时才拖得老长。[4]

---

1 用热爱智慧来洁净自己的人才是最虔敬的灵魂圣洁者，他们的来生虽然也像前一类人那样从大地下面上到大地的上面居住，而非到天上，但住处比前一类人更为美好。不过，苏格拉底马上闭口不谈如何更为美好，因为他要教诲的是城邦美德。

2 指西姆米阿斯和刻贝斯这类相信纯粹理性的人很难会让自己的生命信靠苏格拉底刚才所讲的故事。

3 "念唱经歌"为的是减轻或消除对死的畏惧（对观77e9，85a5），在这里，苏格拉底巧妙地置换了"念唱经歌"的含义——现在的"念唱经歌"基于理性思考的结果。当理性不够用时，就得用故事［神话］来引导生命。

4 ［施疏］神话［故事］要么涉及远古的事情，要么涉及天上和地下的东西，要么涉及看不见的灵魂——总之，涉及的是人类很难拥有知识的事情。苏格拉底讲的神话［故事］则几乎无不关乎灵魂的样子及其命运，即便他讲到天上地下，其实说的是灵魂的样子，因为他并不关心自然学意义上的天

"的确,为了这些,一个男子在涉及自己的灵魂时应该有信心——[114e]这种男人在活着的时候会告别种种涉及身体的快乐及其装饰,仿佛它们是些不相干的东西,因为他相信,这些造成的坏处会多于好处。这种男人会热切追求涉及学习的快乐,[1] [e5]用灵魂自身的装饰而非用不相干的装饰来安顿灵魂,[2]亦即用节制、[115a]正义、

(接上页)上和地下。比如这里讲的大地神话,其实说的是民众的灵魂样子(如《苏格拉底的申辩》中讲的神话)。在苏格拉底那里,神话[故事]呈现的是不可见的真实或者说灵魂的可然性(possibility)。随着科学技术的发展,人们对远古的事情或天上地下的东西的探知会一步步逼近真相,但如果我们要探知人的灵魂的样子及其命运,能凭靠什么科学技术呢?《会饮》中的阿里斯托芬所讲的圆球人故事告诉我们,灵魂中的东西往往没法说出来。并非说出已经知道的东西(speaking know)才算严格意义上的真实,有些真实我们知道得并不清楚——比如灵魂的真实。说出我们知道得并不清楚或者没法完全说清楚的真实,同样是在言说真实,这种言说就是神话[故事],与自然的真实(无论远古的事情还是天上和地下的本相)无关。亚里士多德的学生以及如今的哲学看待神话的观点,用于柏拉图笔下的苏格拉底所讲的神话,是无效的,用于古希腊的神话也无效。反过来说,问题的实质在于对灵魂真实的解释权。自然哲人力图提出一套有别于诗人的对灵魂的审视(参见亚里士多德《论灵魂》),柏拉图的苏格拉底同样如此,但他不是用自然哲人的知识工具,而是与诗人为伍,用神话[故事]来建立起自己的灵魂哲学。由此,柏拉图笔下的苏格拉底获得了既优越于自然哲人也优越于传统诗人的对灵魂真实的解释权。

1 热爱智慧的生活方式并非如常人以为的那样仅有清苦或苦修。
2 [译按]希腊文"装饰"(kosmos)的词义项有:1. 秩序(事物的内部和谐,与无序相反);2. 外表、装饰。动词用法的含义是:"安排秩序、布置、安顿、统治"和比喻含义的"修饰"。

勇敢、自由和真实来安顿灵魂[1]——就这样等待去往哈得斯的旅程：一旦自己的命份召唤就启程。[2]因此，你们啊，"苏格拉底说，"西姆米阿斯和刻贝斯，还有其他人，个个都会在今后某个时刻启[a5]程。至于我嘛，肃剧中人会这样说：我的命份现在已经召唤我。[3]轮到我去洗澡的时间差不多到啦。毕竟，看来啊，洗过澡喝药更好，免得给女人们带来洗尸体的麻烦。"[4]

[115b]他说完这番话后，克力同说："行吧，苏格拉底。不过，你对这儿的其他人还有什么吩咐吗？关于你的孩子或其他什么，对我还有什么吩咐吗？有任何事情，我们都会尽最大心力替你去办。"

[b5]"克力同啊，我一再说，没新的吩咐啦，"苏格拉底说，"为了我、为了我的家人、为了你们自己，你

---

1 四种基本德性中没有提到"智慧"，多了"自由和真实"。柏拉图笔下极少出现"自由"这个语词，这里是其中的一处，其含义是摆脱身体的束缚，不受外在生活环境的支配。"智慧"与"自由和真实"可以互换意味着：只有智慧才是真正的自由，只有智慧才能使人自由地选择自己的生活方式。"自由"出现在《斐多》的这段结语之中，意义深长。

2 呼应开场时有关禁止自杀的话题（61d–62c）。

3 欧里庇得斯，《阿尔刻提斯》（252以下）："那死人们的渡工卡戎，他手里撑着篙杆在呼唤我：'你在等什么？快来呀，你耽误了事情！'"（罗念生译文）"命份"指支撑和支配个人生命的自然力量，每个人有自己的"命"，指个人无法掌握自己的最终时刻。

4 按习俗，城邦的女人们最后会清洗尸体。苏格拉底以临终前洗澡暗示，在死亡面前他照常关心每天的洁净自身。

们要关心自己，为此你们要尽自己最大心力去做任何能做的事情，即便你们现在不同意我刚才说的。不过，要是你们不关心自己，不愿意踏踏实实按今天所说的那些 [b10] 以及此前所说的那些去生活，[1] 即便你们眼下非常同 [115c] 意甚至热切同意 [我说的话]，你们也不会 [替自己] 做更多的 [好] 事情。"

"这些嘛，我们会热忱按你说的去做的，"克力同说，"可是，我们该以什么方式安葬你呢？"

"你们意愿怎样就怎样吧，"苏格拉底说，"至少，要是你们逮着我，[c5] 我就逃离不了你们啦。"他宁静地一笑，[2] 并朝我们扫了一眼，他说，"诸位啊，我没说服克力同 [相信] 我就是这个苏格拉底——他眼下正在谈话，而且安排了谈论的每一点。克力同以为我不过是那个 [115d] 他稍后就会看见的一具尸体，所以，他问该如何安葬我。我刚才费了很多口舌，说我一旦喝了药，我就不再和你们在一起——我将离开 [这儿]，去往属于有福之人的幸福之境。可我觉得，这些 [d5] 在他恐怕不过说说而已，以便宽慰你们，也宽慰我自己。你们替我向克力同担保吧，"苏格拉底说，"与克力同替我向法官们做的担保相反。可不是嘛，他当时担保我会留下来 [不

---

1 [译按] "踏踏实实" 呼应谈话开始时苏格拉底把 "双脚踩在地上"（61d1）。
2 苏格拉底再次笑（对观 84d）——与随后的哭对比。

逃走]，¹ 你们则［115e］担保我死后绝不会留下，而是离去，让克力同更容易承受，不至于因看见我的身体被火化或掩埋为我难过，仿佛我会经受可怕的事情——下葬时也不至于说，是他摆放的［e5］苏格拉底，或者是他抬的苏格拉底，或者是他给苏格拉底填的土。毕竟，要知道，"苏格拉底说，"最好心的克力同啊，这类不美的说法不仅就这事儿本身来说离谱，还会给灵魂塞进某种坏东西。你得有信心，你应该说，你会安葬我的身体，而且，你会［116a］觉得怎样亲密和你认为怎样最合习俗，你就会怎样安葬。"

说着这些，他起身去那个像是洗澡的房间。克力同跟着他，吩咐我们等着。于是我们等着，自个儿相互交谈和［a5］掂量［他］说过的话，但又不禁谈论起我们身受的不幸何其巨大——我们简直相信，我们将作为被夺走了父亲的孤儿度过往后的人生。

［116b］苏格拉底洗过澡，他的孩子们被带到他身边——他有两个小儿子，一个大儿子，属于他家的妇女们也到了——他当着克力同的面和他们说话。吩咐过想要吩咐的之后，他催促妇女们和孩子们［b5］离开，自己却来到我们身边。

这时已接近太阳西下，因为他在洗澡间里面耽搁了

1　参见《苏格拉底的申辩》38b。

很长时间。他走出来时已经沐浴停当，他坐下后再没多说什么。

十一人官的一个手下进来，站到 [116c] 他旁边说，"苏格拉底，我执行你的死刑至少不像执行其他人的死刑，明明是执政官们强制我传令他们喝药，他们却恼怒我，还诅咒我。可你却不同，[c5] 这段时间里我渐渐认识到，凡曾到过这里的人中，你是最高尚、最温厚、最好的男人。而且，眼下我肯定知道，你不会恼怒我，而是恼怒那些人，毕竟，你知道原因在他们。所以，现在嘛，你知道我来 [116d] 传令什么，再见，试着尽可能轻松地承受这些必然之物吧。"[1] 说罢，他落着泪转过身离开了。

苏格拉底望了一眼他说，"你也走好啊，我们会按你说的做。"然后，他对我们说，[d5] "这人多文雅啊！整个这段时间他都来我这儿，有时跟我聊聊，上好的人一个，瞧，他多么高尚地为我落泪！好吧，行啦，克力同，我们听他劝。让人拿药来——如果已经调兑出来的话，如果还没，让那人调兑。"

[116e] "可是，我嘛，苏格拉底，"克力同说，"我相信太阳还在山岗上没落下呢。而且我知道，别人都喝得很晚，传令给他们之后，他们还好吃好喝一顿，有些

---

[1] 这些话带肃剧意味：既不能承受又不能避免。

人甚至还与正好热切想要的人在［e5］一起［同房］。¹ 别急匆匆嘛，毕竟还有时间。"

苏格拉底说："你说的那些人做这些合情合理嘛，克力同。毕竟，他们认为做这些会赚到好处，而我呢，我不做这些才合情合理。毕竟，我相信，［117a］稍迟一些喝药什么也赚不到，除非给我自己招来可笑，吊着活命不放手，什么都不会再有还在吝惜。好啦，去吧，"苏格拉底说，"听劝，别磨蹭。"

克力同听了这话便向已经站在近处的那个小厮点头示意。［a5］小厮走了出去，消磨了好一阵子才来，领着那个将要施药的人，他端着杯里已调兑好的东西。

苏格拉底看见这人就说，"好啦，最好的人啊，你毕竟懂得这些事情，我该做什么？"

"没别的，"施药人说，"来回走动着喝，直到你［117b］两腿发沉，然后就躺下，药会自行发作。"说着，他把杯子递给苏格拉底。

苏格拉底拿着杯子，非常爽快，厄刻克拉特斯啊，² 没哆嗦，脸色和表情都没变得难看，［b5］而是像他习惯的那样，瞪大着眼，斜眼看了看施药人，然后说，"这一剂用点儿来作祭酒洒掉，你会说什么吗？允许还

1　［译按］这里提到自然人性最眷恋的三种基本行为：吃、喝和做爱。
2　提到厄刻克拉特斯的名字，呼应框形叙述。

是不允许?"

"就这么多[剂量]哦,苏格拉底,"施药人说,"我们是按我们认为该喝多少量调制的。"

[117c]"懂啦,"苏格拉底说,"不过,至少允许而且应该向诸神祈求从这边迁居到那边一路顺风罢。我嘛,也要为此祈求:但愿此行成!"说着,他就把这些药送到嘴边,非常从容且津津有味地喝下去。

[c5]我们中的大多数本来一直还能自持,忍着眼泪,可当我们看见他喝而且喝完,就再也忍不住。我自己就禁不住泪水奔涌,捂着脸让自己恸哭——毕竟,我不是哭他,不是,我哭的是自己的不幸际遇:我怎么会被夺走这样一位作为友伴[117d]的男人啊!

克力同比我先站起来走开,因为他当即就不能忍住眼泪。可阿波罗多洛斯呢,在这段时间之前就不停在哭,这时嚎啕大哭起来,[d5]悲恸不已,使得在场的人没有哪个不哭出声来,只有苏格拉底自己除外。

这个人却说:"你们在干什么啊,真奇怪!我不就是起码为了这才把妇女们送走嘛,免得[117e]她们这样弹错音调。[1]而且我还听说,人终了时应该肃静。所以,你们安静吧,要坚强!"

我们听到后,我们才感到羞耻,于是忍住不哭。

---

1 指不能对死亡保持正确的态度——呼应前面关于谐音的讨论(91c6–95a3)。

苏格拉底来回走动，当他说两腿发沉时，[e5] 他往后一仰躺下——那个施药人曾吩咐他这样——施药人一把接住他，过了一阵子便查看他的双脚和双腿，使劲按压他的脚，问有感觉没——[118a] 苏格拉底说没有。[1] 此后，施药人又按压小腿。他这样子顺着往上 [按压]，向我们表明苏格拉底会变冷、变僵。

施药人亲自摸了摸，然后说，一旦 [药] 到他心脏，他就走了。

[a5] 他的整个腹部已经渐渐变冷，这时，他揭开自己——因为他盖着脸——大着声说了最终必须的事情："克力同啊，"他说，"我们欠阿斯克勒皮奥斯一只公鸡，你们可得还，别不放心上。"[2]

"会还的，"克力同说，"你看看还有什么别的 [a10] 要说。"

克力同问他这个时，苏格拉底再没回答，但过了一小会儿，他抽动了一下——那个施药人揭开他，他的视线已经定住。

克力同看见，就阖上他的嘴和双眼。

---

1 [译按] 呼应开场时苏格拉底坐在床上边搓脚腿边说痛感和快感的混合（60b1-c1）。
2 苏格拉底说的是"我们欠"，而不是"我欠"，他要求的是"你们还"，而非克力同还。关于苏格拉底的最后之言，参见尼采《快乐的知识》卷四340："临终时的苏格拉底"。

[a15] 厄刻克拉特斯啊,这就是我们亲临的这位友伴的终了——我们要说,在我们接触过的人当中,这个男人最好,尤其最明智、最正义。

Copyright © 2015 by SDX Joint Publishing Company.
All Rights Reserved.
本作品版权由生活·读书·新知三联书店所有。
未经许可，不得翻印。

图书在版编目（CIP）数据

柏拉图四书／刘小枫编译．—北京：生活·读书·新知三联书店，2015.11（2024.9 重印）
ISBN 978-7-108-05433-3

Ⅰ.①柏… Ⅱ.①刘… Ⅲ.①柏拉图（前 427～前 347）－哲学思想－研究 Ⅳ.① B502.232

中国版本图书馆 CIP 数据核字（2015）第 182209 号

责任编辑	杨　乐
装帧设计	蔡立国
责任印制	李思佳
出版发行	生活·讀書·新知 三联书店
	（北京市东城区美术馆东街 22 号 100010）
网　　址	www.sdxjpc.com
经　　销	新华书店
印　　刷	河北鹏润印刷有限公司
制　　作	北京金舵手世纪图文设计有限公司
版　　次	2015 年 11 月北京第 1 版
	2024 年 9 月北京第 4 次印刷
开　　本	880 毫米 × 1092 毫米　1/32　印张 17.5
字　　数	307 千字
印　　数	20,001－23,000 册
定　　价	68.00 元

（印装查询：01064002715；邮购查询：01084010542）